英雄王杰

WANG JIE

周凤森 萧枫 ★ 著

山东城市出版传媒集团·济南出版社

图书在版编目（CIP）数据

英雄王杰 / 周凤森，萧枫著. —济南：济南出版社，2023.6（2025.7 重印）

ISBN 978-7-5488-5252-0

Ⅰ.①英… Ⅱ.①周… ②萧… Ⅲ.①王杰（1942-1965）—先进事迹 Ⅳ.① K825.2

中国版本图书馆 CIP 数据核字（2022）第 208733 号

英雄王杰

出 版 人	田俊林
图书策划	王旭东
责任编辑	刘德义　樊庆兰　弭玲玲　杨晓彤
封面设计	张　金　张　倩
出版发行	济南出版社
地　　址	山东省济南市二环南路 1 号（250002）
印　　刷	山东省绿水清山印刷科技有限公司
成品尺寸	170 mm×240 mm　16 开
印　　张	23.5
字　　数	339 千
版　　次	2023 年 6 月第 1 版
印　　次	2025 年 7 月第 2 次印刷
定　　价	59.00 元

（济南版图书，如有印装错误，请与出版社联系调换。电话：0531-86131736）

序

南兵军

在中华民族这片古老而又年轻的土地上,从来就不缺少英雄,并且在不断孕育着新的英雄。英雄王杰,一位轰动于20世纪60年代的英雄,他是"毛主席的好战士",他用23岁的年轻生命,诠释了什么叫作"一不怕苦,二不怕死",在世人面前屹立起了一座永恒的精神丰碑。王杰这个名字,既是一个时代的缩影,又是一个时代的符号。他所处的时代,恰是一个意气风发的时代,一个激情燃烧进行伟大社会主义革命和建设的时代。他的成长,深刻印证了一个平凡的生命完全可以走向伟大与光荣。

纵观王杰的一生,可谓是一个热爱英雄、崇拜英雄、学习英雄、追寻英雄和成为英雄的过程。在他生命的字典里写满了英雄的名字,这些英雄分布于抗日战争、解放战争、抗美援朝战争等各个历史时空,在王杰成长的过程中他们的影响无处不在。从王杰的身上,我们读懂了这样一个真理:英雄既要靠英雄的精神来滋养,还要靠伟大的时代来洗礼。王杰始终如一的志向,是从军报国,奉献人民。王杰有着特有的精神属性与精神魅力,他既有董存瑞和黄继光的英勇、血性、胆魄与果敢,又有雷锋的精神、气质、作风与品格。生如雷锋之光辉,死如黄继光之壮烈,恰是对英雄王杰的真实写照。

我们身处的新时代,是一个令人振奋与踔厉奋发的时代,也是一个倍加崇尚英雄、尊敬英雄和呼唤英雄的时代。英雄王杰虽仅走过短暂的23个春秋,却留下了历久弥新的"王杰精神",王杰精神业已成为第一批被纳入中国共产党人精神谱系的伟大精神。王杰精神有着蓬勃而深沉的生命力，其起源于金乡，成长于红校，锻造于军营，淬火于沂蒙，闪光于纵身一扑，传承于新时代。王杰精神主要由三部分组成，可以高度概括为"一心为革命、两不怕、三不伸手"。其中，"一心为革命"表现为对党无限忠诚和一心为人民服务。"一不怕苦，二不怕死"是王杰精神之魂，对党忠诚是王杰精神之基，一心为民是王杰精神之果。王杰的"两不怕"精神，在多次战斗中激励着官兵英勇奋战，不怕牺牲，涌现出一批"生命不息、战斗不止"的战斗英雄；激励着官兵冲锋陷阵，视死如归，涌现出一大批英雄集体和个人；激励着官兵在一次次抗洪救灾、抗震救灾的战斗中，舍生忘死，勇往直前，涌现出许许多多的不怕苦累、勇于奉献的英雄模范。新时代，同样需要"两不怕"精神。面对世界百年未有之大变局，继续发扬"两不怕"精神，对提高部队实战训练水平，激励官兵争做有灵魂、有本事、有血性、有品德的新一代革命军人，以实际行动维护国家核心利益和主权等，都会产生积极的作用。同时，对各行各业艰苦奋斗、克难攻坚，赓续英雄精神血脉，建功奉献新时代，亦将有着现实而深远的影响。2017年12月13日，习近平总书记来到驻江苏徐州的71集团军某旅王杰生前所在连。在详细了解王杰舍己救人的壮举后，习近平总书记感慨道："'一不怕苦，二不怕死'是我们那个时候，在学习王杰的过程中，记住这句话的。王杰的精神应该说是永恒的。""一不怕苦、二不怕死是血性胆魄的生动写照，要成为革命军人的座右铭。王杰精神过去是、现在是、将来永远是我们的宝贵精神财富，要学习践行王杰精神,让王杰精神绽放新的时代光芒。"为我们指出了王杰精神的灵魂之所在。

　　《英雄王杰》这部纪实文学,是一部系统展现王杰成长、讲述王杰事迹、记录王杰日记和彰显王杰精神的当代力作。作者通过五年的努力挖掘和精心塑造,让我们看到了一个有血有肉的活生生的王杰,一个真实立体的有热情、有才情、有豪情和有感情的王杰,一个爱党爱国爱人民的王杰。我与王杰是同时代人,又是同乡。刚入伍到济南军区某部队时,我即投入"学习王杰,做毛主席的好战士"的洪流中去。在这种家国情怀的激励下,雷锋、王杰等许许多多的英雄模范人物伴随着我走完了从士兵到将军的军旅生涯。我们相信,每一位中国人心中都有一个英雄梦,无论你是党员干部还是普通群众,无论你是耄耋老人还是青年学生,无论你是现役军人还是退伍官兵,翻看王杰故事,学习王杰事迹,赓续王杰精神,都将是一件非常有意义的事情。新时代新长征在召唤着我们,建设中国式现代化强国与实现中华民族伟大复兴的重任在考验着我们,无数有血性、有担当、有作为的中华儿女,必将成为新一代的民族脊梁。

2023年3月于泉城英雄山麓

WANG JIE

- 10 浪头翻滚，木料场的入口在哪里？ ………… 192
- 11 隆隆炮声下的青春之歌 ………… 212
- 12 胸怀祖国，放眼世界，他第一个血书请战 ………… 247
- 13 从沂蒙到内蒙古何止千里 ………… 280
- 14 大运河边的惊天壮举 ………… 300
- 15 他的精神永耀中华 ………… 332
- 16 「王杰是我心目中的英雄！」 ………… 354
- 后记 ………… 365

目录 MULU

01 一杆红缨枪 ············· 1

02 洪水中的『虎胆少年』 ············· 18

03 万福河岸边有灵枣也有刺槐 ············· 40

04 以服从祖国需要为最快乐 ············· 56

05 海岛上练就钢筋铁骨 ············· 85

06 我是一个兵，来自老百姓 ············· 110

07 夜深了，那里怎么还亮着一盏灯？ ············· 132

08 愿做一名人民的勤务员 ············· 146

09 一双巧手，再加一副铁脚板 ············· 166

01 一杆红缨枪

鲁西南大平原一马平川，浩浩荡荡的京杭大运河横贯南北，绵延千里。运河两岸既有碧波万顷的微山湖，也有国色天香的牡丹之乡；既有文脉深厚的儒家圣地，又有好汉云集的水泊梁山。在平原腹地，还有着一片英雄的土地，她有一个金色的名字——金乡。金乡县始建于东汉，是名副其实的千年古县。七十多年前刘邓大军强渡黄河，发起了著名的鲁西南战役，揭开了解放战争由战略防御到战略进攻的序幕。其中一场艰巨战役——羊山战役，就发生在金乡，我军连续奋战整整二十八天，歼灭了国民党精锐部队，其战斗精神、英雄浩气传颂至今。正是这片红色的土地，孕育出了伟大的共产主义战士——王杰。

这片流淌着红色血液的土地，有过苦难与血泪的浸泡，更有着抗争与胜利；有过正义与邪恶的较量，更有着希冀与新生。虽然历经岁月的洗礼，可有些故事与人物依然鲜活。

严冬终将过去，春天必将来临，这是一条颠扑不破的真理。然而，又有多少人能够体会到，那些被严寒重重包围的人们，急切盼望春天的心情！而这种煎熬，似乎没有尽头，让人感受不到一丝一毫春天的暖意。一九四二年的冬天，带给鲁西南平原人民的恰恰就是这样一种感觉。

寒风呼啸了整整一个晚上，刮得整个大平原上一草一木都在瑟瑟发抖。县城北五里华堌村的乡亲们，早上刚刚端起热腾腾的饭碗，就听到一阵"咣——咣——"的铜锣声在村中响起来。那锣声急促、刺耳、惊心！乡亲们那些刚刚端起热汤的手禁不住抖了几抖，随即从牙缝里狠狠地骂出两句："这些该死的二鬼子，又来催命！良心都让狗吃了！"

对于在侵略者铁蹄下苟延残喘的人们来说，身体的寒冷似乎能用喝碗热汤对付一下，但那些死心塌地替盘踞在县城的日本人卖命的二鬼子和狗汉奸们却令老百姓心寒。他们一年到头征粮征工，到年底再来一茬儿催粮催捐算总账，往死里折腾老百姓，让人不寒而栗。"皇军有令，每家一百斤粮、十斤盐，今天太阳落山之前必须交齐喽！不得有误！"随着吆喝，几把铜锣敲得喧喧响，村里面一时间被搅得鸡飞狗跳。

华堌村一年当中最难过的日子来到了！

当年这里流传着一个段子："华堌村大高庄，一片大草荒；华堌村真是苦，家家户户扫硝土；华堌村真是难，家家户户淋小盐。春天白茫茫，夏天水汪汪，十年倒有九年荒，嫁女莫嫁华堌郎。"一字一句，为什么这么悲苦？只要看看华堌村的位置就知道了。一条大沙河和一条万福河把大高庄、华堌村等几个村落卡在河套里，每年上游的河水在汇入微山湖的途中，都要到这个河套里光顾一下，把这里的土地和村庄泡上一两个月才肯罢休。好不容易水退了，地面上却留下成片的盐碱，活像牛皮癣，几乎什么也不长，竟成了"冬季有雪，三季有霜"的奇观。田地里每年仅能种一季高粱，每亩地产粮百十斤，大多数佃户忙活一年交了租子，剩下的根本填不饱饥苦的肚皮。

无奈之下，乡民们只能就地扫硝土，把它们一袋一袋背回家，倒进大锅里熬呀熬，熬出盐巴来，再拿去换些粮食勉强度日。然而，一到冬天冻土遍地，地皮也刮不动了，多数农家只好到黄河两岸四处讨饭。

一九三八年日本鬼子占领金乡县城后，这里变成了人间地狱，又一个段子就在这时候编成了："二鬼子，催命锣，锣响进村人难活。春也敲，夏也敲，年底敲得人心焦。收也敲，歉也敲，敲骨吸髓无处逃。熬一年，苦一年，人不熬死不算完！"盘踞在县城的鬼子，指使着一支几百人的伪军汉奸队，打着所谓"治安运动"的旗号，时常四处搜刮钱粮。说是四处，其实城南和城西不敢去得太远，那里是共产党八路军和武工队的游击区，也叫"红区"，鬼子和伪军在红区吃尽苦头，于是在城东和城北的地界上变本加厉。

村西头有一个华姑庙，庙里供着一尊华姑神，华姑神通身长着二十双手，与千手观音有些相似。每逢初一十五，村里不少人前来磕头跪拜，祈求华姑神保佑一方百姓风调雨顺，让他们早日脱离苦海。乡亲们香没少上，头没少磕，可是大雨、盐碱、催命锣年年一样也不见少。

锣声响过一阵，华堌村南头的场地上燃起了一堆大火，不可一世的"孙阎王"趾高气扬地坐在一把交椅上，怀揣着一个大账本子，一边喝着烧酒烤着火，一边用他那双贪婪而阴险的金鱼眼瞅着前来交粮的佃户。乡亲们明白，他满肚子都是坏水。他怀里揣的那个大账本，把华堌村下面几个小村的一百来户人家登记得清清楚楚，什么张马庄、周庄、李石庄、王庄，还有小刘庄，每家每户多少人、年龄多大、是男是女、该娶该嫁等一项不漏。这也正是他孙殿光外号"孙阎王"的由来。

这次"孙阎王"又放出了狠话，粮交不完，村头的火就不灭，反正烧的都是华堌村佃户的柴火！困难时期，柴火是生火做饭的紧缺资源。"孙阎王"的心黑着呢！

王庄的王俊亭也来交粮了。这老汉和大儿子王廉堂每人扛了大半袋高粱，还提了一篮子土盐，一一放到火堆旁过秤。"孙阎王"看这爷俩粗布袄、大棉鞋，倒也一身齐整，不由得嘴角边掠过一丝阴冷。他皮笑肉不笑地干咳两声，阴阳怪气地开了腔："老王头啊，今年又让你捡了个便宜！你想让我这善心发到什么时候啊？"

"善心？便宜？哪来的便宜？"听到"孙阎王"没头没脑地蹦出这话来，王俊亭当即给他顶了回去，"俺家这一百斤粮可是高高的秤，十斤土盐干干净净分毫不差。说什么风凉话！"

一句话激得那"孙阎王"瞪起了金鱼眼，他心里想：咸鱼也敢翻身！今天让你看看马王爷几只眼。于是摆出一副咄咄逼人的架势说："秤上你是没少！可你的三个儿子早都成了家，今年秋里你又添了一个孙子，可你还按一家的粮来交账。你家又不是什么光腚佃户，这样交粮你不是捡了天大的便宜又是什么？大家伙都看着呢，你让我这个保长怎么当？"

"你怎么当是你的事，俺的家分不分是俺的事。俺家是新添了人丁，可大儿子还没生男娃呢，怎么能分家？这是俺的家，分不分外人谁也别想瞎掺和！"王老汉的腰板硬说话也硬，他压根不怕这个当了汉奸的保长，更恨这种人对他的算计。

"你家有二十多亩地，这可是秃子头上的虱子——明摆着的！还是趁早给三个儿子分了好，一样不少收。"

"不少收？怎么收！十年九涝，春天起盐碱，夏天雨里泡，万福河开口子的时候，你孙保长在哪里？大水把高粱淹得只剩下穗的时候，你孙保长又在哪里？"压在王老汉心头多年的怨气，今天一下子喷发出来。

"打住！打住！这粮可是皇军催要的，一粒也进不了我孙家门。有本事你找日本人说理去！""孙阎王"猛然间站起来，他想把王老汉心头的那把火点得更旺些，一旦闹出些什么事来，哪怕是些许言差语错，马上就能把人抓走然后好好敲上一笔竹杠。

"去找日本人？你这个保长好歹也是个中国人，怎么能听那东洋人的使唤？"王老汉气不打一处来，却没忘分寸。

"我不管哪国人！端谁的碗服谁管，识时务者为俊杰嘛！咱们今天打开天窗说亮话，老王头你可要给我听仔细喽，明年你这家不分也得分！到了开春再收账，咱可就要换个算法了！哈哈哈……""孙阎王"

发出一阵瘆人的笑声，笑得后面几个前来交粮的佃户直发毛。

王俊亭眼一瞪，挺直了腰板说："谁也别想分俺的家……"一旁的王廉堂怕事儿闹大，连忙一把拽起父亲的胳膊，连拉带扯回家了。两头正在拼命的"牛"被硬生生分开了，"孙阎王"的阴谋顿时破了产。

2

回家的路上，王家父子一前一后，都在盘算着刚才孙殿光的那番话。

的确，早在忙秋的季节，王家二儿媳张淑英生下了一个儿子，现在刚满仨月，一家人喜庆了好一阵子，还顺着前面的姐姐"雪兰"给孩子取了一个乳名叫"芳"。取这个名字，就是想掩"孙阎王"的耳目，免得节外生枝。谁知没有不透风的墙，孙子出生的事情还是被那刁钻刻薄的"孙阎王"给听了去，记在了账本上。

王俊亭家住王庄北头，是个老庄稼把式，耕锄耩刨样样精通，在种地上练就了一身本事。

王老汉心里有事，闷闷不乐进了家。王廉堂留了一个心眼，悄悄把吵架的事说给了母亲胡氏听。胡氏颇有主见，她偷偷找到二儿子王儒堂，和他悄悄商量了一个对策。刚出正月十五，王儒堂就向父亲提出要去城东找活干，一去就是一个月。王老汉领着另外两个儿子和乡亲们一块扫硝淋盐，整天是烟熏火燎，尝尝今年熬出的盐巴，还是咸中带苦，苦中带涩，真不是个正经滋味！

王儒堂小时候没能像大哥那样有机会读上书，却学了一手好木工活儿，三弟结婚的全部家具都是出自他的手。他这次说到城东找活干，其实是撒了谎，出了村走到二里半，一脚迈进"孙阎王"家，在那里干起了木匠活。这活根本不挣钱，就是为了化解积怨白扛活去了。

贪婪的"孙阎王"看到王儒堂带着干粮进门，吃糠咽菜干大活，他心里好不得意。王儒堂心里特别煎熬，他牵挂着家人，更牵挂着襁褓里的儿子，但是他咬咬牙还是忍住了。庄稼人浑身都是力气，比起被逼分家给鬼子多交粮，这又算得了什么。

王儒堂的儿子王芳，转眼间就到了三岁，样子很是乖巧。王俊亭看着家里面的孩子一天天长起来，不禁动了心思。一天，他叫来大儿子说："廉堂啊，当年你是八岁读的私塾，晚了些。城里边有条件的孩子，三岁就开始读了。咱家芳儿眼看也三岁了，两个丫头都七八岁了。你就在家里设个学堂吧，教咱自家的孩子，以后扫硝淋盐你就别干了。"

王廉堂喜不自禁！在此后的日子里，他倾注了大量精力与心血，教导着几个孩子识字、背书、练大字，还时常讲起《三字经》里的故事。孩子们学得十分入迷。王廉堂十四岁那年读完私塾回来后，正赶上了兵荒马乱，除了帮乡亲们写信读信、过年写个春联啥的，多年来没有用武之地。山河虽已破碎不堪，但决不能让孩子们再当"睁眼瞎"！

3

乞巧节刚过了两天，夜里闷热得很，半个月亮有气无力地飘忽在云层里，除了蟋蟀声，一切都静悄悄的。

"咚！咚！"突然间半空中传来两声炮响，人们顿时从睡梦中惊醒。华埂村离城近，大人们被惊醒了，孩子们也被惊醒了。炮声接二连三，震得房梁上的土哗哗哗直掉。震耳欲聋的炮声后半夜停了，可王俊亭再也睡不着了，老伴、三个儿子和儿媳都不敢睡，支起耳朵听动静。这一夜下来，不知有多少人家心惊肉跳。

天刚蒙蒙亮，王俊亭爬起身来，先到村周边的田地里转了一圈，只看见满地的高粱都长得好好的，正迎风摆穗呢！他转到村东大路上，迎面碰到了老长工王恩地正快步进村。

"恩地啊，起得这么早！"那老长工并不老，只是他一米八多的大个子，眼神好，声音洪亮，干活有力气，为人老成，所以村里人都喊他"老长工"。老长工给王俊亭打着招呼，停住了脚步。

"炮声响了半夜，怎么能睡得着啊。看你这样像是从村外回来的？"王俊亭不禁问道。

"是咱们的队伍在开炮。哈哈哈，小鬼子马上就要投降了！"老长工说着说着，情不自禁大手一挥，爽朗地大笑起来，那笑声飘过高粱地上空传出好远。

"投降？"王俊亭怕是自己听错了，半信半疑。

"鬼子马上就要完蛋了！告诉你吧，徐州的鬼子投降了，微山湖东的鬼子也投降了，全国的鬼子很快都要投降了！日本天皇在东京已经宣布了无条件投降，只是一些占着中国地盘的鬼子不肯轻易缴枪，县城的鬼子就是这样。狼吞了肉，哪肯轻易吐出来！这一次，咱们共产党八路军的队伍拉来大炮，轰他个狗日的，今天要是再不出城投降，晚上接着轰。咱们就瞧好吧！"

一席话听下来，王俊亭忍不住兴奋地笑起来。这是多少人日夜渴盼的事情啊！他使劲掐了一下自己，疼得很，看来不是梦，于是赶紧回家把这个天大的秘密告诉了老伴和三个儿子，一家人又惊又喜。等到天刚擦黑，震耳的炮声果真又响起来，还夹杂着紧如急雨的枪声。王芳一听炮声，就在院子里高兴地喊："放炮仗喽！要过年喽！"

"这可不是炮仗，是大炮！专打小鬼子的大炮！咱中国人都是让这日本鬼子给祸害惨啦，该打！"王廉堂给孩子们讲着道理，翘首以盼新的消息。

第三天夜里，大炮没再响，城里城外忽然遍地锣鼓喧天，鞭炮齐鸣。村头有人喊起来："鬼子逃跑啦！县城解放啦！小日本投降啦！中国人民解放啦！"沦陷了七年之久的县城又回到了人民手中。鞭炮声一阵接着一阵，一直持续到天明，这下真赶上过年了。

听！城里城外传来一阵又一阵的锣鼓声，村里村外升腾起一阵又一阵的欢呼声。

听！华堌村的鞭炮也响起来了，压抑了多年的村落犹如火山爆发般地欢庆起来。

王灿堂从城里带回来一个好消息，九月三日全县举行抗战胜利庆祝大会，到时候会有狮子舞、秧歌队表演，城中文峰塔下的光善寺还会开棚舍粥七天。王芳尽情地与姐姐们在院子里你追我赶、嬉闹玩耍，为这个院落平添了喜庆的气氛。

这天一大早，一家人高高兴兴吃了早饭，结队赶往县城。王芳骑在父亲脖子上，随着四面八方汇来的人群一道向县城进发。

小王芳从来没见过这么热闹的场景，眼睛有些看不过来，好奇地问："爷爷，爷爷！今天又不过年，为啥这么多人？""孩子，鬼子投降啦！好日子就要来到啦！家家都高兴，提前过年啦！"听了爷爷的话，骑在大人脖子上的小王芳"咯咯"地笑起来。随着游行队伍的阵阵口号声，他情不自禁地挥动起小手，跟着呼喊起来："鬼子投降啦！人民解放啦！"

这是王家最开心的日子，也是全县老百姓最热闹的日子，积压在心头多年的耻辱终于得到洗刷。大家尽情欢呼着，大地似乎被喧天的锣鼓声震得抖了起来。

在游行队伍中，王芳看到了一样抢眼的东西，那是一排高高举起的红缨枪。红缨飘飘，一队神气的儿童团员正押着一群失魂落魄的"二鬼子"游街示众。雪亮的枪尖儿，耀眼的红缨，一下子吸引住了这个三岁的男孩子，他叫着嚷着要摸一摸那耀眼的红缨枪，甚至还想扛上一杆回去。

三叔看他太喜欢，回家之后就为他做了一杆小小的红缨枪。枪尖儿是木头的；红缨是用麻绳散开来，染成了红颜色，绑在枪杆上；一根枪杆绷直。虽然没有真枪那么长，但王芳特别喜欢，在他眼里，这和他进城看到的红缨枪简直是一模一样的。就是这杆枪，他白天开心地举在手里，在大槐树下练刺杀，经常弄得院子里的鸡鸭乱叫一通；晚上还要搂着睡觉，每天早晨一睁眼第一句话就问"我的红缨枪呢"。

天道正义可以晚到，但绝不会缺席。不几天，锄奸公审的布告贴出来了，全县几十个汉奸头目的名字都被打上了红叉叉。从今以后，再也不会有催命锣了，老百姓看了连连拍手叫好！

减租减息的告示也贴出来了，今年的税租全免，老百姓听了不禁流出了眼泪。

4

眼看又是七月，天上忽然隐隐雷声滚动。有人说，雨季要来了，河套里又要闹灾了；有的却说，今年不同于往年，开春刚修了河堤，还有农会给我们撑腰，怕什么呢！

一些庄户人家正在议论，忽然看到几个着急忙慌的身影进了村。走在前面的周四爷，带来了一个格外惊人的消息。今天他们一块儿进城，想买些上好的盐什么的，竟然看到城门口站岗的八路军都换成了国民党军，有几个扛粮食的百姓被岗哨扣住了，城门口一片吵骂声。他们一看情况不妙，扭头返回，走到五里后大庙又遇到了几个河南来的讨饭的，说是国共双方早就在中原开战了，不几天就要在鲁西南开战……

惊呆的农户一时不知该如何是好。周四爷急忙喊了一声："老少爷们儿，赶快藏粮食！"一句话提醒了全村人，华堌村一夜之间忙开了！趁着夜色埋的埋，藏的藏，家家想尽了办法。每一粒粮食都连着他们的命，现在可好，命根子不能放在家中缸里、瓮里和眼皮子底下，反而要埋入地下，装进柴垛，沉到水底，甚至要藏到田野的草庵里。自家藏了，还不忘急火火地通知三亲六故，一时间人心惶惶。

第二天一大早，不该来的还是来了！一阵堂锣声忽然响起来，竟然和先前二鬼子的催命锣是一个声音。华堌村的农户们一涌而出，他们想看看究竟是谁在敲锣。然而，令所有人都想不到的是"孙阎王"竟然又回来了，还一口一个"乡亲"假惺惺地叫着，自称是国民政府新编在册的保长，这次是专为"征粮征兵"而来的，请乡亲们大力支持。

王恩地站在最前排，看着这个所谓新保长的表演，愤愤地说："如今高粱还在地里长着呢,谁家有粮给你!"只听"孙阎王"冷哼了一声,说:"谁不愿意主动上交,只好有劳老总们亲自登门查收一下喽!"随即冲着带来的那群黄皮大兵一声吆喝,他们便三五成群地入户搜查起来。

王俊亭听着那堂锣声越来越近了,一转眼就看到叼着烟卷的"孙阎王"进了门,身后跟着三个耀武扬威的士兵,扛着和鬼子一样明晃晃的刺刀。"王老头,征粮征兵,戡乱建国,先把你家的粮食拿出来吧!"

"鬼子都投降了,怎么还要征粮?你这个保长可没少给日本人干事!怎么摇身一变,又成好人了?"王俊亭看到这副嘴脸就上火,可恨的是他竟成了"漏网之鱼"!

"坏蛋!看枪!"一杆红缨枪挺在"孙阎王"面前,他不免吓了一跳,定睛一看原来是个孩子。"一杆木枪也来吓人,我之前可没少照顾了你们家,你们应该知恩图报啊!"他猜得出,这分明就是王儒堂的儿子。

王芳举起木枪,一下刺在"孙阎王"的身上,一旁的爷爷想拦他已经来不及了。一个大兵看得不耐烦了,一把夺过红缨枪,"咔嚓"一折两段,使劲摔在地上,恶狠狠地骂道:"小毛娃子闹什么闹!这家赶快交粮,交得慢了烧了你家房子!"

枪断了!小王芳的心碎了。

"黄皮"们在家里翻腾了半天,也没有找到粮食。"孙阎王"一努嘴,两个士兵拉上王俊亭大声嚷着:"家里没有粮,只好委屈你到高粱地里走一遭了!"王廉堂、王灿堂连忙跟在后面。村里也早已乱成一团,粮食没找到,农会的人全被绑上抓走了。王儒堂连忙把家里的孩子们关到西屋,谁也不准出来,两截断枪躺在院子里无人理睬……

不知过了多长时间,村里慢慢平静下来,偶尔传来一阵阵忽高忽低的哭声。王芳和姐姐们揪心地等待着,嘀咕着爷爷他们怎么还不回来。忽然,院外传来一阵急促的脚步声,几个孩子从门缝里使劲往外瞧,看见爷爷是被架着回来的。

门终于开了，爷爷躺在堂屋里，腰上一块红肿，奶奶在一旁流着眼泪喃喃地说："老头子啊……命要紧啊！这世道怎么说变就变啊！"一旁的大伯叹着气说："藏在地里的粮食被发现了。咱家大黑冲上去就咬，腿被打折了。唉！粮食被抢走了，爹的腰白挨了两枪托……"

王芳拿着断枪，一脸苦闷。王灿堂劝他说："枪断了，三叔再给你做杆新的。"这个倔强的孩子却不答应，愤愤不平地说："我不要！我要一杆真枪，一杆折不断的红缨枪！"

5

天变了，变得让人越来越不认识了，苛捐杂税层出不穷，抓丁、清洗农会，轮番上演。青天白日旗下，暗无天日。

时间熬到一九四七年夏，天气热得像蒸笼，一下子开进来的成群结队的国民党军，黑压压如同天边的滚滚乌云。乡亲们得到消息，这是南京政府派来的"中央军"，十几万人扛的全是新枪新炮。看来要有一场大仗打了！

这支"中央军"共有三个整编师，除在县城留下一支预备队外，大批人马直奔金乡和巨野交界处的羊山、独山一带，所到宿营之处，老百姓的席子、门板、饭锅通通遭到抢掠。留守县城的预备队也不闲着，气势汹汹地把城北村庄周围四百米以内的高粱全部从根折断，据说是要构筑一种所谓的"工事"。王俊亭家有十亩高粱地正好在"构筑工事"的范围内，王老汉气得几天吃不下饭。

庄稼连着农民的命，乡亲们流着眼泪相互哭诉着各家损失。有人跳着脚痛骂起来："这哪里是什么'中央军'？分明就是一支'遭殃军'！"有的说："枪炮无眼，老少爷们儿还是赶快躲躲吧！"

慌乱之间，村里人还是先躲出去了。王俊亭吩咐三个儿子："把媳妇孩子们快送出去躲躲吧，命要紧啊！我这一把老骨头守在家里，哪里也不去了。"王芳和姐姐们告别了大伯和三叔他们，坐上推车，躲进了城西张翟村的姥姥家。人人心里都有种说不出的滋味……

羊山战役一打就是二十八天，万福河畔也成了敌我双方争夺的"生死线"。山上山下，万福河边，枪声、炮声、雨声混成一片，一阵紧过一阵；天上乌云密布，半空中雷声滚滚，大雨如注，天昏地暗，如同世界末日一般。有时雨声稍停，云层里又响起来阵阵飞机的轰鸣声。赶上夜战，几颗照明弹升在半空，直照得夜如白昼，炮声枪声彻夜不息……

英勇无比的刘邓大军，以全歼国民党精锐部队整编六十六师并活捉中将师长宋瑞珂的战绩，回报了无数支前的鲁西南人民。刘伯承司令员亲笔题诗："狼山战捷复羊山，炮火雷鸣烟雾间。千万居民齐拍手，欣看子弟夺城关。"这首战地赋诗至今仍在金乡大地流传。

战役结束后，独立旅从华堌村找来十几个水性好的青壮年，跟着解放军战士一起跳入万福河中，把那被预备队丢入水底的重机枪、六〇小炮等武器，一一打捞出水，这些可都是宝贝。王灿堂就在这十几个青壮年当中，他干得格外卖力。

这是一片英雄的土地！万福河阻击战中人民子弟兵奋勇杀敌、顽强战斗的精神，成为鲁西南人民的永久记忆。华堌村是当年阻击战的前沿阵地，处处散落着炮弹皮和子弹壳。村里的许多老人时常给孩子们讲起那些故事，赞叹着那些精神，深深影响了一代又一代人。

6

依然盘踞在金乡县城的国民党残部为了补充兵源，开始在县城周边四处抓丁，王家这次终难逃一劫。

王老汉正带领二儿子和小儿子连续几天清理被国民党军队砍倒的高粱，准备腾出地来赶种些大豆，指望还能有些收成，大儿子王廉堂则留在家里，收拾一下杂乱的院落，准备过几天给几个孩子补一补课。突然，大门外传来一阵狗叫声，一种不祥之感顿时袭上王廉堂心头。忽听"哐当"一声，大门被一脚踹开，闯进来一群国民党兵，他们端着长枪，面带凶光，不知道想干什么。

负责守门的大黑虽然跛了脚，却毫不惧怕，它"汪汪"地叫着，张开雪白的牙齿直扑上去，咬住了最前边一个大兵的小腿。只听一声枪响，一颗子弹打中大黑头部，顿时鲜血四溅。英勇的大黑倒下了，一双喷火的眼睛还在狠狠地盯着敌人。

王廉堂顾不得惊恐万分的孩子们，连忙一脚跨出屋门，愤愤不平地与那群国民党兵理论："各位老总怎能胡乱放枪？俺家都是良民百姓！"

"放枪？我看送你去扛枪正合适。给我绑起来！"几个国民党兵不由分说，一拥而上，将一根粗麻绳套在了王廉堂的脖子上，拉上人说走就走。王芳虽小，却哭喊着追出门来，死死拉住伯父的衣角。一个五岁的孩子怎能拉得住？一个歪帽子大兵飞起一脚，把他踢出好远。小王芳重重摔在了地上。临走，这群凶神恶煞还不死心，在屋里翻找了一通，点起一个火把扔在了床上，火势无情地蹿向房顶……

王廉堂被抓了，这座院子里再没有了琅琅读书声，没有了欢声笑语。东屋被烧了，伯父留下的书七残八落。小王芳伤心透了，他不知哭了多少次，又不知恨了多少回。在他那幼小的心里，他恨那一身黄皮的国民党兵，是他们抓走了疼爱他的伯父，打死了心爱的大黑，让可怜的奶奶整天以泪洗面。他担心伯父、思念伯父，时常跑到村头张望，盼着他能早日平安归来。

淮海战役前夕，金乡县城上空炮声隆隆，喊杀声接连不断。第二天，县城锣鼓喧天，迎来了威武雄壮的人民解放军，金乡全境彻底解放，一块牌子挂起来，上面写着"金乡县人民爱国政府"。

县城重新回到了人民手中，农户家家分土地，村村选村长、选书记，成立了民兵连、妇委会、儿童团。离县城一步之遥的华堌村，老长工王恩地被推选为第一任村长。乡亲们拍手叫好！

村长走马上任第一件事，就是要请一个人出来帮村里办一件大事。因为他听说县城解放的第二天晚上，王廉堂九死一生跑回了村，请他来教识字班再合适不过了。惊魂未定的王廉堂心生犹豫，经过王恩地一番动员，这才鼓起了勇气。第二天中午，随着街心一阵哨响，王廉堂在一块崭新的小黑板上写下了"中国，金乡，解放"六个大字，一遍一遍地教大家认读起来。

六七岁的王芳早就认识了几百字，背诵古文也不在话下。这次，他不但参加了识字班，还参加了儿童团，一杆沉甸甸的红缨枪终于拿到了手上。王芳紧紧地握着这杆红缨枪，心里一阵阵地激动。他抖擞着精神，和一群儿童团员在村口站岗放哨。村长派给他们一项任务：严查所有进城的可疑人员，防止一切敌人搞破坏。

"五大爷！他们都说我像个小八路，您看像不像？"小芳握着红缨枪，昂起头，向着高大的村长问道。

"像！像着呢！小八路长大了，就是解放军。我们的县城就是英勇的解放军打下来的，他们流血牺牲把县城交到了咱们手里，可不能再让敌人抢回去。咱们村是进城的要道，必须严防死守，防止国民党军、还乡团，还有狗特务混进来！"

蓝天下，这个小小少年紧紧地握着手中的红缨枪，微风吹起，枪杆上的红缨像火苗一样随风飘动。王芳第一次有了心事：我要拿好这杆枪，看好北大门！只有把那些坏蛋抓得光光的，打得死死的，县城才不会再被他们占了去，地里的粮食才是自家的，伯父家被火烧过的房屋才能重新换得上瓦片。

7

春风吹进千家万户，这是一场彻底的解放，分到了土地的农民再也不用忍受地主老财的剥削和压迫。华堌村里好多喜事都赶着一起来了。十来户人家娶了媳妇，年前年后的鞭炮声、闹喜声不断响彻村子的角角落落。王俊亭家也是喜事连连，王儒堂得了个女儿，王灿堂得了个儿子，人丁开始兴旺起来。

然而，喜庆劲儿一过，一件压在王老汉心头的事情却拖不下去了。他半夜里时常起来抽闷烟，到底愁啥呢？原来两年前那场大火烧坏了东屋房顶，当时情急，只在上面盖了两层高粱秸，外带一层河泥茅草，勉强住人。现在茅草屋顶上的冬雪一化，好几处已经开始露天，夏天一来肯定要漏雨。如今解放翻了身，是时候换个新屋顶了。他想了又想，决定去找村长王恩地挑头帮忙。村长爽快地答应了，亲自领班，召集了七八个壮劳力，搬瓦、和泥、锯木头、爬房顶，叮叮当当，大院一下子变成了施工场。

王老汉愁云散尽，他把亲自把关买的木料，交给王儒堂用来打房梁，一家父子全上阵。七岁的小王芳和姐姐雪兰也领了一项任务：守在大槐树下凉开水、放红糖。大家一边干活上料，一边不时高声谈论着地里的农事和城里县外的消息。现在想说什么就说什么，再也不用提心吊胆了！

看到这么多人都来帮忙换屋顶，小王芳开心极了，这可是大伯教他读书的地方。现在这个孩子大了，已经变得有心起来，他一碗一碗倒好开水，一边看着慢慢升腾起的热气，一边听大人们讨论什么话题。

听着听着，他听到村长五大爷讲到了一件大事。去年冬天一场淮海战役，解放军消灭和改编了五十余万国民党军，解放军大军现在就要打过长江去，捣毁蒋介石的老巢是早晚的事情了！听到这里，好不振奋人心，院子里竟然响起了欢呼声。村长又讲到，新的县政府发布通告，凡是从大后方推着独轮车到前线送过粮的、抬担架送过伤员的，都是这场大战役的功臣。这个话题刚完，那边马二叔接过来讲起五大爷王恩地的故事：其实他早就是共产党，在万福河阻击战中，他主动找到解放军的部队献出一条妙计——趁着连天大雨，连夜从农户家借来许多麻秸，在村西的坦克车必经之路上，给国民党军摆下了一个"麻秸阵"。好几辆坦克一开进去，很快被缠得动弹不得。到了夜里，解放军派出"尖刀班"在坦克下放上炸药包，坦克一辆辆被炸飞上了天……王廉堂接过话说："今天咱们终于解放了，这村长选了恩地哥，我看可真是选对了！"

小芳听入了迷。原来这位身材高大的五大爷这么厉害，敢给敌人的坦克摆阵！等我长大了，也要学摆阵。该休息了，一干人陆续向大槐树下聚拢过来，小王芳和姐姐雪兰忙不迭地端茶上水。

乡里人向来歇人不歇嘴，马二叔显然意犹未尽，他又提议说："咱们村长早就是地下党员，今天可得要给大伙讲讲，您是怎么参加的革命？"众人齐声附和。

"其实也没啥可讲的！俺家几代都是佃户，父母给俺起个名字叫恩地，其实没有地，就靠给地主扛活、放牛、做工挣口饭吃。一开始哪里想过什么革命不革命的，这些都是被逼的。咱们中国人，受苦受穷多少年也就罢了，可是千不该万不该受那小日本的欺负！各位乡亲肯定不会忘记鬼子破咱县城、杀咱民工的那段仇吧！一九三八年，小日本进了华北，韩复榘的队伍不抵抗，就是跑得快，有句话说'望风四十里，枪响一百一'，说的就是他的队伍。小鬼子打到咱金乡城，国民党的兵一开始还抵挡了两天，一看鬼子的飞机大炮火力太猛，文峰塔顶连同设在那里的瞭望所也被炸去了两层，顿时吓得连夜撤兵逃向徐州。这帮人心真黑啊！临走时竟然连声招呼都不打，直接撇下了半城百姓，还有三千多从县城周边征来修工事的民工，竟然连一杆枪也没给留下。这城还怎么守？！但是，咱金乡人不是孬种！国民党跑了，民工没有跑，这是老祖宗留下的县城，可不能拱手让给小日本。斧头砍、铁叉挑，鬼子被打死的不算少。唉！要是咱这三千民工人人都有枪，何至于鬼子那么快就破了咱的城！"王恩地讲起这段国仇家恨，不由得血往上涌，不知是不是因为刚喝了红糖水，脖子也红了起来。

"是啊！咱金乡人不是孬种！就是后来这些民工死得太惨了……护城河，偌大一个魁星湖，还有迎子坑，都成了一片血水；鬼子下令屠城，见人就杀，孩婴不留；周家堂楼里躲着几十个女学生，也都被活活糟蹋死了……""狗娘养的日本鬼子！"刚才还在欢笑的人群里发出一阵咒骂，不知是谁的钢牙咬得嘎嘣响。听了五大爷这段讲述，小王芳顿时感觉心惊肉跳，这还是他第一次听到这么血腥的事情。

"小日本终究还是投降了！咱中国有的是人，不怕他狗日的弹丸小国。虽然难免出一些孬种汉奸，但中国更出英雄好汉。"人群里一阵感叹。"恩地，听说你的大老表，当年就是城头打鬼子的民工，他可真有种！"

"是啊！我那大老表打小有种，天生胆子大，一肩能挑二百斤。他冲上城头，手拿一柄钢叉，连干了好几个鬼子，后来中了鬼子的枪还以叉拄地，鲜血流干而站立不倒啊……"说到这里，这个高大的汉子不禁流出了滚烫的泪水。

小王芳看着五大爷脖子上有根青筋突突突地跳了几下，不由得壮起胆子问："那后来呢？"

"后来，俺就发誓这辈子再也不给地主扛活了！谁坚决抗日俺就跟谁干，谁给咱老百姓领条活路，俺这条命就交给谁。大老表死的第二年，共产党员王鉴览在孙庄办农民夜校，俺去听了课，学到了许多革命道理。王教员读的是清华大学，参加过'一二·九'运动，后来回老家领导咱金乡的抗日救亡运动。可惜啊，他牺牲得太早了！"说着他停下来，伸手抚摸着一旁专心听故事的小王芳的头，颇为感慨地说，"好孩子记住了，老一辈人干革命，可都是为了你们这代人啊！"

听到这里，小王芳不知哪里来的力量，亮起嗓子大声说了一句："五大爷，我有红缨枪，等我长大了也和鬼子干！"

"好样的！有胆量啊！"

两天后，三间茅草屋顶变成了结实的黑瓦，东屋又恢复了原来的模样，王俊亭再也不用担心漏雨了。小王芳看着眼前的一切，红扑扑的脸颊上绽开了天真无邪的笑容。在这个依然只有三个学生的家庭学堂里，他又可以安心地跟着大伯学大字、听故事了。

02 洪水中的"虎胆少年"

★

  一九四九年十月一日，天空格外晴朗，纯净得像透明的水晶石一般，空气中都是甜甜的味道。

  在这普天同庆的日子里，华堌村村头场里人声鼎沸，红旗招展，人们能来的都来了，谁也不愿错过这个前所未有的好日子。这个曾经有过屈辱的地方，今天变成了劳苦大众翻身做主共庆开国的欢乐场。

  热情似火的解说，还有雄壮嘹亮的军乐从一台新政府配发的大收音机里陆续传出，乡亲们静静地聆听着、等待着。下午三时许，当听到毛主席在天安门城楼庄严宣布"中华人民共和国中央人民政府今天成立了"的时候，人群中爆发出阵阵欢呼。

  "新中国万岁！毛主席万岁！"华堌村沸腾了，锣鼓响起来，秧歌扭起来，欢呼声经久不息，人们尽情地笑，许多老人早已是泪流满面。王芳已是个懂事的孩子，在今天的这场欢庆里，他看到了每一个亲人的脸上，还有乡亲们的脸上，都挂满笑容，他们从来没有这么开心过。

这天晚上，小王芳央求伯父讲故事。王廉堂爽快地答应着："今天是新中国诞生的日子，就给你们几个讲讲岳飞的故事吧！"

油灯下，岳飞学艺、岳母刺字以及岳飞精忠报国的故事，在这个特殊的夜晚，成为孩子们重要的人生一课。王廉堂还意味深长地说："你们要记住今天这个日子，这是咱们新中国成立的日子。新中国，就是咱们要报效的国！芳儿，你是个男子汉，一定不要忘了今天的故事。"

"岳飞是个大英雄！他精忠报国，我不会忘的。"伯父听了，满意地点点头，顺手拿起毛笔，蘸着清水在桌子上一笔一画地写下了"精忠报国"四个大字，然后让小王芳认读，并照着写了两遍。

第二天一早，小芳正要到院子里背书，突然听到大槐树下传来一个洪亮而又熟悉的声音。他悄悄走过去一看，原来是村长王恩地在和伯父商量在村里办学的事情。"廉堂啊，如今全国解放了，人民翻身做了主人，新社会非常重视教育。咱华埫村位置好，人民政府已经同意在咱们村筹建小学。你是咱们村的文化人，这个光荣的任务就交给你吧！"王廉堂犹豫片刻，最后还是答应了。

村里有个叫王尊训的，是村里的积极分子，他家有三间老屋，屋前面是一大片空地，腾出来办学校再合适不过了。场地有了，村长王恩地带头干，组织十来个青壮劳力一边拖坯、垒台当课桌，架起一块石板当教桌，一边挑泥砌墙，围起一个院子来。王儒堂拿出最好的手艺，赶做了一块上好的大黑板。王恩地送来一张毛主席画像，悬挂在黑板正上方。

一切筹办妥当！华埫村小学开学了。黑屋子、土台子，迎来了第一批穷孩子。

开学仪式虽然简单，在孩子们眼里却是那样新鲜而隆重。他们第一次看到了一面像火一样鲜艳的五星红旗，在校园上空高高飘扬起来。许多乡亲们都来围观，穷人家的孩子上学可是每一家的新鲜事，而且学费全由国家承担，以前做梦也想不到会有这样的事情。

村长王恩地清清嗓子开始讲话："乡亲们！孩子们！新中国成立

了，咱们也有了自己的学校，这是华堌村新生活的开始。今后，凡是想来上学的孩子，学校欢迎；凡是想来听课的大人，同样欢迎！主动捐献房屋当学校的王尊训今天也来听课了，我这个村长也不认识几个大字，今后也要和大家一块学习。孩子们，你们看到这面红旗了吗？这可是无数先烈用鲜血染红的啊！你们要努力学文化，长本领，将来好为咱们新中国建设出把力，为咱华堌村多多争光！"

"毛主席万岁！""中国共产党万岁！"开学第一课，教室里传来了一阵阵整齐的朗读声。孩子们劲头十足，像是春天里刚拱出地面的小草一样，无比渴求阳光和雨露。过去除了催粮的锣声、国民党军的枪声，华堌村还从未有过这样的读书声。乡亲们好奇地聚在学校周围，直夸这真是一个新社会，一切生活都变了！

2

一九五〇年，也就是华堌村办小学的第二年，迎来了全国第一个儿童节。校园里贴出一张大红纸，公布了第一批少先队员的名单，引得全体学生都来观看。王芳早就是儿童团员，毫无悬念榜上有名。村长王恩地这位老党员兼校长趁着这个节日，给华堌村小学的首批少先队员们带来了一份礼物，那是一个关于刘胡兰的红色革命故事。齐刷刷的队伍里，王芳和同学们胸前飘动着鲜艳的红领巾，一个个听得格外认真。

"在山西省吕梁山区，有一位十四岁的女英雄，她是在敌人的铡刀下牺牲的……"故事不知不觉听完了，可那些情节却不断地在大家的脑海里翻滚，刘胡兰面对国民党反动派血淋淋的铡刀是那样的勇敢，尤其那句"怕死不当共产党员"一直在同学们耳边萦绕。

"生的伟大，死的光荣"，亲爱的毛爷爷为她题写的这八个字真是太豪迈了。伟大，光荣，原来是要用生命和鲜血才能换来的！只有真英雄，才有这样的胆量。

村长和村里几位党员作为兼职教员，轮番上阵，不断讲起董存瑞、赵一曼、江姐、王二小和小萝卜头的英雄事迹，还有刘邓大军打羊山的故事。王芳和同学们每次都听得特别认真，他们打心底敬仰与钦佩这些革命先烈。在王芳眼里，这些人物无论是男是女，无论年龄大小，他们个个都是英雄，人人都是好汉。

万福河岸上的树长起来了，远看就像是一道绿色的屏障，这是村小学全体师生义务植树的成果，还是孩子们放学后的乐园。村里每天傍晚都要派民兵到河岸上巡树，怕的是"四类分子"暗中搞破坏。这天村长王恩地带队巡查，忽然看到王芳、周文福、王伟川等五六个学生娃子从树林里钻出来。走在最前面的王芳过来搭话："向五大爷报告，我们是红领巾小队，已经帮您巡过树了。您给我们再讲一段刘邓大军的故事吧，算作奖励！"

老村长高兴地说："好啊！刘邓大军从1946年起不到一年的时间里，就在咱们鲁西南的金乡、鱼台，还有定陶、大杨湖一带连续打了五场大胜仗。那个时候黄河还是干的，你们还穿着开裆裤呢！你们想听哪一段啊？"

"先讲个腊八打城的故事吧！"王芳一提议，几个小伙伴也随声附和。

"好！就讲这个。这是五场胜仗中的第一仗。那年的冬天，英勇善战的刘邓大军围住金乡县城里国民党的一个师，一边打一边吸引四周的援敌。敌人上了当，在城东的大清河一下子被围歼了两个团。紧接着，刘邓大军又在西边的成武地界上，围住了老汉奸头子张大嘴，直接灭了他三个团，活捉了张大嘴和投靠他的汉奸保长'孙阎王'。这两个汉奸后来被公审枪毙了。就这样，从腊八节开始打城，不到半个月，刘邓大军就消灭了国民党军一万多人哩。你们想，这是多么大的一个大胜仗啊！"故事感染了孩子们，他们欢呼雀跃起来。

"五大爷，金乡出的革命英雄多不多？也给我们讲一讲吧。"王芳接着提出请求，他知道五大爷满肚子装的都是故事。老村长想了想说：

"咱金乡也是革命老区,出的英雄人物真不少!'金乡四杰',你们有谁听说过吗?"

孩子们一个个直摇头,老村长开讲了:"这'四杰',都是金乡早期的党员。城东马庄有个马希文,是咱县最早的共产党员,参加过广州起义。城西出了一文一武,文的叫翟子超,是他成立了金乡第一个党支部;武的叫杨一辰,这两个人在金乡拉起了第一支抗日武装。城南有个周冠五,他最早是八路军苏鲁豫军区的一个营长,后来当了咱们抗日民主政府的县长。你们想听哪一个?"这群孩子有想听城东的,也有想听城西的,一时间七嘴八舌争吵起来。

"五大爷,他们都会打枪吗?谁的枪法最好?"王芳提高声音问道。一听到王芳提到枪,大家谁也不争了,支棱着耳朵听起来。

"闹革命,不会打枪怎么能行?"王恩地看到大家情绪高涨,讲得也更加津津有味。"先说马希文,他跟着革命队伍离开家乡,后来参加了广州起义,一路奋勇杀敌,英勇牺牲时才二十一岁。再说杨一辰,他是从东北抗联回来的,在白山黑水之间和日本鬼子真刀真枪地较量过,在咱家乡拉起了一支抗日武装,搞了一百多条枪,专门和鬼子打游击。要说城南的周冠五,我见过他两次。他身材魁梧,一米九,骑着高头大马,腰挎两把盒子枪,威风凛凛。他一开始参加的是抗日后援会,后来参加了游击队,专打鬼子。有一次,日军调集上万名兵力,采取'铁壁合围'七层拉网战术,把湖西的抗日力量压到只有十多里活动范围内,妄想将他们一次全部绞杀。危急关头,周冠五出奇制胜,硬是带着全部人马跳出了鬼子的包围圈。这还不算,紧接着他们就给鬼子狠狠地来了一个'回马枪'。只见他双枪齐发,冲锋在前,带领队伍消灭了三百多个鬼子。小日本吃了败仗,对他又恨又怕,悬赏五万大洋要他和家人的人头,可是直到日本投降也没抓到周家半个人。你们看,闹革命不光要会打枪,和敌人打起来还要机智勇敢、随机应变!"这段故事讲下来,孩子们听得入了神。

"五大爷,这'四杰'个个都是好样的!但是,城东、城西和城南都有英雄，怎么咱城北就没出一个呢？"大家在河岸上走着，有人突然冒出来这样一个问题。老村长哪里能被难得住，只见他大手一挥说："城北嘛，肯定也会有的，将来就看你们这代人啦。"

河岸上，人群里发出一阵欢笑声，笑得夕阳也跟着涨红了脸，泛起漫天的霞光……

回到家里，王廉堂正在撰写教案，小王芳急匆匆走上前去，冒出一句话来："大伯，我想改一下名字，您看行吗？"王廉堂一听，不由得愣了一下，却又温和地问道："改名字？这可是一个大事。你想怎么改？"

小王芳认真地说："我想改一个叫起来响亮的大名，从今往后不要再让同学们叫我的小名了。我是男子汉，老被人叫一个女孩的名字，算咋回事！"说着他还噘了噘嘴巴。"原来是这样啊，你想改成什么名字？"伯父说着，递上一张纸和笔。

只见这个小小的男子汉皱皱眉，拿起笔来，一笔一画工工整整地写下了两个大字：王杰。

"王杰！英雄豪杰的杰。好名字！"

"对！我要改成这个名字，就是想长大了当英雄豪杰。"

这个名字，听起来是那么响亮和阳光，寓意很好，让人一下子就能记得住。于是，王廉堂当场答应下来，以后就把王芳的大名改成王杰，而且还要全校的学生和全村的人都这样叫他。

名字改了，王芳笑了。不！是王杰笑了，那笑容灿烂得就像五月的石榴花。

★ 3

"雄赳赳，气昂昂，跨过鸭绿江！保和平，卫祖国，就是保家乡。"这支志愿军战歌，几乎一夜之间响彻大江南北，传遍大街小巷。不知不觉中，也成了王杰和同学们挂在嘴边的歌曲。王杰非常喜欢这首歌，不管是在上学放学的路上，还是到田野里、河岸上玩打仗，都会情不自禁地唱起这支歌，哼起它的旋律。报纸上、广播里，还有人群当中，"抗美援朝，保家卫国"这句口号不知出现了多少次。

　　校园里，老师时常给学生们读报，一篇登在《人民日报》上的报告文学被读了一遍又一遍，"谁是最可爱的人"一下子成了师生们最爱谈论的话题。一把炒面一把雪，志愿军的生活是那么艰苦；一场胜仗接着一场胜仗，志愿军战士的意志又是那么顽强，一个连队哪怕战斗到最后一个人阵地也不能丢。这些故事，同学们听得个个摩拳擦掌，斗志昂扬。王杰直听得热血沸腾，一回到家就按捺不住拿出他的那杆红缨枪，练了又练，舞了又舞，在一截枯树桩上扎了不知多少个窟窿，他感到自己双臂的力量越来越大了。他还有个想法，就是摸一摸当了民兵的三叔那杆经常扛在肩上的钢枪，扣动一下那个能射出子弹的扳机，可三叔总是不给他这个机会。

　　自从抗美援朝以来，王杰发现华堌村里人人都在忙，奶奶的纺车更响了，母亲、伯母和三婶一天到晚纳鞋底，父亲和三叔做起炒面来是一锅又一锅，爷爷负责烧火，还破天荒地收起了旱烟袋，说再也不抽了，要用烟叶多换些粮食给前线的战士做炒面。他还看到几个村的一群大哥哥、大姐姐们戴上了大红花，穿上了崭新的军装，被敲着锣打着鼓送到前线当志愿军了。

　　忽然有一天，县里举行了一场抗美援朝事迹报告会，主会场就设在城北五里后大庙前的广场上，大量学生还有群众从四面八方涌来，广场一下子变得人山人海。英雄事迹感人极了！听报告的人海回应的不是简单的掌声，而是时不时地掀起的一阵阵口号声，那口号声地动山摇。

　　就是在这次报告会上，王杰第一次听到了黄继光、邱少云、杨根思、罗盛教等英雄的名字。他用心聆听着，生怕漏掉一个字。他们个个都是一级英雄，还有特级英雄。他们的牺牲很壮烈，他们能用胸膛堵住敌人的枪眼，能在烈火中潜伏着纹丝不动，能抱起最后一个炸药包和成群的美国鬼子同归于尽，能在弹尽粮绝时抓起报话机奋力高呼"向我开炮"……

走在回家的路上，王杰越想越觉得浑身热血澎湃，越走越觉得脚下生风，身体里好像还有一个"我"正在催着他前进，前进！于是，他一口气跑进村子，找到了正在忙着做炒面的老村长。

"五大爷，我要当一名志愿军！请您批准我报名参军，发我一支枪吧，我也要上朝鲜，去打美国鬼子！"

看看满头大汗的王杰，王恩地放下手中的大铲子，伸出长满老茧的手抚摩了一下王杰的头说："好孩子，有志气！可是你看，你还没有一杆步枪高呢，怎么能扛枪打仗呢？现在你的任务就是要好好学习，等你长大了，我再送你去当兵。"

这可是当头一盆凉水！王杰感觉心里凉了半截，有些不服气地说："刘胡兰十二岁就参加革命了。我过了年也十二了，为什么就不能参军呢？"老村长操起铁铲子，一边炒面一边不紧不慢地说："只要心里有杆枪，不管前方和后方。上朝鲜打仗当英雄，是爱国；在后方搞学习、抓生产，同样也是爱国。你看咱们村出了那么多的'做军鞋模范'，还有'炒面模范'，这里面还有你家伯母和你父亲的名字哩！"

一股熟悉的炒面香升腾起来，钻进王杰的鼻孔里。"志愿军吃的炒面，原来也有我们村里的一份啊。"他心里这样想着，不禁点点头。"火候到了，面炒熟了！"王恩地撤了火，拍拍手说，"五大爷看你心气高着呢，那就先给你找个事情干起来好不好？"只听王杰应声答道："好！请五大爷分配任务吧。""那就先从扫盲开始吧。咱们村有三个带孩子的妇女，不能参加夜校学习。她们的扫盲任务，明天起就交给你吧！"王杰非常愉快地接受了这份特殊的任务。

其实，扫盲的事情王杰早就干起来了。从去年冬天起，村村办夜校开始扫盲，王廉堂被聘为义务教员。每天晚饭后，王杰主动点上煤油灯，提着在前面为伯父引路；到了学校，王廉堂把煤油灯高高地挂到房梁下，王杰帮忙擦黑板、整理桌椅，热情地招呼着前来参加夜校的农民入座，忙前忙后，似乎他才是这里的小主人。开始上课了，王杰又负责清点人数，把缺课的记下来，第二天中午上门去给他们补课，自觉当起了助教。这次接到老村长的任务后，他就开始抓紧利用每天中午、晚上还有星期天的时间，主动上门对三位带孩子的妇女一一进行补课，风雨无阻，一补就是几个月。等怀中的婴儿稍大，她们就直接来夜校上课了。乡亲们谈论起来不由得交口称赞："王杰这孩子可真行！他为咱村的扫盲立了功。"

然而，王杰念念不忘的还是那些抗美援朝志愿军。全国人民开始节衣缩食全力支援前线了，华堌村小学的办公经费本来就少，可王廉堂还是决定带头只领一半工资，将剩下的一半连同办夜校节余的经费，全部捐献了。王杰看到这些，心里想着要快快长大。

终于传来了抗美援朝全面胜利的消息。这一年，成绩优异的王杰被送进城里的一处完小上学，不久合校，城关第一完小成了他读书的地方。

4

这所第一完小坐落在碧波荡漾的奎星湖南岸，原是德国人建的一座教堂，金乡解放后新政府无条件收回，把它改造成一处小学，琅琅读书声替代了教堂的钟声。

学校大门是一座高大的门楼，白墙灰瓦，呈八字形，那粉白的墙面上赫然镌刻着毛主席的题词：好好学习，天天向上。迎门一面照壁，一样的白墙灰瓦，"团结紧张，严肃活泼"两行大字刷得整整齐齐。一眼望去，整个校门特别端庄气派，许多来往的市民和学生家长从门前经过，都要驻足观望一番。和王杰一同转学进城的还有王伟川和周文福，三个人形影不离，一早一晚同来同走，七八里的路程不仅可以打打闹闹，还可以讨论些功课什么的。

这天下午放学后，天色阴沉，一阵狂风过后，雨点噼里啪啦砸了下来。三人忙着冒雨赶路，忽然看见前面一位老大爷拉着一车地瓜，在泥泞的道路上一步一滑地行进着。

王杰赶忙招呼两位同伴上前去帮一把，没想到两个人一开始有些犹豫，一个说要赶紧回家做作业，另一个说刚才放学后要不是等王杰回教室关窗户早到家了。王杰听了说："我看你们是怕淋雨吧！想想抗美援朝的志愿军吧，他们枪林弹雨都不怕，难道咱们还怕淋这点雨吗？"说着就加快脚步向拉车的大爷跑去。

王伟川看了，连忙和周文福说："王杰说得对！反正顺路，咱们就帮一把吧！"于是，三个人跑上去推的推拉的拉，正在低头拉车的老汉猛然间发现车子轻了，回头一看，高兴地笑起来。

"噢，原来是三个学生，谢谢你们帮我一把！"

王杰一边推车一边忍不住问："老大爷您是哪个村的？"

"就是前边大孙庄的，路不远。没想到这雨下的真不是时候。"

"怎么就您一个人拉车呀？家里就没人能帮您吗？"

老人缓了一口气，有些感慨地说："唉！家里是有个儿子，在解放县城时给攻城的解放军抬担架，腿被敌人的乱枪打残了。怎么说呢，俺家也是光荣之家！"听了大爷的话，三个人顿时沉默了，他们使出浑身的力气，把那辆车子推得更快了……

赶到家时，三个人全身早已湿透，但谁也没有半句怨言。通过这次推车，他们发现原来身边竟有这么多支援家乡解放和前方战事的家庭。从此，每当路上再遇到一些需要帮助的人，这个"三人团"总是二话不说上前就帮。其实，这就是当时悄然兴起的社会新风气，人们翻身当家做主，开始注重互帮互助，提倡争做好人好事，并把它视作不同于旧社会的良好美德。

一天早晨，王杰和辛庆文一块负责打扫学校大门前的卫生。辛庆文是城里长大的孩子，在班里是文艺尖子，爱运动、爱唱歌，热情豪爽，学校有什么活动都少不了他的积极参与。他还是个故事大王，但他却从王杰那里第一次听到了"鸡黍之约""曾子卜居"等几个老故事，惊叹不已。两个人很快成了无话不谈的好朋友，辛庆文还几次请王杰到家里做客。

清晨的阳光像金子一般洒满大地，两个人正像往常一样清扫着大门前的树叶、纸屑。忽然，王杰发现马路对面有件东西，快步走过去一看，竟然是一个鼓鼓囊囊的大信封躺在地上。他开始没有去捡，而是向着行人大声喊起来："这是谁的信封？是谁丢了东西？"见周围无人回应，他这才捡起信封，打开一看，里面竟是一沓钱和粮票。

这时辛庆文靠过来，看着花花绿绿的票子，两个人数了又数，一共是三十元人民币、二十六斤粮票。"发财了！这么些钱和粮票，够城里一家人一个月的开销啦！"辛庆文有些激动，抬头看看王杰，继续说，"丢钱的人一定很着急吧。咱们咋办？"

王杰向街上来回张望了一下说："咱俩就站在这里等吧，失主发现钱丢了，一定会回来找的。"

于是，两人快速打扫完卫生，站在原地等待。好一阵子过去了，也不见失主的影子。上课预备铃敲响了，真急人啊！王杰仔细翻看了一下信封，发现上面写着一行字：金乡县曲艺协会张文隆（收），于是眉头一皱有了主意："庆文，咱不等了。信封上有单位和名字，咱交给学校吧！让老师联系失主更方便些。"两人把大信封原封不动地交给了班主任老师。

当天下午，终于找到了失主，失主好一阵感谢。学校格外看重这件事情，不仅公开表扬，号召全校学生都来学习王杰和辛庆文拾金不昧的事迹，校长还当场给两个人每人奖励了一根铅笔，并把他们的事迹向县里做了汇报。两个人的心里美滋滋的，别小看这一根铅笔，在当时可以写上三四个星期的作业哩。同学们纷纷投来羡慕的目光。

★ 5

转眼又是初夏，雨水多了起来，爷爷家的房顶有些漏雨渗水。这天是星期六，王杰向学校请了半天假，急着回家帮着一块儿修房子。刚走到城北的大庙前，平地刮起一阵狂风，紧接着天上电闪雷鸣，大雨如注，王杰想到庙里躲躲雨再走。忽然，一辆横在路边的地排车挡住了去路。他定睛一看，车上坐着一位老大娘，撑着一把油纸伞，怀里抱着一个婴儿，只见那婴儿口吐白沫，眼睛上翻。拉车的老大爷崴了脚，赶不了路了。

老大娘看见王杰，仿佛一下子看到了救星，不禁焦急地说："俺家住在十里铺，儿媳妇还没出月子，孙子得病不能等了。城西的辛大夫是个名医，就她能救俺孙子的命！"王杰一听连忙说："您说的辛大夫，是俺同学的娘。我知道路！"说着拉起车子就要走。

老大爷急忙说："看你还是个半大孩子，可别累着你，雨这么大。"王杰急忙回答说："大爷，你想办法到庙里躲躲雨，俺有的是力气，路也熟，孩子的病可等不起啊！"说完他一把拉起车子，消失在雨幕里……

诊所里这天接了几个病号，正在忙碌的辛大夫忽然听到外面有人在喊"辛伯母！辛伯母"，向外一看，原来是王杰冒雨拉车闯进来了。她连忙上前接过孩子，看了一眼当即说道："这孩子可能得了'七日风'。幸亏来得早，这病可耽搁不起！"一边说着，一边放下孩子解开襁褓，熟练地取针、装药、消毒，一针下去，那孩子哇哇哭了起来。不一会儿，孩子安静下来，辛大夫重新把孩子包好交给了老大娘。

过了不到一顿饭的工夫，再看那孩子呼吸均匀，脸蛋红扑扑的，竟然睡着了。辛大夫又开了一味药，说是回家备服。老大娘知道她的宝贝孙子得救了，流着眼泪说："谢谢辛大夫和这位小哥哥，你们可都是俺家的救命恩人啊！"

王杰的衣衫也早已湿透了，一拧一股水。辛伯母拿出一件粗布褂头，心疼地说："孩子快换上，这是你庆文哥的衣服，湿衣服放我这儿给你洗了，让庆文后天给你捎到学校去。"

"谢谢辛伯母！""不谢不谢！你可是个好孩子，上次你和庆文拾金不昧做了好事，县广播站广播了好几天，我和你伯父的脸上可有光了！"几位就医的乡亲听了，都忍不住把目光投向这位淋了一身雨的孩子。

光阴荏苒，王杰的个子渐渐高起来，朴实的脸庞、微厚的嘴唇，性格低调沉稳，浑身上下透射出一股阳刚与文雅之气。

班里的语文教员徐老师，功底深厚，讲起课来引人入胜。徐老师教育学生要志存高远，树立远大理想，他经常讲："一个人只有目标远大，才能具备勤奋学习与追求事业的恒久动力。"徐老师还特别要求已经读到四年级的学生，要做有心人，养成写日记的习惯，把每天的学习收获、心得体会以及身边发生的有意义的生活点滴，一一记录在日记里，说长期坚持定会受益无穷。王杰听了这些教导，暗暗提醒自己要试着写起来。他在日记里写道：五星红旗向我招手，我要树立远大理想，立下鸿鹄之志，为祖国为人民做出应有的贡献！

　　课堂上的王杰同学，听课全神贯注，做笔记认真细致，考试成绩名列前茅，是学校里公认的"三好学生"。课余时间，他喜欢阅读有关英雄的书籍和连环画册。在这位正在成长的少年心里，揣着一个彩色的英雄梦。也许，每个人小时候心中都有一个英雄梦，但有的人走着走着就丢了，有的人却一直藏在心里不舍得放下。

　　王伟川对王杰的学习精神和优异成绩非常佩服，总想向他请教一些学习方法。这天下午他们一块回家，王伟川不由得问起一个事情："前天你和数学课代表为了一道算术题的解法，都吵红了脸，课后咱们朱老师是怎么给你们断的案子啊？最后是谁赢了？"王杰想了想，回答说："咱们的朱瑞灿老师可是一位非常敬业的好老师！我们到他办公室评判谁对谁错，他不慌不忙，安排我俩同时按各自解法做了一遍，然后对答案。你猜结果怎么样？"

　　王伟川拿不准，一直摇头，最后王杰笑着说："两个答案是一样的。老师说俺俩的解法都对，还说解数学题的方法与计算过程并不是唯一的。只要结果正确无误，就是好方法，没有绝对的标准答案！"王伟川恍然大悟。

　　这年初冬时节，阴雨绵绵，华垌村进村的路面上结了薄薄的一层冰，踩上去嘎嘣嘎嘣响。王杰和王伟川两个人小心地走着，突然，王伟川指着前方大叫起来："王杰快看，那是谁家失火了？"

　　王杰抬头一看，村东三奶奶院里腾起一股浓烟。"快救火！"俩人大喊一声，丝毫顾不得脚下，一步一滑地向村东跑去，一边跑还一边大声喊着："失火了，失火了！快来救火啊！"两人冲到院子里，扔下书包，就拿起脸盆，一边向门口水塘跑，一边"当当当"敲着脸盆继续呼救。

　　两人一趟一趟从水坑里取水灭火，滑倒了好几次，再爬起来继续干，嗓子也喊哑了。坑边有些低矮的枣树，上面的枝条和荆棘挂破了他们的衣裳，划破了他们的手臂，可他们全然不顾。前来救火的人越来越多，人多力量大，大火终于被扑灭了，人们长长舒了一口气。

这时再看王杰他们，衣服上沾满了泥巴，脸上、额头上一片污黑，王杰的脸尤其黑。一位大嫂笑着对王杰说："王杰，你的脸全呛黑了，我看你不用化妆，就可以直接唱黑脸包公了！"众人看着王杰，也都笑了起来。

从此，王杰多了个"黑脸包公"的绰号。

6

华堌村的百姓最发愁的就是盐碱地！

华堌村在村支书王恩地的带领下种桑治碱，改良土地，多年头疼的事情终于找到了破解之法。党中央号召开展合作互助社后，农户变社员，集体搞生产，所有的牲畜集中喂养，一切财务由村集体统一管理使用。各县把广大社员组织起来，开始了声势浩大的挖河、打井、整地运动，处处热火朝天。尤其是年年挖河修渠，都是前所未有的大工程，直把那排灌站修得高大而又坚固，好比碉堡一般，几十年都用不坏。

青壮年劳力被集中抽调上了工，社里的人手顿时紧张起来。王杰看在眼里，就主动向村支书提出了自己的想法："五大爷，俺每天放学后正好有时间，您就在社里给俺派个活干吧！"王恩地看王杰态度非常诚恳，赞赏地说："我看你就去马棚吧，帮着老饲养员王汝章喂牲口、收青草、清马粪。这些活可不轻啊，你干得动吗？"王杰却说："平时听俺爷爷说，庄稼人有力气，都是越干越有劲。等我干好了，您再给我加活！"

从此，每天王杰一放学回村，就赶到村北的马棚里，学着给牛马添草加料、倒水、出粪。王汝章笑呵呵地看着这位小帮手，只见他将一块羊肚手巾缠在脖子上，忙这忙那，不怕脏，不怕累，俨然一个正儿八经的老社员。

每天傍晚，饲养棚外都有一排社员前来交验青草，这青草可是要兑换成工分的，一斤一两都不能含糊。这天一位本家堂兄前来交草，王杰伸手往草里一摸，发现里面竟然有两个硬邦邦的泥块。这分明是在搞鬼，于是王杰拒绝给他过秤。堂兄看他是个半大孩子，就黑起脸说："自家兄弟，怎么着，不给面子？"王杰不理他，直接招呼后面的几位婶子大娘交草过秤。解放后的妇女能顶半边天，有的比男人还能干，她们看到眼前这情形不免一阵笑。耍赖的堂兄被笑得头皮发麻，只好躲到一边把土块倒掉，王杰这才给他过了秤。三婶张翠云笑着说："他二哥学着点！俺家王杰心眼儿正，他这也是对事不对人，这年头偷奸耍滑不好使了吧！"堂兄撇撇嘴，一脸的不服气。

勤劳能干的王杰很快与老饲养员成了忘年交。闲暇之余，王杰留心向他学了许多本事，比如怎么唤牲口，怎么分辨牲口的声音，怎么与牲口进行交流等。张马庄有一位多年赶牲口的老把式，人送外号"马一鞭"，经常来棚里相看牛马，和老饲养员唠嗑。王杰也跟着"马一鞭"学了不少相马经，还学会了一首民歌。王杰拿起鞭子，一边甩一边唱，一副欢快无比的模样。

冬去春来，王杰在社里干得有声有色，村支书于是又派他每天晚上负责记工分。说起记工分，这可是大生产时代社员集体生活的一项新内容。每天晚饭后，一盏明亮的煤油灯挂在村中的大树上，全社的劳力聚在一起，和生产小队长一一对账，其实就是生产小队长核对每位社员一天下来干了多少活，质量怎么样，对验无误后，逐天记在"工分本"上，作为各家各户年底分粮分肉的依据。这每一分都牵着每一家人的心，多记少记都不行，有时为了一分两分争得面红耳赤。王杰一贯不徇私情，大家都乐意让他当记分员。

一天晚上，王杰要给一位老社员周普文记工分，不巧的是，他白天锄地时不小心损坏了一些庄稼苗，晚上大伙议论起来，要求扣他的工分。王杰问明情况，一下子给他扣了两分。这位老社员，平时在村里颇有威望，大家习惯叫他"周四爷"。周四爷看着前面好多人记的都是十分，轮到自己偏偏记了个八分，脸上挂不住了，不由得大声嚷嚷起来："王杰，你小子也太过分了！都是干了一天活儿，为啥扣四爷两分？几棵小苗苗，值得你小题大做吗？你做事太不公道，咋扣的咋给我改回来！"周四爷一副大嗓门，活像正在喷火的机关枪。

这下有好戏看了！现场气氛紧张起来，上次交草的堂兄也跟着起哄："你小子胆也太大了，竟敢扣周四爷的工分？"憨厚的王杰不慌不忙站起身，把周四爷拉到一边，和气地说："按辈分俺该叫您四爷爷，您可千万别生俺小孩子家的气。我不该当着大伙的面扣您工分，让您难堪。可是四爷爷呀，俺也确实不是故意要您难堪的！您想想，咱村里人都知道您干活是把好手，您在村里那么有威信，听俺娘说，当年还是您家四奶奶给俺家几个姐弟接的生，俺家感恩还来不及呢！"

周四爷气呼呼地回了一句："提起这茬，还算你小子有良心！"

"但是四爷爷，话又说回来，记工分是根据队里的规定办事。咱明明有规定，损坏庄稼要扣分，如果今天不扣您的分，就是徇私舞弊。大伙肯定不服气，其他人怎么办呢？一来二去苗毁多了，社里粮食不就减产了吗？今天俺给您扣两分，以后大伙就会说，连周四爷损坏了庄稼都要扣分，以后干活谁还敢不上心呢？四爷爷，将来您干活又多又好时，队里还会多记工分给您补回来的！"

王杰一席话，句句在理，小小年纪竟然有这等见识，不能不让周四爷心服口服。这位老社员想想毕竟自己有错在先，于是心中的火熄了大半，扭头冲着人群喊道："我的分就让王杰扣吧！俺也不是老糊涂，请大伙以后也要多注意着点！"

自从周四爷这事之后，社里再也没有发生过谁和王杰计较工分的事情了。

7

社会在变化，生产在增长，一团和气的王俊亭家里却发生了一场争执。什么原因呢？王杰和爷爷在油灯下辩论，竟然提出要动家里的土地。土地是爷爷的命根子，怎么能动呢？一老一小因此叫起了板。

原来，学校附近的广播近来播报的有关"高级社"的问题，引起了王杰的关注。《关于发展农业生产合作社的决议》已经发布两年多了，农业合作社逐渐在全国铺展开来，先是初级社，然后转入高级社。全国的合作社去年已经发展到十多万个，据统计初级社达到了十一万四千个，可高级社才二百个，数量明显偏少，于是中央发出全面通知，要求农业生产合作社迅速发展，并号召大量初级社转为高级社。王杰很有心，他把这些记下来，一回到家就开始动员爷爷和父亲加入高级社。

祖业最难割舍，爷爷不愿意在他这儿再流失土地，一把胡子捋了又捋，思来想去怎么也想不通。"咱家的这二十多亩地，是明清两代祖上一辈辈传下来的。这几年盐碱少了，粮食产量翻了倍，咱家的人也越来越多，就指望这些地了。再说地主家的地都已经分了，国家怎么能让咱们这些中农再把地拿出来呢？唉！天不会变吧？"

对于爷爷的顾虑，王杰有办法对付。他让爷爷想一想、比一比，看看解放前后的社会巨变，再想想朝鲜战场的伟大胜利，美国鬼子都被中国人民志愿军打败了，凡国家号召的事情肯定不会错。咱们老百姓整天想过好日子，入社就是全力支持国家、支持新社会。再说这是让老百姓自愿入社，又不是拿着枪逼着咱们非入不可！要有人带头国家才好办事。

一句话说到爷爷痛处，王俊亭不禁想起历历往事，尤其是一九四六年粮食被抢时腰上挨的那两下重重的枪托……孙子进城上了学，长了见识，就是不一样。最终，王老汉想通了，带领全家人心甘情愿地拿出祖田，成了全村第一批加入高级社的家庭。

王杰别提多高兴了，他对这个崭新的社会充满了希望。王杰的学习成绩一路名列前茅，成了全年级的尖子生。在校读书之余，除了操场上做游戏、街头听广播，他感到最有意义的事情莫过于听故事。学校有位刘守庚老师，兼任历史和美术老师，阅历丰富，博古通今，经常给学生们讲故事，操场上的一棵大杨树下竟成了他的"说书场"。从三国、西游、水浒故事，到八路军、解放军，再到抗美援朝的英雄故事，刘老师每次都讲得有声有色，大家也都听得热血沸腾、心潮澎湃。

英雄王杰
WANG JIE

秋天的一个午后，吃过午饭，同学们就在大树下一边等着刘老师到来，一边猜想着这次刘老师准备给大家讲些什么。

刘老师来到大树下，笑呵呵地问道："大家想听些什么呢？"王杰接过话头说："刘老师您好！英雄故事您已经给我们讲了不少，这次您能不能讲讲咱们金乡古时候都出了哪些英雄人物啊？"

"今天就照你的提议来讲讲。"刘老师微微一笑，说，"据我研究，金乡古代的英雄还真是不少。从秦末算起，楚汉争霸时咱们这里有一片大野泽，出了一位能征惯战的将军叫彭越。他擅长声东击西，在项羽的后方拖住了楚军后腿，帮助刘邦一举打下了大汉天下，与韩信、英布一起成为汉初三大名将。游击战，大家知道吧，我国最早使用游击战术的就是彭将军。你们说他算不算英雄？"大家异口同声地答道："算！"

"南北朝时，金乡又出了一位将军，名叫檀道济，他是南朝宋的大臣。有一次在黄河岸边，他率军与北魏军对垒，双方粮草将尽，于是檀道济巧借遍地黄沙当军粮，故意在夜间让士兵过秤，大造声势，迷惑敌军，让敌军以为粮草充足，结果成功退敌。大家说，这位檀将军算不算英雄？"同学们听得入神，不禁为这位将军喝彩。

"明清时期，金乡还有两位英雄人物，一位在淮扬一带全力抗倭，指挥三军将士先后发起二十多次战役，让倭寇闻风丧胆；另一位一生征战五十余载，擅长攻心，曾为维护中华民族大团结做出了不可磨灭的贡献。"讲到这里，刘老师停了下来，他想看看同学们的反应。

"刘老师快讲，这两位英雄都是谁啊？"几位同学催促起来。"他们呀，一位是明代的爱国名将李遂，一位是清代的著名儒将周一德。请同学们记住了，金乡大地代代出英雄，中国历史上从来就不缺少英雄。"随后，刘老师又给大家讲了一段周一德将军四处征战的故事，同学们听得入了迷，一直听到上课的预备铃响起才散场。

王杰回味着这场"故事会"，彭越、檀道济、李遂、周一德，连同刘胡兰、董存瑞、黄继光、邱少云等，还有血战羊山的刘邓大军、老村长口中的"金乡四杰",以及手持钢叉挑鬼子却没有留下姓名的民工,这些人都是英雄。他深深地感受到,古往今来的英雄们虽然性情不同、特点各异,但他们却有着最大的共同点,那就是:爱国,勇敢,为民。

⭐ 8

华堌村后静静的万福河,发怒的样子尽管可怕,但它温婉的模样却也可人,如果不是以往常有泛滥之虞,人们更乐意接受它每年带来的馈赠。夏季大雨过后,浑褐色的水面上泛起层层水花,沿河几个村的人们纷纷登上河岸,撑船撒网,拉网赶鱼,一网接着一网,一条条活蹦乱跳的大白鲢被打上岸来,还有些人见人爱的黄鲤鱼。见此场景,大人和孩子们欢呼雀跃,一时间家家炖鱼飘香,老人和孩子们敞开肚皮吃个痛快,真叫一个解馋!

一九五七年的夏天悄悄来临了,鲁西南大地十几天连降暴雨,一场百年不遇的特大洪涝灾害暴发了。顿时,金乡境内洪水四起,万福河两岸一片汪洋。

凭着多年来对这道河水的了解,华堌村的乡亲们从来就没有放松过对它的防范。在村子四周,社员们用麦秸和泥筑起的拦水围堰,经过紧急加固,暂时把大水挡在了外边。

突然,村里的大喇叭响起来,村支书紧急招呼全村的强壮劳力火速赶往村北,抢运仓库里的粮食物资。原来,村北地势稍高的集体仓库和饲养棚,竟也遭到了滚滚洪水的围攻。土坯砌筑的仓库,经过洪水的浸泡,随时都会发生倒塌。

王恩地带着一队青壮年赶来了,大家一看,仓库门前竟然有人用土块和砖头打起了一道围堰,将雨水挡在了门外。那人就是王杰啊!他守着仓库,已经和洪水周旋了好一阵子。

"王杰好样的!"

"这孩子顶用了,是个扛大梁的料!"

村支书抬头看那天上乌云仍在继续聚集，高喊一声："各位老少爷们儿，咱们抓紧抢运物资。"

看仓库的马二叔带着几个壮劳力进到仓库，此时的屋顶上已有多处漏雨，房梁也嘎吱吱作响。他们顾不了这些，抓起那一袋袋高粱和喂牲口的饲料，轮流发到一个个抢险队员的肩上，一刻不停地向外抢运着。十五岁的王杰参加了这支抢运队伍，他第一次感到自己双肩原来可以扛起七八十斤的分量。汗水的味道咸咸的，王杰的心里却是甜甜的。

时间在一分一秒地流逝，物资搬运完毕，村支书王恩地最后一个离开仓库。突然，一阵响雷在头顶炸开，狂风卷着暴雨再次从天而降，只听轰隆一声，王恩地身后的仓库轰然倒塌，水面上荡起了可怕的阵阵浊浪……

瓢泼大雨一直下个不停，村北万福河里的河水早已汹涌激荡，水位越涨越高，如果大水冲开了南岸，华堌村就是第一个被淹的村庄。再看那堰里堰外的水面很快就要持平，孩子哭、大人叫，华堌村上下乱作一团。

王杰冲进门，把村外的情况告诉了父亲，只听王儒堂大声喊道："灿堂，快卸门板！咱们扎木筏，开筏救人！"王杰见状，上前和三叔三下五除二卸掉六块门板，快速绑扎成一个木筏。王杰在水中推动木筏，父亲站立筏头，招呼村里的孩子和老人们分批上筏，以篙撑水探路，一趟趟把乡亲们送到万福河大堤上。见此情形，村里人又扎起几个木筏来，不断地往大堤上运送老人、孩子。

青壮年全被组织起来了，两岸百姓联合全力护堤。这大堤，目前就是唯一能为两岸村民提供生命庇护的地方了。

当木筏再次撑过村里的饲养棚时，里面忽然传来一声嘶鸣，王杰听了大叫一声"不好"，这棚里怎么还有一匹马呢？几年来他常来饲养棚，熟悉这里的情况。没有半刻迟疑，他蹚着齐腰深的水摸进去，果然看到一匹枣红马正拴在柱子上。那马焦躁不安，不时仰天发出阵阵长嘶。

马通水性，本不怕水，只要解开缰绳就万事大吉了。王杰靠过去，却发现那缰绳早已被枣红马挣得紧上加紧，怎么也解不开，而马棚也在洪水中摇摇欲坠。怎么办？怎么办？王杰机警地四下一望，猛然看到一把镰刀挂在马棚里，他伸手取下，看准那缰绳，猛的一刀下去，缰绳应声而断。

　　枣红马得救了，发出一声长嘶，向着王杰扬扬前蹄，半卧在水中。王杰来不及多想，一把抓住马鬃，飞身骑上了马背。枣红马驮上小英雄，飞步跨入洪水，直向宽大的万福河岸方向奔去。就在这一刻，马棚轰然倒进了洪水之中……

　　乡亲们聚集在河岸上，一边看着汹涌的河水，一边焦急地等待着消息，担心着王杰的安危。他们正在议论着，远远望见水中游来一人一马，看到王杰骑在马背上像个凯旋的将军，悬着的心终于放了下来。乡亲们纷纷赞不绝口："王杰真是好样的！这孩子原来长着一颗虎胆啊！"

03 万福河岸边有灵枣也有刺槐

1

一九五七年的这次洪灾，对全县人民群众的生产生活造成了严重影响。为了彻底治理河道，消除洪水隐患，山东省人民政府要求省水利厅统一组织调度菏泽、济宁两个专区，对万福河干流（流域）进行全面治理疏浚，而在老万福河向北三公里左右，一条宽阔笔直的新万福河也同时动工了。

大雨停了，太阳总算出来了。野性十足的暴雨和洪水折腾了一个夏天，留下了横遭践踏的田野和村庄，惨不忍睹。万福河南岸决开了一道几丈长的口子，翻滚的黄沙覆盖了成片的庄稼。许多人家房屋倒塌，只得在河岸上搭起一片片窝棚。

"开——工——喽！"随着一声高亢而悠长的号子响起，河两岸的男女老少向着万福河正式宣战。一张张铁锨在挥舞，一根根扁担挑着装满土的箩筐在飞奔，一面面红旗呼啦啦迎风飘起来，战天斗地的口号声此起彼伏，成千上万人的治河大军在河滩上日夜奋战，他们坚决不给洪水留任何再搞破坏的机会。

王杰挥动着一把铁锨，在奋力挖土装筐。他把一肚子的怨气全撒在了工地上：这场可恶的大水，淹了村庄，夺走了收成，耽误了我的升学考试。治不好水，就上不好学，什么事也别想干好！只有把你制服了，乡亲们才有活路。王杰一头扎进治河大军中……

他干着干着忽然发现了一个问题：挖土装筐，肩挑人抬，人人干劲十足，运送效率却并不太高。王杰思前想后，不知如何解决，趁着晚上歇工，就和三叔一起琢磨起来，最后请父亲帮忙，取一块门板做底座，钉上三道挡板，做成了一辆小推车。第二天天刚亮，三人就到河滩上试着干起来。两个人两把铁锨同时装土，然后由三叔驾车，王杰则在前面套上一根纤绳使劲拉车，一趟就运了八个箩筐，效率翻倍。

上工的人到了，立即围上来一看究竟。老书记王恩地上前打量了一番说："这套新家伙，装得真不少嘞！"王杰回答说："五大爷，这是俺和三叔昨晚的发明。这车子不但装得多，跑得也快，比那肩挑人抬可要省劲多了！"

王恩地禁不住连声叫好："好啊！王杰读了几年书，干事就是有法子。"他拍拍王杰结实的肩膀，高声向河滩上的人群大声讲道："从今往后咱华埝村也有能人了，我看王杰将来一定是块好料子！"听到这句赞扬，王杰挠挠头皮，不好意思起来。

用小推车运土，效率大大提高，王恩地于是立即安排王儒堂带领木工班连夜批量造车。这款小推车，被乡亲们亲切地叫作"爬山虎"，有了它，华埝村河段的疏浚进度一下子远远超越了其他村庄。王恩地看到王杰毕竟还是个长身体的学生，就免了他的工，安排他到工棚负责记账、记工分，帮助伙房干杂活。

在华埝村下游的万福河南岸，有一个村子叫赵阁，两个村子相距十余里路。治河任务由西向东赶，华埝村第二批施工地段分在了赵阁一带，工棚就建在了赵阁村北的河沿下。村支书王恩地带领着全村青壮年劳力，吃住都在工棚。伙食长叫吴子源，手艺不错，王儒堂负责帮厨，磨面、买菜、打下手，忙得不亦乐乎。

那时，乡村还没有打面机，全靠手工磨面。与工棚一望之地的村北头，有户姓赵的人家，恰好家中有个磨坊，于是，王儒堂隔三岔五就要推着粮食来磨面，有时候吴子源也去，一来二去，他们很快与赵家人熟稔起来。大人们都忙的时候，王杰也帮着父亲去磨面。

2

赵家有个小姑娘，十二三岁，扎着两个小辫子，脸庞圆润清秀，长着一双凤眼，特别清澈，街坊邻居都叫她小玲子。小玲子落落大方，言谈举止十分稳重。王儒堂接触一段时间后，知道这是一户好人家。

新中国成立初期，乡村的孩子一到十四五岁就订婚是常有的事情。王儒堂也开始有了心事，大女儿雪兰明年开春就要远嫁内蒙古，儿子眼看也满十五了，他内心不免着急起来。自从到赵家磨面见到小玲子，他觉得这个小姑娘聪明伶俐，学习也好，十分讨人喜欢。儿子比小玲子应该大个两三岁，年龄非常合适，于是王儒堂就产生了托媒结亲的想法，但不知人家姑娘是否许配了人家，一时竟不知该如何开口。

几天后的一个下午，赶上伙房忙，王儒堂就打发儿子独自到赵家磨面。临行前，他特别交代说："你到了赵家之后，和人说话要注意分寸，无论对谁都要有礼貌，见赵家有什么活，就帮着干干。千万别毛躁！"对于父亲的叮咛，王杰一一答应着。

赵家的门开着，院子里静悄悄的，一棵大枣树上挂满了灵枣，树下的石桌上整齐地摆着课本、铅笔盒和作业本。王杰小心地喊了几声，见无人应答，便径直走入磨坊，将粮食倒在磨盘的漏斗上，用力推起磨来。忽然院子里传来脚步声，他透过木窗看去，一个十来岁的小姑娘正挑着一担水，摇摇晃晃地走进来。

挑水的就是小玲子，她放下担子，很是艰难地提起木桶，试图将水倒入一个大缸中。那缸有些高，她提了两次都没能倒进去。王杰见状，连忙跑出磨坊。"小妹妹放下，我来帮你！"只见他就地一把提起，"哗——哗——"响过，两桶水在大缸里荡起一阵阵水花。"大哥哥，还是你劲大！俺以前挑水回来，都要先舀出来几瓢才能提得动。现在感觉有些劲了，可还是不行。"

王杰忽然皱了皱眉问："小妹妹，你家大人呢？"小玲子轻声说："俺爹俺哥都去挖河了，俺娘在社里参加劳动，每天都忙到天黑才回家，这些挑水做饭的活就交给我了。俺每天写完作业，就是挑水做饭。"

王杰听了打心眼儿里佩服，这么小的女孩子，居然能干这么多活，真不简单！于是他关切地说："小妹妹，今天我正好在你家磨面，你去挑水吧，回来喊我一声，我帮你！"小玲子高兴地点点头。

几个来回，大水缸满了。这时，小姑娘有些疑惑地问道："大哥哥，我看见你来俺家磨面两次了，你年龄也不大，怎么就不上学了呢？"王杰叹了口气，说起了因夏天发大水人被困在村里耽误了考试的事情，女孩对王杰意外辍学感到格外惋惜。

王杰见状赶忙说："不过呢，伯父正给我联系职工子弟学校，让我一入冬就去补习，我准备明年再考金乡一中初中部。"小女孩一听乐了起来，不由得抚了抚头发说："嗯，俺也这样想，两年后等俺完小毕业了，也要报考这个城里的学校。"王杰笑着说："那咱俩将来可就在同一个校园里学习了。"

说着说着，俩人低头看看大水缸，那水面如同一面清澈无比的镜子，清晰地映出两个脸庞。

王杰忽然想起了什么，问道："我还不知道你叫哪个名字呢？"小姑娘很干脆地回答："俺叫赵英玲，邻居们都叫俺小玲子。大哥哥，请问你叫啥？"

王杰笑着说："小玲子，多好听的名字啊！俺叫王杰，乳名芳，原来还有个大名，一上小学就改了。因为俺喜欢英雄豪杰，就改成王杰了。"

赵英玲一听，连忙说："俺也改过名，原来叫赵英灵，灵枣的灵。"她指了指院里的大枣树，接着又说："去年爹爹又把这个灵字改成一个王加个令。其实俺也喜欢英雄，抗美援朝的志愿军个个都是英雄。有几家给俺提亲的，俺对娘说，俺要嫁就嫁解放军……"小玲子忽然发现自己说漏了嘴，连忙止住。

其实，在那个崇尚英雄的时代，一个女孩子能够嫁给解放军，那可是特别光荣的事情，一家人的脸上都有光。说出去的话是收不回去的，王杰听了先是一愣，又勾起了往事："小玲子，前几年我还要报名去当志愿军呢，可惜年龄不够没去成。要是能去前线打美帝国主义，肯定就能看到英雄啦。"

小玲子天真无邪地说："我看你身强力壮，将来肯定能当个大英雄！"两人说着笑着，不知不觉已到黄昏。王杰慌忙说道："不好，我要赶回去了，耽误了伙房开饭，伙食长要骂人了！"

小玲子帮着王杰撑着面袋，两人把磨好的面装得干干净净。王杰往肩上一扛，大步流星出门就走，临出门丢下一句话："小玲子，下次我还帮你倒水！"

自从两人认识以来，王杰每次去磨面，心里竟多了几分紧张与期待。他不知道到底为什么，那是一种很特别很特别的感觉。他还发现，明明俩人才刚刚认识，却好像已经认识了很久很久。小玲子也非常喜欢王杰，这个大哥哥不光能帮她倒水，还能帮她辅导作业。

3

中秋近了，赵家的枣树上挂满了红通通的灵枣，十分诱人。赵母让小玲子抽空将枣打下来，留着春节做年糕。小玲子趁王杰又来磨面时请他帮忙，王杰毫不犹豫地答应了。

第二天下午，王杰如约而至。他拿起一根长竹竿，先把枣树周边能够得着的枣打了下来。树顶上的枣需要爬上树去打，王杰紧了紧腰带，敏捷地爬上了枣树，背靠一个树枝，脚蹬枝杈，左右手分别抓住一个较粗的树枝，使劲将那枣树摇了几摇，然后，腾出手来用长竹竿向高枝枣密处打去。一阵噼里啪啦响过，地面上顿时铺上了一层犹如红玛瑙一般的枣子。

太阳西斜，金辉满地，王杰站立在树杈上，气势不凡。赵英玲仰起头望着树上喊道："王杰哥，我感觉你现在真像个大英雄了！"王杰听了不由自主地向树下望了一眼，阳光洒在小玲子的脸颊上，她的两只小辫随着俯身捡枣而不停地甩动着。乌黑的秀发，含笑的眉眼，步态轻盈，楚楚动人，王杰禁不住多看了几眼。

"王杰哥，你等一会儿再下树，俺给你搬个凳子来！"

"不用，不用，你闪开一下。"说话间，王杰顺着树干往下一溜，紧接着一个飞身，稳稳地落到了树下。"小玲子，这一地的枣，你自己慢慢拾吧，我得赶回工棚了，还有活等着我干哩！"

"王杰哥，这一篮子灵枣你带给大叔吃吧！今天多亏你帮我，要不我一个人怎么也要打上两三天。"王杰说什么也不要，还说今年收成不好，你们家留着过年有用，然后一溜烟跑掉了。

小玲子追出家门口，不舍地看着王杰的背影。忽然，王杰扭过头来远远地丢下一句话："小玲子，以后我若真成了大英雄，你愿意嫁给我吗？"一句话撞到了姑娘的心，小玲子的脸上瞬间飞起一片红霞，比那地上的红枣还要红上三分……

晚霞漫天，工棚里热气腾腾，伙食长吴子源刚刚忙完手头的一大堆活，蹲在工棚门口抽着旱烟，等待收工的队伍。远远地望见王杰跑来，老吴站起身，以调侃的口吻大声说道："你小子野哪儿去了，这么晚才回来？是不是又帮老赵家的小闺女干活去了？我看呀，这赵家正缺个身强力壮的上门女婿，帮着挑水磨面，我觉得你小子正合适。"随即发出一阵大笑。

平时这一老一小就爱斗嘴，只是这次老吴的火力有些猛。只听王杰回敬道："吴大伯，帮着干活怎么了？咱们平时老用人家的磨，也没见

03 万福河岸边有灵枣也有刺槐

给人家什么答谢。人家小姑娘提不起一桶水,你这老头子每次去磨面都装着看不见。我这是在帮你啊!"

一直在忙活的王儒堂突然现身,喝住王杰,让他不要顶嘴,又笑呵呵地走到老吴面前,拿过他的烟斗,替他装满烟叶,用大拇指按了又按才递过去。王儒堂看老吴吸了一大口,这才笑吟吟地开口搭话:"老吴哥,您可是咱村里的大能人,您牵成了那么多姻缘,兄弟我很是敬佩。要不麻烦您去这老赵家问问,看看小玲子有没有许配人家。"

王儒堂见他只是大口抽烟不说话,就打开话题说下去:"老吴哥,俺家这孩子您也是看着长大的,磨面、养马、干活、记工分,都是一把好手。现在完小毕业了,还准备接着考学,给他赵家当个女婿,配得上。人家赵家爷们儿应该是个念过私塾的,俺大哥王廉堂也是念过的,这该算是门当户对了吧?"

吴子源早已心如明镜,侧眼看了两眼默不作声的王杰,这才转过头说:"二弟呀,既然你话说到这份上,我就去那老赵家试试看。不过咱们丑话说在前头,这件事成不成的,谁也不敢打保票。但我这媒人可不能白忙活,而且也不能空着手进赵家门,得有讲究。你让儿子明天给我买上两盒好烟、两斤糖,我找机会就上门!"

王儒堂一拍大腿,大声回话:"都听您的,老吴哥,明天就去办。"就这样在挖河期间,吴大师傅当上了王赵两姓联姻的穿针引线人,一桩好事渐渐有了眉目。

4

眼看国庆节到了,父亲给王杰特批了两天假,让他进一趟城,找找同学辛庆文,打听打听报考一中的事情,再看看辛家父母。

两人见了面,兴奋地拥抱在一起。辛庆文一直挂心城北被洪水淹没的华堌村,挂心王杰,今天见到他,甭提多高兴了。他万分感慨地说:"王杰弟弟,咱俩在城关完小读书时,你就是班里的尖子,老师经常表扬你底子厚，我看你补习一下功课，明年一定能考上一中，咱俩又能在一个学校读书啦！"

王杰点了点头说："庆文哥，我也是这么想的。大水刚过那会儿，家里面乱成一团，书包也被大水冲走了，真是不想读了。好在治河一切顺利！这次来找你，就是向你借资料的，一有空我就复习起来。冬天再加把劲，争取明年考上一中。"王杰诉说着心中的计划，辛庆文听了满心欢喜。

忽然，辛庆文想起一件事情，郑重其事地说："王杰，明天国庆节，金乡一中正好有个大活动，你跟我们一起参加吧！""什么大活动？我还不是一中的学生，参加合适吗？"王杰好奇地问。

只听辛庆文有些神秘地说："咱们县政府正在羊山为英雄修建烈士陵园，准备把牺牲在金乡的解放军烈士遗骨迁移到陵园中安葬。明天学校组织我们去为这些烈士起坟。听说要去起坟，还要收集骸骨，许多女同学都不敢参加。我们班里人手不够，你去也算帮我一把。"

王杰听明白了，原来还有这样的事情，心想今天来得可真是时候！于是他不假思索地说："太好了，我参加！今天晚上就和你挤一张床了。"

辛庆文高兴得跳起来，拉上王杰就去找母亲。诊所里很忙，满墙都是新张贴的"消灭血吸虫，造福全人民"的宣传画，俩人看了半天才等到辛大夫腾出时间来。辛大夫好久不见王杰，忍不住上前一把抱住了这个干儿子，几年前王杰雨中救婴的情形不由得浮现在眼前。

"干娘您咋这么忙？俺好几次都梦见您了。要不是发大水治河道，俺早来看您了！"娘俩儿拉起手，有说不完的话。"娘也想你啊！全国人民都在消灭血吸虫，咱可不能拖了国家的后腿。给老百姓看病，就是为人民服务。"

干娘看王杰又黑又瘦，很是心疼，顺手拿起一个听诊器，在他小腹上来回听了一阵，随后取出一粒宝塔糖，让他放进嘴里慢慢含化，说是专治蛔虫的。说着，她又取出两颗用纸包好，嘱咐王杰带上，三

03　万福河岸边有灵枣也有刺槐

天吃一粒。

一阵甘甜在口腔里润化开来，王杰感到整个身心都充满了幸福。他又想起了那年那场大雨，想起了干娘救治的那个婴儿，他应该早会跑了吧！在这个诊所里，干娘不知道救治过多少病人，现在又参加了与血吸虫的斗争，这种精神多么值得我们年轻人学习啊！

辛母有心留他多住几天，王杰却说："干娘，不要麻烦了，俺只住一晚，明天一早就跟着庆文哥去参加学校活动。看您一天到晚够忙的，人瘦了不少，您可要保重身体啊！"王杰是想多住两天，可他也知道河工上缺了人手可不行。

晚饭时，辛家特地杀了一只鸡，炖得满院飘香。一家人坐下来，辛庆文看到母亲一个劲儿地给王杰夹菜，不由得做个鬼脸说："俺娘真是个偏心眼，干儿子来了，就不要亲儿子了！"一句话惹得满桌人大笑起来。

辛伯父喝下两杯烧酒，听说两个孩子明天要去收葬烈士英骨，感慨地说："这可是件大好事！县政府修陵园，为的是英雄，得的是民心。这些烈士好多都是外地的，据说从黄河北岸的台前、阳谷两个县来的最多，还有从渤海边上过来的解放军。他们当年可都是年轻的小伙子，好多还没娶上媳妇就光荣了，真是可惜啊！"

辛伯父叹息了一阵子，又讲起他的一段亲身经历。那还是刘邓大军腊八打城的时候，城里的国民党守军被围之后，开始疯狂地反抗和镇压百姓，全天净街，抢钱抓丁，火烧民房。城里的老百姓可遭了殃，一家家，一户户，躲在地洞里，十多天不敢出来啊。他们还对监狱里的共产党员举起了屠刀，一次就杀了三四百人，可恨至极！就在淮海战役打响前夕，解放军决定彻底消灭盘踞在金乡的国民党军，开始攻城。老百姓恨透了国民党，一些人半夜里就在城中四处燃放鞭炮，把守城的国民党军搞得草木皆兵，军心涣散，再加上解放军猛烈攻城，国民党军很快就缴械投降了……

听到这里，王杰不由得想起五大爷王恩地也讲过这段历史，原来每一次胜利的背后都有着许多的牺牲，没有昨天的付出，就不会有今天的幸福。

辛伯父讲到动情处，将一杯酒洒在地上，喃喃地说道："天下儿女一样亲，哪家的孩子不是父母生的。明天一早，我给你们俩多备些纸钱带上，别忘了在祭奠的时候，也替俺尽一份心意。"

5

金乡一中的队伍第二天早晨七点就出发了，一面大红旗迎风招展，队伍里清一色的男学生，他们旋风一般出了城……

辛庆文悄悄告诉王杰，走在前面那位头发花白的老教师，就是金乡一中的校长杨经元，他是走过南闯过北的老革命。他这次说什么都要亲自带队，非要来送英雄们最后一程。王杰心想，别看这杨校长已经六十多了，走起路来却丝毫不输青年学生。这可真是位好校长！我一定要考上一中，能在这样的学校里学习，该是多么幸福和骄傲啊！

高河店烈士墓场就在万福河南岸，自愿守墓的张大爷，虽干瘦得像棵山枣树，人却特别精神。他带领着队伍静静地走过一个个坟头，来到墓地中间一片空旷之地。那里摆放着一排排蒲筐，中间站着一位身着绿军装的高个子，特别引人注意，他就是县人民武装部的刘干事，专门负责烈士遗骨的收集安葬工作。

刘干事炯炯有神的目光扫过整齐的队伍，声音沉着而严肃："金乡一中的老师和同学们，大家辛苦了！我代表县人民武装部感谢大家。这里埋葬的烈士，都是一九四七到一九四八年在羊山战役、万福河阻击战以及解放咱县城的一系列战斗中牺牲的英雄们，他们为了人民的解放事业献出了宝贵的生命。为了更好地纪念他们，我县在羊山建设了烈士陵园。今天咱们为烈士起坟，这是一件非常严肃的事情，请大家一定注意保持肃静，要怀着崇敬而又悲痛的心情全身心投入收集工作。"整个墓场鸦雀无声，王杰紧挨辛庆文站立着，认真听着刘干事的每一句话，内

03 万福河岸边有灵枣也有刺槐

心深处感到无比的神圣。

接下来是几条注意事项。刘干事提醒大家挖土时务必小心谨慎，千万不要碰坏烈士的遗骨。收集遗骨时，不要落下土中的骨头碎片，如果遗骨旁边还有其他遗物，要与遗骨装在同一个蒲筐里。如果发现物品上有部队番号、名字或遗言的，要仔细辨认，认真记录。"总之，我们一定要完整地保存好烈士的遗骨和遗物，尽量保持原貌，让烈士们能够在新的陵园中安息！"

对于如此细致入微的安排，在场的每一位青年学生都听得特别认真，一张张清秀的脸上神情凝重。这时，看坟的张大爷提醒大家，起坟结束后要将土地整平，来年春天好耕田种地。并且说，自己在这里安家守了十年整，这次也该回家了。

起坟终于开始了，墓场里到处闪动着忙碌的身影。

按照两人一组的安排，王杰和辛庆文来到墓场边缘的一个坟头。那坟上长满了荒草，坟边有棵两人高的刺槐树，秋风吹来，飒飒作响。两人并排在坟前恭恭敬敬地站好，行过鞠躬礼，从背包里取出纸钱点着，一缕青烟慢慢升起，随后消散在瑟瑟的秋风里……

两人开始动手起土，小心翼翼地将土层挖开。由于英骨是在战乱中埋下的，掩埋得并不深，不大一会儿，土层里就露出了一具骸骨。王杰心中一热，连忙放下铁锨，蹲下身子轻轻地用手扒土，渐渐地，肋骨、腿骨、趾骨还有头骨全部清晰地显露出来，头骨中竟然还夹杂着几粒子弹头。

辛庆文看得仔细，皱皱眉头说："王杰，这位烈士一定是被机关枪扫射牺牲的，你看还有七八个弹头呢！"王杰轻轻拂去烈士头骨上的土，发现旁边还有一个青瓦片，上面一行暗红色字迹时隐时现。王杰轻轻擦拭湿润的瓦土，上面露出了"二野三纵十八团二营"的字样，后面的名字却有些模糊。王杰颤声说："庆文，这瓦片上的字，好像是部队番号和烈士的名字。"

辛庆文也蹲下身来，拿起青瓦片仔细地端详着："看这名字，好像是什么代。"他们又忽然看到烈士头骨的眼眶里还卡着一颗弹头，在白生生的头骨间已经锈迹斑斑，两人都禁不住心中一颤。王杰捣了下辛庆文，说："快去叫守墓的大爷，问问他这眼眶上卡着的子弹该不该取下来。"

谁知张大爷来到后仔细看了又看，一直不说话。他轻轻地抚摸着瓦片上的字迹，忽然一下子跪倒在地，伤心欲绝地哭起来，一边痛哭流涕，还一边念叨着："小蛋蛋儿同志，今天我可找到你了，你让我找得好苦啊！"看到张大爷这副模样，王杰不由得也跟着眼眶湿润起来。他上前一把搀住那个干瘦且抖动的身躯，轻声劝道："老大爷不要哭！您的身体要紧啊。您一定认识这位烈士吧？就给我们讲讲他的故事吧。"

张大爷好不容易止住泪水，哽咽着说："这个烈士我认识，他叫刘思代，是二营通讯员，刘邓大军攻打羊山那段时间里，他就住在俺家的东屋里。"说着，他不禁长叹一口气。"唉，他可是位小英雄，勇敢着呢！老家应该是黄河北岸阳谷县的，十五岁就参加了解放军。人可勤快了，又是打水，又是扫院子，大家都叫他小蛋蛋儿……有一天晚上，营长说敌人可能要耍手段伏击咱们的部队，派他去通知进攻西街的解放军及时撤退。当他赶到西街传达命令时，敌我双方早交上了火，小蛋蛋儿看准敌人的一个机枪点，用力甩过去一颗手榴弹，'轰'的一声把那个火力点炸上了天。部队接到命令后边打边撤，小蛋蛋儿也跟着加入了战斗，却不幸中弹牺牲了。他才刚满十六岁啊！后来担架队把他抬了下来，因为部队紧急转移，他身上的子弹都没来得及取出来就匆忙下葬了……俺在这里守了十年墓，今天总算找到他了！"

一具骸骨，一段故事，一位小英雄，王杰听着听着，泪水不自觉地顺着腮边滑落下来，他心潮翻滚，思绪万千。啊，小英雄才十六岁！仅仅就比自己大一岁，比刘胡兰牺牲时也正好大一岁。真正的英雄与年龄大小无关，而在于敢于战斗、敢于牺牲。

听罢哭罢，王杰擦干眼泪，拿出纸条认真地记录着那个瓦片上的部队番号，并用极其工整的字迹写下小英雄的名字：刘思代。

03 万福河岸边有灵枣也有刺槐

英骨被一一装入了蒲包。轻点！再轻点！两个人努力把动作放到最轻，生怕一不小心碰坏了什么。两个人将全部物品放入蒲包中，将包口扎紧，慢慢地抬上一辆卡车……

迁坟活动结束了，墓场里只剩下那棵刺槐，孤零零杵在秋风里飒飒作响。对于今天的经历，金乡一中的师生们无不感到分外激动与难忘。王杰和辛庆文这对搭档，也分明感到内心深处一直有一种莫名的东西在涌动着，心情久久不能平静。他们默默地跟着队伍离开这片墓场，好久谁都没有开口说话。王杰心想，英雄原来离自己这么近，他们已经在这里静静地躺了这么多年，而自己一个多月来几乎和他们天天擦肩而过。

两个人要分手了，一个要赶回工地，一个要赶回学校，而王杰却还有一肚子的话要说："庆文哥，今天非常感谢你，是你带我参加了这次起坟活动，令我终生难忘！刚才我一直在想，今天我们起到的这位小英雄，真有英雄气概，他就是咱们学习的榜样！我们要学习先烈们的英雄气概，将来长大后也一定要参军入伍，在祖国和人民需要的时候，也要像他们一样赴汤蹈火，万死不辞！"

"啪！"空旷的田野里响起了一声清脆的击掌声，两人击掌为誓，然后各奔东西。

6

夜里，王杰翻来覆去睡不着，好不容易进入梦乡，忽然间冒出一座大山，山上山下炮火连天，一颗颗子弹在空中穿梭。只见一个十五六岁的小战士正奋身跃起，勇敢地奋力向前冲杀。王杰手里不知什么时候也拿起了一杆钢枪，一扣扳机就是一梭子子弹。好啊！自己终于上了战场，他兴奋极了！突然，前面冲锋的小战士倒下了，头上流着血，殷红的血把军帽染红了。小战士倒在了自己的怀里，说他就是刘思代，感谢自己把他送回了羊山……血，染红了王杰的双手，他赶忙伸进一个大水缸里，使劲地洗呀洗呀，满缸的水越洗越红，可手上的血就是洗不下来……

他一阵惊慌,猛然间醒来,愣愣神一看,工棚外星斗满天,耳边是河工们劳累一天后的阵阵鼾声。王杰举举手臂,感觉一阵麻,原来是一场梦啊!虽然是梦,也算摸到枪了,还和小英雄一起并肩战斗过。这个梦,着实让人留恋。

几天后的一个清晨,王杰要回华堌村帮河工催粮,在赵阁村头看见一个小姑娘,挎着书包,一条红头巾格外扎眼。王杰一眼认出来,立即追了上去:"小玲子,等等我!我正好回趟家,咱俩一块走吧。"两个人见了面,王杰赶忙聊起上学的话题:"小玲子,两年后等你完小毕业了,是要报考金乡一中吗?"

赵英玲甩甩两条辫子,不假思索地说:"嗯,考!一定考一中!上次咱俩说好的,你怎么又忘啦?俺可不想早早地回家干农活。"

"小玲子有志气!"王杰伸出大拇指,继续说,"告诉你一个好消息,我上补习班的事有准信了。伯父给我联系上了职工学校,我也找到了复习资料,一入冬就去上课。我的目标也是考一中。"

赵英玲忽然瞪大眼睛说:"王杰哥,几天前在高河店村头来了一群金乡一中的学生,一下子把那里的烈士遗骨全起走了。听说不少大人去看,我们女孩子都不敢去。王杰哥你去看了吗?"

"嗯,我不仅去了,还亲自参加了呢!"说着,王杰讲起了起坟的经过。小玲子听着听着,不禁眼神直发愣,虽然在极力壮着胆子,可还是掩饰不住内心的紧张。王杰看她一脸惊恐,连忙解释说:"小玲子别害怕。说真的,第一眼看到那些白骨时,俺也感到头皮发麻。可转念一想,这些白骨可都是英勇的解放军战士留下的,当年他们可都是冲锋陷阵的英雄,如果没有他们的壮烈牺牲,哪有我们今天的幸福生活。他们是那么年轻,他们都是咱们最可亲可敬的人!一想到这些,我心里就充满了敬佩,再也不紧张了。"再看小玲子的脸色,果然和缓了许多。

王杰挠挠头皮,忽然叹了一口气说:"唉,只是有一件事情没有办好,今天想起来有些后悔。"

03 万福河岸边有灵枣也有刺槐

赵英玲不明白这话的意思，连忙问究竟发生了什么事情。王杰默默地说："我起到的那个骸骨，是一位叫刘思代的小英雄，在他头骨的眼眶里卡着一颗子弹，那是他牺牲时留下的。当时光听守墓的大爷讲故事了，竟忘了把那颗子弹取下来。枪子卡在那里，该有多不舒服啊！"赵英玲连忙安慰说："这么多英雄都搬到陵园里安葬了，这是多好的事情啊，我们应该为他们感到高兴才对。"

王杰点点头，也赶紧转移话题。他从兜里摸出一个东西，递给小玲子说："这是干娘给的宝塔糖，专打肚子里的蛔虫，这两颗给你吃吃看。"小玲子高兴地接过去，顺手攥在手心里，心里充满了甜蜜……

7

吴子源的穿针引线起了效果，赵王两家决定正式结亲。订婚之日选在这年的阴历十一月十六，这天是个好日子，还正好是赵英玲满十三周岁的日子。根据当时风俗，定亲是件大事，男家须向女家送些彩礼，而女家则要准备酒席款待来客。说起这彩礼，倒也简单，男家蒸上二十对大白馒头，再带上两只大红公鸡、两床红花被面、两斤喜糖、四瓶老酒、两件布料等，种类或多或少，只要成双成对便好。当然有一件事情是绝不能少的，那就是一定要请媒人到场开怀畅饮。

王杰的奶奶还特意翻出一件宝贝，那是一对镂空银手镯，原是她的陪嫁，这次她特地用红绸包起来交给王廉堂，并再三叮嘱他上门时要当面打开。这在农户人家，当属珍贵之物。王廉堂也备了礼物，买了一支上好的"金星"钢笔，算是送给赵家姑娘的礼物。

定亲当天，一家人喜气洋洋，王廉堂兄弟带上三家媳妇，还有前来帮忙抬送彩礼的左邻右舍等十几号人，组成了一支规模不小的定亲队伍。王杰穿了一身新衣裳，兴冲冲却又显得十分忐忑，见人就脸红。

临行前，王俊亭特别嘱咐："今天你们去赵家结亲，这可是咱家的大喜事，虽说现在是新社会，但有些老辈传下来的礼数不能丢。你们去了赵家，座次不能乱，席间称呼还有敬酒动筷都要长幼有序。还有，咱家孩子虽腼腆，但进了赵家门嘴要甜，要有眼色，进进出出要有礼貌，可千万别丢了咱王氏的脸啊！"

华堌村与赵阁村隔着一条万福河东西相望，对于常年步行的乡村人来说，这十几里路算不了什么。队伍有说有笑地向前进发，快到赵阁村口了，便吹起了唢呐，喜乐沿着一河两岸响亮地回旋着……

赵家派人在村口迎候，邻居们纷纷出门看热闹，都想着吃上一块喜糖，也好沾沾喜气。定亲程序进行得特别顺利，一场酒喝下来，两家人已经亲如一家。大媒人吴子源毫不客气地坐了首席，一直喝到酩酊大醉，还嚷嚷着如果赵家新女婿不背他离席就不回去了，惹得满院人哈哈大笑。

王家妯娌见到了大方懂事的赵英玲，感觉非常有眼缘，特别是张淑英，看到了称心如意的未来儿媳，心里好像灌了蜜。回来后，打开押礼盒，王儒堂和大哥发现，喜糖、布料、钢笔赵家留下了，其余的连同王杰奶奶的那对银手镯，他家全都给押回来了。王儒堂和大哥赞叹道："赵家人不贪恋东西，这家人真不错！"后来才知道，这竟然是小玲子拿的主意。

第二天，王杰换下衣裳，赶到县城职工子弟学校住下来，开始安心地复习功课。他下定决心，这次一定要考上一中！

04 以服从祖国需要为最快乐

★

  盛夏的蝉在树上高唱着，王杰从地里割完草刚进家门，就听到伯父兴奋地喊道："王杰，你考上了！快看，这是金乡一中的录取通知书，刚刚送来的！"爷爷高兴地抽起一袋旱烟，奶奶眉眼含笑地看着出息的大孙子打开通知书。伯母杨玉芹抱来一个大西瓜，一刀下去，西瓜清甜四溢，这是一家人送给王杰的第一份礼物。

  晚上，王杰把录取通知书放在枕边，激动得睡不着觉，就给远在内蒙古的父母写了一封信，他要在第一时间把喜讯告诉自己生命中最重要的人。

  王杰的父母怎么去了内蒙古？原来，那年大水过后又赶上春荒，野菜越挖越少，榆树叶子吃光了就吃树皮，村里不少人家被迫选择到关外谋生。这年忙完春耕，王家十几口人也慢慢揭不开锅了。为了生存，也为了缓解家中困境，王儒堂决定带领家里五口人到内蒙古落户。临走前，他万分不舍地把儿子留给大哥照顾，主要原因就是关外的教育比不了关内，只有让王杰留在家里跟着大哥读书才有希望。王廉堂今天看到了通知书，心里别提多高兴了！

　　转眼就到了新生开学的日子，王杰被分到十二级五班，班主任是张家骥老师，他性情温和，戴着一副宽边眼镜。他上下打量着前来报到的王杰，只见这个学生装束简朴，眉清目秀，脸庞微黑泛红，一双眼睛特别明亮，浑身透着一股朴实和坚韧。王杰填写了一份表格递上去，张老师看后不禁夸赞："王杰同学，你的字写得真不错！"

　　新生入学仪式热烈而隆重。王杰感到格外激动，因为他考入了梦寐以求的金乡一中，再次看到了杨经元老校长，他那沉稳而又洪亮的声音在人头攒动的操场上空响起。

　　"同学们，欢迎你们考入金乡一中这所红校！未来的三年时间，大家将在这里度过美好的中学时光。金乡一中有着光荣的历史和特殊的贡献。建校之初，她有一个响亮的名字，叫'湖西中学'。她是一九四〇年，中国共产党在抗日战争中为了配合地方游击战争和培养军政干部而建立的，当时人们一直亲切地叫她'小抗大'。自建校以来，学校六易其名，那是因为新中国成立前属于流动办学，先后辗转了黄河两岸四个省十余个地市，直到新中国成立后才搬到了金乡这片土地上。如果说没有共产党就没有新中国，那么我要说，没有新中国就没有今天的金乡一中。

　　"今年是金乡一中的第十八个开学季，在此让我们共同深切缅怀湖西中学第一任校长李贞乾同志。李贞乾校长是苏北丰县人，他毕业于徐州师范学校，是一位了不起的英雄。古人有'上马击狂胡，下马草军书'，我们的第一任校长就是这样一位文武双全的爱国志士。是他，在红色湖西组织起广大的人民武装力量，打响了鲁西南抗日第一枪；是他，动员全家把枪支、粮食、马匹都捐给了八路军苏鲁挺进支队，而且全家二十六口都参加了抗日；还是他，在担任湖西公署第一任专员期间，创立了湖西中学，并兼任了首任校长。他是一个彻底的革命者。一九三八年的时候，一股日伪军突袭了他的老家。在一次战斗中，他的四弟李秉公被日军抓去投入烈火中焚烧，他的母亲等十六口家眷也一块被抓。日本人扬言，如果李贞乾不缴枪投降，就把他全家人泼上煤油烧死。大义凛然的李贞乾回答说：'我心疼亲人，但更痛恨侵略者！我宁可牺牲全家，也决不向敌人屈膝。'他就是这样一个刚正不屈、铁骨铮铮的人！他还是一个临危不惧、敢于牺牲的人！一九四二年，日伪军对湖西根据地实行'铁壁合围''大扫荡'，为了掩护主力部队撤退，他毅然跃马鸣枪引开敌人，最终壮烈牺牲，以身殉国。继任校长张建华同志，也是在抗日战争中光荣牺牲的。他们都是英雄，他们永远都是金乡一中屹立不倒的精神旗帜，永远值得我们敬仰与怀念！

"一九四二年底，第一批从湖西中学毕业的三十几名学生，全部参加了八路军，走上了抗日救亡的道路，许多人成了烈士、成了英雄。从建校到新中国成立，湖西中学先后为党和国家培养出了一千余名干部，成了名副其实的革命人才摇篮！请同学们思考一个问题：英雄是什么？告诉大家我的理解：英雄是有着大无畏牺牲精神的人，英雄是只管耕种而不问收获的人。今天，我们身处伟大的社会主义建设时期，我希望你们一定牢记革命红校的光荣传统，树立远大理想，珍惜大好时光，严于律己，刻苦学习，茁壮成长，又红又专，在不久的将来用火热的青春报效祖国、报效人民！"偌大的操场上爆发出雷鸣般的掌声。

王杰聆听着老校长铿锵有力的讲话，回味着两任校长为国捐躯还有第一批毕业生献身抗战的事迹，一股强大的力量不由得从内心深处升腾起来。这真是一所光荣的学校！多么让人难忘的开学第一课啊！

当晚，他在日记中挥笔写道："我生长在一个幸福的新社会，我们的学校有着光荣的历史，是革命者的摇篮，我为能在这里学习而骄傲！我一定加倍努力，刻苦上进，以实际行动来珍惜无数革命先烈用生命换来的幸福生活。"

2

国庆节前夕，学校决定开展一场爱国主义教育活动，特别组织初中部新生举行一次悼念烈士活动。王杰心中充满了期待。自从去年参加烈士英骨收葬活动后，他一直想去烈士陵园看一看，没想到这次如愿了。

旭日东升，秋高气爽，《东方红》《没有共产党就没有新中国》《社会主义好》一曲连着一曲，鲜红的校旗迎风招展，几百名新生排成一条长龙，在嘹亮的歌声中向羊山进发，引得沿途的人们纷纷驻足观看。两个小时过去了，队伍登上了羊山之顶，烈士陵园就坐落在这里。山顶上一片寂静，太阳躲进了云层里，极目北望，一排排山峦远近起伏。

庄严的悼念仪式开始了。烈士公墓前，师生们整齐列队，老校长稳步上前，代表一中师生向烈士墓敬献花环，全体人员向公墓深深三鞠躬，以表达对长眠于此的八千余名烈士的无限怀念与崇敬。

王杰注意到，公墓的南部和西部坟茔棋布，一坡有碑有文，而另一坡却有碑无文。顺着那些坟茔，负责守护陵园的杨大爷开始给同学们讲起一个个英雄的故事。听得出，他和万福河边守墓的张大爷一样，对烈士和英雄有着特别真挚的感情。

讲着讲着，老人停立在一块刻有"少年烈士曾广华"几个字的墓碑前，讲解忽然变得格外动情："同学们！这位小英雄叫曾广华，是咱们县城南鸡黍镇石佛集人，他在抗战时期参加了儿童团，负责站岗放哨、传送情报，牺牲时还没有你们大呢！那是一九四九年，国民党疯狂反扑金乡，到处搜捕和屠杀地下党员与革命群众。十二岁的儿童团员曾广华不幸被敌人抓到了，国民党严刑拷问让他说出谁是共产党员，粮食藏在哪里，谁是八路军的家属，否则就杀掉他。曾广华始终咬紧牙关，穷凶极恶的国民党看到一无所获，就残忍地剁掉了他的十个手指头，顿时血流如注……疼痛万分的曾广华铁了心，咬紧牙关一声不吭。凶狠的敌人就用刺刀撬开他的嘴巴，小英雄满嘴是血，他瞪大充满仇恨的双眼，一口鲜血喷在敌人的脸上……敌人始终没能从他的嘴里得到半个字，不禁恼羞成怒，就把这位十二岁的少年英雄杀害了……"

王杰被感染了，两行热泪迸流不止，他紧紧地攥起拳头，牙齿咬得咯吱咯吱响。在他看来，山西有女英雄刘胡兰，我们金乡有小英雄曾广华，两个人都一样的勇敢、坚定，一样的伟大、光荣！

王杰最想看到的，还是刘思代的墓被安放在哪里了。那一排排的坟茔和墓碑，究竟哪一处才是阳谷县小英雄的呢？他小心翼翼地寻找着，终于在一棵松柏下看到了那个熟悉的名字。

王杰注视着墓碑，去年秋天为烈士起坟时的一幕一幕又浮现在眼前，尤其是那个卡在眼眶上的枪子，画面突然变得十分清晰……王杰的内心忽然间无比内疚起来，他责怪自己为什么没把那个子弹取下来，冰冷的子弹一直卡在眼眶里，该有多难受啊！

这个问题，一直困扰了王杰好长时间。

3

如果说红旗下的小学生活是五彩的，那么中学生活就是蔚蓝的，它高旷、纯洁，开阔而又辽远。王杰就像一只羽翼渐丰的苍鹰开始不断试飞，又恰似初绽的花蕾渐吐芳华。

王杰所在的十二级五班共有五十二名学生，不知什么原因，学校在分班时竟然分入班内四十八名女生，男生只有王杰、张平、李俊、吴云亭四个人。因此，这个班有了一个非常奇特的名字叫"女生班"。张家骥老师看中了王杰的诚实淳朴，又了解到他读小学时"拾金不昧"的故事，于是点名让他担任了生活委员。

生活委员一上任，就为班级领来了一个盛汤的大木桶，还有铁皮菜桶、柳编馍筐各一个。教室离伙房大概有五百米，木桶盛汤后重达六七十斤，有时遇到刮风下雨，道路泥泞，就要光着脚板去抬饭。一日三餐，每天往返三趟，班里安排四人一组轮流抬饭，可是几天下来不少女生根本就吃不消。张老师感到有些棘手，于是召开班委会讨论解决办法。

王杰自告奋勇站起来，毫不犹豫地说："张老师，我是生活委员，昨天我就和其他三位男同学商量过了，作为'女生班'的顶梁柱，以后这每天领饭担汤的任务，就由我们四个男生全包了！请老师放心，我们保证风雨无阻，坚决完成任务！"见王杰拍起胸脯，信心满满，张老师欣慰不已。

秋雨绵绵，王杰等四名男生赤脚前去抬汤领饭，外班的同学看到了疑惑不解地问："为什么每天都安排男生干活？我们班的女生可什么活都干的。"王杰抹一把脸上的雨水，幽默地说："俺班的女生金贵着呢，特别像这样的阴雨天，要让她们光脚抬饭，这可是我们五班男生的耻辱！"

听到这些回话，外班的男同学不禁笑了起来，说他竟然还懂得"怜香惜玉"。王杰可不管那些，带领着他的"四人团"，风雨无阻，毫无怨言。肩膀压疼了，他们咬咬牙不吭声；肩膀压肿了，他们垫块毛巾继续干。这个"四人团"竟然坚持了一年之久，直到再次分班才自然解体。

随着"鼓足干劲，力争上游，多快好省地建设社会主义"这句口号一夜之间响彻大江南北，各地青年学生都被安排参加农业生产，田间劳动理所当然地成了必修课。城东高河公社的几个村庄，成了一中学生常去从事生产劳动的基地。

三秋时节，十二级五班被分派到郭七楼这个大村庄拉耙平地。这个时期，全国农村机械化水平不高，农业产量也低，人们过着半年糠半年粮的生活。再加上农业生产畜力匮乏，人力拉犁拉耙成为常态。村里派了两位老庄稼把式，专门负责帮学生站耙。十几个学生抓起长绳，"一二一，一二一"喊着号子拉起耙，一个个大土坷垃被卷入耙下，不断被耙齿磨碎荡平。虽然拉耙是个力气活，只需同步发力即可，但站耙却是一个技术活，需要两只脚一前一后稳稳地踏在耙上，两手拽紧耙绳，不断奋力协调身体与耙的平衡，远远看去就像是在"土海"里"冲浪"。

五班学生被分成了四个小组，两个小组一架耙，轮流拉耙，这叫歇人不歇耙。由于没有考虑男女生的体力搭配，有一组竟然全是女生，拉耙力量明显弱。王杰见状，就放弃轮休，坚持两班都上岗，一连几天下来，从不计较。

　　田野里其实也有故事。这不，王杰看那站耙的老伯始终不歇着，就想替替他。趁换班的时候，他一边擦汗，一边和老伯搭话："站耙的大伯，让我替您半天吧，您这样也太累了！"

　　只见那老伯笑着回答说："这可是俺的岗位，不能换。我看你这几天也老不歇着，像个爷们儿，可你再能干，也不能替俺站耙！"

　　"为什么呀？"王杰有些纳闷。

　　"耙下做牛马，耙上难当家；宁做三年马，不当一天家。你们这些学生娃子听说过吗？这站耙看似轻松，实际上很危险，这活可不是谁想干就能干的！"说着指指那被磨得锃亮的耙齿。

　　原来这看似简单的农活还大有学问啊。王杰想一想接着问："这耙地一趟又一趟，可有个标准？什么时候才算耙好了？"

　　"这标准嘛，你看准了，什么时候咱们把地耙得像面缸一样看不见坷垃，就算好啦，这样的地才肯长庄稼。小伙子记住喽，人哄地一天，地哄人一年，马虎不得啊！"老伯笑呵呵地讲起了种地经。

　　听了这番话，王杰很受触动，原来种地的学问大着呢！这些农业谚语老师课堂上可不讲，王杰赶紧记下来，心想将来有一天自己真当了农民，就当一个有头脑的新农民，可不能种一辈子糊涂地。

4

　　郭七楼村的地终于被耙成了"面缸"，劳动队伍又转战到了高河店村。王杰对这里熟悉着呢，参加起坟来过一次，挖河工地离这儿也不远。起坟的那块墓场上的田地早就做了平整，已种过了两茬儿庄稼。这次三秋支农，不但要接重活，而且吃住都在田间地头，于是，五班面临的第一项任务就是先解决住宿问题。按照安排女生都住进了搭建在高坡上的三座庵棚里，四名男生和带队的徐老师住进了一个水坑旁边的庵棚里，两处相隔两三百米远。

学校除了支农外，还要开展班级养猪活动，自力更生开展生产自给。五班分了几头小猪，由班里各组轮流喂养。男生庵棚设在水坑低洼处，也是为了养猪方便。一安顿好住处，王杰就独自跑到田野里和万福河边打起猪草来。他小时候当过饲养员，割起青草来又好又利索。傍晚时分，班级在地头一边集中收猪草，一边举行赛诗会。王杰触景生情，即兴赋诗一首：

菜河以东东沟西，土地肥沃青草绿。
十二五班齐动手，堆堆猪草如山积。

当天夜里，拉了几天耙的学生倒头就睡。半夜三更，突然刮起一阵狂风，天黑得像锅底，闪电伴随着几声闷雷过后，豆大的雨点噼里啪啦地从天空中砸下来。

正在草庵中沉睡的王杰被雷声惊醒，一坐而起，推了一把身边的同伴："张平，外边下大雨，你听，刮大风了。咱们的庵棚在低处，可能吹不倒，女同学的庵棚在高处，这么大的风要出问题的。快起来！咱们去看看！"这时，徐老师也被惊醒了，连忙叫起其他几个男生，大家快速穿上衣服，打起手电筒冲进风雨中。

果然不出所料，风雨飘摇中的庵棚的绳子已被刮断，女生们在黑暗中乱作一团，正不知如何是好。王杰紧跑几步大声喊道："同学们不要慌！徐老师和我们都来了！"在徐老师的指挥下，几个男生七手八脚地忙活起来。王杰一马当先爬上庵顶，将刮断的绳索重新固定结实，忽然一阵狂风吹来，裹挟着冰冷的雨水，王杰被吹得晃了几晃，冻得瑟瑟发抖。

雨越下越急，风却渐渐小了，徐老师带领大家仔细巡查了庵棚四周，将松动的绳索一一牢牢地固定在木桩上。女同学们感动得齐声大喊："谢谢徐老师，谢谢王杰，辛苦你们了！"

太阳出来了，田野里湿漉漉的。高河店村的支农任务是帮当地社员深翻土地。翻地不仅是种植庄稼的需要，同时还有改善土壤、加深耕层、消灭病虫害、清除杂草的作用，通俗点说就是晒晒地，来年病虫害少、收成好。

全班同学来到地头，领工的社员拿出皮尺分配任务，每人分地半米宽，需要一直深翻到田畦的另一头，足足有二百米长。正值农耕大忙时节，田间地头除了社员，就是支农的学生，红旗飘飘，人头攒动。同学们按捺不住，没等领头社员进行劳动示范，就你一锨我一镐地干了起来。王杰知道秋后深耕是一项特别耗体力的重活，他担心很多在县城长大的同学尤其是女生，从未干过如此强度的农活，再加上缺乏劳动技巧，可能吃不消。

果不其然，不一会儿，有的人手上就磨出了血泡，有的累得气喘如牛、汗流浃背，还有几名女生用方巾蒙了头，抹着汗水直喊"累死了"。王杰见状，就和徐老师商议了一阵，只见徐老师抿嘴一笑，然后召集大家说："大家停一停！这翻土可是个力气活，不能蛮干。王杰挖过万福河，有点经验，让他给大家做个示范吧！"

王杰亮亮嗓子大声讲起来："同学们，大家一定要注意用巧劲。"他一边说，一边往掌心里啐了一口唾沫，使劲搓了搓，继续说："这样做可以把锨杠攥得更紧，免得手上起泡。脚踩铁锨时，一定要均衡用力；起土时要将膝盖作为支点，顶住锨把，合理用好杠杆原理。"说着，王杰紧握锨把，手脚并用，使劲一蹬锨头，"咔呲"一下锨头就挖进了深土层，再用双手压低锨把，右腿一顶，将整锨湿土反扣起来，一锨又一锨像纳鞋底一样排，翻出的土块像翻开的书本一样连成一片，在阳光的照射下还闪着亮光呢！

带工社员赶来了，伸出大拇指，直夸王杰是把干活的好手。"大家熟记要领，分组干起来吧！"在带工社员和王杰的示范下，大家逐渐掌握了技巧，热情也高涨起来，相互加油，你追我赶，谁也不甘落后。王杰除了完成自己的半米地块，还尽量向两边扩展，以减少两侧同学的劳动量。但毕竟强度太大，半天下来，王杰的双手也磨出了血泡，他一声不吭地用手绢缠住右手，咬紧牙关继续干。

休息时，大家坐在田埂上，王杰用竹笛演奏《社会主义好》，拉开了田间大合唱的序幕："社会主义好，社会主义好，社会主义国家人民地位高，反动派被打倒，帝国主义夹着尾巴逃跑了。全国人民大团结，掀起了社会主义建设高潮……"嘹亮的歌声在田野上空久久回荡，好一幅团结向上、生龙活虎的支农画面啊！

在此期间，作为生活委员的王杰，除了和大家一起翻地干活、承包抬饭之外，还要趁大家休息时结算账目。有一次他算来算去，钱票与馒头的数量就是对不上，于是他逐一核对各组数量，发现问题就出在赵秀芹这一组。他找来赵秀芹，两个人算了半天，也没有找出问题出在哪里。

究竟是怎么回事呢？晚饭后，赵秀芹突然想起自己把其中一个人领取的数量"二"误写成"三"了，便慌忙跑去告诉王杰。这下账目终于对上了！对此，王杰严肃地批评赵秀芹粗心大意，她却笑笑说："不就是一横之差吗，有啥要紧的？"王杰一本正经地说："数字虽小，但为班集体服务要的就是一丝不苟，我们绝对不能马马虎虎！"赵秀芹接受了批评，从此再也没有出过任何差错。

生活委员还要承担从学校向高河店运粮的任务。有一次在路上，王杰发现有个粮袋竟然破了一个洞，回头一看粮食稀疏地掉了出来，足有几十米远。他对拉车的同学说这也太可惜了，便赶紧塞紧洞口，让他们拉车先走，自己则蹲在路边一粒粒捡起粮食来。当捡完粮食赶到驻地时，开饭时间早已过了，他啃了一个凉馒头，撑过了一个晚上。

繁重的支农任务终于快要结束了，学校要求各班级评选劳动模范。负责组织评选的班长张平提议说："同学们，咱们互相看看，谁肩头的衣服磨破了，谁手上起的茧子厚，谁就是出力最多的那一个，就是我们要评出的劳动模范！大家说好不好？"

话音刚落,全体目光"唰"的一下聚集到了王杰身上。他的两个肩头早已磨开了花,而他还若无其事地站在那儿傻笑呢!

5

一九六〇年春,全县掀起了一场植树热潮,城西三十里白洼林场成为主战场。早晨五点吃过早饭后,金乡一中的师生一路欢歌,有说有笑,沐浴着朝晖向城西快速进发。

林场方圆十多公里,远远望去密密麻麻黑压压一片,林中有一条白河向东流去,白洼正是白河的源头。这片林场远近闻名,密林深处藏有珍贵树种大叶榆和白榆。春天的林场正焕发生机,各类树木竞相吐芽抽枝,几丛金黄的迎春花惹得女孩子们看了又看。队伍到达林场指定区域,各班级认领地块、打点放线,很快投入紧张的义务劳动中。

王杰所在的班级不甘示弱,纷纷拿起铁锨去挖坑。然而,一锨下去,只听"哐"的一声,连半个锨头也没下去,就像碰到了坚硬的石头上,震得人双臂发麻。原来,早春的林场地下冻土尚未完全化开。全班傻了眼,这样下去怎么能挖出坑来?怎么完成今天的任务?

王杰看在眼里,急在心上,自告奋勇要试一试:"把镐头给我,看我的!"只见他解开上衣的两个扣子,抡起铁镐,向着那白色灰点奋力一镐,接着两镐三镐下去,冻土竟被硬生生刨开了花,露出下面的软土,铁锨终于有了用武之地。

同学们喜出望外,齐声喝彩,王杰更加来了精神,为大家在前面当开路先锋。同学们纷纷行动,大个的男生都专挑重活干,一时间挖坑栽树、回填浇水,全班有条不紊地忙起来。

一班人正干得起劲,王杰忽然回头看了看刚栽下的十来棵树苗,心里想糟了!赶忙放下镐头,对几个正在栽树的同学说:"这树苗是要分阴阳面的,栽错了,树就长不好了!"

"这树怎么还有阴阳面啊?没听说过。"有两个同学惊讶不已。

王杰指了指树苗说："大家看，这树冠的枝叶一面多、一面少，对不对？树苗生长靠太阳，向光的一面枝叶就多，背光的一面枝叶就少。是不是这个道理？"

"王杰你是怎么知道的？"

"俺村靠着万福河，老书记带我们巡树时教的呗！把树的阳面向着太阳栽下去，树才能长得好。"

同学们恍然大悟，赶紧检查返工，按照阴阳面把树重新栽好。下午四点收工时，一排排树苗迎风挺立，好不喜人！大家这才发现王杰的衣服早已被汗水湿透，头发一绺一绺的犹如被雨淋过一般，真是一个又有办法又肯吃苦的劳动模范啊！不少女同学向他投去钦佩和倾慕的目光。

周一班会总结了这次周日义务植树的经验，张家骥老师不但表扬了全班，尤其是表扬了勇于带头、埋头苦干的王杰，同时还宣布了两件振奋人心的事情：一是学校本周末组织观看影片《上甘岭》，算作对参加义务植树师生的全体褒奖；二是从下周起，开始进行为期一周的通讯兵训练，从即日起开始报名。全班顿时欢呼起来，班会一结束，王杰就毫不犹豫地报了名。

周末终于到了，晚饭后同学们迫不及待地赶往影院。这是一部黑白电影，它的名字牢牢印在了全国人民心里，每一场观众都是爆满。这部电影，也让王杰念念不忘，他把电影中八连战士的故事牢牢记在心里。为了祖国，为了朝鲜人民，为了世界和平，八连的志愿军战士与美帝国主义浴血奋战，连续击退了敌人二十几次的进攻，成功拖住了敌人。美帝国主义对我军疯狂封锁，八连战士因此失去了与外界的联系。战士们缺粮缺弹药，尤其是严重缺水，很多人渴得嗓子冒烟，嘴唇干裂。为了解上甘岭之困，上级派来了送水小分队，战士们也冒着枪林弹雨出去抢水，却一次次倒在敌人的枪口下。最后八连的战士们创造了奇迹，他们在严重断水断粮的情况下，以超凡的毅力在上甘岭上坚守了二十四天，为大部队的反攻赢得了宝贵的时间。

电影中有一幕特别让人感动：一个送水小分队冒死冲破火线，万般艰难地送来了两个苹果和几个萝卜。连长把苹果让给伤员，伤员觉得自己不能浪费那么宝贵的食物，大家谁都不舍得吃，互相推让，推了一圈之后，连长决定每人吃上一口。他们闪闪的目光，让人看到了战友之间的信任，看到了无私，看到了无比强大的坚忍与毅力。

见此情景，王杰不禁思考起一个问题：他们这种大无畏的精神究竟是如何炼成的呢？影片似乎已经告诉了答案，但是那种种挑战极限的事情真是太不可思议了。我该怎么学习呢？也许，将来有机会进了军营，到了前线，一切就能找到真正的答案了。

6

通讯兵训练，是一件让人心驰神往的事情！

学校的大操场一下子变成了练兵场，部队派来了军事教官，主要开展通讯兵布线、接线等技术专题军训，这样的科目在如今的学生军训中实属少见。报名参训的两百名学生戴上军帽，穿上草绿色训练装，排成整整齐齐的队伍，校园上空时不时地传来战斗机飞过的呼啸声。有的同学说："等我们练好了，就去报名参军开飞机，飞到台湾打老蒋。"

王杰非常珍惜这次训练机会，几年下来他对于农业生产技术掌握了不少，但军事技能却从未接触过。

训练虽是从初级的队列练起，但强度之大、精度之准，却远非平时的体育课所能比拟。尤其是到了放线、布线、接线环节，不仅要求速度快，还要讲究安全系数，技术要领很多。王杰凭着认真刻苦的劲头，专注听讲，反复练习，出色地完成了每一项任务。他记住了教官的一句话，叫"战场上瞬息万变，速度是赢取胜利的关键"。认准了这一条，他就在晚上加班练，挽起七八斤重的线架子，在大操场上一趟又一趟地练习跑步，直到十点多汗水湿透了"军装"才肯罢休。

一场春雨袭来，夜间温度骤降，结业测试恰好安排在第二天早上。王杰负责接线任务，只见他动作敏捷，步伐沉稳，技术要领到位，教官连连点头。就在接最后一个线头时，由于天冷手麻，手指一时不听使唤，他一连几次都没接上。怎么办，难道要放弃吗？忽然，他想起了《上甘岭》里电话班特等功臣牛保才，在战斗打响前的紧急关头，电话线被炸断了，牛保才用牙齿咬住线缆才接通了电话线，为命令顺利下达赢得了宝贵的三分钟。于是，王杰急中生智，连忙用牙齿咬住线缆，使劲打上了结，终于出色完成了测试任务。

这次军训，王杰第一次找到了"当兵"的感觉。军训虽然结束了，但他却养成了每晚放学后加跑三圈的习惯。

王杰还有个习惯，每到星期天就回一趟华堌村，帮助生产队算账，一忙活就是半天，可他却干得满心欢喜。因为在生产队这个大集体里，他能见到老书记王恩地，还能和老饲养员说说话。乡亲们都喜欢王杰，盼着他长出息，能够在村里新一辈人中拔个尖。王廉堂对王杰从小悉心教育培养，看他初中成绩不错，更是想着他将来能过关斩将，有朝一日考取金乡一中高中部，那样就离跳龙门不远了。

就在王杰考入金乡一中的第二年，赵英玲也顺利考取了金乡一中，被分入初中部十三级三班。王杰的同桌王校田，家也在赵阁村，同桌关系虽好，但定亲之事绝对保密。谁知一次偶然的机会，王校田在王杰的笔记本里发现了一张赵英玲的照片，非要交给老师，王杰这才不得不坦白真相："俺俩早就定亲了，是家里给定的。俺俩在学校里约法三章：不见面，不联系，比成绩。这事只能你一个人知道，千万不许乱传，否则影响不好。咱们都要以学习为重！"晚上，王杰请他喝了一顿鸡汤，外加几个香喷喷的烧饼，王校田这才笑着答应今后守口如瓶，而且还成了他们两个人的秘密联络员。

农村和农业生产的广阔天地，依然期待着这批渐渐成熟的劳动力。这年五月，城关公社周庄村的稻田需要插秧，十一级的学生进入毕业季，十二级与十三级的学生力量便顶了上去。插秧需要到河对岸运秧苗，运苗的小船上，其他人手中都是抱着一捆秧苗，王杰却站立在船头，两手提着三捆秧苗。赵英玲也参加了这次劳动，见此情形，特意为王杰"量身定做"了一首长诗，其中有这样几句写得颇为用心：

水悠悠，船悠悠，旭日东升照船头，倒插水影岸杨柳。
一捆捆翠绿的秧苗，随人渡河不离手，腰弯如月不抬头。
王杰插秧从不在别人后，汗水随着插秧流，
完成任务不顾休息连忙帮落后。

六月里，远在运河边上的相里公社需要人手帮助社员收麦子，他们再次被派去帮忙。光是步行拉着木板车，从学校走到那个叫车楼的村子就要六个半小时，一干又是七八天。王杰不光插秧是"领趟子"，割麦子也同样是"领趟子"。他不但割得好，而且割得快，别人割三垅，他就割四垅。"趟子"领得好，决定整个班级的速度，人人卖力往前赶。紧张的劳动间隙，同学们还不忘鼓励王杰写几句诗。金色的麦浪一望无际，丰收的场景太动人了，转眼王杰就把诗写成了：

微山湖畔运河旁，同学车楼割麦忙。
鼓足干劲争上游，争取早日粮归仓。
感谢党的政策好，农民心中喜洋洋。

麦收圆满结束之际，王杰被评为"劳动红旗手"。返校途中，王杰与赵英玲不期而遇了。看着眼前王杰活脱脱一个农家小子的模样，赵英玲不禁想起三年前两个人定亲的场景，那时的他一身新衣还脸庞红润着呢。赵英玲不无心疼地说："王杰哥，这些天不见你，看你都晒成黑炭了！"王杰诙谐地回答说："黑中透亮，才是咱当农民的本色嘛！"

回到校园，王杰不知不觉来到了操场上。这里是那么熟悉，它不但是大操场，还是曾经的练兵场，嘹亮的口号声好像还在耳畔回响，那次"当兵"的感觉真好。考学，当兵，还是从事农业生产？这道选择题正悄悄装进他的心底。

王杰是个有心人，他利用课余时间阅读了大量文学著作、革命书籍，对《钢铁是怎样炼成的》《野火春风斗古城》《谁是最可爱的人》读得尤其深入，还做了大量读书笔记。他发现，身边好多同学的青春偶像竟然都是保尔·柯察金，保尔对青春和人生意义的思考，无可替代地成了大家的座右铭。王杰也喜欢保尔！

当王杰读了《延安作风万岁》后，他的心里久久不能平静。延安，这个革命的圣地，虽然没有去过，然而谁的心里没有装着一座宝塔山呢？延安作风，革命传统的象征。对照自己现在的生活和学习条件，他感触万千，写下一篇感想：

> 读了《延安作风万岁》一文之后，我的内心是那样的不平静，老前辈们伟大的革命品质，以及乐观主义精神、艰苦朴素的作风，深深地感动着我，其中对我教育最大的是老前辈们艰苦朴素的品质和正确的政治方向，艰苦朴素的工作作风，灵活机动的战略战术和团结、紧张、严肃、活泼的"抗大作风"。
>
> 革命老前辈的这种艰苦朴素、不怕困难忘我革命的精神，永远值得我学习。而且只有具备了这种精神，才算是一个真正的革命青年。然而过去我却不是这样的，回忆起两年来的生活，我万分惭愧……
>
> 另外，延安时代的青年他们个个精神抖擞，愉快乐观，工作、学习、生活都很努力，从不松懈。在学习上他们的精神更是值得我们学习。那时不仅没有现代的科学仪器设备，更谈不上宽敞明亮的教室，学习条件更艰苦，上课、吃饭都在露天。树干就是凳子，双膝当课桌，锅灰糊在壁上当黑板，平土时留个土堆当讲台。同学们写字没纸就在地上写，没笔就用鹅毛、树枝。住的是窑洞，几十个

人在一起，睡土炕，挤得满满的。吃饭不仅没有细粮，就连小米、棒子面也没有，大都吃一些黑豆，没油没菜，生活是那么艰苦。

现在，我们住在宽敞明亮的瓦房里，环境优越，风景美丽，学习的课桌凳子又大又好，闪闪发光。教室用的仪器都是现代化的科学仪器，教室宿舍有电灯，晚上如同白昼一样。用的钢笔是高级的金笔，纸又白又好。宿舍又宽大又清洁，安着一个个的玻璃窗；吃的是杂粮和细粮，油、菜都充足，逢年过节都要改善生活，杀猪宰羊，吃的饭又白又香。在学习上，老师抓得很紧，教得好，备课仔细。同学之间团结友爱，互相帮助，生活该是多么幸福啊！照理应该努力学习，积极工作，发奋图强地把学习搞好，然而我却不是这样，对学习马虎潦草，上课有时还不专心听讲……

读了《延安作风万岁》这篇文章后，我受到很大震动，犹如警钟震耳，像大梦初醒……我下定决心，从今以后一定要发奋图强，勤学好问，学习和发扬延安精神，我要做一个真正的革命青年，成为一个又红又专的劳动者，为共产主义事业献出自己的光和热。

这篇文章，成了王杰学生时代精神成长的一个重要足迹。学习，不断地学习，坚持写作、写日记，成为王杰今后生命中的一个重要特征，即便是再苦再累，他也始终没有放下手中的笔。这是一个生命流淌的痕迹，也是一颗赤子之心对时代的礼赞！

这一天，王杰接到王校田传来的一张纸条，原来是赵英玲想借两篇作文范文看看。自习课上王杰把自己半年来的作文翻了个遍，挑出两篇文章又在纸上誊写了一遍，整齐地叠好放入一个信封，又从桌洞里掏出一本《野火春风斗古城》，将信封夹在书当中。他稍微沉思一下，翻开一页稿纸写道：

小赵：

你好！你问我如何写好作文并索要作文范本，今晚翻出两篇，自我感觉良好，抄写后送给你批评指正。我觉得写作文，首先要立意高远，眼界不能低。立意是作文的灵魂，立意高远，才能让整篇作文思想厚重，精神饱满，耐人寻味。比如我们课本中的《王若飞在狱中》一文，其中写到了王若飞为真理而生，又为真理而死。文中王若飞说：我们共产党人，不是为生活而生活，除了真理，没有我自己的东西。我感觉本文立意高远，灵魂深受鼓舞。王若飞同志不是为了生活而死，而是为了真理而死，从中可以让我们汲取到他许身党和人民、不怕牺牲的革命精神。其次，要善于积累课本及课外读物上的好词汇，并反复背诵，这样，写作时才会信手拈来，水到渠成，作品不显得枯燥。最后，写作文要抓住重心，围绕中心线索去写。写作文前，首先找准作文的写作目的是什么，找准作文重心是什么，围绕线索铺开，围绕情节深入，这样就不会跑题。

最后他又加了两句："小赵，《野火春风斗古城》这本书，主题鲜明，思想深刻，极具文采，比我的范文可要好上十倍。你多读几遍，逐渐就能领会到写作窍门。最后，祝你作文进步，天天向上！"

赵英玲收到小说后，首先读完了夹在扉页中的纸条，然后打开信封，读起王杰的第一篇作文《金乡颂》。读毕，意犹未尽，她又打开了第二篇文章，一看题目是《读〈延安作风万岁〉的感想》。两篇读罢，她不由得闭目凝思起来，感觉到自己在写作中确实存在一些问题，随后便写了一封简短的回信：

  王杰哥，书和两篇文章都已收到。我认真阅读了你写的两篇范文，真是上乘之作。通过分析，我也基本上明白了写作的重点是什么，文章的中心线索又是什么。谢谢你这么认真地教我，让我开阔了写作思路，坚定了学习进步的信心！

收住笔，赵英玲的心中充满了甜蜜，把信叠好，翻开《野火春风斗古城》认认真真地看了起来。

8

一九六一年春，我国国民经济面临严峻形势和重大挑战，全国上下都以战胜自然灾害为第一要务。就在此时，逃到台湾的蒋介石却似乎看到了"机会"，立即整顿兵马，蠢蠢欲动，妄图卷土重来，还制定了一个所谓"反攻大陆"的"国光计划"。

清明节到了，金乡一中按照惯例组织师生赴羊山扫墓。青松翠柏掩映下，一排排革命烈士墓前放着一束束鲜花，微风吹来，静静的墓地好像在诉说着什么。一座新落成的高大的纪念塔巍然矗立在山顶之上，塔身正面镌刻着毛主席题写的"革命烈士纪念塔"几个鎏金大字，背面刻有刘伯承亲笔题词："人民解放军鲁西南战役乃打开了战略反攻挺进长江的前门。阵亡将士受到人民的纪念，永垂不朽！"

崭新的烈士陵园在蓝天白云下显得无比庄严肃穆，自发前来凭吊和扫墓的群众，围着高大的纪念塔看了又看。这次在烈士墓群，王杰和同学们听到了英雄王克勤的故事。

王克勤是安徽阜阳人，是刘邓大军中的一位排长，他作战勇敢，善于带兵，并且即使蒙起双眼也能非常熟练地拆卸和组装机枪，人送外号"机枪大王"。有一次，他带领一个班与国民党军激战了一整天，打退了敌人的数次进攻，歼灭了大量敌人，全班却无一伤亡。从解放战争开始到他牺牲短短一年的时间里，他毙敌两百多人，先后九次立功，被评为"一级杀敌英雄"。一九四七年羊山战役打响之前，刘邓大军决定收复定陶，王克勤第一个报名参加了攻城"敢死队"。战役打响了，他带头冲锋，不幸头部中弹，但依然坚持指挥战斗，直到攻克定陶北门。最终，他因流血过多壮烈牺牲。

王杰是从小听着刘邓大军的故事长大的，王克勤的英雄故事再次激励了他，他对这支曾经席卷鲁西南大地的人民队伍充满了向往，一个念头不禁跳了出来：到哪里才能找到这支队伍呢？要是能成为其中的一员，该有多好啊！

学校组织的入团仪式开始了，新团员们排着整齐的列队，站在纪念塔下庄严宣誓，立下了"为共产主义事业而奋斗"的誓言。王杰禁不住向这些新团员投去了羡慕的目光。

这时，一位人民武装部干部气宇轩昂，快步走上台阶，十分动情地开始了动员讲话："同学们，埋葬在这里的烈士，都是在抗日战争和解放战争时期为国捐躯的英雄。他们为了民族解放，为了建立新中国，为了人民的幸福，永远长眠在了金乡这块土地上。当前，国家面临着严重的自然灾害，全国军民正全力以赴与自然灾害作斗争，但不甘失败的蒋介石集团，最近却公开叫嚣要'反攻大陆'。对于敌人的倒行逆施，我们坚决不答应！我们要保卫好先烈们用鲜血与生命换来的胜利果实！我们要保卫新中国，保卫党中央，保卫毛主席！"

顿时，"保卫新中国！保卫党中央！保卫毛主席！"的呼声在山谷中回荡，传出好远好远。呼声震荡着王杰的耳鼓，他的心中不禁掀起了一阵阵波澜。

"同学们，这里告诉大家一个好消息。"那位干部接着讲道，"以前都是秋季征兵，今年即将第一次改为夏季征兵了。衷心希望你们毕业以后，踊跃参军入伍，拿起钢枪，以实际行动来报效祖国！"

在校长杨经元的动议下，学校为所有毕业班布置了一道共同的作文题目，叫《我的志愿》。王杰听到这个作文题目，脑海里不由得思潮翻滚，那个前几天还在胸膛中激荡的念头一下子变得无比强烈，好比飞射而出的子弹，凝成了一篇发自肺腑的文字：

> 志愿，在我们将要毕业的同学心中早就想好了，有的想做一个有文化的新式农民，有的想做一个白衣天使，有的要升高中继续学习，有的……总之，各人有各人的目标。当然我也有自己的志愿，

就是做一个革命战士。

革命战士多么的光荣和神圣！他们保卫着伟大的祖国，让人民过上幸福的生活，自己却默默无闻地奉献着青春和热血。

我很早就确立了做一个革命战士的志愿。我想几年后，如果能够成为一个真正的战士，紧握钢枪替祖国和人民站岗放哨，是多么的幸福和自豪！再过十年，那时再回首往事会不因虚度年华而悔恨，也不因碌碌无为而羞耻，当我老时就能说：我整个生命和全部精力都已献给了祖国的建设事业。

这就是我个人的志愿，但是我还需要根据祖国的需要，听从祖国的分配，无论在什么工作岗位上我要有一分热，发一分光。

新任班主任徐老师看到了王杰的文章，认为它的文字尽管简短，却充满气势，且文笔洗练，于是将它作为特别推荐的一篇作文，亲自送到了校长室。这篇文章后来被金乡一中档案室收入，成了王杰母校永远的珍藏。

9

县城上空，战斗机的呼啸声忽然增多。一中校园的阅报栏前，每天课间都挤满了人，台海局势一时成了师生热议的焦点。

王杰每天一下课，就往阅报栏跑，挤到人群里看最新的消息，每次看到"反攻大陆"这四个字，就联想起爷爷被打、粮食被抢、伯父被抓、房屋被烧的情形，一团怒火在内心升起，打小埋在心底的那一团国仇家恨，终于燃烧了起来。同班同学田秀琴恰好也来看报，正好站在王杰身后，只听到王杰愤愤地说："我一定要参军卫国，让反动派和帝国主义尝尝咱的拳头！"

七月九日，金乡一中组织初中毕业生升学考试。各科题量虽大，可王杰沉着作答，如同平时插秧割麦"领趟子"一般，连续三天的考试，根本不在话下。

恰在这时，夏季征兵动员工作启动了，年满十八周岁的所有男同学都被通知紧急集合。负责政治宣传和征兵工作的杨平老师感到责任重大，做了一场意味深长的动员报告。杨老师说参军入伍是青年人应尽的义务，绿色军营是青年人立志成才和报效祖国的好去处，希望初中毕业生还有读高中的同学踊跃报名参军，以实际行动报效祖国和人民，为国家安全和国防事业贡献力量。

校园里不断响起嘹亮军歌，一阵接着一阵。王杰听着听着，猛然站起身，径直走到辛庆文面前，直截了当地说："庆文哥，你听到了吧，部队前来征兵，说是要招一批有文化的士兵，咱们四年前的约定，你没有忘记吧？"

辛庆文回答道："怎么能忘记呢？我正想去找你呢，恰好你来了。你要是去报名参军，我决不后退！"

王杰说："你还要回家征求一下意见吗？"

"家里早就对我说过，不管当兵还是考学，都随我的愿，只要能干出出息来就行！我决定了，咱俩这就一起去报名。"

"好，咱们一块去！咱们有位师兄叫王健，前年他是全县第一个带头报名参的军，这就是咱们的榜样。我想如果被录取了，党叫干啥就干啥；如果体检不合格，咱还回来继续上学，没啥大不了的！"

前来金乡接兵的某部指导员马向明，非常热情地接待了他们，听了两个人志愿报效祖国的决心后，露出开心的微笑，并拿出两张报名表格交到两个人手中。两个人开始认真地填表，一旁的马指导员多看了王杰两眼，发现这个小伙子长得非常结实，中等身材，红脸庞，高鼻梁，浓浓的眉毛，一双细长的眼睛，一副憨厚相中透着一股纯真。他有些看好王杰，收下表格后，马上安排俩人进行了体检。

一中的学子们陆续兴冲冲赶来报名了，这批青年人正在被一个共同理想鼓舞着。"火热的青春需要燃烧"，保尔·柯察金的座右铭不能白写，我们也要去当最可爱的人！

王杰他们刚走出体检站，就碰到了六班的韩义祥。这位通讯训练班

04 以服从祖国需要为最快乐

的"战友"，看到王杰已经报名体检完毕，很是兴奋地从背包里掏出一件红色的东西，塞到王杰手里说："我新买了两个日记本，送你一本。预祝你梦想成真！"

夜深了，风驱赶走了一天的燥热，这一天与往常有着太多的不一样。王杰忽然感到自己好像一只完成蜕变的蝉，褪掉了束缚的外壳，整个身躯似乎随时都可以飞翔起来，对于人生的道路他从来没有像今天这样看得那么清，看得那么远。他掏出那本崭新的日记本，看到大红封面上印着的"前程万里"四个大字，心里一阵欢畅。略加沉思后，他掏出钢笔，写下了两行格外工整的字迹：

人一生以能服从国家需要为最快乐。
服兵役是第一志愿，升学和参加农业生产为第二志愿。

这是王杰即将开启崭新人生的第一篇日记，文末署有当日的时间：一九六一年七月十四日。它是日记，更是宣言，也是王杰今后人生方向的路标。他夜不成寐，期待着自己的第一个人生重大抉择的实现……

几天后，入伍录取名单传到学校，一大批同学榜上有名，王杰和辛庆文也双双通过政审和体检，被部队录取。校园里的气氛似乎一下子变得无比热烈起来，连树林中的小鸟都开始欢快地歌唱。从这天起，王杰就是光荣的中国人民解放军战士了！激动万分的王杰想要把这个好消息尽快告诉老师，告诉同学，还要告诉家人和小玲子。

不期而遇的第一位老师竟然是老班主任张家骥，张老师也是得到了消息来看榜的。他看到王杰，就从挎兜里拿出一本崭新的《黄继光的故事》，高兴地说："祝贺你当上解放军！"王杰接过书，爱不释手，连忙鞠躬致谢："请老师放心，我一定向英雄学习，保家卫国，为家乡争光！"

"王杰！"一个清脆的声音从身后响起，这声音是那样的熟悉而亲切，王杰回头一看，正是他最想见又最怕见到的那个人——小玲子。只见她穿着一件蓝花衬衫，几缕整齐的刘海儿飘在额头，面色红润，这两年她又长高了半头。在她的脸上，有一种特殊的表情叫又惊又喜。

他望着她，想想两人枣树下初次相识的过往，还有一年后她也要初中毕业的未来，大胆发出一份邀请："咱们去照相馆合个影吧，留个纪念！"

"行啊，就合一张军装照吧！"两人出了校门，从附近的百货大楼买了一本相册，细心的赵英玲还特意买了一支"英雄"牌钢笔，帮王杰别在上衣的口袋上，然后俩人径直去了照相馆。

王杰换上了馆里的军装，两个年轻人有些羞涩，却又掩饰不住挂在眼角和眉梢的喜悦，一个英姿飒爽，一个清秀端庄，人生的第一次合影是那样令人难忘。照完了，两个人不知不觉来到奎星湖畔，看着湖水中欢快游动的无鳞鱼，还有水中的一双倒影，两人不由得生出一种依依不舍的情愫。

"王杰哥，到了部队好好干，保家卫国，早日立功！"

"小玲子，你要刻苦学习，继续完成学业，早日实现你的理想！"

两个人走在湖中的清荷桥上，王杰忽然停住脚步，默默地看着湖西高高耸立的文峰塔，若有所思。他取下小玲子送给他的"英雄"牌钢笔，在崭新的相册空白处写下了一行小字：小赵，祝你好好学习，天天向上！

10

光荣参军与金榜题名一样值得祝贺。

金乡一中决定为参军学子举行一场隆重的欢送仪式。王杰、辛庆文、韩义祥、侯兴家、辛养法、王振财、杨杰等一批参军入伍的学子，穿着崭新平整的绿色军装，早早来到了母校，成为校园中一道亮丽的风景。

师生一一握手送别，昔日的朝夕相处，忽然变成了依依不舍，曾经的平平淡淡，原来是如此珍贵。老师们送给他们最多的一句话，就是"干出成绩！为学校争光！"。入伍的学子们都想在离开母校前加入共青团组织，于是王杰拉上两位代表去找杨平老师，要求火速入团。杨平老师和蔼地说："同学们，你们放心，等到了部队，只要干得好，大家很快就能入团！"

送别仪式设在"工字楼"前的一处空地上，那里搭建了一个临时主席台。学校为他们每人准备了一本纪念册，每一本的扉页上都写有杨经元校长遒劲有力的亲笔题词：剑胆琴心。

王杰一眼看到这四个字，仿佛被一股电流击了一下。这四个字，比自己郑重写下的那篇日记要精炼百倍又厚重百倍，如果说自己的"以能服从国家需要为最快乐"是躯壳，那么老校长今天题赠的"剑胆琴心"就是灵魂。王杰这样想着，不禁抬起头来，向老校长投去了无比敬佩的目光。

这位在金乡一中师生心目中德高望重的杨经元校长，不仅是一位老校长，更是一位老革命。他本是城南杨瓦屋村人，早年考入济南山东省立第一乡村师范学校，毕业后在济南、聊城等地任数学教员，由于教学方法独树一帜被誉为"杨代数"。他的书法造诣亦颇见功底。抗战爆发后，他回家闲居，断然拒绝了鲁西南地主武装和国民党县政府的拉拢和引诱，毅然参加了中国共产党领导的抗日工作，先任湖西专署民教科科长，后又任湖西中学校长。一九四四年，他受党组织委托，冒着生命危险只身前往天津，去做伪市长周迪平的反正工作，由于出色完成了党交给的使命，受到湖西地委嘉奖。解放战争开始了，他又毫不犹豫地拒绝了徐州表兄的邀请，随军北撤，不畏千难万险，带领湖西中学师生转战于黄河南北，为湖西党政军机关培养了大批优秀干部。中华人民共和国成立前夕，湖西中学迁回金乡继续办学，他一直担任校长。

这位老革命，从不愿讲起自己的故事，学生们多半都是从老师们平时的介绍中才渐渐了解的。

今天，老校长对王杰这批参军入伍的毕业生格外重视，只见他快步走上前去，精神抖擞地与每一位身穿军装的学子握手，全体合影留念后，他又健步走上前台，非常动情地开始了演讲：

同学们，你们马上就要离开母校，离开你们的同学和老师，离开这片养育你们的土地和家乡的一草一木，开始你们的军旅生涯了，祝贺你们！我既为你们高兴，又万分不舍。今年送兵时节，比往年来得早些，每年这个时候我的心情都特别激动。我知道，你们都是学校培养出来的精英，你们不管走到哪里都是我金乡一中的学子，你们要把咱们红校的红色传统和革命精神带到四面八方！

同学们，将来大家回乡探亲时，母校欢迎你们回来看看。你们要继续关心母校的发展，金乡一中永远惦念着你们！大家经过多年的红校学习，今天已经光荣地成为一名人民解放军战士，你们要树立更高的境界追求，在绿色军营这座大熔炉里接受党和国家的考验，把一腔热血百炼成钢。

服从命令是军人的天职！大家无论走到哪里都要服从组织的安排和上级的命令。同学们务必牢牢记住，无论你们身在何方，都要想着为母校争光，为家乡争光，为父老乡亲们争光！未来的你们，所取得的每一份荣誉与成绩，都将载入金乡一中的历史，成为金乡一中永远的荣耀！

入校时我是小小少年，出门去我已戎装在身。王杰看着母校熟悉得不能再熟悉的一草一木、一砖一瓦，听着老校长铿锵有力的讲话，是那样的留恋、不舍，两行热泪，顺着他的脸颊滑落下来……

11

王杰参军入伍的消息，就像长了翅膀一样很快传遍了华堌村。王杰当兵，这是华堌村的骄傲！王廉堂夫妇非常支持王杰，表示愿做他的坚强后盾。爷爷看在眼里，喜在心头，这可不是当年被国民党抓丁被迫当兵，这是自愿参军，去当无比光荣的人民解放军！

老书记王恩地高兴地拍着手说："王杰十一岁那年，就闹着要去抗美援朝。现在十九了，真的参军了。俺一定代表老少爷们为他送行，兑现俺当年的承诺！"

王杰挑了个日子，一大早进城和干娘、辛伯父辞行，然后约着辛庆文再去一趟羊山。辛庆文心领神会，借来两辆自行车，一路如飞而去。

八月的陵园悄无人息，只有知了在高树上鸣叫。二人拾级而上，来不及欣赏风景，穿过密密麻麻的烈士墓群，径直到了小英雄刘思代的墓前。苍松翠柏下，辛庆文蹲下身来，从口袋中掏出手帕，擦去墓碑上的尘土。王杰在碑前摆上几个苹果，轻轻把水壶拧开，将清水缓缓地洒在墓前的土地上。

两人庄重地注视着墓碑，一齐行过军礼后摘下军帽，鞠躬致敬。王杰弯下腰来对着墓碑动情地说："刘思代小英雄，我与辛庆文又来看您了。告诉您一个好消息，我们如今都已应征入伍，像您一样扛起了钢枪。您呀，就是我们心目中的大英雄！你为了我们金乡解放而英勇献身，您生得伟大死得光荣。我们俩马上就要离开金乡去徐州当兵了，今天特地以军人的身份来向您告别，请您静候我们的好消息。"多年以后，辛庆文依然坚持每年去为刘思代扫墓，是为自己，也是为战友王杰。

时间来到一九六一年八月八日，这是新兵集体开拔的日子。

华堌村里，老书记王恩地拉上村贫协主席张宪启，一大早就来到王家，代表全村来送王杰了！听到老书记那爽朗的笑声，全家老少一齐迎了出来。今天的王杰不但穿了军装，胸前还早已戴上了一朵大红花，格外精神。放了暑假的赵英玲也赶来送行，脖子上围着一个红纱巾。

送行队伍向县城进发。走在队伍最前面的是王杰和王恩地，与老书记这个一米八的大个子相比，这位新兵矮了半头。多年来这爷俩有着太多的不解之缘，王杰一边回忆着那些过往，一边还有一肚子的话要说给这位老革命听。

"五大爷，谢谢您亲自来送我去当兵！"

"这是咱俩当年的约定，你是咱们华堌村的骄傲！"

"五大爷，您说我这样去当兵，能找到当年的刘邓大军吗？"

"能！一定能！只要到了部队，就一定能有办法找到。"

"您说我要怎么干，才能进步快？"

"要听毛主席的话和部队的安排，苦练本领，早日立功，入了团再入党。王杰啊，你千万不要忘了，万福河岸边的家乡父老，还有我这个老长工，都等着你的好消息呢！"

"我向五大爷保证，到了部队我一定好好干！"

"哈哈哈！五大爷要的就是你这句话！"

县人武部门前的大街上，早已挤满了人，红旗招展，锣鼓喧天；门口停放着几辆接新兵的大"解放"，车身上贴着"一人当兵，全家光荣""献身军旅，报效祖国"等大红标语。密密麻麻的人群中，王杰很快找到了高大威猛的辛庆文，只见辛家父母正向儿子交代着什么。王杰走过去热情地打着招呼，辛庆文用力握住王杰的手问："小赵呢？"王杰回头看了看，只见赵英玲正向他们挥动着手里的红纱巾。

集合哨响起，新兵迅速入列，人武部首长和部队带兵干部分别讲了话。

　　王杰激动万分，思绪万千。很快，阵阵鞭炮声响起来，新兵们依次登上大"解放"。这时，王廉堂挤到车前来，伸手递给王杰一个信封，大声喊道："孩子，这是内蒙古前几天来的，带着路上看！"王杰不忍多看大伯那双不舍的眼睛，又极力想从汹涌的人潮中找到他的小玲子，与她挥手告别。

　　赵英玲远远地看着王杰，她知道王杰也正在寻找自己。她踮起脚尖，噙着泪花，拼命地挥舞着手中的红纱巾，可惜这一抹红色早已被那红色的海洋所淹没。她忽然后悔起来，后悔昨晚拒绝了王杰提出的临别拥抱，后悔夜以继日地为心上人赶织的毛衣依然还是个半成品。她泪流不止，喊声沙哑……

　　接兵的汽车开走了，她感到自己的心一下子也被带走了。

　　人群渐渐散去，街头上依然有一个手拿红纱巾的女孩久久不愿离去……

05 海岛上练就钢筋铁骨

1

徐州，自古以来就是兵家必争之地，古为"彭祖故国""刘邦故里""项羽故都"，扼守华东门户，是连接京津与沪宁的重要交通枢纽，素有"五省通衢"之称。抗战时期的台儿庄大捷，解放战争时期的淮海战役，均是以徐州为中心展开的经典之战。当时的徐州隶属山东，王杰参军所要到达的坦克二师六〇五七部队，隶属于原济南军区。

汽笛声声，一列火车从济宁向徐州飞驰而来，几节车厢里坐着二百多位身穿军装的新兵小伙子，他们一个个脸上洋溢着兴奋的笑容。

车轮滚滚向前，王杰心潮起伏，亲人的叮咛，母校的嘱托，同学的鼓励，一一在耳畔回响。绿色军营是革命的大熔炉，是一所天地宽广的大学校。此刻，他对这所大学校充满了向往，他和他的同学战友有着一样的心情，怀着美好的愿望，盼望着在这所革命的大熔炉里，练就一身过硬的本领，锻炼成一名钢铁战士。

听，这批新兵是一路欢歌赶过来的。"同志们，大家一起来唱《我是一个兵》，一、二，起！"一个响亮的声音，压过车轮声在车厢里面响起。随后，小伙子们放开嗓子唱："我是一个兵，来自老百姓，革命战争考验了我，立场更坚定……"

领唱的是新兵班班长王来，他是金鱼联合高中的应届毕业生。他热情活跃，在县里欢送新兵的大会上，是他代表应征入伍的全体新兵发表了热情洋溢的答谢词。一路上，他一会儿领唱，一会儿为大家宣传鼓劲，十分活跃。就在这样一种活泼、热烈的氛围中，他们到达了徐州火车站。

车站上一片锣鼓喧天，老战士来接站了，又是帮着扛背包，又是把新兵往汽车上领，还把水壶递过来让大家喝。他们一路把新兵领到营房，还手脚麻利地帮他们铺床、挂蚊帐、打洗脚水，真是热情到家了！

一切安顿停当，新兵们想到的第一件事情就是写家信报平安，只见他们有的伏在床上，有的坐在军人俱乐部里，铺开纸张，运笔如飞。这可是往年的农业兵所没有的现象。写着写着，一个共同的难题拦住了大家挥动的笔：究竟当的是什么兵呢？这可是个问题，不光是家长和师友们十分关心，每个新战士自己心里也迫切希望知道。可这关键的一点，连队偏偏没有宣布。

一场议论悄悄上演。有的说："上了八九年学，总不会去叫当个步兵吧！"王来接口说："对！咱可是高中毕业生，当步兵哪里用得了这么高的文化？"戴眼镜的魏文奇是个机灵人，他说："嗨，你们没看到营房周围轰隆隆开动的大坦克吗？没看到老兵汗衫上印着鲜红的坦克车吗？没错，准是开坦克。"经他这么一说，大家仿佛心里有了谱。

王杰向来不爱多说话，听了这番议论，他觉得都有些道理，于是重新提起笔，告诉家里自己当的是坦克兵，三年服役期满，回家可以开汽车，可以给生产队里当拖拉机手。写完信，他从背包里掏出一支笛子，吹了一首悠扬的曲子，然后无比甜蜜地入睡了。

天刚蒙蒙亮，一声集结号划破晨空。"向右看齐！向前看！稍息！立正！"集结完毕，新兵连连长正式开始了自我介绍。他身材魁梧，声若洪钟，格外有气场："同志们，从今天起，我们正式开始新兵训练了。上级决定由我、冯安国指导员、高绍忠副连长三个人负责带领新兵连。因为战备需要,这次训练时间为一个半月。我是连长刘德林,大家认识一下。五年前我当排长时曾夺过全师打靶的冠军,大家都叫我'神枪手'。其实咱们部队神枪手多的是,我就是个老兵。今天要求大家:集中精力,排除万难,坚决完成新兵训练!大家有没有信心?"

"有!"全连新兵一致答道。刘连长的声音是那么高亢有力,还是一名神枪手,王杰感到很是羡慕。

他留心看了一下指导员,只见他瘦高的个子,一双浓浓的剑眉,双目炯炯有神。刘连长介绍说:"冯指导员参加过淮海战役和抗美援朝,非常善于做思想政治工作。副连长高绍忠,是朝鲜战场上的战斗英雄,当年带领一辆坦克和一班人马击毁了美军五辆坦克。"王杰看着威风凛凛的副连长,顿时肃然起敬。

"这次新兵训练虽然时间短暂,但所有军事科目包括队列、投弹、射击、卫生、防护、行军、体能等七项内容,一项也不能少!从现在起,希望大家快速进入状态,是英雄是好汉,训练场上比比看!"

这个清晨,是王杰人生的一个崭新起点,这次不再是村头扛着红缨枪站岗放哨,也不是校园里的通讯兵训练,而是火热军营的新兵训练。王杰深深呼吸着徐州大地清新无比的空气,用心聆听着他的军旅第一课,感到浑身上下都是力量。

2

一天中午,王杰、辛庆文和魏文奇正在俱乐部里看报,指导员走了进来。冯安国接了几次新兵,已经摸清了学生兵与农村兵的特点,这些学生兵热情满怀,好学上进,但每个人都有自己的小算盘。这几天,他发现有的新战士拿着新发的军裤向老战士换了坦克兵穿的马裤,这可不是什么好的苗头啊!对于这些,他并不觉得稀奇,认为关键在于加强跟进教育。

为了进一步摸一摸新战士的"小算盘",他亲切地拍拍王杰的肩膀问:"把你们留在工兵连,感觉怎么样?"

王杰心里咯噔了一下。他是个好强的人,尽管思想上还没有足够的准备,却还是立即回答了一个字:"行!"回到宿舍,魏文奇悄悄地问王杰:"这怎么好,信上都写上了当坦克兵!"王杰考虑了一下,轻轻地回答说:"咱不告诉家里,就说这是军事秘密。"不过这一晚,王杰没吹笛子就躺下了。

第二天新兵分连,冯指导员进行动员讲话:"同志们知道工兵是干什么的吗?逢山开路,遇水搭桥,给坦克开路,战场上哪个地方能离得了工兵?上甘岭战役大家知道吧,为什么美军的那么多炮弹投在阵地上,却硬是炸不着志愿军?那是因为我们的坑道挖得好,一个小小的上甘岭下面,密密麻麻的全是坑道。抗日的时候咱们发明了地道战,抗美的时候咱们又发明了坑道战。坑道是咱们对付美国密集炮火的秘密武器,是咱这老工兵凭着技术挖出来的。"说着,他举起一把磨得锃亮的工兵锹,这可是他战场上的老伙计了。

"当然,干工兵是要吃苦的,但是真正的革命者,就应该不怕吃苦,而且要能吃得下大苦。"指导员毫不忌讳这个"苦"字,他要从正面给大家讲清革命道理,因为他相信,这些小伙子都是有着革命志气的好青年。最后他强调,一名真正的革命战士,应当服从党的需要,被分配到哪里,就在哪里好好地干上一场!

指导员讲罢,刘连长宣布名单。王杰、辛庆文、韩义祥、朱玉沛等好多一同前来参军的同学,都被分配到了工兵营的新兵连。会散了,人群里却炸开了锅,大家像瘪了气的皮球突然没了精神。有人调侃道:"干个土工兵,啥技术也学不到,这下真是掉进坑里了!"

王杰心里面也感到当工兵屈才,但他理智上完全同意指导员的教导,因为他找不出任何一条反驳的理由。当兵,是自己的理想,也是自己的选择,难道坦克兵是兵,工兵就不是兵了吗?前进的路才刚刚开始,难道遇上个小石头,就要轻易地背弃自己的志愿吗?他经过一番思想斗争后，穿戴整齐，佩戴上领章，径直向指导员的办公室走去。

指导员的房门是开着的，王杰看到指导员正在聚精会神地研读领袖的著作。他静静地站了一会儿，这才走上前去行了一个军礼，有些害羞地说："指导员您好！您看我现在算是一个革命战士了吧？"冯安国放下手中的著作，站起身来，亲切地望着这位新兵。这个问题似乎有点幼稚，但在冯安国看来，却很严肃、很有意义，因为它说明在这个战士的内心深处，揣着一份崇高的追求。

冯安国示意王杰坐下来，恳切地说："王杰同志，要成为一个真正的革命战士，必须好好改造思想，提高无产阶级觉悟。"他停下来，把一部《毛泽东选集》放在王杰面前。"而改造思想最根本的一条，就是要在革命实践中认真学习马列主义，学习毛主席思想。你说呢？"说罢，冯安国拍了拍王杰的肩膀。

王杰没有即刻回答，好一会儿才站起来，像是在回答指导员，又像是在自言自语："对！穿上了军装，并不等于就是一个名副其实的战士。"王杰停了停，双目凝视着指导员，一字一句地说："指导员，我一定认真学习，努力改造自己！"

这天晚上，王杰没有吹笛子，也没有早早睡觉，而是在灯下反复体会着他和指导员的对话，并认认真真地写下了自己的体会：

做一个坦克兵好，汽车驾驶员也行，侦察兵、通信兵也可以。这是我们每个新入伍的同志的一致想法。干这些工作认为有前途，而做一个炊事兵、养猪兵、工兵，那简直不想干，认为这些没前途。其实，有无前途，在于你个人是否踏踏实实、勤勤恳恳、一心一意地为党工作。

正如前天的报纸上的一句话"伟大出于平凡"，在平凡的工作岗位上，在人们认为没有前途的地方，一样会出英雄人物；在人们认为有前途的岗位上，也不见得成为英雄。

3

根据军委指示,全军首次开展忆阶级苦、忆民族苦,查立场、查斗志、查工作的"两忆三查教育"。这是一次群众性思想教育,借鉴解放战争时期新式整军运动的经验,旨在使广大官兵端正对当时国内外形势的认识,克服国民经济生活暂时困难,增强取得社会主义事业新胜利的信心。这不,新兵先是吃上了榆树叶子掺玉米面做的"忆苦饭",紧接着连部筹备召开忆苦会。

新兵连里这两天一下子忙了起来,大家都在回忆自己的事情,准备发言提纲。

王杰在干什么呢?昨晚他在俱乐部里帮忙抄黑板报、画战友们的家史,一直忙到深夜。俱乐部正面墙上,张贴着横幅大标语:回忆昔日苦,方知今日甜。墙上贴满了家史,一个个人头挤在那里看。

但王杰毕竟是生在旧社会长在红旗下的一代,在他的记忆里,日本侵略者和美帝国主义、国民党反动派的种种血腥罪恶,只不过是几个小小的支流,幸福、欢乐才是这条长河的主流。他该如何更深刻地认识苦难呢?

连队诉苦大会开始了。冯指导员翻出一篇文章,对战士们说:"我们先来学习一篇毛主席著作,题目叫《中国社会各阶级的分析》。"指导员一边读一边讲什么是阶级,什么是压迫,什么是斗争。"同志们的事情,我知道的还不多。但是,我知道,在旧社会受压迫受剥削的工人、贫下中农,都有一本苦情账,都有说不完的血泪仇。毛主席教导我们说:'谁是我们的敌人?谁是我们的朋友?这个问题是革命的首要问题。'同志们,我们今天参加了革命队伍,要跟着毛主席革命到底,就要来认识这个'首要问题'。"

第一个上台发言的是曹建月,这是个苦水里泡大的孩子。旧社会,他家里没有一垄地,父亲给地主做长工,母亲领着他串门要饭。鬼子来

"扫荡"了，一把火烧了他的房子，用刺刀捅死了他年迈的奶奶。有一次，母亲拉着他到一家地主家去讨饭，狠心的地主放出一条恶狗，那狗狂叫着扑向衣衫褴褛的小建月，没等他躲进母亲的怀里，锋利的狗牙已经咬住了他的小腿。鲜血顺着他的小腿淌，泪水顺着母亲的脸颊流，母亲无可奈何，带着满腔仇恨护着孩子往家走。

曹建月说到这里，把裤腿往上一撸，小腿上露出了狗咬的伤疤。八九十双眼睛顿时集中在那块伤疤上，除了抽泣声，会场里什么也听不到。

和王杰一同入伍的朱玉沛，平日里很少讲话，今天再也抑制不住满腔的悲愤，这个大个子跳上台，诉说起自己的苦难经历。他刚刚会走路的时候，就风里来雨里去，跟着大人去讨饭。别人去要饭，好歹还有个篮子有个碗，可他家被地主剥削得连个碗都没有，只得捧着一块破瓦片去讨饭。寒冬腊月，寒风凛冽，大雪飞扬，小小的朱玉沛披着破布片、棉花条，双手捧着拾来的破瓦片，双脚陷在深深的雪窝里，一步一个血脚印，走一家、串一户，奔走一整天，那块破瓦片里盛着的仍然是化了的雪花结成的冰、化了的冰块留下的水……共产党的队伍来了，他才翻了身，上了学，读完了初中。

新战士孙西朵的父亲为了养活一家人，不得不到暗无天日的地主家大院里去扛活，吃的是糠，咽的是菜，住的是牛棚。地主是个"周扒皮"，逼着他父亲没白没黑地干这干那，根本不把他当人看，不知道啥时候，也不知道为了啥，没头没脑就是一顿毒打，打得他遍体鳞伤。老人家病了，黑心的地主就把他撵出大院……

王杰听着听着，泪水湿透了手绢，仇恨充满了胸膛。这时，指导员站起来说："同志们，这样的苦，在旧社会不只是他们受过，所有被压迫的阶级兄弟都受过。在座的八十多个新同志中，有六十六人的父亲和兄弟给地主扛过活，有五十六人被帝国主义、国民党反动派和地主逼得家破人亡。劳动人民受苦的根源是因为存在着阶级压迫。劳动人民要解放，就要在党的领导下起来闹革命，消灭剥削阶级和阶级压迫。我们的革命战士要为阶级兄弟报仇，为解放全世界被压迫的劳动人民而战斗！"

王杰抹着泪水，一字一句地把同志们的苦难记在心底。这是一堂极其深刻的政治教育课。他不由得又想到了爷爷挨打、伯父被抓壮丁、堂嫂被活活逼死、自家东屋被烧成灰这些事，原来搞不明白为什么会发生这些事，今天终于明白了这是阶级压迫导致的。

他再也按捺不住内心的愤怒，站起来表决心说："同志们的苦，就是我的苦，同志们的仇，就是我的仇，我要替阶级兄弟报仇！"晚上，他把忆苦会上几位战友的遭遇还有自己的感想，写成了一首长诗《忆苦》，以此将战友的每一笔苦难都铭记在心中。

从这以后，指导员从王杰身上发现了许多新的"迹象"：部队五点半吹起床号，他常常是四点多钟就起床，打扫好卫生后，一个人坐在营房外的柳树下读书看报、背三大条令。晚上，俱乐部的灯光下伏案学习的人群中，肯定少不了他。全连军事科目测验时，五个人得了满分，王杰就是其中之一。

一九六一年九月二十二日，新兵训练结束，上级指示将新兵补入连队，参加国防施工。王杰他们这一批被分配到工兵一连的战士，要去海岛施工，去修建海上万里长城。多么光荣的任务啊！战士要出征，要奔赴前线了！新兵们一个个跃跃欲试，等待着首次远航。

正在这时，一个消息传来：这次任务，新兵连只能去一部分，另一部分要留在营房训练。一向沉着的王杰这下可沉不住气了。

"指导员，我可得去！"王杰跑去对冯指导员说。指导员正在写东西，一下子被王杰的话说蒙了："你要上哪里去？"

"前线，施工去！"指导员听了，这才明白了王杰的来意。他笑了笑，反问了一句："谁说不让你去了？"

王杰也笑了："对呀！并没有人通知不让我去呀！"他看了看指导员，又轻声地说："我怕不让我去。指导员，听说那里挺艰苦的，是吗？"

指导员收起笑容，严肃地说："那个地方除了石头还是石头，施工任务很重，抡大锤特别消耗体力。你们到了那里，生活会不习惯，那里是很艰苦的。"

王杰恳切地说："冯指导员，您千万别这么想，我什么苦都能吃，再艰苦的地方我也能受得了、顶得住，您就让我去吧。"王杰说着，掏出一张入团申请书，恭恭敬敬地把它递给了指导员。

冯安国接过申请书，拍拍王杰的肩膀，颇为满意地说："这是我接到的第一份新兵入团申请书。好！算你一个。"王杰敬了一个标准的军礼，笑眯眯地跑开了。

冯安国，这位经历过淮海战役、参加过抗美援朝的老战士，望着王杰的背影，心里产生了无限的欣慰。

4

王杰回到宿舍，心却早已飞出了军营，飞向了未来的战场——连云港那个艰苦的海上孤岛。进军的号声响了，王杰背上背包，带上武器，勇敢地迈出了工兵战士的第一步。

蔚蓝的大海，险峻的高山，汹涌澎湃的波涛，连绵起伏的群峰，这些原来只能在脑海中畅想的景象，一下子呈现在王杰的眼前。船在大海中行驶，战士们在波浪中前进，他们的心如同这颠簸的战船，在不停地跳动。几十分钟的海上航程，让人觉得好像过了半个世纪。

山越来越近了。战船靠岸了，岸上站满了欢迎新战士的老兵。他们穿的军装、戴的军帽都已洗得发白，而且上面斑斑点点，像是油泥，不，那是铺马路用的沥青。他们有的擎着大铁锤，有的扬着白毛巾，还有的抛起柳条圆帽，纷纷向新战友们致意。一些老战士跑下山来，和新战士们热烈地握手。

王杰发现，老兵们的手上尽是老茧。这就是工兵战士吗？王杰再也无心去看那蓝蓝的海水，去望那葱绿的山峰了，只觉得自己的心跳得厉害。是害怕了吗？不是。新兵王杰好像第一次明白，天地是如此宽广，

05 海岛上练就钢筋铁骨

战斗生活是如此丰富，战士这个称号的分量又是如此之重。

魏文奇碰碰王杰的胳膊说："听说这次施工的任务是开石头，这活我们在家没有干过，够呛！"王杰接过话说："是没干过，咱跟老兵学呗。"

在海上看见的那座小山，现在在山脚下看竟突然变高了。战士们排成一行，有序攀登。这山原来是没有路的，硬是让千百个战士的铁脚板踏出了一条路。

这是一个英雄的家，一个屡建战功的家。冯指导员带给新战士的海岛第一课，就是面朝大海，讲述起了红色家史。

解放战争大决战期间，这个连队跟随百万雄师横渡长江，光荣地参加了解放南京的战斗，一举捣毁了蒋介石的老巢。美国发动侵朝战争后，这个连队又奉命入朝作战，和英勇的朝鲜人民并肩战斗，涌现出不少的英雄。有一次要开挖坑道，因为缺少炸药，战士们就用双手和石头作斗争。二排的副排长一头钻进坑道里，不分昼夜地搬石运渣，肩上磨出了血泡，手上裂开了口子，他不叫一声苦，不喊一声累，人称"石头大王"。在零下四十摄氏度的严寒下，二排全体同志吃大苦耐大劳，为坦克车开挖坑道，出色地完成了任务。

紧接着，连长介绍了六班的英雄事迹："咱们一连六班可是个英雄班。一连有一位从朝鲜战场上走下来的三级战斗英雄，原来就是六班班长，后来升为了二排排长。这位英雄就是大家现在的副连长高绍忠。他不善言辞，从不谈自己的英雄事迹。"

"大家都知道邱少云、黄继光、罗盛教，但他们仅仅是千百万名志愿军英雄群体的一角。在朝鲜战场上，涌现出了许多的英雄事迹与战斗传奇，我们的战士都是最可爱的人！咱们高副连长的英雄故事可多啦。在朝鲜石岘洞北山的战斗中，当时天上下着瓢泼大雨，高副连长带领六班战士冒着枪林弹雨，与美军周旋近三十个小时，从弹坑中抢救出了我军的一辆'215号'坦克，然后在这辆坦克掩护下带领全班突破敌人的铁丝网，占领敌方阵地，并打退了几倍敌人的进攻，为我主力部队彻底围歼敌人赢得了宝贵时间。高副连长抢救出的这辆坦克，一举击毁敌人坦克五辆，摧毁地堡二十六个，后来被志愿军总部授予'人民英雄坦克'称号。六班英勇杀敌，冲锋在前，也被记二等功一次。"听到这里，新战士们不由得鼓起掌来。

"这个荣誉，是高副连长靠机智勇敢拼杀出来的，更是六班全体战士用生命与鲜血换来的。要知道我们的好多战友，都永远留在了朝鲜战场上。高副连长一向沉默寡言，不愿谈起往事。他在工兵生涯中不求名利，不要待遇，看淡荣誉，多次立功受奖，他的故事咱们几天也讲不完哩。"

刘连长讲得非常动情，王杰也听得如醉如痴。从小就喜欢听英雄故事的王杰，现在发现英雄就在身边，心里更是抑制不住地激动。而且他相信在刘德林连长、冯安国指导员身上，也一定有许多精彩的故事与战斗经历，只是他们都把那些功绩与荣誉深深埋在心底，从事着平凡的工兵事业。这样看来，他们同样也是新中国最可爱的人！

5

海岛上的条件真是艰苦！小岛上没有马路，没有商店，就连部队每天的用水都由陆上运来，而且用量受到严格限制。工地上除了大块的石头，就是石渣，要么圆溜溜的，要不就是三尖六棱子，让人无处下脚。

怎么办？挑石子铺路！第一个任务就这样派下来了。肩上扛起一根粗扁担，挑着上百斤的石子，一天也不知道运了几个来回，几天下来，这些新战士的肩膀开始红肿起来，火辣辣地疼。王杰咬着牙，一声不吭地坚持着，晚上头一沾枕头，一股少有的疲惫感笼罩全身，眼皮沉重得像座山，怎么也抬不起来。他平生第一次体会到了什么叫苦，什么叫难！这滋味可真是不好受！但这仅仅是个开始，他们才摸到了工兵业务的一点边儿而已，更重的活还在后面等着呢。

05 海岛上练就钢筋铁骨

95

面对施工战场给出的第一道考验，用什么来解决它呢？挺住，坚决挺住！再难脊梁也不能弯，再苦再累也不能喊，这第一次出征可不能打败仗啊！想想连队这个革命家庭，想想这个家庭的光荣历史，想想"石头大王"，再想想六班这个英雄班。朝鲜战场苦不苦？志愿军难不难？今天这点困难又算得了什么！

思想通了，气也一下子鼓了起来，王杰只觉得全身充满了力量。

几天过后，道路铺得差不多了，战士们便进入了实地作业。那年头根本没有大型机械，完全是纯人工操作，一根钢钎、一把大锤，便是工兵战士的主要武器。工事内的照明就靠着昏暗的小马灯，刚刚进去的时候，模模糊糊的一片，只能看到一个个身影，抡着那十多斤的大锤，照着一根根插向岩缝的钢钎上猛击。"当——当——"大锤落下去，坑道内锤声回荡，石头上溅出火星点点。

让王杰钦佩的是，那些老兵们抡起锤来似乎一点也不吃力，他们还不停地哼着歌呢！王杰也想上去抡几下，可还没有资格，他们新兵的任务是运渣。

推车运渣，看似容易，实际上也不比打锤轻松。爆破作业之后，坑道里落满了大大小小的石块，得把这些石块全部推到二百多米外的山下。因坑道内高低不平，能见度又低，所以人的体力消耗很大。运渣这个活儿技术含量不高，所以它理所当然成了新战士施工作业的第一课。

第一课应该说是最容易的一课，但似乎又是最困难的一课。一辆小铁车摆在那里，车上装满了大大小小的石块，车头上挂着一根麻绳。是去拉呢，还是去推？

"你来拉车！"一位老兵指着王杰喊道。王杰看了看他，问："为什么让我拉车？"

老兵说："拉车轻快一点。"王杰没有回答，一个箭步跑到车后，双手抓住车把，笑嘻嘻地说："我喜欢重一点的。"

"不行。你看见坑道口上那块木板了吗？它十多米长，三十多厘米宽，板下的水坑一米多深，你的劲儿不够，一不小心掉到水坑里，麻烦可就大啦！"

这块木板王杰早就看见了，而且他来回走过不止一次。他第一次踩上去的时候，脚下颤悠悠的，心里确实有点紧张，一米多深的水坑里净是些尖棱的石头，掉下去可不是玩的。但转念一想，这不正是锻炼自己的好机会吗？可不能拉车，一定要推过去。于是他充满自信地说："我把劲儿留着，全用到那块木板上，请你放心！"

这时，魏文奇正站在王杰身后，他心里为王杰捏了一把汗，轻轻地提醒王杰说："王杰，你千万要小心！"王杰笑了笑，向着前面喊："咱拉起来，走！"

木板与平地的接连处是一块石头。王杰觉察到车轱辘一动，便用一只脚登上了木板，另一只脚却悬了起来。车前的老兵突然觉得绳子一紧，知道要出事，急忙回头，只见王杰膀子一拧，胸脯一挺，车子像长了翅膀飞快地跑起来了。由于速度太快，竟差一点把拉车的老兵晃下木板。这样干，真悬啊！

才推了七八天的车，王杰就双肩红肿，全身疼痛，那一双腿也开始不听使唤了，踩在地下老是打战，捶上一把骨头就发麻，真比疼痛还要难受。苦字，忽然像一只从丛林里跳出来的拦路虎，张牙舞爪地挡在了王杰和新战士们的面前。一天休息时，不知是谁念叨了一句"初中生来搞施工，真是高射炮打蚊子——大材小用"，像是自言自语，又像是说给大家听。几天下来，不少战友都有一种不可名状的惆怅与失落。

连队党支部不失时机地开了一次会。会后，支部书记冯安国决定找新战士谈一次话。等战士们坐好了，他打开一篇《愚公移山》，边读边讲，读的是毛主席的著作与教导，讲的却是战士们身边的事情。王杰觉得指导员这个学习方法真好：不仅仅是读毛主席的书，而且还要拿书里的立场、观点、方法来指导战士们的思想和行动。当冯安国读到"下定决心，不怕牺牲，排除万难，去争取胜利"的时候，突然停了下来，他环顾了一下战士们，大声问道："同志们，你们难不难？"

"不难！"大家异口同声地回答。

出乎王杰的意料，冯安国一摆手说："不对，你们现在很难！我知道，你们当中有的人的肩膀都肿了，有些同志的腿疼得站不起来了，对不对？"新战士们一下子都沉默了，纳闷指导员怎么知道得这么清楚。

"肩肿了，腿疼了，这就是困难。我们要承认困难的客观存在，要开动脑筋战胜这只拦路虎。毛主席要我们'排除万难'，你们现在虽然难，但还不能说是万难。同志们，大家有没有信心把困难排除掉？"冯安国问。

"有！"王杰昂起头，大声地回答。

"好！"冯安国接着讲，"咱们要为革命吃大苦，耐大劳，敢于同一切困难作斗争。'中国人死都不怕，还怕困难吗？'"

"不怕！"战士们异口同声地回答。很好！这就是冯安国想要的结果。在他的这番循循善诱之下，战士们找到了精神的力量，齐声高呼："下定决心，不怕牺牲，排除万难，去争取胜利！"冯安国最后告诉大家，学习毛主席著作，关键是要学立场、学观点、学方法，从根本上学深学透。

热烈的讨论开始了，一直持续到海岛上空现出满天星斗，北极星在北方的天空中熠熠闪光。海岛上，除了战士们持续讨论的声音，剩下的只有海浪不停的翻滚声……

6

王杰是个有心人，他不断观察着包括连队领导在内的那些老兵们。他发现这些老兵们在海岛极其艰苦的条件下，竟然能保持积极乐观，从不叫苦叫累，而且他们抽空还给渔民劈柴，给新战士洗衣服。晚上老兵们又围在一盏煤油灯周围，或者聚精会神地研读文章，或者热烈地讨论施工方案，他们学习认真，氛围融洽，身上似乎有一股怎么使也使不完的劲儿。

王杰心想：同样都是工兵战士，为什么老兵的精力如此旺盛？是谁给他们注入了如此盎然澎湃的革命力量与无穷干劲？出于好奇，王杰就凑过去看看，结果发现大家都在学习毛主席著作。老兵们还告诉他："毛主席的著作里有精神食粮，可以帮助我们保持工作热情，让我们踏实苦干不会累。"

在海岛上的这段日子里，战士们白天施工，晚上学习。晚上大家进行政治学习时，由于连队下发的《毛泽东选集》每班只有一套，大家又都争着读书做笔记，一本书往往只能是两三个人轮流读。看到战士们手中没有书，王杰非常着急，他不禁又想起了冯安国指导员的话，要成为一个真正的革命战士，必须好好改造思想，而改造思想的根本途径就是学习毛主席著作。可手里没有书怎么学呢？拿到下连后第一个月津贴的王杰，决定去一趟新华书店。

好不容易盼到星期天，王杰和魏文奇一早吃过饭，就跑到渡口去坐船。魏文奇这些日子累得够呛，指导员的思想动员虽然解决了他一部分思想问题，但一想到同时参军的战友有的开起了坦克，有的摸起了大炮，而自己却当这又苦又累的工兵，那颗年轻的心一下子就又纠结起来。

两人坐在船上，魏文奇问王杰："你觉得怎么样？"王杰好像在想什么事情，一时没听懂他的话，随口回了一句："你说什么？"

魏文奇扶了扶眼镜，舒展了一下快要散架的骨头，长舒一口气说："当工兵真是……"话说半截，头摇得像个拨浪鼓。

王杰看了看魏文奇，对他的这种心态不禁感到有些惊讶，却又不免有些心疼和关心，他像是自言自语："党要咱们为人民服务，咱们就要一心一意，可不能挑肥拣瘦呀！"魏文奇听到了，却没有说话。白云在天空悠闲地飘动着，帆船在大海中航行着，它不管风吹浪打，犁开蔚蓝的海面向前疾进……

下了船，两个人直奔新华书店。书店里的人真多啊，有老人，有红领巾，更多的是工人、农民和解放军战士。王杰着急地问："有《毛泽东选集》吗？"书店工作人员说："同志，今天没有了。这里还有单行本。"王杰说："单行本也好！拿来我看看。"

一位书店工作人员拿出几册单行本放在柜台上让他们挑。魏文奇也想买书，还没等他开口，王杰已经把《为人民服务》《纪念白求恩》《愚公移山》送到了他的面前。这是王杰为他买的。

买好了给大家的书，两个人从书店出来，急忙朝码头赶去。魏文奇心里有些愧疚。为什么呢？原来他想起了指导员的话，想起了一个革命战士要好好地为人民服务那些道理，又想起了在船上两人对话时自己流露的情绪……

码头上的人开始聚集，但船还没有到。魏文奇在海边走来走去，想着刚才的事情。王杰呢？抬头一看，他竟然坐在一块大石头上，正在翻读着一本著作，还拿出钢笔在上面写写画画呢。魏文奇见状，也坐下来，双手捧起书，认真地读了起来。

激荡的海水拍打着岩石，飞翔的海鸥追逐着浪花，它们像顽皮的孩子一样在两个年轻战士的面前自由嬉闹着，鸣叫着。赶班船的人很多，若不是魏文奇招呼王杰，他险些误了上船。上了船，魏文奇扬了扬手里的书说："我一定好好学习，保证今后再也不说泄气的话了。"

王杰对这个答复很满意，他搂住小魏的肩膀，望着波涛滚滚的海浪说："魏文奇，我琢磨着指导员那天讲话的意思，一定是提醒我们在学习毛主席著作时，也要像其他工作一样，讲究实际效果。要学习毛主席观察问题和解决问题的立场和方法，并用它们来改造咱们的世界观，指导咱们的工作，分析处理实际工作中碰到的问题。"

魏文奇点点头，说："我一定好好改造自己的思想，一定！"今天跟王杰出了一趟岛，魏文奇明白了好多道理，眼睛明亮了许多，心胸也开阔了许多。

此刻，王杰正看着碧波万顷的大海出神。他也许在想：要想成为一名真正的革命战士，应该向海浪学习，你看它一波追着一波，一浪高过一浪，不知疲倦，永不停息，这不就像担在自己肩上的革命重担，也应该是一天重过一天，跨出的步子，也应该是一步超过一步，永远向前，永不停息！

他们喜气洋洋地背着满满一挎包书下了船，这是王杰今天出岛的收获，他要分享给大家。回到住处，战友们看到王杰买回这么多书，都夸他是"及时雨"，晚上大家就一起如饥似渴地学起来。

王杰热爱着党和祖国，热爱着伟大的领袖，在日记中，他把毛主席著作比作太阳、比作雨水，把自己比作禾苗。他说："禾苗离开太阳、雨水就不能生长，我们不学习毛主席著作就会迷失方向。"

7

终于能打锤了。深秋的雨从天空中飘下来，凉凉的，施工现场黑沉沉的，空气里弥漫着硝烟和石末，工地的各个角落里开始响起"叮当、叮当"的声音。

抡起一个十二斤重的沉甸甸的大锤，朝着铁钎打了两下，石头却纹丝不动，不一会儿，王杰就双臂发麻，汗流浃背。他在脖子上缠了一条毛巾接着干起来，这还是他在村里干饲养员时学来的，毛巾不仅能擦汗，还能挡住坑道外面钻进来的风寒。

稳、准、狠，是打好锤的三大要领，老兵杨洪江耐心地讲解着，还示范了一阵子，然而这大锤真的不好打。准字是第一条，只有打准了才能使出力气，如果使出的力过大，一旦打偏走了锤，掌钎人的手十有八九也就废了。所以，王杰一开始打锤时格外小心，动作有些拘谨，两只眼睛死死盯住那根钢钎，一心想着要把手中的大锤稳稳地打在上面。

对于抡铁锤打炮眼掘进的任务，连里统一要求每天一米二。第一天下来，王杰和老战士杨洪江这个小组完成了七十厘米，三天过去了天天有欠账，根本赶不上兄弟班组掘进的速度。真急人啊！杨洪江想说王杰几句，几次要开口，话到嘴边又咽了回去。是呀，能说些什么呢？每天刚一进场，王杰就抡起大锤打，直打得满头汗水，衣服湿透，打得胳膊红肿。让他休息一会吧，他对你一笑，只说两个字：不累！说和他换换工吧，他埋头抡着锤只说一句：再打几下！

该王杰掌钎了，看着他手背上裂开的一道道血口子，杨洪江的锤抡起来就犹豫了，他心疼这个新战士，每一锤震在王杰的手上，却疼在杨洪江心里。不巧，这一锤打在了水眼上，水花夹着石头粉末，溅到了王杰脸颊上。可王杰顾不了这些，用毛巾擦把脸，把钎换个地方，昂起头，坚定地吼出一个字："打！"

坑道施工在紧张有序地进行着。这天下午，王杰这个小组掘进到大约六十厘米的地方时，忽然听到坑道上方有哗啦啦的泥水洒落声。负责现场指挥的连长刘德林听到了，立即警觉起来。根据多年的经验，他断定这是泥石塌方的前兆。怎么办？紧急关头，他大喊一声"闪开"，一个箭步冲到前面，用力拉开了正在打钎的几名战士。王杰还没反应过来，就被刘德林盖在了身下。

"轰隆"一声巨响，石块泥土从天而降，狠狠地砸在了离他们仅有半米远的地方，一股巨大的气浪喷薄而来，现场的所有人顿时变得如同泥人一般，坑道里一片混乱……

几名趴在地上的新战士惊呆了，愣了一愣，方才意识到刚才发生了什么。虽然一上岛的时候，连部首长就专门讲过塌方问题，可新战士们还是吓了一跳。他们七手八脚扶起了被气浪掀翻在地的刘德林，异常激动地说："连长您没事吧？是您救了我们！"刘德林没说话，站直了，拍了拍身上的泥土，立即指挥大家开始清理塌方现场。他知道，后续施工一刻也不能耽搁。

王杰明白，这次要不是刘连长反应快，他今天可能就要光荣了。"我这条命，可是刘连长冒着生命危险捡回来的，我可不能忘啊。从今往后，我这百十来斤就全部交给部队啦！这里就是我的战场。"

晚上召开班务会，王杰第一个站起来发言。他紧握着拳头说："我从小就热爱英雄，今天更加明白了，其实英雄就在我们身边。以后我一定要向刘连长学习，向冯指导员学习，向高副连长学习，做一个英勇无畏的工兵!"

　　这三位从朝鲜战场上走下来的老兵,他们既是英雄,也是与王杰朝夕相处的战友。刚入伍的时候,刘德林说他自己是个粗人,可今天看来他的心思可是比谁都要细上三分,胆大才能心细,才能在千钧一发之际做出超乎常人的举动。

　　王杰夜不能寐,他翻开日记本的扉页,上面贴着毛主席的头像,又翻开第二页,这里贴的是几天前他从报纸上剪下来的一位英雄的半身雕塑像,这位英雄刚毅勇敢,他的形象早已深深地印在了王杰的心里,他就是朝鲜战场上的"特级英雄"黄继光。王杰掏出钢笔,在黄继光的雕塑像下面工工整整地写下了几行字:

　　啊!黄继光突然站起来了!在暴风雨一样的子弹中站起来了!他举起右臂,手雷在探照灯的光亮中闪闪发光……只见黄继光又站起来了!他张开双臂,向喷射着火舌的火力点猛扑上去……

　　白天的一幕还在王杰脑海中回放,他想:今天刘连长在施工现场的这一扑,扑向的是同志;昨天黄继光在朝鲜战场上的那一扑,扑向的是敌人。无论怎么扑,都是把死的危险留给自己,把生的希望留给同志。什么是英雄精神?今天在王杰心里,英雄精神就是要看一个人在关键时刻能不能扑上去。眼下,若自己过不了打锤这一关,就不算是一个合格的工兵,将来还拿什么来报效祖国,还谈什么为人民服务?

　　第二天清晨,王杰和杨洪江早早地来到工地,一直干到天黑,坚持最后一组离开。这一天,再听起那从早到晚打锤的"叮当"声时,王杰竟然产生了美妙的感觉,一组一组的打锤声交织在一起,变成了工兵们在石头上的演奏。王杰每天举着大锤打钎,手磨破了,肩累肿了,右手连吃饭的勺子都有些拿不稳,但他依然咬紧牙关坚持施工,他要像老兵们一样坚强。

　　一天天下来,战友们发现王杰根本就没怎么休息过,他每天举着十

05 海岛上练就钢筋铁骨

103

几斤的大锤，一上一下打个不停，明显超出了正常的劳动强度。有人劝他休息一下，他却说："刘连长讲了，越是累的时候，越是要坚持打一会儿，这样才能练出来。"

负责扶钎的杨洪江实在看不下去了，他大声嚷道："王杰同志，你已经连续打了几天，太累了，赶紧换换人吧！""不，我还能打！咱们组打眼速度慢，天天完不成指标，不加把劲儿怎么赶得上去？"王杰坚持不换人。杨洪江一跺脚，扔下钎子说："我不干了，没人扶钎子，看你怎么打？"

王杰停下来，到这个组看看，又到那个组看看，在大个子朱玉沛那个组他看得格外仔细，仿佛要把每一锤都记在心上。王杰又转回自己的工区，看到炮眼已经打得有一定深度了，就干脆一个人打一锤转动一下钎子，接着干了起来。

杨洪江找到副连长高绍忠汇报了情况，高副连长喊来通讯员冯明臣，让他火速向王杰传达立即休息的命令。冯明臣和王杰是老乡，他急匆匆跑到施工现场，向还在打锤的这头"犟牛"喊道："王杰同志，高副连长命令你立即休息！"

"明臣，请回去报告高副连长，同志们都在紧张地施工，我岂能一个人休息？即使胳膊肿了拿不起铁锤，但我还可以给战友们扶扶铁钎，可以拉拉车子。我要和大家战斗在一起！"王杰高声回答着。

王杰这股不要命的拼劲惊动了高副连长，他亲自来了，夺下他的大锤，拉他来到海边，强制他坐在一块大石头上休息。王杰的那双手，已经肿得不能做太多弯曲。这位英雄心疼地说："王杰同志，任何事情都不是一下子就能干成的，心急吃不了热豆腐，我们的革命热情要持之以恒、细水长流，就像我们在朝鲜战场上蹲坑道、打埋伏一样，要耐着性子等待着发出冲锋的号令。"

"在朝鲜，你们在那里都吃什么呢？"王杰想起《上甘岭》和《谁是最可爱的人》中的细节，不禁问道。

"就是吃一口炒面吃一口雪，发个冻土豆就要吃上一天。我们打败美国人，靠的就是顽强的革命意志和大无畏的革命精神。为了祖国和人民，做出点牺牲又算得了什么？但是，我们切记不要做无谓的牺牲！"高绍忠两眼闪烁着光芒，王杰感觉到那种光芒里透射着自信与坚毅。

"你们不觉得苦吗？"王杰本来就对这位上过朝鲜战场的英雄无比崇敬，难得这位平时不爱讲话的老兵今天主动打开心扉，单独给自己"开小灶"，他感觉自己一下子有好多问题要问。

"怎么不觉得！咱们志愿军又不是怪物。我们想啊，我们在这里吃雪，正是为了人民不吃雪。我们吃上一阵苦，把美国人打败了，这个世界上就再也没有谁敢欺负我们中国了。"高绍忠的平静回答，却像大铁锤打在铁钎上一般，每句话都打在王杰的心上，有千钧之力。

高绍忠继续说道："今天的海岛施工比起当年的朝鲜战场，条件有了很大改善，我与连长、指导员都非常满足！王杰同志，工兵的主要任务是什么？工兵为的是为我军前进排除障碍、铺平道路，更是为敌人前进设置重重障碍。我们可不能把革命干劲在一个工程上全部耗尽，革命需要细水长流！"这些话，犹如一股清泉注入新兵王杰的心田。

经过这一番开导，王杰又有了最新的感悟，他总结了八个字：持之以恒，不能蛮干。高副连长安排王杰休息，但他还是在工地上来回运渣、运钎子，一刻也不舍得闲着。三四天过去了，王杰的手渐渐消肿了，他又立即拿起了大锤。

一个多月过去了，王杰和杨洪江这个小组虽然能够完成每天的任务指标了，但进度依然落在其他小组的后面。王杰不甘落后、不服输，更加拼命地赶，咬着牙干，没白没黑地干，无论大风还是暴雨，他和杨洪江两个人总是最先出工，最后撤离，他们小组的施工进度终于赶上了其他组，并且后来者居上，慢慢地超越了其他小组。

05 海岛上练就钢筋铁骨

8

　　一两个月过去了,战士们逐渐适应了这里的生活,他们的脸被晒黑了,皮肤也被海风吹得粗糙起来。大海边的石头上,有两个人正在海阔天空地聊着。

　　一个说:"你个子没我高,居然干得比我还要好。可惜这里只有天上的月亮,买不到祝贺的烧饼。原来那个白面书生,现在可找不到了。"另一个说:"那就当个黑脸张飞吧,睁大眼睛看山洞里能开出金矿来吧,也好寄两块给家里的干娘和伯父。"哈!原来是王杰和辛庆文来这里打发星期天的时光。

　　闹了一阵儿,辛庆文小声问道:"小赵那边来信了吗?"王杰说:"没有,我去信时对她说,新兵连很忙,没白没黑的。也许她听说咱太忙,就不敢来信了。"辛庆文一听就急了:"这怎么能行?你刚到部队,不能老让她惦记着,写信要频些,也好让她毫无牵挂地学习。我比你大两岁,这些道理比你懂。"

　　"是!老大哥!"两个人对着海浪笑起来。寒风中飞舞的海鸥,这些海上的精灵,它们居然不怕冷,有的还一个俯冲扎进冰冷的海水里捕鱼呢。

　　晚上的军事理论学习结束了,王杰掏出那支心爱的"英雄"牌钢笔,决定写封信,他要将这里的情况告诉远方的那个她,让她一起分享自己的进步与快乐。信是这样写的:

亲爱的小赵:

　　近来都好吧?学习还忙吗?我现在奉命在一处海岛上进行国防施工,每天打洞石,安炮眼,推土运石。对于这些工作,我开始不太习惯,打锤握钎不如老兵,不过练了几天就好了。

　　小赵,这里劳动强度很大,打锤时,我的手都震出了一道小口子，虽然很痛，但我内心很高兴，在为党工作为人民服务的同时，也把我的身体锻炼得更加结实了。我要服从组织安排，听党的话，党叫干啥就干啥，在哪里干都是为党工作，为人民服务，都是为祖国建设服务。

小赵，有一天晚上，轮到我值班放哨，这是我初次上岗。我紧握钢枪，仰望星空，我想这时你也许正在甜蜜的梦中。我在这里为人民守岗，为了革命事业，为了保卫祖国神圣的领土，为了人民的幸福，我握紧了手中钢枪。沙沙的树叶飘落在我身上，海风吹在我脸上，虽然很冷，但一想到全国人民都温暖地进入梦乡，我内心无比幸福。

今天一开笔，他对小玲子使用了一个崭新的称呼——"亲爱的"。这是那个特定时代的浪漫表达。

十天后，王杰收到了回信。这封回信里还有两首小诗，王杰发现赵英玲愈发喜欢写诗了，而且字迹愈发娟秀："……王杰哥，你已经实现了你的梦想，为祖国和人民紧握钢枪了，我很高兴，特为你编写两首诗歌……一九六一十月中，工兵一连去施工，钎子大锤随王杰去山峰。嗨！嗨！叮当响，打锤的声音在山谷中回荡。千锤万击戳穿岩石的坚硬，累肿了你那勤劳的双手，从不叫苦，从不叫疼。战友要把你替换，坚持工作说什么也不换。脸上的笑容，绽放了为人民服务的乐观。山高有你红松青春永远，花园有你玫瑰美丽红鲜艳。"

一个远在家乡，一个身在海岛，她没有见过他施工时的样子，信中却处处闪现着他施工的影子。也许，只有心心相印灵魂相通的两个人，才能达到这样的默契吧。王杰读完来信，闭目沉思了一下，把信重新叠好，轻轻装入信封中，压在枕头下静静入眠，心头泛起一阵幸福与甜蜜……

9

在这样一个乐观、积极、充满干劲的集体中，王杰更加虚心地向老工兵学习，他的打锤技术越来越熟练，王杰所在小组的施工速度也在不断提高。为此，王杰对本来冰冷的大锤和铁钎产生了感情，还特意写下了一首小诗：

小钎子，硬又尖，每天随我去开山。
不管岩石有多硬，都能把它来凿穿！

三个月来，王杰每天举着铁锤打钎，他每打一锤，水眼里的石浆都会喷到他的脸上手上；他的手背肿得非常厉害，有时攥不起拳头，伸不直手指，无法用右手吃饭。但王杰仍咬牙坚持着，他在刻苦磨炼着自己的革命意志。

休息的时候，王杰还瞅准机会虚心向老兵学习爆破技巧。渐渐地，王杰不仅学会了打底炮，还学会了打顶炮，一步步成为全连的技术能手。他所在的施工小组日掘进速度也由原来每小时七厘米，提高到了每小时十二厘米，最后在施工结束评比时，又一跃成为连队的"红旗小组"，王杰也被评为连队的"打锤标兵"。同时被评为打锤标兵的，还有大个子朱玉沛，两个人都被记了"五好"，王杰还受到了连部的口头嘉奖呢！

入伍半年就能拿到这个标兵称号的，王杰是为数不多中的一个，他内心感到无比自豪。他在日记中这样写道：

真正的革命者，就要准备在斗争的过程中迎接万难，排除万难，不怕困难，经受住各种各样的风浪的考验，哪怕刮起十二级台风，也要站稳脚跟，坚定不移地前进。

日记印证人生，成长中的王杰，用实际行动证明了什么才是真正的革命者。

一九六二年的元旦来了，这是新中国渡过三年困难时期后的第一个元旦，也是王杰工兵生涯中的第一个元旦。

连云港外岛施工任务圆满结束了，坦克二师工兵营的全体同志带着满是茧子的粗壮大手，挥手作别蓝天大海，赶在元旦前一天返回徐州驻地。海岛留下了这批新兵的汗水和足迹，他们经受住了三个月的风雨考验与意志磨砺。王杰和战友们感到无比自豪，他们战胜了顽石，赢得了第一场胜利。

大家你看看我，我看看你，虽然他们的脸颊被海风吹得黝黑放亮，但个个面带笑容，精神抖擞，斗志昂扬。三个月的海岛施工洗礼，让他们完全脱去了新兵的稚气和青涩。

回到徐州驻地，正赶上部队元旦大联欢，唱军歌、诗朗诵、说快书、比硬功，一个节目连着一个节目，欢呼声、喝彩声、掌声不断。

联欢在继续。辛庆文入伍前就是学校的文艺骨干，这次终于得以大显身手。他登台献上一曲男高音《打靶归来》，博得阵阵掌声。王杰把《小钎子》那首小诗，编成一个快板，当场演来，一下子勾起了许多战友的回忆，赢得台下连连叫好。

这次联欢是新一年军旅生涯的开启，更是对半年来艰苦历练的回望。绿色军营正用火一样的氛围，迎接着年轻战士们灿烂青春的绽放。

06 我是一个兵，来自老百姓

★

军营无闲日，紧张的冬训接踵而来。一入伍就打了几个月的石头，终于开始搞军事训练了，终于可以摸上枪摸上地雷了，工兵连的新兵们格外兴奋。

动员会开得很热烈。连长刘德林讲起国际国内形势，传达中央八届九中全会精神，指出经济发展面临由"大跃进"转入"大调整"，他号召全连战士苦练硬功，务必发扬工兵连在朝鲜战场上不怕吃苦、不怕牺牲的英雄主义精神。

在军棋棋盘上，工兵唯一的职能就是挖雷，而真正的工兵又叫工程兵，在战场上的用武之地多着呢。有一首《工程兵战歌》，写得非常形象：我们是工程兵，逢山开路，遇水架桥。打坦克，炸碉堡，埋地雷，修坑道；进攻在前修通路，防御筑城挖战壕。高山低了头，河水也让路，工程兵战士真荣耀！

王杰是全连的"打锤标兵"，用了三个月的时间，领教了什么叫开山打石、逢山开路，眼下总算盼来了军事科目训练。

虽然已是冰天雪地，布雷场上却是一派热火朝天，一群年轻的战士，正全神贯注地投入卧姿埋雷的训练中。人人手中一把工兵锹，挥起臂膀铲开封冻的地面，一个个雷坑刨起来，一颗颗地雷埋下去，那种感觉棒极了！

看着大家你追我赶，王杰更是不甘落后。比起在海岛上抡锤开石，挖雷坑显然容易许多。布雷场是经反复挖掘使用的，地面并不十分坚硬，只要技术标准到位，提高效率才是关键。先学抡大锤，再学挖雷坑，事情原来如此轻松！他心里这样想着，手中紧握的工兵锹不由得挥动得更加迅猛有力了。

一天晚上，工兵一连迎来了一次夜间实战演习，任务主题是开辟战备通道和野外作业。战士们还是第一次参加实战训练，不禁既兴奋又紧张，个个摩拳擦掌，跃跃欲试。

听到班长一声令下，王杰第一个奋力冲出战壕，直扑爆破目标。他把一个炸药包安放在一个"地堡"旁，猛地一拉导火索，迅速一转身，返回战壕隐蔽起来，就等着一声巨响后看那"地堡"飞上天。

"轰"的一声，但不是巨响，只是一声闷雷而已，王杰根据平时学习的技术要领判断，只是雷管炸了，而炸药并没有引发爆炸。王杰不由得脸上一热，闪念一想：别人做的都炸了，偏偏我做的怎么没有炸？

来不及细想了，要开辟战备通道了，王杰放下心中疑惑，开始快速匍匐前进，很快他就发现了一颗埋设的地雷。他小心翼翼地剥开土层上面的伪装，他需要尽快完好无损地起出这颗雷，将其收入囊中。可是，就在他拿掉引线抓起盖口向上提的时候，发现地雷被自己弄坏了，起出来也难以再次投入使用。

一晚上的演习，连续出现两次严重失误，王杰感到非常懊恼。疲惫的战友们都睡着了，王杰还在自我反思，尽管没人批评他，他自己又怎么能原谅自己呢？

他回忆着，在自责中查找着造成失误的环节与原因。一上来的炸药没炸，一定是导火索和炸药没有发生接触，他忍不住在日记中告诫自己："这是一次教训，千千万万记住，各项工作都要大胆细心地去做，记住！永远记住！"

而起雷的失误，肯定是自己没有按照实操要领去做而造成的。他接着反思道："这是不爱护公物的具体表现，今后要坚决改正！"忽然间，他又想起朝鲜战场上战斗英雄杨根思说的"武器是同志们用鲜血换来的，是革命的财产，不能损坏"这句话，连忙也写进了日记里。放下笔，王杰还在那里自言自语着：王杰啊王杰！今后你绝不能再犯这样的错误。

2

夜晚寒风阵阵，冰粒子和雪片子从天而降。突然，一声紧急的集合号划破了夜空。

"任务——河中架桥，方向——黄山岭。跑步，出发！"连长刘德林发出了雷霆一般的命令。十几辆工兵车排成一条长龙，只有第一辆车开着雪白的灯光，带领着"长龙"沿着不知名的道路，在漆黑的夜里蜿蜒前行。一条大河拦住了去路，这里就是目的地。训练科目为选择无固定地点架桥，水下情况不明。

连部紧接着下达任务命令：全连报名组成十二人突击队。一排与突击队负责河上打桩；二排负责桥面铺设；三排作为预备队，负责运送木料，并掩护炮兵部队过桥，再掩护全连安全撤离战区，向下一个战略目标转移。

忽然，十几束手电的灯光射向河道，只见一个身影非常熟练地快步走上一个土丘，伸出大拇指进行目测。

"关闭灯光！"那个身影原来是副连长高绍忠，紧接着他做出判断，"这段河面，宽约五十米，深度平均一米左右。这次架桥，打桩是首要任务！突击队我任队长，各排要派出有经验、体力强的同志担任队员。现在开始报名！"

"报告班长！王杰参加突击队！"高副连长话音刚落，王杰就站到了班长李文禄面前，大口大口地喷着热气说，"让我参加突击队吧，在艰苦的条件下锻炼锻炼！"

刚才在路上他就做好了打算，这可是一次难得的锻炼，也是一次真正的考验，一定要抢一个重活干干。于是，他一边说着，一边解开上衣的扣子。李文禄还没有回答，他已经把棉衣脱下来了。班长连忙帮他披上棉衣，把手放到王杰胸前，问道："凉不凉？"

寒风中的那双手冻得像冰块一般，王杰的前胸收缩了一下。李文禄趁机说："水底下更凉！你们新战士吃不消啊，还是让老兵上吧！"

王杰明白了班长的苦心，但他既然报了名，就决不退缩。只听他坚定地说："班长，我不怕冷，我有一颗火热的心，就让我下水吧！"

突击队点名了，高绍忠听到了王杰的名字，也听到了朱玉沛的名字，心想这下好了，两个打锤标兵一起来了，今晚的桩不愁打不好。十二名突击队员齐刷刷地站在河岸边，只听高绍忠喊道："突击队员随我下水！"话音刚落，王杰第一个甩掉棉衣，"咔嚓——扑通——"一声跳入河水中。怎么会是这种声音？原来河面上已经结出了一层薄冰。

河水真凉啊，但没有谁在意这个事情。突击队在河面上展开队形，冰面被"咔嚓、咔嚓"破开了一大片，他们很快探出了一段相对平缓的河底。看！木桩竖起来了，打桩的锤头抡起来了。

王杰看看高副连长，只见他在冰河里从容指挥，和同志们一样坚守在齐腰深的冰河之中。蓦然间，他眼前似乎看到了朝鲜战场上志愿军爬冰卧雪的场景，不由得在心里打了一个激灵：原来英雄都是这样战斗的！王杰不禁热血沸腾，他顾不上河水冰冷刺骨，也顾不上北风吹在脸上如同刀割，咬紧牙关把浑身的力气都打在那一根根木桩上。

突然，黄山岭上刮起了一阵更紧的北风，风卷着小雨，雨夹着雪花，像提前侦察好了一般呼呼呼地直向河道里猛扑过来，刺骨的寒风吹在脸上像针扎一样疼。有的士兵不免小声议论，要是夏天架桥该有多好啊，干完了活还能顺便洗个澡，可是偏偏要选在这样的腊月天。谁说不是呢！可这就是人民军队的实战化练兵。

再看老工兵高绍忠，他身为突击队队长，一边带头打桩，一边现场动员："同志们，天气越坏，就越考验我们的意志与斗志。我们工兵一连的传统就是不怕困难，勇往直前，善于在艰难困苦中夺取胜利！"往常工兵架桥，战士们一面打桩，一面喊着号子，河岸上还能架起照射灯。但这次夜间架桥是按实战要求进行的，过程既要迅速，又要避免暴露目标；既不能打灯光照射，也不能喊号子互动，一切行动都在悄悄地进行着。

北风越吹越紧，冷透了的河水又重新结上了一层薄冰，寒彻透骨。战士们泡在冰水中，两条腿冻得直打哆嗦，但没有一个人叫苦叫冷，只听得打桩的咚咚声和寒风的呼啸声。

按照既定规程，十二个人分两班，每隔十分钟轮班休息一次。上岸后，打桩的队员都到附近的抽水机房里取暖休息去，可王杰却一干就是两班，一直奋战了二十多分钟，其他人都上岸了，他还是不肯上岸。班长李文禄着急了，站在岸边扯着嗓子喊："王杰，上岸歇班！"

他回答说："我能坚持，不用换！"再喊，还是不肯换。岸上替班的队员最后"威胁"他说："你不上来，我们就不下去啦，看你一个人怎么打！"这个"犟脾气"才总算上了岸。

王杰的两腿早已冻得麻木，他一来到抽水机房，班长马上带人围上来，给他擦干身上的水、穿上棉衣，要他好好休息。但是不知什么时候，王杰又不见了，二排长发觉之后有些担心：他可千万别冻出什么毛病来啊。

王杰究竟去哪里了？天黑路滑，桥桩已经打好，抬桥桁和搬桥板的人你来我往，哪个才是王杰呢？二排长找了一阵子，忽然看到王杰在抬桥桁的队伍里汗流浃背，干得正欢。他一把拦住王杰，又疼爱又严肃地说："王杰，你怎么不去休息？"王杰回答说："排长，我不冷，任务没完成，我待不住啊！"

李文禄看到这一切，忍不住发出一阵感叹，感到十分的惊喜，感叹的是王杰竟然在冰河中连干了两班，惊喜的是这个平时不爱言语、入伍不到半年时间的新兵竟然挑起了班里的大梁，成了班里的骨干！

就这样轮番作业，工兵一连全体战士连续奋战了三个小时，当第二天天色朦胧时，一座木桥飞架冰河两岸，队伍顺利通过了，他们圆满完成了新年第一场演练任务。

火热的军营，就像熊熊燃烧的烈焰；滚烫的青春，就像被烈焰点燃的一块钢铁。王杰饱蘸着满腔豪情，写下了这样一首诗——《练硬功》：

> 北风尽吹天气寒，实战练兵劲头添。
> 誓与北风比高低，不怕风狂天气寒。
> 五大技术全练硬，防止敌人侵犯咱。

3

新年到了，地方放假欢度春节，连部却忙了起来，全员值班备勤，任何人不准请假外出。各项表彰奖励结果出炉了，王杰的收获真不少，喜报、奖状，一个接着一个，老乡、同学纷纷向他道贺，引得不少战友羡慕。

一九六二年二月五日，王杰在同期入伍的战友当中，第一个光荣地加入了团组织。入团仪式上，王杰不禁又想起杨平老师的那句"只要表现好，很快就能入团"的话来，今天算是给母校争了光，他感到格外光荣。还有更光荣的事情，王杰领了两张大奖状，一张是"五好战士"奖状，一张是荣获三等功的奖状。他的肩章也换了，从列兵晋升为上等兵。

入伍仅仅半年，王杰就取得了这样一连串响当当的成绩，这在整个工兵营也不多见！王杰，一时间成了连首长挂在嘴边的名字。指导员冯安国对连长刘德林说："这批新兵队伍里需要多出几个冒尖的，我看二排六班的王杰就不错，他打锤有股子狠劲，一口气能打四百锤。乖乖，真像你带的兵！"

刘德林呵呵地笑着说："这小子是不错，那股狠劲像我。可是他爱学习、爱读书的劲头，这点可不像我，倒像你！还有他快板编得好，说得也好，以后的文娱活动可以算上一个。这一点嘛，比咱俩都强！"

"是啊！谁带的兵像谁，这也是咱一连的传统。想当年，咱们都是淮海战役的新兵，现在也成了抗美援朝十年的老兵了。等带完这批新兵，我就要转业回地方做贡献去了。看着他们一天天成长起来，这年过得也高兴！"春节期间连部里虽然没有鞭炮，却时时传出阵阵爽朗的笑声。

过年的时候是最想家的时候。战友们想的是一个家，可王杰想的却是两个家。他写了两封信，一封寄给鲁西南老家的伯父，一封寄给内蒙古的父母。这是向亲人报喜的信，也是向家乡报捷的信。两个熟记在心的地址，各加上一个红色邮戳，分享着军营的收获与喜悦，告慰着远方的牵挂和期待。准备寄出的时候，他又给赵英玲单独写了一封信，这个时候，怎么能少了给小玲子的信呢！

面对成绩，王杰提醒自己决不能因此而骄傲自满，后面的路还很长很长，这仅仅是万里长征的第一步。他掏出韩义祥送给他的那个红色日记本，这个日记本他已经记满了不少的页码。

这些日记，在王杰看来，都是自己写给自己的话，因此他从没有让第二个人看过。入伍后，出于一种新奇，新战士都开始记日记，但一忙一累就懒得写了，还是直接躺倒舒坦些。他们想着王杰大概也是如此吧！谁也不曾想到，王杰的日记竟然越记越多，而且从来也没有中断过，后来被发现时竟然有十万字之多。

一九六二年开春时节，党中央向全党全军发出了学习毛主席著作的号召。

王杰自听到号召的那天起，就和学习较上了劲。因为冯指导员提醒他学习的那句话萦绕在耳边，给他指明了一条向上攀登的道路，而且在王杰心里，毛主席一直像太阳那样温暖，那样伟大和亲切，他一定要抓住这次机会轰轰烈烈地学上一场。于是，他决定自己和自己签订一个军令状。可是怎么签呢？

他张开嘴，咬向右手的中指，看看指尖上流出来的血滴，然后在早已准备好的一张白卡纸上写下了四个大字："大学毛著"。

血字闪着亮光，字字充满力量！二十岁的王杰就是这么较真，这么专注，只要是认准了的事情，就要坚定地走下去。他知道虽然自己只是一名普通战士，但学习毛主席著作绝不能落在后面。

血书写完了，王杰感到自己还有好多事情要做。首先来检阅一下自己的学习吧。《为人民服务》《愚公移山》《纪念白求恩》这老三篇，他早已做到了熟背成诵；从连云港背回来的《矛盾论》和《实践论》，他也已研读过多次，但其理论体系是那样宏大，融汇古今中外且又层次清晰，没有一个较长的消化吸收过程是难以领悟到其精髓的。

对于如何运用这些理论，王杰感到自己还仅是一知半解，尽管自己平时注意做了一些剪报，将一张张豆腐块贴在了本子上，并尝试着学以致用，但还需要阅读更多的著作来进行全面学习、分析和吸收。今天之所以要写下血书，就是要提醒自己，不能再满足于读读单行本和一些经典篇章的选读，必须要下定决心来一场认真、全面、系统的学习，即便是军事训练再忙再累，也不容放弃！

这张只有四个血字的"军令状"，真可谓这位"五好战士"的一次创举。

★ 4

一连召集大会，说有特别重要的任务需要安排。看！主席台上，指导员还专门拿着一本毛主席著作呢。这是要开展专题学习活动了吧？王杰掏出笔记本，准备记录。

连长刘德林当场宣布部队新的任务是：暂时结束军事训练，进入农场开展农业生产。那个洪亮的声音在会场上空回荡，战士们却一下子全蒙了，心想这是真的吗？

王杰身边坐着一个战士，也是初中毕业生，一听全连要去搞生产，怎么也转不过弯来，懊悔地说："种地？！咱在家里种不就行了，何必跑到部队里来？"王杰正留恋着紧张的军事训练，他想：刚练了三个月的兵，不少科目还停留在理论上，这回要去了农场，军事技能啥时候才能练出来？

指导员不慌不忙地翻开那本厚厚的毛主席著作，开始组织大家学习《论军队生产自给，兼论整风和生产两大运动的重要性》和《组织起来》两篇文章。第一篇文章，是毛主席发表在《解放日报》上的一篇社论，文章中这样写道："军队的生产自给，在我们的条件下，形式上是落后的、倒退的，实质上是进步的，具有重大历史意义的。在形式上，我们违背了分工的原则。但是，在我们的条件下——国家贫困、国家分裂（这些都是国民党主要统治集团所造成的罪恶结果）以及分散的长期的人民游击战争，我们这样做，就是进步的了。大家看，国民党的军队面黄肌瘦，解放区的军队身强力壮。大家看，我们自己，在没有生产自给的时候，何等困难，一经生产自给，何等舒服……"

第二篇文章是这样说的："打仗的军队，我们有八路军新四军；这支军队也要当两支用，一方面打仗，一方面生产。我们有了这两支军队，我们的军队有了这两套本领，再加上做群众工作一项本领，那末，我们就可以克服困难，把日本帝国主义打垮。"

王杰听到这里，心里豁然开朗。原来军队搞生产，并不是什么新情况，而是人民军队的老传统了。这番道理虽然是二十年以前讲的，但此时此刻读起来依然那么亲切，那么明明白白。毛主席他老人家真是伟大，无论你去执行什么任务，在他的文章里，总能找到他对你的殷切教导与期望。

晚上，王杰又读了有关南泥湾生产的文章，重温了《为人民服务》，他的心里更加亮堂了。张思德这位走过长征的老红军，不是中央警卫团的战士吗？他的任务不是保卫首长的安全吗？可是在党需要的时候，他竟然带头到陕北的深山里去烧木炭了。毛主席这样说他："张思德同志是为人民利益而死的，他的死是比泰山还要重的。"

原来生产就是为革命，生产就是战斗。想到这里，王杰脸红了，自己原来的认识是多么幼稚可笑啊。一个共青团员对待革命工作，应当像入团时指导员要求的那样："党需要干什么，革命需要干什么，就应该带头去干！"

从这天起，王杰开始收拾内务，随时准备出发。每晚，战友们都能听到王杰那欢快的笛声，清脆而悠扬，吹开了一颗颗纠结的心。

5

四月的田野里处处洋溢着生机，一连的战士们听着布谷鸟的歌唱，来到了上百里外的"大敞湖"军人农场。说是大敞湖，其实是一大片荒滩，一没水，二没船，地势洼得像个锅底，小雨成湖，大雨成洋，用当地老百姓的话说叫"蛤蟆撒泡尿也会淹"。这成千亩的"湖"地，群众一时难以利用起来，遍地杂草和芦苇倒是长得郁郁葱葱。自1959年之后，我国经济形势出现了暂时的困难，粮食极其紧缺，只有自己动手，才能丰衣足食。连队决心要把这大敞湖变成新的南泥湾，别看它现在是荒滩，两季庄稼种下去，荒滩就能变良田！

但事情说起来容易干起来难！这是个新农场，一切都要从零开始。没有营房，只有一溜儿帐篷，连部首长和普通士兵都要住在帐篷里。帐篷一到晚上四处透风，只盖一床军被才勉强能睡。没有现成的粮食，需要从部队调运，但运不来青菜，只能自己现种茄子、辣椒，苗太小，怎么也要一个月才能下菜。因此，开水泡胡萝卜干，再弄些咸菜，就成了每天的伙食供应。更没有大型机械，仅有的两头牛天天运粮拉炭还忙不过来，垦荒耕种根本指望不上它们，只能全靠人力。

好不容易从地方上借来一台"东方红"拖拉机，这可是中国制造的第一款拖拉机，高大的车头，宽大的履带，发动起来声音像坦克一样轰鸣。附近村庄派来了一名年轻的拖拉机手，黝黑的脸庞，结实的肩膀，头上扎上一块毛巾，笑起来一口白牙，干起活来有一股天生的麻利劲儿。

"东方红"开进大敞湖后，就马不停蹄地翻起地来，一天翻个上百亩地根本不在话下，有时候到深夜，战士们还能听见那响亮的马达声。但拖拉机手一个人连续作业，实在是太累了，谁能替替他呢？令人想不到的是，副连长高绍忠站了出来，只见他跳上高大的"东方红"，一个来回下来就纵横自如了。他开过坦克，开个拖拉机毫不费劲。

地翻完了，春来天旱无雨，田野里的垡块结成坷垃，硬邦邦的满地都是，板起脸来要和这群年轻的战士磨磨硬功。连部决定，七成土地种高粱，三成种小麦，麦地需要精耕细作，高粱地则不再耕而直接开耩。

二排负责种高粱，六个人拉一副耩子，分六个组开展比赛。这耩地是常见的农活，需要前后配合。后面一人扶耩子，耩子下面有四条腿可以播种；前面一人居中驾耩子，左右再各傍两个人拉耩绳。一般一个来回停上一次，因为需要在地头上添种子。这种农具，我们的祖祖辈辈不知使用了多少代，它实实在在养活了无数代人，在社会主义建设时期的很长一段时间内仍在发挥着作用。

这批士兵十有八九都对种地不陌生，他们明白驾耩子这活是最重的，一般人干不了。它要求拉耩子的人步子要匀、方向要直，既要配合后面扶耩子的一块摇耩子，还要平衡左右两边的力量，不能拉偏串了垄。这耩子，你不拉它它不走，你不摇它它不播，第一天驾耩子的活交给谁呢？班长看中了虎背熊腰的孙西朵。孙西朵从小干力气活，身体结实得像一块钢铁，冬训时急行军，他全副武装走个二三十里，面不改色心不跳。

头一天王杰负责拉耩绳。只见他肩上套着绳子，弯着腰，从土坷垃上深一脚浅一脚地踏过去，走起来非常困难，半天拉下来，肩膀被绳子磨红肿了。说来也怪了，这个膀子打锤很有力道，可是却不经磨。内练一口气，外练筋骨皮，还真是缺一不可啊！

再看看今天的孙西朵，自从他驾上了这副耩子，就浑身不自在，全身晃动，举步艰难，几趟下来，已经汗流不止气喘吁吁了。王杰不忍看他那么累，一到地头就拽住他的胳膊说：“西朵，咱俩换换吧！"

"不换！这回我要干到底！"不服输的孙西朵没想到这驾耩子的活看似简单，原来这么不好干。

六个生产小组号子喊得震天响，在"湖上"你追我赶，活像"赛龙舟"一般。王杰本来想要和孙西朵硬换，又怕俩人闹矛盾耽误了进度，只好暗暗用劲儿拉耩绳，尽量分担孙西朵驾耩子的负担。

晚上，六班召开班务会，总结经验，以利再战。班长李文禄分析说："咱们班两个组干得不错，但驾耩子这活儿，一个人顶不住，我看咱班要再挑两个大力士，每组俩人轮班驾。大家看，谁合适？"

王杰一听机会来了，他马上报名说："班长，让我干吧！我行！"

李文禄一看又是王杰，皱皱眉头说，"不行啊！得要大力士。起码得有孙西朵那么大劲儿，才能保证不落后！你这一看就是个书生嘛。"

"班长你忘啦，我有劲儿，十二斤的大锤我一气儿能抡四百下呢！初中那三年，地里的活我可没少干，耙地、翻地、种稻子、割麦子，样样不落，还三次被评为'劳动标兵'呢。"王杰虽然个子不算高大，但他相信自己的实力，这些实实在在的荣誉，要不是今天为了驾这个耩子，他还真没想爆出来。

"那也不够条件，你还是拉耩绳，我看就让周新祥和孙西朵一组轮班驾吧！"

"干革命工作，就不能怕苦怕累。我是共青团员，团员在工作中就要起带头作用，干最苦最累的活！团员不带头，还算什么团员！"王杰说来说去，班长就是不点头。

李文禄深知王杰的脾气。在海岛上运渣的时候，车子到了王杰手里，就被他不由分说地"霸占"了。别人要替替手，他说什么也不依，连休息的时候都要坐在那架小车上，生怕车子一不小心被人夺了去。还有，前段时间夜间架桥打桩实战演习，他连干两班还不肯上岸换班。这次，如果派他去驾了耩子，到时候他再"霸占"了耩子，累坏了可怎么向连首长交代啊！

王杰听了班务会的决定，知道正面突破是没指望了，气得噘起了嘴，回宿舍后，也没心情吹笛子，直接躺下睡了觉。

6

第二天早饭后，孙西朵准备扛耩子下地，却发现耩子不翼而飞了。

他想，肯定是周新祥扛去了，这耩子可不好驾，得给他说说经验，于是急忙向田间赶去。谁知道到了半路，他竟看到周新祥正两手空空走在前面。这是怎么回事？

俩人赶到地边，见一个人肩上套着耩绳，两手抓住耩把，稳稳地站在那里，正等候着大部队进场呢。嘀！这不是王杰嘛，怪不得他早饭吃得那么快，原来是早有预谋啊。

孙西朵三步并做两步，走上前按住耩把说："王杰，你快让位吧！我和新祥轮班驾，这可是班务会的决定。"他担心王杰的身子骨没有自己结实，驾不住耩子。

"没什么好让的！这耩子今天就是我的了。你拉一天耩绳吧！"王杰眯起眼睛，颇有些得意地说。李文禄也没法说服王杰，只好答应让他驾耩子。孙西朵很不满意，反复叮嘱："那明天一定让我来驾。咱们班一定要争先！"

王杰驾上耩子，大家喊起号子，真刀真枪地拉了一个来回，王杰才知道真是岗位不同，自有轻重，这中间的黄金位置可比其他的点位难度大多了，既要看着脚下，还要照顾左右，耩子摇晃起来像筛锣一样，王杰浑身的骨头都在跟着一块晃。

李文禄趁机问道："'五好战士'，累不累？"

"不累！活动活动关节，松松筋骨，真是舒服！"王杰说得轻松，其实哪里是这么回事。不说别的，当天晚上，他刚看了一页书就睡着了。

第二天，孙西朵一早就去扛耩子，心想这回可不能再让王杰抢了去！谁知到了昨天放耩子的地方，那本该属于他的耩子又不见了。孙西朵急忙四处寻找，忽然看见王杰扛着耩子从一边走了过来。原来王杰趁夜间站岗换班的时间把耩子藏了起来，为的就是不让人找到。真是气人啊！俩人又是一番"争执"，李文禄见了也不好插嘴，最后又是孙西朵让了步，晃着膀子，气呼呼地去扶耩子了。

到了第三天，王杰可有话说了。他说出了自己早就编好的理由："都说万事开头难，我都连续干了两天了，劲儿也练出来了，还有什么好换的！"就这样，一连干了十几天，直到播种任务全部完成，孙西朵和周新祥硬是没争过王杰，大部分时间都是王杰在驾耩子。

不过后来，歇了几天的笛子又响起来了，欢快而热烈的旋律一次次在幽静的农场上空回响……

7

高粱耩完了，麦子也种进了田里，七八天后，一棵棵青苗钻了出来。两场好雨下过，绿油油的青苗长得飞快，放眼望去一片碧绿。战士们想着能喘口气了，开始盼着连部安排些军事训练。然而，二排接到的任务是：带领两个班的战士跟随连部一同下农场锄草疏苗。

一大早，王杰扛起锄头，和韩义祥等战友踏着晨露出发了。田地里高粱苗长势喜人，农村出来的孩子对土地有着一种天然的亲近，看到这，他们情不自禁地加快了脚步。快看！一拃多高的苗子，一垄垄耩得还挺直溜，可地里的野草也毫不示弱，长得飞快，如果不赶快把它们锄掉，它们肯定要抢肥力。

蓝天白云下，刘连长和冯指导员挥舞起锄头，非常老练地干了起来。这边一声哨响，两个班各就各位，拉开了锄草比赛的序幕。只见王杰一头扎进田里，时而挥动锄头，时而弯腰拔草，垄间苗旁的大小杂草都被清理得干干净净。太阳一晒，一簇簇杂草很快枯萎，一行行的苗子从杂草中挺立出来，迎风招着手，长势更加喜人了！

这锄草看似简单，无非除草留苗，然而有些野草和大苗长得太近，很难下去锄头，只能俯下身子用力把草连根拔起，同时，还要把一些小株的高粱苗毫不犹豫地锄掉，给大株的苗子留出生长的空间。王杰琢磨着其中的要领，不由得回想起在家乡和华堌村的乡亲们一块拔草的场景，他们这时候也应该正在田间锄草吧！

因为锄得又快又好，有几位战士被提出了表扬，王杰、韩义祥、孙西朵名列其中。

烈日当空，哨声再起，又一轮比赛开始了，战士们干劲十足。王杰和冯安国是搭档，他看到指导员锄草的动作非常熟练，就忍不住问："指导员，怎么看您像个老庄稼把式？"

冯指导员剑眉一扬，笑着看看说："你小子也不赖嘛！看不出你这个文化兵，干活的功夫还挺过硬。"

王杰一边干活，一边汇报了自己在中学时劳动的经历。冯指导员听了欣慰地说："看来国家招你们这批有文化的士兵是对的，你们不光文化底子好，能写会算，学东西快，还有相当的劳动技能！"

王杰想了想，忽然问起一个问题："我们士兵干农活是锻炼的需要，连队领导怎么也要跟着一块干呢？"

王杰一句话把冯安国问得哈哈大笑起来。他甩一把额头上的汗水说："好你个王杰！什么叫跟着干？这叫带头干。别说我们了，当年毛主席在延安时就是这么干的！还有朱老总的扁担，你听说过吧！从井冈山开始，官兵就平等了，大家一起行军打仗，一起田间劳动。这是我党我军的光荣传统嘛！"

王杰赶紧不好意思地说："我把这茬儿给忘了！看来这是我们党和军队的独创啊！"

"是独创，但又不全是！"指导员接过话头说，"其实，军农结合，兵民合一，在中国古代就有了。汉魏时期的曹操实行军屯，就地解决了军队给养，所以才能力挫群雄，一统北方。我们是人民的军队，干革命不忘本色，一手拿枪杆子，一手拿镰刀锄头，从井冈山到南泥湾，不光赶走了小日本，还打败了蒋介石呢！这就叫：军队向前进，生产长一寸；加强纪律性，革命无不胜！"

好一番透彻的道理！王杰开心地说："我懂了！这就是您常讲的农场就是战场、生产也是战斗吧。"忽然，随着一声招呼，农场上空顿时响起了嘹亮的歌声：

    我是一个兵，来自老百姓，

打败了日本狗强盗，消灭了蒋匪军。
我是一个兵，爱国爱人民，
革命战争考验了我，立场更坚定。
……………

8

　　一场双重考验正悄悄逼近。

　　一天夜里，天上响过几声炸雷，大雨哗哗哗地落下来，并且毫不客气地一下就是三四天，大敌湖开始漫水了。对于开垦农场，部队也积累了不少经验，早就把麦子都种在了"锅沿"上；高粱长得快，秸秆也高，所以就种在了"锅底"上。但是，眼看长势喜人的高粱全泡在了水里，听着雨点砸在帐篷上，战士们急得好比热锅上的蚂蚁。

　　看着漫天风雨，连长刘德林比战士们还要着急，他和指导员不但担忧高粱地里的水情，更担忧连队里的粮食供给。农场外的道路变得泥泞不堪，从农场到转运物资的火车站来回少说也有二十华里，中间两处路段泡在水里，汽车根本开不动。再说，农场里每天管着上百张嘴吃饭，连队的战备粮也快要见底了。

　　怎么办？革命军人岂能被困难吓倒，连长和指导员俩人当机立断，做出一个决定：抢抓时间，用人去扛！只要雨一停，就全连出动，一人一袋把粮食从火车站扛回来。

　　然而，老天爷阴着脸只管下个不停……

　　这天后半夜，高绍忠查完铺走在路上，忽然感觉起风了，于是判断雨就要停了。机不可失，失不再来，这可是一个练兵的绝好机会！把新兵们锻炼成天不怕、地不怕、苦不怕、死不怕的钢铁战士，把部队锻造成召之即来、来之能战、战之必胜的英雄集体，就要让他们在"火热的油锅里滚上几滚"。战士们这几天正歇得皮痒，一听来了任务，顿时精神抖擞。

去时一身轻松，脚下生风，回来时肩上扛着沉甸甸的面粉，路远无轻载，越背越沉，战士们深一脚浅一脚地往回赶。王杰的脚，一会儿踩在泥泞里，一会儿又踏进水坑里，他不停地提醒自己，既要走得稳，还要走得快，千万不能把面粉袋子掉进泥水里。

王杰第一个到达了连队，他放下面粉，这时已是下午一点多了，炊事班连忙给他盛饭。他笑了一下说："等等吧，我这会儿不饿，等大家都回来一块开饭吧！"说着，他舀起一瓢凉水一饮而尽，转身又跑回去接应后面的战友了。

一路跑出去，他遇到的战友尽管都是气喘吁吁的，可谁也不让接，非要坚持到最后。有人提醒他："杨杰一直落在后面，你去接接他吧，他的病还没好呢！"这个杨杰，闹了一场肚子，连长特意安排他继续休养两天，可他就是不听。王杰铆足劲儿往后找，想赶快接到杨杰。

王杰一口气跑了几里路，终于看到了一瘸一拐背着面粉的杨杰，指导员扛着面粉在一旁照应着他。王杰冲过去，接过杨杰肩上的东西，转身向农场赶。当他们三人端起饭碗开始吃"中午饭"的时候，已经是下午三点多了。

雨终于停了，高粱地里的险情也解除了。这天夜里，王杰忽然想起冯指导员经常讲的要密切联系群众这一条。那么，刘海村里的水情到底怎么样了？是不是有些乡亲受了灾？第二天一大早，他拉上魏文奇要到村里走一遭。

两人挽起裤腿，提着鞋子，蹚过一大片积水，来到村子中间的一棵大槐树旁。这里住着"五保户"刘奶奶，前天晚上的风可真不小，把她家屋脊上的盖草都刮掉了，露出了一个"天窗"，要是再下雨屋里可就漏了。刘奶奶望着屋顶发呆，生产队长昨天下午就来了，他察看了情况说尽快安排人修。

忽然听到有人敲门，刘奶奶心想准是修房子的人来了，出门一看竟然是两个解放军。王杰拉着她的手说："我们是毛主席派来的，看看你们家的房子还结实不？"刘奶奶听了，脸上的皱纹顿时舒展开来。

王杰察看了情况，和魏文奇商议说："今天我们就给刘奶奶家修屋顶吧，你看怎么样？"魏文奇眼珠一转，答应道："好啊！刚才来的时候我看到有一家门口正好放着一把梯子，我们借来用用吧！"

眨眼的工夫，梯子借来了，往屋檐上一靠，再好不过了。没有盖草，怎么办？王杰知道"五保户"都归队里管，于是就去找生产队长。

自从部队下到农场，战士们没少来村里，时常帮老百姓挑水、磨面。队长没想到这次王杰他们来得这么快，帮扶"五保户"本来就是村里的义务，这下倒让解放军抢了先。他坚持自己马上带人去修，王杰说："一家人不说两家话，你们还要忙生产，别去了，刘奶奶家的屋顶就包在我们身上了。"

队长看到这个战士一脸的诚恳，就挑了全队最好的草交给他说："这种草叫黄草，又长又结实，多和一些泥盖上去，保准三五年不会再漏了！"王杰记住了队长的话，取回盖草，和魏文奇撸起袖子干起来。他们一忙就是大半天，直到把屋顶盖了一个结结实实。

刘奶奶早就凉好了两大碗白开水，放在槐树下的板凳上，一看两个小战士忙完了，赶忙招呼他们坐下来休息、喝水。两个人洗了一把手，还真是渴了，不再客气，每人端起一大碗水"咕咚咕咚"喝了下去。刘奶奶趁他俩不注意，往每人兜里塞了两个熟鸡蛋。王杰一见赶忙一把掏出鸡蛋，魏文奇也连忙掏了出来，他们把四个鸡蛋全放到了板凳上，抬起梯子拔腿就跑。

刘奶奶连忙去追，哪里能追得上，只得在后面喊："小同志，告诉奶奶，你们都叫什么名字呀？"一个声音回答着"我们叫解放军，是毛主席派来的"，然后，留下一串笑声……

多么熟悉的话语，多么亲切的面容！刘奶奶见过一茬又一茬前来打水扫院的人民子弟兵，他们每个人都说是毛主席派来的，刘奶奶虽然不知道他们的真实姓名，但觉得他们和家人一样亲！

9

　　王杰和魏文奇一头汗地回到农场，没来得及休息，就又拿上个脸盆出去了。孙西朵瞧见了，不由得纳闷起来，想知道两个人究竟在搞啥名堂。

　　不一会儿，王杰端着一脸盆南瓜苗回来了。那苗子绿油油的，长得可旺了。孙西朵心想，这是哪里来的？该不是王杰犯错误了吧？他偷偷把魏文奇拉到一边，瞪大眼睛问起刚才的事情。魏文奇扶了扶宽宽的眼镜边，笑道："你想不想吃南瓜？"孙西朵不理这个茬儿，不依不饶地追问着："怕是偷的吧，吃禁闭还差不多。"

　　小魏看他一脸的认真，连忙收起笑容说："路边捡的！我说不要，王杰非要捡回来，说是养好了秋天能结大南瓜。已经问过村里的群众了，这是社员倒垃圾倒出来的南瓜子，属于沟边上长出来的无主苗！"

　　大雨之前，荒地里撒的菜种子早被地老鼠吃光了，种个菜真难啊！王杰把这些南瓜苗一一种下去，耐心地管理、施肥、拔草，很快就长出了藤蔓。路边上的无主苗，这下有了新主人。司务长孙乐义见了，直夸王杰是个有心人，说到了秋天肯定大丰收。孙西朵听了不以为然，他对魏文奇说，别人不要的苗子，肯定结不了大瓜，还是干点正经事吧！

　　什么才是正经事呢？一连党支部正在号召大家抓紧当前一段空闲时间开展割草运动，每人一天要割一百二十斤草，并且要干净整齐，最好是黄草。这些草晒干了，可以给连部盖房子用。这才是正经事！现如今他们还在帐篷里打地铺呢！

　　连部的公告栏里，每天公布交草的数量：孙西朵一百六十斤，朱玉沛一百五十斤，周新祥、韩义祥都是一百三十斤……王杰一百斤。

　　啊，王杰竟然没有完成任务，这怎么可能？是不是负责统计的通讯员搞错了？这个处处争先、事事认真的"五好战士"，怎么会忽然放松了对自己的要求？辛庆文问他是不是病了，王杰摇摇头。韩义祥说原来在初中打猪草都是先进，现在出了什么情况，王杰也没有回答。

再看孙西朵，连续几天都是超额完成任务，他不禁有些得意起来。这天天气特别好，孙西朵一大早就出发了，看到一块草坡就扑上去割起来，起身擦汗的时候，却在不远处看到了王杰的身影。这个王杰，怎么在那里东瞅瞅西看看的，这分明就是在磨洋工嘛！

"现在公布成绩！"晚上，刘德林当场公布今天割草的数量，孙西朵还是第一，王杰还是不到一百二十斤。连长讲话了："今天王杰割的草还是没赶上大家，但他的质量却是全连第一。这几天我都看过了，他割的草都是黄草，又长又干净又整齐，每一根都是盖营房用得上的好草。好草盖上去，房子才能结实。大家都要学习王杰，学习他这种对工作极端负责任、踏实实干的老黄牛精神！"

原来，王杰既没有偷懒，也没有耍滑，他干的本来就是正经事。这时，魏文奇说出了真相，原来他们给刘奶奶家修屋顶时用的草就是这种黄草。王杰记在了心里，所以割草的时候就专挑这种黄草割。战友们服了，班长李文禄带头鼓掌，一直等待着表扬的孙西朵脸红了。

晚上，孙西朵把铺盖挪到了王杰旁边。王杰看了看这个小时候拉着瞎了眼的父亲要饭的苦孩子，拿出一本《黄继光的故事》说："这本书借你看吧！咱们都要向英雄学习。"这可是王杰刚接到入伍通知的时候，老班主任张家骥特意赠送的，他一直珍藏在身边。

孙西朵摇摇头，苦闷地说："我从小没读过书，只认得自己的名字，什么书也看不了。到了部队才知道，这不认字真是寸步难行啊！"其实，他早就特别羡慕王杰能读书看报写文章，样样精通了。"不认字不要紧，让我来教你吧！"王杰热情地说，"一开始每天先认两个字，以后每天慢慢增加数量。"

"这……这样能行吗？"孙西朵想起来报纸上那密密麻麻的字就害怕。那么多字，简直和天上的星星一般多，怎么能认得过来呢？

"下定决心，排除万难，去争取胜利！这几句话你还记得吧？"王杰看到孙西朵点点头，继续鼓励他，"同志，哪里有困难就要在哪里克服！现在，不识字就是一只拦路虎，你必须要想办法消灭它。从明天开始我教你，一定帮你扫盲到底！"这个从小就在村里帮助伯父扫盲的小先生，这次要当大先生了。

　　孙西朵首先学了"士兵"两个字，还一笔一画地跟着王杰歪歪斜斜地写了几遍。到了第二天晚上，他又学了"土地"两个字。他感到这两个字特别亲切，因为在这农场里干活，没有呵斥，没有皮鞭，心里面就像踩在自家土地上一样踏实。

　　第三天，孙西朵把"土"和"士"搞混了，王杰说只要他记住下面的长横代表着中国广阔无边的土地就行了。孙西朵一下子就记住了。接着，王杰又教他学了"中国"两个字。孙西朵感到王杰的课教得是那样认真，三天他学了六个字，每一个字都和他的命运有联系，他觉得一辈子都不会再忘记了。在后来的日子里，随着识的字越来越多，他对学习很快产生了浓浓的兴趣。

　　此刻的农场，已经不再是初来时的模样。原本的荒地上长满了大片庄稼，芦苇和野草只能躲到那些犄角旮旯里去了。战士们思想上的荒草也被清除得无影无踪了，眼下，农场就是他们的家。

　　苦心人，天不负。这群年轻的士兵正翘首等待着大敞湖农场酝酿已久的第一场收获！

07 夜深了，那里怎么还亮着一盏灯？

1

看着大敞湖上掀起的一层层金黄麦浪，战士们个个喜上眉梢。经过几个月的劳作和守望，开镰收割的时候终于到了。

"这是一场特殊的战斗。种得好，还要收得好，一定要颗粒归仓，务必全胜！"连支部发出了响亮的战斗号召。

一把把镰刀磨得飞快，全连九个班上百名战士一起投入了战斗。镰刀嚓嚓嚓响过，地上留下一垄垄齐整的麦茬。这群小伙子真不错啊，他们在老家农村练就的收割本领终于派上了用场。大家你追我赶，割的割，捆的捆，班排之间展开比赛，从清晨割到炊烟袅袅。

静静的夜空恰如翡翠一般，一轮月亮徐徐升起来，月光洒在长长的麦地里。借着天上这盏灯，各班又从黄昏割到深夜。大家一天三顿饭，全在田间解决，夜里干脆睡在地头上，晚风阵阵，比闷在帐篷里舒服多了。

大家虽然忙得脚不沾地，心里面却像灌了蜜，这可是一场难得的大丰收啊！但是，麦季又是多雨季，老天说下就下，可从来不跟人商量，这么好的麦子必须争分夺秒地收，大干快抢。

魏文奇和杨杰割了一天的麦子，实在太累了，倒头便睡。王杰和孙西朵躺在月亮底下，吹了一阵凉爽的夜风，满身的疲劳好像也被吹到了九霄云外。这么好的时光浪费了真是太可惜了！两个人嘀咕了一阵，感觉浑身来了劲，一骨碌爬起来，磨磨镰刀，趁着皎洁的月光又干了起来……

三百亩麦子，不到三天，全部变成了一个个沉甸甸的麦个子。农场欢腾起来，打麦场就是新战场，打麦机、簸箕、扫帚、扬场锨，这些就是战士们的新武器。快看！战士们围着隆隆作响的打麦机你挥我舞，忙个不停。打麦机把解开的麦个子从一头吞进去，又从另一头喷出麦秆，下面一道出口哗哗哗地像小溪一样流出来金灿灿的麦粒。麦粒流到簸箕里，被堆到一片开阔的场地上。

在这个热气腾腾的战场上，机器轰鸣着，人影晃动着，金灿灿的麦粒一直流淌着……恰在这紧要的关头，天气预报说有个降雨带，正在朝农场上空移动。

雨情就是命令！连部紧急动员：不管白天黑夜，三班倒连续作战，不打完麦子决不收兵！抢收、抢打、抢进仓，整个农场铆足了劲，每个人都在和时间赛跑。

在尘土飞扬的脱粒机前，王杰光着膀子，挥动着木杈，干得正欢，他坚守在这个最关键的岗位上已经五个多小时了。打麦机吐出一粒粒饱满的麦粒子，也吐出了满天的尘土、刺人的麦芒。天气闷热，夏风烤炙，王杰汗水淋淋的脸上、腿上，还有前胸后背上，被麦芒钻得又疼又痒，浑身难受极了……

副连长高绍忠上前拉住王杰，大声命令道："天太热，赶快去冲冲凉！"王杰指指远处的浮云，也大声回答着："时间不等人，我们要抢在它的前面。大雨一来，今年的成果就泡汤了！"

"你先洗洗再干嘛，我来替替手。"高绍忠劝阻着。王杰却说：

"不怕，我还能坚持！"软的不行来硬的，只见高绍忠一挥手，几个人七手八脚架起王杰把他送到一口大水缸边，水瓢、毛巾齐上阵，又是淋又是擦，三下五除二，王杰身上的尘土和麦芒被冲刷得一干二净。

一转眼，王杰带着满身的水珠，又回到他的岗位上了。阵风吹来，他感到浑身爽快极了，疼痛和刺痒全都跑掉啦！在他心里，只有一个信念，那就是战斗、战斗，继续战斗！

附近村庄的慰问团赶过来了，前面的人牵着两只羊，后面的人赶着几头小猪崽，还拉着一大车新鲜的蔬菜，那是成筐的茄子、辣椒、西红柿，还有半车西瓜。他们早就看到了这满地成熟的庄稼，看到了年年漫水的大荒滩终于变成了良田千顷的大农场，军民一家亲，乡亲们怎能不高兴呢？怎能不来分享这收获的喜悦呢？

战斗在继续，收获在继续，一个个高高的麦秸垛挑起来了，一袋袋饱满的新麦子装起来了。终于，当天边的乌云压下来、狂风开始刮起的那一刻，麦子全部打完了，装运到了风雨找不到的地方，且待雨过天晴后，再晒太阳再扬场。

几道闪电后，紧接着一阵雷声滚滚，一场酣畅淋漓的大雨从天而降。这场连绵的大雨，变成了老天对大地丰收的祝贺，变成了战士们胜利的欢歌！

2

一望无际的青纱帐，全部笼罩在蒙蒙的雨雾当中，密密麻麻的高粱倔强挺立着，像一排排接受检阅的列兵。这场雨来势凶猛，一连下了四五天也没有要停的意思，好像非得要等到战士们歇足了才肯罢休。

连队可没领这个情，派出巡逻队，始终关注着天上的雨情、田间的水情，几百亩的高粱被泡在水里面，要是刮上一场大风，可就麻烦了！

雨天虽不能下田劳动，可思想上的改造一天也不能落下。连支部决定以班为单位开展学习，以排为单位开展思想交流，一时间，大家把更多的心思集中到学习毛主席著作和加强思想武装上来了。

夜深了，雨还在下着，连长刘德林负责当晚的查岗查铺。忽然，他发现有一处帐篷里露出一束微弱的灯光，是谁还没有熄灯睡觉？

他轻轻走过去，发现那光亮竟是从东南角的一个蚊帐里射出来的。他走近掀开蚊帐一看，原来是王杰趴在铺上，手里捧着一本《毛泽东选集》第四卷，正在一盏小电池灯下聚精会神地学习呢！

连长轻声问："王杰，还没睡啊？"

正看得入神的王杰听了这轻声一问，不禁吓了一跳，他没想到竟然是刘连长冒雨来查夜了，连忙起身下床。

刘德林摸了一下王杰的肩膀，不无疼爱地责备他说："白天搞了一天的学习，到现在还在用功。快睡吧！"

"谢谢连长！"王杰感激地看看这位首长，即刻关掉了小电池灯，准备睡觉。他眼前不禁又浮现出海岛施工的一幕，那次的坑道塌方多危险啊，要不是刘连长扑上去拉住我们，自己怎么还有机会来到这大敞湖农场锻炼呢……

说起这盏小小的电池灯，那可是王杰为了开展长期学习，精心制作的一项发明。为了能够在夜间看书，他找到了一个废弃的拉火管筒，装上电池和灯泡，一个简便实用的小电池灯就做成了。为了不影响同室的战友休息，他又用废雷管盒做成一个挡板，还贴上一层白纸反光，这不但增强了自己这一边的光强度，而且恰好能够遮住灯光的另一边。别看灯具简单，却着实为学习提供了方便。

当时沈阳有一位学习毛主席著作的全国典型人物叫廖初江，他学习毛主席著作达到了近乎痴狂的状态。他一边学习，一边总结经验，摸索出了"早起点，晚睡点；多看点，少玩点；多写点，勤想点；遇见师傅就问点，总结收获及时点；抓紧工作挤出时间多学点，夜战星期六，不放星期天"等一套"忙里读书法"，并且经常在晚上打着手电筒学习。

王杰从中受到启发，于是他开动脑筋，巧妙地变废为宝，利用这盏小小电池灯一直在坚持学习，即便是夜间站岗执勤，他也要在交班后再拿出一点时间学上一会儿。冬天和春天的时候，他都是把灯藏到被子里看书，别人很难发现；夏天一到，大家都吊上了蚊帐，被子不盖了，他的这个秘密终于被连长发现了。

3

王杰夜里挑灯看书这件事，给查夜的刘德林留下了很深的印象，第二天他和冯安国交流士兵思想动态时，提到了这个细节。冯安国笑着说："这个王杰，他学毛主席著作的事情我知道，但他半夜搞学习这事，我还是第一次听说。看，我的这部《毛泽东选集》还经常给他做贡献呢！"说着，他指了指桌上翻开的一本书。

"这是怎么回事？"刘德林感到这里面肯定有故事。"就让通讯员冯明臣给你汇报汇报吧！"冯安国喊了一嗓子，通讯员冯明臣从外面跑了进来。接着，他向连长汇报起了春节以来这段时间发生的故事。

春节过后，冯明臣收到了家里寄来的一个包裹，里面是一本崭新的《毛泽东选集》第四卷，是家中二叔从书店买了寄给他的。他收到书的那一天，正好被王杰、辛庆文还有韩义祥看到了，这三个老乡都眼馋起来。王杰打心眼儿里羡慕不已，他也想买，可是从年初他就跑了几趟新华书店，始终没有买着。

王杰第一个提出借书，冯明臣看着新书说道："好借好还，再借不难！先借你看一星期，七天后别忘了还我。"王杰如获至宝，找来一张报纸小心地给书包上一个书皮，整个春节假期都在废寝忘食地一边读一边抄，有几次看到精彩处忍不住在上面画了标线，做了眉批。但一想到书不是自己的，他就赶快停了手，转而把一些感想记在笔记本上。

由于借阅时间有限，王杰首先阅读了《集中优势兵力，各个歼灭敌人》《中国人民解放军宣言》《全世界革命力量团结起来，反对帝国主义的侵略》等几篇自己喜欢的文章，并重点进行了抄写。看看时间到了，这才依依不舍地前往连部还书。

冯明臣看到他抱着书走进来，不由得赞许道："言而有信，不愧是'五好战士'！"他接过书翻了翻，发现王杰看得那么认真，就开心地说："向你学习，这书我也要看几天，隔周再借给你看吧！"

一晃半年过去了，书虽然是冯明臣的，却有三分之二的时间在王杰手里。一天，王杰对他说："老同学，我再借你的《毛泽东选集》第四卷看看好吗？"冯明臣爽快地回答："今后你就不用问啦。你要看就到这里来拿，我要看就到你那里去取，怎么样？"

"真不愧是老同学！"王杰听了这话，高兴极了。临走前，冯明臣还告诉他一个小秘密：冯指导员有本《毛泽东选集》，已经看得差不多了，只要王杰肯张嘴，指导员肯定不吝惜。一句话提醒了王杰，此后，除了借冯明臣的书外，他还插空去借冯指导员的《毛泽东选集》第四卷。

王杰读着从指导员那里借来的书，发现指导员读书有个习惯，既画线还做眉批，和自己的习惯很是相似，只是笔的颜色不同，有红色、蓝色等不同颜色。有一次他忍不住去问这是为什么，指导员笑着对他说："毛主席著作百读不厌，每读一次我就用不同颜色的笔做标注，以便区别和加深印象！"

因此，指导员对王杰爱读毛主席著作这件事印象深刻。有一天，指导员备课要用他的《毛泽东选集》第四卷，找了好久也找不到。他一拍脑门对冯明臣说："去给我找来。"冯明臣说："叫我上哪去找啊？"指导员毫不犹豫地说："到王杰那里去找！"冯明臣找到王杰一看，果然就在他那里。

麦收的前两天，王杰收到了一封家信，说家里爷爷奶奶很是挂念王杰，想让他三叔到部队探望一次。王杰连夜写了回信，告诉家中不要来人，因为这除了给部队添麻烦，一来二去还要花钱；自己在部队一切安好，如果说真有困难的话，唯有一件事情得麻烦伯父帮助解决。王杰在信中写道："我想把工作干好，首先要把思想改造好，就得常读毛主席著作。我买不到这套书，请伯父想办法帮我买一套《毛泽东选集》。"

07 夜深了，那里怎么还亮着一盏灯？

自入伍以来，王杰读了一些毛主席著作的单行本，又读了借来的《毛泽东选集》第四卷，在他心里，通读一、二、三卷的渴望越来越迫切了。再说，借人家的书看，总不能画很多杠杠，写很多眉批，以致读起来很不称手。他多么盼着自己能有一整套《毛泽东选集》啊！

一家人接到回信，暂时打消了探望他的念头。

早在春节期间，王杰就特意写了家信，汇报了自己半年来取得的累累硕果，还专门寄上了一张标准的列兵照。一家人看到入伍半年的王杰身穿军装，头戴军帽，手握钢枪，一脸的刚毅英武，喜不自胜，把一张照片传了又传，看了又看。老书记王恩地闻讯也特地赶来，看到王杰的成长，他不禁赞不绝口，连声说这孩子为咱华堌村长脸了，这兵真是没白当！

这次，王廉堂看到信中所托之事，感到既高兴又为难，高兴的是王杰这么迫切地要读红书武装头脑，证明这孩子有出息；为难的是他跑了两趟城里的书店，就是买不到。

王杰收到了伯父的回信，心里凉了半截。夜里，雨似乎停住了，王杰坐卧不安，他忍不住提起笔来，再次给伯父写了一封简短的回信。信的内容还是关于书的事情，他央求伯父，如果实在买不到，就想办法借上一套也好！在王杰看来，这是他眼下唯一能够想到的办法。

4

集中奋战一个周，农场的营房建成了，一排排新草房出现在眼前，连部、俱乐部、储藏库都建起来了。战士们搬进了宽敞的营房里，心里有说不出的高兴。王杰的笛子响起来了，"一条大河波浪宽，风吹稻花香两岸"的笛声，在这空旷的田野里，显得格外的悠扬，战士们不禁陶醉起来。

猪圈里养着村里送来的小猪崽，它们每天吃着新鲜的猪草，一天一个样，一两个月下来就长得肥头大耳、滚溜圆，样子格外喜人。菜地紧挨着猪圈，肥力也上来了，成畦的蔬菜、满地的南瓜，样样都是大丰收，六班光南瓜就收了六七百斤。孙西朵看到王杰栽下的那些南瓜苗，经过王杰的悉心照料，变成了一颗颗大南瓜，打心眼儿里佩服他，学字识字的劲头更足了！

高粱铆足了劲，噌噌地往上蹿，转眼间，通红通红的穗子低下了高傲的头颅。"立秋三天镰刀响"，收割高粱的季节来到了。

连里号召大家做好再次抢收的准备，王杰又是磨镰刀又是找扁担，还和魏文奇一起搓绳子、补鞋子，忙忙活活地准备了一天。夜里一场暴雨突然袭来，第二天战士们开门一看，发现这一次雨下得比前两次还要猛、还要大，估计大敞湖又要淹了。果然，一人多高的高粱被泡了半截，情况一下子变得紧急起来。

眼看着自己辛勤耕种、管护的就要收获的庄稼泡在了水里面，战士们心疼极了。风儿一吹，高粱穗儿摇摇欲坠。怎么办？要等大水退去吗？不能！连部下达紧急命令：明天一早，下水抢收！

孙西朵凭着在老家收高粱的经验，喊上王杰在内的四五个战士说："我们快去老乡家里借门板吧！"刘海村里的人听说农场要收高粱了，二话不说，非常痛快地卸下门板，纷纷交到战士们手里。刘奶奶听说了，非得让生产队长卸下她家的那两块门板，连同村里的一车门板一起送到了农场。

一场抢收高粱的战斗热火朝天地展开了。战士们俩人一组，实行分工协作，一个人拿着镰刀负责割下高粱头，一个人推着门板负责把一个个高粱头码起来，推送到地边高坡处统一外运。王杰和杨杰分在了一个组。王杰抢到了镰刀，还抢着跳入了齐腰的大水之中。只见他在水中跷起脚尖，挺着腰，昂着头，把一个高粱穗揽到怀里，举起镰刀把高粱头小心地割下来，交给负责运输的杨杰。

水中劳作，本来就是一件艰苦的事情，还要一直昂着头、抬着臂，没割几十个高粱头，王杰就开始腰酸背痛脖子疼，手臂也有些发麻了，这活还真是不好干。可是王杰每割下一个高粱头，心里就是一阵子高

07 夜深了，那里怎么还亮着一盏灯？

兴，他哪里还有心思说一声累、叫一声苦。现在，他感觉自己已经上了战场，正在举起手里的枪，百发百中。

经过战士们三天起早贪黑的连续抢收，大敞湖里五六百亩的高粱头，终于被一连的战士们一棵不剩地收了起来。

这天晚上，全连的战士们还完门板，就着辣椒炒茄子、炒豆角，饱饱地吃了一顿杂面面条，全都早早地躺在了床上，大家要美美地睡上一觉，慰劳一下这疲劳的身躯。王杰躺了一会儿，身边已响起了一阵呼噜声，他却又坐了起来，翻出日记本，准备写些什么。邻铺的杨杰翻了个身看到了，忍不住说了一句："你不累吗，整天写这画那有啥用？"王杰笑笑说："你先睡吧，我习惯了！"

王杰挠挠头皮，心里面冒出一句"累又不累"。这叫什么呢？身体是累的，而精神却是愉悦的，准确地说就是累并快乐着。这是一场长期的、持久的社会主义建设的革命，不可能一朝一夕就能完成，自己必须做好长期准备。想到这里，王杰在日记中满怀豪情地写道：

干革命是要吃苦的。革命的道路是崎岖不平而又充满险阻的，革命前辈在革命的道路上，已为我们树立了光辉的榜样，我们是革命的接班人，有什么理由畏惧困难、逃避艰险呢？我们青年人要像疾风中的劲草，岁寒时的松柏，经得起艰难困苦的考验，勇敢地担当起建设社会主义的重担。

革命就是我的理想，斗争才是真正的幸福。

这天晚上，王杰着实睡了一个踏实觉，甚至还做了一个梦。他梦到自己回家了，回到了生他养他的家乡，爷爷奶奶、父亲母亲、伯父三叔，还有伯母三婶，一家人都在，都在看着他笑，小玲子也来了。三叔从万福河网来一锅的鱼，放上通红的辣椒炖上，那个鲜啊，真是太解馋了！大黑竟然活过来了，围着他欢快地直摇尾巴……

梦终究是梦，总有醒的时候，但在梦里却可以见到想念的人，一个个活生生的。让人想不到的是，第二天上午，战友刘传香从连部送来一张邮单，塞到王杰手里，邮单上的一行字让他喜不胜收：《毛泽东选集》一套。幸福来得太突然了！王杰赶紧给班长请了一个假，向邮局奔去……

★ 5

王杰自从拿到了这套《毛泽东选集》，读书的劲头一下子蹿到了八丈高。他白天学晚上学，挤出一切可以利用的时间学，甚至忘记了吃饭和睡觉。他知道这套书来之不易，虽然一时半会儿还不用还，读上一遍时间也许绰绰有余，但要是想抄上一遍可就没那么容易了。

读着读着，他忽然发现了有一个问题需要解决。这个问题，萦绕在他心里已经许久了。趁着这次秋收休整，他可要好好地找找答案了。

自从来到农场，王杰发现附近的老乡没少来帮忙，先是派来拖拉机手帮助翻地，后是在部队给养最困难的时候送来那么多蔬菜，让战士们吃上了肉，还养上了猪。远的不说，就说这次抢收高粱，又是老乡们主动卸下门板提供帮助，他们宁愿自家夜里敞着门，也要来帮助部队打胜仗。一幕幕场景，慢慢变成了一个个大大的问号：为什么乡亲们那么无私？这样的军民关系的内涵到底是什么呢？

王杰不断地翻看这四卷《毛泽东选集》，他翻了题目翻文章，极力想快速找到答案。他还跑到军人俱乐部里查阅报刊。"鱼"和"水"这两个字深深地印在他的脑子里，终于在翻看一份《人民日报》的时候，他读到了毛主席在延安时讲的一段名言："党群关系好比鱼水关系，共产党是鱼，老百姓是水；水里可以没有鱼，鱼可是永远也离不开水啊！"

他反复体味着，这段话那么朴实，却又如此通透，字字句句似乎有千钧之力，它就像一面镜子，一下子照清了新旧两种社会下军民关系的明显不同。我们是新社会的军人，是人民子弟兵，人民子弟兵可什么时候也不能离开"人民"这个水啊!

这天上午，王杰通读了收录在《毛泽东选集》第三卷中的《在延安文艺座谈会上的讲话》这篇文章，又惊喜地发现了"新大陆"："'横眉冷对千夫指，俯首甘为孺子牛'，应该成为我们的座右铭。'千夫'在这里就是说敌人，对于无论什么凶恶的敌人我们决不屈服。'孺子'在这里就是说无产阶级和人民大众。一切共产党员，一切革命家，一切革命的文艺工作者，都应该学习鲁迅的榜样，做无产阶级和人民大众的'牛'，鞠躬尽瘁，死而后已。"

晚上他翻到第四卷，特别读了一遍《关于重庆谈判》，一下子又发现了闪光的真理。他读到了这样一段朴实而温暖的文字："我们共产党人好比种子，人民好比土地。我们到了一个地方，就要同那里的人民结合起来，在人民中间生根、开花。我们的同志不论到什么地方，都要把和群众的关系搞好，要关心群众，帮助他们解决困难。团结广大人民，团结得越多越好。"王杰读着读着，不禁想到连队来到农场，和老百姓们相互帮助、相处得非常融洽，多亏了群众路线这条真理啊！

"鱼水情""孺子牛""种子和土地"，想想几天来的学习收获，王杰兴奋极了，原来伟大的人民，一直在伟大领袖的心里拥有着至高无上的地位。人民军队、人民政府、人民银行、人民公社，无数个被冠以"人民"字样的单位、机构和团体，它们的宗旨无一不是"为人民服务"。

夜里站岗归来，王杰打开自己的小电池灯，写下了一段颇有分量的文字。这段文字，完全是王杰个人的收获。这是一段真正从心底里流出来的文字：

我是一个革命者，我要做一个革命的良种，党和国家把我撒到哪里，我就在哪里生根、开花、结果。撒在沙漠上，我就要长成绿色的长城；撒在荒山上，我就要使荒山变成花果山；撒在田地里，我就要长成丰产的庄稼。

王杰从内心深处感激伯父的辛苦寄书，感激冯指导员的悉心指导，他更加感激这个伟大的时代，还有这个伟大的政党。一个年轻的战士，沐浴着真理的光辉，正在茁壮成长。

⭐ 6

连队开展学习交流，冯指导员特别点名让几位学习毛主席著作的积极分子上台发言，其中有两个人的发言非常精彩，一位叫胡承俭，一位叫盛遵宪。王杰不光做了笔记，还特别记下了两个人的名字，他想找个机会当面向他们请教。

几天后的一个下午，胡承俭在田地里打猪草，王杰看到了，就主动跑过去做了自我介绍并急切地说："我听了你介绍的学习毛主席著作的事迹和经验，还觉得不过瘾，请给我再详细谈谈吧！"

胡承俭正忙着打草，他想介绍经验，却腾不出工夫，正在左右为难，王杰看出了名堂，连忙说："我来帮你打猪草，等打完猪草再听你介绍也不迟。"

胡承俭没想到王杰竟是一个这么诚恳的人！于是在和王杰一块打了两大捆又鲜又嫩的猪草后，胡承俭把王杰让到自己班的营房里，倒上一瓷缸开水，开始毫无保留地讲解。王杰掏出随身准备好的本和笔，仔细地听着，并对重点的地方认真做起了记录。

王杰主要询问了这样一些问题：如何结合党史学习毛主席著作？怎样才能解决思想问题？如何把改造客观世界与改造主观世界结合起来？胡承俭一一做了解答，直到熄灯号吹响了，王杰才恋恋不舍地告辞。

这次当面请教，确实让王杰受益匪浅，他记住了胡承俭说的这么一句话："学习毛主席著作，重要的在于汲取思想的源泉，并坚定不移地付诸实际行动，而不在于死记硬背篇章句目。"听了这句话，王杰不由得开始做起了对照和反思，他感到这句话恰恰说到了自己的痛处。王杰决定从今往后，再不做口头的巨人、行动的矮子，他要把写在日记里的豪言壮语全部变成一个个真实的行动。

从哪里开始行动呢？他思来想去，找出一篇题为《关于正确处理人民内部矛盾的问题》的文章，因为他通过读这篇文章，认识到了一个非常严肃的问题，那就是如何做到"厉行节约"。这篇文章特别指出："我们要进行大规模的建设，但是我国还是一个很穷的国家，这是一个矛盾。全面地持久地厉行节约，就是解决这个矛盾的一个方法。……在我们的许多工作人员中间，现在滋长着一种不愿意和群众同甘苦，喜欢计较个人名利的危险倾向，这是很不好的。……要使我国富强起来，需要几十年艰苦奋斗的时间，其中包括执行厉行节约、反对浪费这样一个勤俭建国的方针。"

再想想自己，自从来到了部队，每月有了津贴，有时候买点水果，有时候买点糖块，这可是大手大脚的表现，更严重的是自己还没有意识到这是一种浪费。王杰告诫自己：一个人吃好穿好，不算幸福，只有天下穷苦的人都过上美好的生活，才是真正的幸福。如果一个人对自己的吃穿太讲究，日子长了就会忘本，就会脱离群众，就会慢慢地丧失掉革命的劲头。

想想长征路上，想想朝鲜战场，现在物质生活条件好了，也不能忘记过去吃树皮、咽草根、披麻袋的年代，好日子必须当穷日子过！如果自己忘了本，不能做到吃苦在前、享受在后，还有什么脸面去提交入党申请书呢？

这一天，王杰在报纸上读到了"南京路上好八连"的事迹报道，感动不已；他还惊喜地发现了毛主席的一首诗《好八连》，于是非常用心地将其做成剪报。他非常喜欢这首诗，就读给同班的战友听，其中有"解放军，要学习。全军民，要自立。不怕压，不怕迫。不怕刀，不怕戟。不怕鬼，不怕魅。不怕帝，不怕贼"和"军民团结如一人，试看天下谁能敌"的句子，大家听了不禁拍案叫绝。

一个肩上扛着革命重任的战士，就应该养成艰苦朴素的好作风。王杰反问自己，人家为什么能勤俭节约，自己为什么不能呢？从此，他开始和自己"约法三章"：一不吸烟，二不喝酒，三不买箱子、便衣和凉鞋，要做一个艰苦朴素的革命战士！

08 愿做一名人民的勤务员

★

雪花漫天飞舞，江淮大地银装素裹，扎根农场大搞生产的工兵连一个多月前已重返徐州驻地，这片沉寂了将近一年的营房又恢复了生机。新兵变老兵，新的一年开始了，等待着他们的任务又是什么呢？

一九六三年这年春节，王杰给伯父写了一封长信，寄上了三份关于自己的喜报：一是荣立三等功，二是再次被评为"五好战士"，三是被评为"优秀共青团员"。此外，连部还奖励了一个日记本，他留下了却不舍得用。在信的结尾处，他向伯父说出了自己新一年的计划：保持荣誉，再争"五好"。看看日记本封面上那几个鲜红的大字"大海航行靠舵手"，他感到心里暖暖的！

"快来看报，快来看报！"魏文奇举着一份《人民日报》闯进班里。"有什么重大新闻，这么大呼小叫的？"班长李文禄问道。战友们看着魏文奇一脸的兴奋，也是一脸的好奇。魏文奇一把把报纸塞到班长手里，只见这份《人民日报》头版头条上，赫然刊登着一篇非常醒目的评论员文章——《伟大的普通一兵》，同时发表的还有关于辽宁省开展学习雷锋活动的新闻稿。

雷锋的名字，还有雷锋的故事，就这样第一次闯进了炮兵二师工兵一连六班，闯进了战士王杰的心里。大家静下来围坐在一起，开始认真地阅读文章，六班的战士被报纸上面的人物和故事感染到了。

这一天，整个工兵营的战士们都在干着同一个事情，读着同一期的报纸，被同一个人的故事感动着。

报纸上，还有好多篇雷锋日记呢，李文禄安排王杰给全班战士读上一遍。王杰接过报纸，格外认真地盯着日记，铿锵有力地读起来：

有些人看我平时舍不得花一个钱，说我是"傻子"。其实，他们不知道我要把这些钱攒起来，做一点有益于人民、有利于国家的事情。如果说这就是"傻子"，我甘愿做"傻子"，革命需要这样的"傻子"，建设祖国也需要这样的"傻子"，我就是长着一个心眼：我一心向着党，向着社会主义，向着共产主义。

人的生命是有限的，可是，为人民服务是无限的，我要把有限的生命，投入到无限的为人民服务之中去。我要做高山岩石之松，不做湖岸河旁之柳。

对待同志要像春天般的温暖，对待工作要像夏天一样的火热，对待个人主义要像秋风扫落叶一样，对待敌人要像严冬一样残酷无情。

…………

这些日记真是太精彩、太动人了，充满着满满的自信和力量，散发着一股昂扬向上的青春气息。特别是最后这篇日记，真是精彩极了，如果没有一颗伟大而清澈的心灵，如何能写出这么富有温度、诗意和哲理的文字？

一阵特别热烈的掌声响起来，全班战士似乎从来没有这么激动过，一个个把手掌心都拍红了,还不时发出一声声赞叹:这就是榜样啊!真正的学习榜样!

第二天雪停了,全连战士在野外练习爆破作业,王杰留在连队当值日生,营房里一下子变得空荡荡的。刚开始,他因不能参加训练而着急,可转念一想,这不又是一次绝好的机会吗!同志们在野外劳累了半天,自己应该像雷锋那样,帮助大家处理一些生活问题来减轻他们的劳累。说干就干,他翻遍了战友们的床铺,找出了大家换下的脏衣服和床单,靠在水井旁,井水刚打上来还冒着热气,但不一会儿就冰冷冰冷的了,王杰不顾手冷,把战友们的衣服和床单通通洗了一个干干净净。衣物晾了满满的一院子,像个迷宫一样,干冷的风飘过来,把床单熨得平平的,竟然看不到一丝褶皱。

看看时间,战友们就要回来了,王杰连忙一盆一盆地给他们打好了洗脚水。当几十双踏冰卧雪的脚伸进了热水盆里时,每个人都感受到了"春天般的温暖"。

2

一九六三年二月十五日,解放军总政治部、共青团中央分别发出通知,号召全军、全社会广泛开展向雷锋同志学习的活动。工兵营一连立即组织召开全连官兵会议,展开了一场轰轰烈烈的大规模学习动员。军人俱乐部里挤进来好多战士,他们竞相翻阅着关于雷锋事迹的报纸和杂志。

王杰好不容易抢到了一本《人民工兵》,惊喜地发现了里面有这样一篇文章:《永生的战士》。

王杰一口气读完了这篇文章,觉得意犹未尽。他心潮澎湃,思绪难平,内心世界仿佛刮起了一阵台风,心里反复一遍遍默念着雷锋的名字,闪过一幕幕雷锋的故事……

突然,他感到心里涌出无数的话要说、要喊,却又一时不知道要说给谁听、要到哪里去喊。他感到心里燃起了一团火，火苗子噌噌地蹿起来，越烧越旺，一夜之间仿佛就把自己烧热了、烧透了。尽管外面还是天寒地冻，王杰却好像沐浴在了无边的春风里……

一连接到营部命令，紧急执行一项铺路建设任务。外面虽然是零下十度的严寒，但为了让道路早些通车，战士们都夜以继日地奋战着。突然，天上下起了雨夹雪，但战士们没有停工，依然头顶风雪战斗了一整天，号子喊起来，全连提速度，终于把铺路任务给完成了。再看这群年轻的士兵，棉衣都被雨雪浸透了，头发眉毛上结满了冰霜，一个个活像七八十岁的老翁，大家你看看我我看看你，工地上升腾起一阵欢笑声。

晚饭后，战士们在一间大帐篷里围着火堆躺下来，很快进入了梦乡。一件件湿衣服搭在火堆旁的木架子上，一会就升腾起一缕缕水汽，火膛里偶尔传出来一阵木柴的炸裂声。

王杰刚刚躺下，突然意识到一个问题：在火堆旁烘烤的棉衣如果没人照看，那些离火堆近的衣服就容易被烤焦，而离得远的可能一夜也烤不干！于是，他即刻穿上单衣，起身来到了火堆旁。

他一边添柴烘烤衣服，一边拿出一本毛主席著作，抓紧学习。一会儿他去摸摸近处的衣服是否烤干，确认烤干后再将远些的衣服拿过来烤，特别是腋窝下、衣领、袖口处等含水多的地方，他还用手翻出来耐心地拿着烤，直到深夜三点多钟，他才将全排二十几件衣服全部烤干。接着，他又抱起烤干的衣服，轻手轻脚地一件一件盖到战友们的被子上。瞌睡虫来了，王杰两个眼皮直打架，一头躺下去就睡着了。这下太困了，连个梦也来不及做……

第二天起床时，战友们发现烤干的棉衣竟跑到了身上，纷纷打听是哪位"活雷锋"干的好事。冯安国听说了这件事，对王杰赞誉有加。王杰打了个军礼，双手向指导员郑重地递上一份报告，这是他一周前写下的一份入党申请书，他响亮地说道："请组织上考验我！"

3

一九六三年三月五日，《人民日报》发表了毛泽东主席的亲笔题词：向雷锋同志学习！

从此，学雷锋活动在神州大地上蓬勃开展。

工兵一连召集支部会议，指导员冯安国面向全连的广大战士，介绍了这次开展"向雷锋同志学习"活动的特殊背景和重大意义，以及最近以来连队发生的新气象新变化，并号召全连战士要以雷锋同志为榜样，以饱满的革命热情投入到保卫社会主义事业的伟大斗争中去，争做雷锋式的好战士！

晚上，洁白的灯光下，王杰翻开日记本，把毛主席为雷锋同志题词的手迹认认真真地临摹下来。他临得像极了，几乎就是翻刻的一般。接着，他又想起雷锋写过的四句话，于是也工工整整地抄录在上面：

反反复复读毛主席的书，老老实实听毛主席的话，

时时刻刻按毛主席的指示办事，一心一意做毛主席的好战士。

这是一个新的开端，他有了新的目标；这是一条新的征途，积聚着新的力量。"保持荣誉"、再争"五好"仅仅成为王杰年初的一个小小规划，而学习雷锋，争做人民的勤务员，才是现在的他所要追求的人生目标。他感觉到雷锋就像一块巨大的磁铁，净化着自己的思想，引领着自己的行动。王杰在日记中不断表露着自己的心迹：

我一定要做雷锋式的战士，做毛主席的好战士，我要把有限的生命投入到无限的为人民服务中，把可爱的青春，献给祖国、献给人类最壮丽的事业。

一个革命者，必须时时刻刻检查自己在想什么，在追求什么，

自己所想的和自己所追求的是不是全心全意为人民服务，应该像雷锋那样长一个心眼，一心向着党，向着社会主义，向着共产主义。

雷锋光辉的形象、模范的事迹，是我学习的榜样，他将鞭策着我进步。在今后的工作中，他是一面镜子，我要经常来照照自己，检查自己，做一个真正的人，做一个党的忠诚卫士、人民的勤务员。

就这样，王杰一下子成了"雷锋迷"，他不断从报刊上翻看、收集雷锋日记、雷锋故事和雷锋事迹，并进行了大量的抄录、阅读和背诵，他反复思考着、对照着，从中寻找着自己的差距。王杰想，雷锋干啥都忘我，而自己却处处把"我"放在第一位，真是太没出息。遇事先替自己打算，后替别人打算，集体看电影要找好位置，洗澡要找好地方，干活总要找好工具，这些都是个人主义的表现。再看雷锋，无论干什么工作，想的都是国家、集体和人民的利益，他从不考虑个人得失，这是何等高尚的品质，多么值得学习啊！

王杰下定决心：今后坚决向雷锋同志学习，克服个人主义思想，处处以国家、集体、人民利益为重，以祖国需要为出发点，做一个名副其实的人民勤务员。

★ 4

三月中旬，王杰在连队率先成立了一个学习雷锋小组，走到哪里便将好事做到哪里。处处为同志们做好事，也成了王杰的习惯。他能做到的，尽力去做；做不到的，也千方百计地献上一份力量。根据营团委统一安排部署，一连组织共青团员到野外进行主题团日活动，他们把活动地点选择在了云龙山公园。

云龙山位于徐州市城南，海拔一百四十米，蜿蜒起伏，状若一条神龙。山上既有自然风光，又有人文景观，站在山顶放鹤亭的位置，整个徐州市区尽收眼底。这是一处人民公园，每逢周日，前来登临游览的市民和学生络绎不绝。

经过二十多分钟的行军，他们来到了云龙山，一路上大家军容整齐，始终保持着严明的纪律。山顶上一派忙碌而有序的景象，不少园艺工人正在种植花草、施肥浇水。忽然，眼尖手快的王杰看到一位老师傅正在吃力地清理通向厕所的下水道，他二话没说，脱掉棉衣，挽起单衣，跪在潮湿的地面上，就帮着老师傅干了起来。只见他用手一遍又一遍地去掏塞在下水道里的污物，直到通畅了，才停下手来。

看到王杰的双臂沾满黑臭的污泥，老师傅从心眼里佩服这位年轻的士兵，他激动地说："谢谢你，解放军同志！"王杰说："不用谢，这是我们解放军应该做的。"一群红领巾围上来，纷纷向王杰行队礼，并响亮地齐声喊道："向解放军叔叔学习！"那清脆的声音，成了装点云龙山顶的一道风景。

战友们看到这一情形，无不为王杰感到自豪，有的说自己怎么就没想着像王杰一样上前去帮一把呢！韩义祥一转身取来了清水，帮着王杰把手臂冲洗干净，老师傅则笑呵呵递上来一块毛巾。

这是一个值得纪念的日子！二排长赵书彦连忙招呼大家一块合影留念，王杰、韩义祥一左一右站在排长两侧，魏文奇、朱玉沛、范希新蹲在前排，"咔嚓"一声响，这次主题团日活动瞬间定格。休息时，王杰掏出笔记本，坐在山顶的一处石凳上，写下了一篇发自肺腑的日记："我愿意在公园里当一个打扫卫生的人，不怕劳累，热爱平凡的工作，只要别人过得愉快，自己也就感到幸福。"

合上日记本，王杰站起身，走到一块山崖处眺望远方，只见徐州市区群山环绕，一群白鸽飞过天际，几处大型工厂的烟囱欢快地吐着白烟。一座充满希望的城市，正在昂首阔步前进……

军事训练一天也没有放松。黄山岭下，一连又开展了一整天的架桥训练，战士们干劲十足，架桥技术突飞猛进，取得了优良的训练业绩。

晚饭后，战友们围着火炉，一边取暖一边讨论交流着学习毛主席著作的体会。这一天,第一班岗应该是班长李文禄站,但班长患了严重的感冒,吃了药斜靠在床上,很不舒服。王杰看着值班时间已到,就合上书本走过来关切地说:"班长,你感冒这么厉害,不要去站岗了。第一班岗我来站吧。"王杰给班长盖严了被子,便穿上棉大衣,背起枪去上岗了。班长心里暖暖的。

这天晚上冷得出奇,岗外一片漆黑,北风呼啸而过,王杰不禁连连打寒战。

第二天,起床号吹响了,班长李文禄看到王杰的被子依然整整齐齐的,就问副班长孙西朵:"你最后一班岗应该交给七班值吧?"副班长吃惊地说:"我睡过头了,可是没人喊我换岗啊!"大家看着王杰整齐的被子,立刻明白了,这位"活雷锋"为了让战友们休息好,又替大家站了一夜的岗。

孙西朵连忙跑出营房,看到王杰挑着一担还冒着热气的井水,正往全班洗脸盆里倒呢!孙西朵这个硬汉,眼角湿润了。

四月刚到,工兵连各班各种学雷锋小组已经如雨后春笋般成立起来了,什么运煤小组、劈柴小组、擦枪小组、补衣小组,层出不穷。六班一合计,干革命需要从"头"抓起,便成立了一个学雷锋理发小组,由朱玉沛、陈学义、杨作思三个人当主力,还有其他几名战友辅助。

王杰听到了,积极报名要参加这个理发组,没想到这次却遭到了理发组战友们的反对,理由是不会理发的不能进理发组。王杰只好去找正在抄写雷锋日记的班长,李文禄听了,拿过一把剃头刀问:"王杰同志,你会用吗?"

王杰摇摇头说:"班长,我不会,但我可以学嘛!"

班长一本正经地说:"大家都可以学。等你学会了,再加入也不迟啊!"

王杰很不服气,他找到了排长,排长正在参加补衣小组的活动。"报告排长,我要求参加六班学雷锋理发小组,请您批准!"排长一听笑了,他捏着一根针对王杰一板一眼地说:"我说同志啊,你要明白一个道理，学雷锋小组是各班根据个人能力自由组合的。你不会理发，他们当然不会让你加入，我也没有办法啊！"

王杰心想我就不信不会理发进不了理发组。理发组除了需要有人会用剪刀、剃刀，洗头、挂衣服这些活总还需要人吧，我不会理发，给理发师们打打下手总还可以吧。

求人不如求己，不等不靠说干就干，王杰找来几根废木料做成脸盆架，拿出自己的脸盆、肥皂，还有一条新毛巾，统统送到理发室，又提来了几壶开水伺候着。他对正忙着给战友理发的朱玉沛说："我们来个分工协作吧！你们负责理发，我来负责为战友们洗头。从今天起，学习雷锋理发小组也有我一份。"

班长李文禄看出了门道，风趣地说："王杰不会理发，当不了理发员，但王杰洗头功夫好，就当个洗头师傅吧。"

5

一个喜讯传来，根据连部的安排，王杰和孙西朵被调到了四班，孙西朵任班长，王杰任副班长。连里任命书下来了，大家都为俩人的进步感到高兴。可孙西朵却一脸的愁容，王杰问他是不是思想上有包袱，他皱着眉头说："让我现在当班长真不是时候，现在又搞学习，又搞理论，我还没认几个字，连报纸都不能读，如何当这班长呢？"

王杰明白他的心思，真诚地说："读报这个活，还有写交流发言，以后交给我来干。关于你的学习嘛，咱们就一起来加快识字认字的步伐，从今天起，每天坚持认五个字，同时开始坚持写简短的日记，日积月累，一切很快就会好起来的。"

一个用心去教，一个专心去学，王杰这位副班长兼老师，不但教会了班长孙西朵认写了更多的字，还教会了他写日记、写信和写假条，就连写给伯父和父母的信在寄出之前也让孙西朵看。孙西朵感觉王杰真是够仗义，没把他当外人，于是学得更加认真了。

一天下午，战斗英雄副连长高绍忠给王杰安排了一项特殊任务，让他帮忙抄写一份教案。王杰的字写得好在全连是出了名的，他非常愉快地接受了任务，并立即动手抄起来，一直抄到熄灯还没有抄完。他回到营房，躺在床上回顾一天的工作，思来想去，想到当日事当日毕，他觉得今天一定把高副连长交给的任务完成才行。

本来接受任务时高副连长告诉他，这份教案不急用，只要明天中午前完成就可以了，可王杰觉得这份教案很重要，排除万难也要完成好，何况眼下并没有千难万难，只要加个夜班就可以了。明天还有明天的工作呢，可不能养成拖沓的毛病。想到这儿，他一个激灵爬起来，摸黑穿好衣服，带着教案走到一连的储藏室，悄悄地打开灯，认认真真地抄起来，直到十一点钟一部工工整整的教案终于完成了。

第二天，连队安排全体战士观看话剧《雷锋》，然后由各排开展大讨论，大家个个心潮澎湃，踊跃发言。轮到王杰代表四班上台发言了，他经过认真地思考，发表了一番精彩的感言：

> 话剧充分反映出雷锋全心全意为人民服务，把有限的生命投入到无限的为人民服务之中的高贵品质，同时也反映了雷锋像钉子一样用'钻'劲和'挤'劲去学毛主席著作，学一点用一点，边学边用边改，因而获得好的效果。雷锋全心全意为人民服务，他不是为了扬名天下，而是选择做一个无名英雄。他帮助车站打扫卫生，给同志家里寄钱，替同志洗衣服，替大嫂买票，送老大娘，帮助工地运砖，修抽水机，送钱支援公社，当人们问他叫什么名字，住在哪里时，他回答叫解放军，住在中国。为什么他这样回答呢？他的日记做出了回答："能使人民群众更加热爱党，热爱毛主席，热爱解放军，这就是我感到最幸福的。"雷锋同志的回答，为我们点亮了一盏灯，我们要继续向雷锋同志学习，让雷锋精神绽放出时代的芬芳！

6

学雷锋活动在军营里开展得如火如荼，班里、排里、连里处处都有人在争当"活雷锋"，王杰就是其中的一个。他不满足于此，还挤出休息的时间走向街头，走进群众当中。他觉得这里才是广阔的为人民服务的天地，要做人民的勤务员，离开了人民怎么行？

星期天，王杰在理发组帮战友洗头、打下手，忙活了一天，吃过晚饭，就和陈学义请假去市里看一场电影。当他们路过火车站时，看到一位老大爷正在车站广场一边转着圈，一边唉声叹气，一副着急万分的样子。肯定是摊上事了！王杰走上前去耐心询问："老大爷，您这是怎么了？"只听大爷说："两位解放军同志，我的钱包丢了，在火车站找了几圈了，愣是没找到，这可怎么回家啊！"

原来真是遇到难处了。王杰对陈学义说："大爷丢了钱包，回不了家，咱们尽力帮一帮他吧。"说着，俩人掏出身上的钱，给大爷买了一张火车票，并帮着他把行李物品一起送上了车。火车鸣着笛开走了，陈学义看看天上的月亮，笑着说："咱们没钱了，电影也看不成了，打道回府吧。"王杰说："学义，咱们能帮上有困难的群众，我感觉这比看电影还有意义！"

又一个星期天的早晨，战友周友录约上王杰去书店买书。俩人经过天桥时，看到一位建筑工人正拉着一辆装满碎石的平板车，艰难地爬坡上桥。王杰提议帮他一把，周友录痛快地响应说："举手之劳，我们就帮一把。"两人一边说着，一边帮建筑工人把平板车推上了天桥。可回头一看，后面还有很多工人正推着车爬坡上桥呢。

王杰指着桥下说："帮人帮到底！后边几辆我们也要帮上一把！"周友录一听，提醒说："王杰，咱们出来时就向排长请了两小时假，再帮着推车就没时间买书了，我还要到邮局取个包裹呢！"王杰想了想，说："那你先去吧，咱们兵分两路。等我帮他们把车推上天桥，就去找你。"周友录说："好,我先取包裹,咱们就在书店会合吧。"周友录取完包裹,马不停蹄地赶到书店,可是找了一圈,也没有找到王杰的影子。他抬头一看书店的钟表,离归队时间只剩半小时了,便赶紧拿起买好的书往回走。再次经过天桥时,他发现王杰正满头大汗地帮一个工人推平板车上桥呢。

周友录见状,连忙跑上去一边帮忙推车上桥,一边着急地说："咱们该归队了,离销假只有二十分钟了!"王杰看到了战友手中的书,笑着连声说："好!只要书买到了,我们今天的任务也就完成了。"

回去的路上,周友录不禁问起这位推了一上午车的"活雷锋"有什么收获。王杰认真地说："今天收获可大了!推车的过程中我想起了伟大领袖毛主席的一句话:'一个人做点好事并不难,难的是一辈子做好事,不做坏事,一贯地有益于广大群众,一贯地有益于青年,一贯地有益于革命,艰苦奋斗几十年如一日,这才是最难最难的啊!'这段话,我清楚地记得就在《毛泽东选集》第二卷。"周友录听了这番话,不禁对王杰佩服得五体投地,说:"我真服了你了,不光雷锋学得好,《毛泽东选集》也学到家了!"

还有一次,王杰拉着板车到七八里外的部队仓库给连队领粮食,路上遇到一位年迈的大娘,背着东西正艰难地走着。王杰问:"大娘,您腿脚不便,出门干啥去?"大娘答:"孩子们都在生产队里劳动,没空儿帮俺买东西,俺去了一趟供销社,买了几样急用的!"王杰连忙搀扶起大娘,请她坐在车上,一直把老人送到家中,水也不喝一口,赶忙又折回去拉粮食。大娘看着这个身穿军装、头戴军帽的背影,连连说:"还是新社会好!真是毛主席教育出来的好战士!"

7

在轰轰烈烈的学雷锋运动中,战士们投入了巨大的热情,涌现出的好人好事三天三夜也说不完。每当大家干成一件好事,就觉得自己又向雷锋靠近了一步。营部经过汇总分析，觉得同志们放弃自己的休息时间为他人服务，拿出自己的津贴去做公益事业，恰恰反映出我们的人民子弟兵对人民的感情是多么的真挚、多么的深厚。不过要从问题的深层次来看，这还仅仅是对雷锋行为方式的模仿，需要防止出现"三分钟热度"。

如何才能使这一活动深入持久地开展下去？营部经过研究认为，必须首先积极响应军委的号召，坚持把毛泽东思想真正学到家，这才是问题的关键，也是雷锋同志迅速成长的根本原因。同时，要在活学活用、对党无限忠诚和一丝不苟地改造思想上多下真功夫，多下苦功夫，只有解决好表与里、源与流、深与浅的辩证关系，才能让学习运动焕发出无限活力，否则，学习不但不能深入持久，还可能出现其他不健康的苗头。果不其然，问题还是发生了。

这两天，王杰的情绪明显低落，说话少了，悠扬欢快的笛声也听不到了，整个人变成了一个闷葫芦。

就在战友们纳闷的时候，指导员冯安国来了，他不动声色地视察了一圈四班的内务，然后约了副班长王杰到营房外谈心。在一片柳树下，两个人坐在石凳上，听着枝头上初夏的蝉鸣，开始了谈话。

这是一次令王杰终生难忘的谈话，一切都是在心平气和、融洽真挚的氛围中进行的，但却直抵王杰的思想与灵魂深处。冯安国开门见山地谈了几件事，都是战士们最近集中反映的发生在王杰身上的问题。

第一件事是如何对待同志之间的个体差异问题。最近，从二连和三连调来了几位新同志，他们初来乍到，对新的环境一时还不太适应，个别同志表现得不够积极，纪律上有些松散。王杰看不惯他们，有一次竟在公开场合说："外单位调来的同志表现不好。"偏偏当时一个新同志就在现场，听了王杰的话，脸上挂不住，马上去找排长反映。又一次，一个战士气愤地找到排长，开口嚷道："难道只有王杰才是活雷锋，别人都是落后分子？"排长让他平心静气地反映问题，他这才倒出了事情的原委。原来，几天前连里上器械操，战士们依次飞身跳木马，这个战士在前，王杰紧随其后，两个人像离弦的箭一般向木马冲去。谁知道前面的战士手一软，突然骑在木马背上不动了，王杰只得来了个"急刹车"，退回原地重新启动。在训练返回的途中，王杰有些埋怨地说："以前他都能跳过去，今天总是骑在马背上，我看他这是训练不肯卖力气！"隔墙有耳，话传到了这个战士的耳朵里，他一听就炸了……

明白人不用细讲，指导员挑开一个话头，事情刚说了一个梗概，王杰就知道自己错了。只见他脸色有些发白，懊悔且严肃地说："指导员，都是我不好，我愿意向同志们作检讨！"

指导员要的就是这个态度，于是又语重心长地对王杰说了一番道理，让王杰感到终生难忘。指导员说："雷锋同志最可贵的一条，就是听毛主席的话，按毛主席的指示办事，学一点做一点。我们要时刻牢记：我们都是来自五湖四海，为了一个共同的革命目标，走到一起来了。一切革命队伍的人都要互相关心，互相爱护，互相帮助。你是'五好战士'，又是副班长，对待有缺点的同志，只有帮助的责任，没有嘲弄的权利。任何时候都应该像雷锋那样，对待同志像春天般地温暖。"

话是打开心门的钥匙，王杰听了颇有感慨地说："毛主席的文章我读过好几遍，可就是没有做到理论联系实际。今后我一定改正！"

第二件事是革命军人如何对待荣誉的问题。同志们反映的焦点是王杰"好做表面文章"，学雷锋、做好事"做在人前"，就图让领导看见然后被表扬。这一点，以冯安国平常对王杰的了解，他认为应该与事实存在出入。但是他觉得既然群众有反映，就应该开诚布公地提出来，以便对症下药。他点出了这个问题，并用启发性的口吻说："对待荣誉的态度是否正确，需要你实事求是地考虑一下。我们一贯坚持'有则改之，无则加勉'。"

王杰开始感到有点委屈，他低下头，脸上火辣辣的。他想到了前几天发生的一件事。那天中午，离开饭还有一二十分钟，趁这会儿工夫，他扛起锄头到菜园里去锄草，谁知一干起来就忘了时间，听到开饭的哨响后，才匆匆扛着锄头向食堂跑。到了食堂，战友们都盯着他，有的关怀地说："快吃饭吧，饭都凉了！"有的话里有话，竟然毫不客气地说："真是活雷锋，好事做到人眼前！"经战友这么一说，王杰心里确实不大好受，但他扪心自问，自己还不至于是一个哗众取宠的人，于是甩甩头没有理会这些流言蜚语。

今天指导员来找他谈话，他从内心里感激，过去都是自己主动去找指导员，这次可是指导员第一次约谈他，约谈要解决的都是大问题。究竟要如何对待荣誉呢？他思考了一阵子鼓起勇气说："指导员，同志们的反映，即使与事实有些出入，我也欢迎。"接着他沉默了片刻，声音低下来说："关于荣誉的问题，我最后悔的是今年春天我干的一件事。"不说不知道，一说吓一跳，这里面还藏着一段故事呢！

那是清明过后，晨曦初现，军营突然吹响了紧急集合号。按照实战要求，工兵一连全体官兵立即打包背枪，争取以最快的速度赶到练兵场集合，王杰全副武装，第一个跑到了练兵场。副连长高绍忠待连队集合完毕，挨个检查了战士们的装备及着装情况，当场表扬道："二排战士王杰同志，在紧急集合中背包打得最好，集结最快，随身战备物资携带最全。以后大家要向王杰同志学习！"听到首长的表扬，还有几个战友小声的议论，王杰不知怎么脸"唰"的一下红了起来，很不自然。

这受了表扬，怎么比受到批评还要难受？王杰心里活像揣了一颗炸弹，只要有人轻轻碰一下那个环儿，就能随时把那七魂六魄夺了去。队列解散后，王杰主动找到了排长赵书彦，非常惭愧地说："排长，对不起，我今天做了一件非常丢人的事情！""什么情况啊？"赵书彦本来也是要表扬王杰的，谁知道王杰上来这么说，他着实吓了一跳。

王杰红着脸说："排长，早晨紧急集合时我第一个到达了集合地点，高连长也表扬我背包打得最好、速度最快，但这都是因为我提前做了准备！"排长皱了一下眉头问："提前准备？好你个王杰！你是怎么提前知道的？"

王杰检讨说："事情是这样的，紧急集合的头天下午，我看到刘连长到各班检查战备物资的使用情况，看看需要补充多少。根据以往的经验，连长每次检查战备物资，就意味着要进行一次紧急战备训练。我为了争个第一,后半夜就悄悄爬了起来,提前把弹药、水壶、子弹等打进了背包,等着紧急集合号一响,我就立即穿戴整齐,率先到达了练兵场。受到表扬后,我内心惭愧不已,特向您承认错误,请求排长狠狠地批评我!"

赵排长竖起耳朵听了个明明白白,刚开始还板起面孔一脸严肃,后来又缓和了许多,他盯着王杰的眼睛说:"同志,你能预见到部队的行动,这没有错,但通过提前打背包争个第一,这是虚荣心在作怪。你能认识到自己的缺点,主动承认错误,这非常好!我会跟连长、指导员说明情况,请求首长原谅你的过错。但是王杰,往后你可给我听好了,绝不允许再有下次!"

事后,王杰非常自责地在日记里写下了对这次提前打背包的反省:

要不得的第一!弄虚作假,欺骗首长,这样得到的表扬是不光荣的。……今后,我一定正确对待荣誉问题,做一个无名英雄!

虽然排长已经批评过了,但是王杰一直没有向连部首长汇报,以至于每每想起来总感觉到心里面疙疙瘩瘩的。这次他终于有了当面向指导员汇报的机会,他再一次做了深刻检讨。

冯指导员耐心地听完事情的经过,亲切而严肃地说:"二排长说得没错,你能主动地承认错误,这很好!一个革命战士的心中,要时刻牢记国家的利益、人民的利益,来不得半点'我'字。荣誉这个东西,能给人鼓励,给人以前进的力量,但是,如果我们思想认识上出现偏差,它也能让人背上包袱,变成负担,甚至使人误入歧途。失之毫厘,谬以千里,就是这个道理。"

在冯安国心里,他是一直看好王杰的,但看好归看好,对待错误和缺点却不能有半点含糊,必须深挖思想根源。王杰格外用心地聆听着,他感到指导员的字字句句都有千钧之力,激动得他眼泪都快流出来了。

"在革命的道路上,一个人犯错误是难免的,但只要能及时改正错误,就是好同志。你虽然还不是共产党员,但也应该用党员的标准来严格要求自己。雷锋同志说得好,行动从思想来,荣誉从集体来,我们学习雷锋,主要的是学他的好思想、好作风，老老实实地听毛主席的话，勤勤恳恳地做革命的螺丝钉。"

"指导员，您放心吧！请组织继续考验我！"王杰响亮地回答道。通过这次谈话，笼罩在王杰心头的乌云散去了，一轮太阳高高地挂在蓝蓝的天空上，王杰心里敞亮极了。

通过这次谈话，王杰对荣誉问题有了更加深刻的认识，尤其是他学会了运用辩证法来看待这个问题。一个人一旦觉悟了，心里就像安放了一面明澈的镜子，不再困顿，不再迷惑。王杰日记里开始折射出一种哲学的光芒，他写下了以下的话：

　　任务面前要像小老虎，
　　荣誉面前要像大姑娘。

　　虚荣的人注视着自己的名字，
　　光荣的人注视着祖国的事业。

不久，连里掀起了学习毛主席著作的热潮，成立了以干部和学习积极分子为主的学习中心小组，冯指导员亲自担任学习中心小组的组长，王杰成了学习中心小组的组员。在指导员的直接帮助下，王杰坚持学一点做一点，并且热情地帮助战友，更加扎实地向雷锋同志学习。

其实，在王杰的思想深处，已经有了一系列的学习榜样，甚至已经有了自己的价值观。这个价值观，刻录在王杰的一篇日记里：

　　在生活的道路上：
　　像南京路上好八连那样艰苦朴素；
　　像邱少云那样自觉地遵守纪律；
　　像董存瑞、黄继光那样地去完成任务；
　　像雷锋那样地去学习毛主席著作。

笛声又响起来了，这是一首崭新的曲子："学习雷锋好榜样，忠于革命忠于党。爱憎分明不忘本，立场坚定斗志强……"清脆的笛声，欢快的旋律，飘扬在营房上空，也飘扬在工兵营每一位军人的心海上。

★8

四班副班长的未婚妻要来军营探亲了！这可是一条爆炸性新闻。

这天下午，一位姑娘拎着行李来到军营门口，岗哨询问过情况后，立即通知工兵营一连二排的王杰到门口领人。俩人见了面，王杰提起行李在前面走，姑娘默默地跟在后面，一前一后来到冯指导员的办公室。王杰一边掏钥匙开门，一边说："这是刚才请假时冯指导员特意安排的，让你在这儿先等一会儿。"说着把行李放在桌子上，又继续说："小玲子，你一路辛苦了！这行李可不轻啊！"

"王杰哥，这是娘蒸的一锅年糕，用的大枣、糯米、红豆都是最好的，娘说让你送给首长和战友们尝一尝！"一对年轻人好久不见了，赵英玲说起话来，不免有些羞涩，但又深情地多看了王杰两眼。

"小赵，你暂时在这里休息一下，我先集合站排去，等训练结束后再向首长汇报，安排你去部队招待所。"王杰离开后，赵英玲没有坐下，她环顾了一下房间，整个屋子里收拾得干干净净、井井有条。她走近窗户，看向窗外，练兵场上站排训练的场景一目了然。战士们穿着一样的军装，做着一样的动作，到底哪个才是她的王杰哥呢？

训练一结束，王杰马上就回来了，他一边提起年糕，一边招呼赵英玲跟他来到招待所二楼的一个房间里。"下午我向刘连长和冯指导员都汇报过了，领导准了我三天假，让我陪着你在徐州城里好好转一转。"没想到赵英玲却连连摆手说："三天假太长了！不能因为我来了，就耽误了你的训练和学习。你们部队挺忙的，我可不能误了你的正事。"

"那也好！我只请明天一天假，咱进城转转。"

王杰对赵英玲讲起了在部队的收获，还拿出两张奖状来，一张是

"打锤标兵"，一张是"五好战士"。看着大红的奖状，赵英玲打心眼里高兴。王杰也留心看着灯下一年多没见的小玲子，她个子长高了，体态已见丰满，一颦一笑，散发着青春少女的气息。俩人传看着奖状，手相互碰了一下，同时握在了一起，但很快又分开了。

赵英玲心跳得厉害，脸也不由得红起来。她想赶紧找个话头，把家里交代的事情说出来："好啊，王杰哥，祝贺你的进步！辛庆文他们都好吧？你知道王校田吗？前年年底他结婚了，现在已经有了个大胖小子……王杰哥，临来时爹和娘特意交代让我问问，啥时候你能回家探亲，把咱俩的喜事儿给办了？"

"喜事儿！"听到这里，王杰好像忽然明白了赵英玲这次的来意。他不禁沉思起来，张了张嘴刚想说什么，突然一声集结号吹响了，王杰条件反射似的站起身来，说："这是夜训集结号，我得走了。你先休息吧！"说完一溜儿烟地跑了出去。

赵英玲站在二楼的窗户前，心里既新奇又兴奋，她要看看连队的夜训到底是个什么场面。只见在一块空地上悬着电灯，光影闪烁，人影晃动，战士们被分成若干小组，正在进行布雷训练，工兵挥舞着手里的锹，一阵"嚓嚓"的铲地声传入赵英玲耳中。看着看着，赵英玲不由得感叹起来，军人光荣，但也绝不容易，可惜自己没能参军。

第二天是专属于王杰和赵英玲的假期。王杰穿戴得格外整齐，赵英玲看见他的红色领章与军徽在阳光下熠熠发光，感到今天的王杰比参军那会儿更加精神抖擞、气宇轩昂。

两个人出了军营，一前一后走在直通徐州大街的林荫道上，赵英玲的眼角与眉梢都挂满了喜悦。俩人走到一棵大树下，赵英玲见离着军营远了，开口说道："王杰哥，慢点走！听说你们部队经常行军拉练，很费袜底，临来前我到大集上给你买了十双白线袜，又让嫂子帮我吊了袜底。这些袜子都放在了招待所床上的布包里，其中一双绣了花，那是俺刚刚学会的，绣得不好，你一定要留着自己穿，绝对不能送人！"最后这句话，她说得尤其响亮。

王杰调皮地打了个敬礼："是，一定遵命！绝不送人！"接着他又说："小赵，我们在大街上走路要保持一定距离，这是部队的要求，以免在群众中造成不良影响。"

"这个我知道！"赵英玲小声说，接着又禁不住旧话重提，"俺来之前，爹和娘一再交代让我告诉你，抽空让你请个探亲假……"

王杰羞涩地笑笑说："我明白二老的意思，早些把这婚事办了，双方家庭都踏实。可你也看到了，军营里没白没黑地进行训练与学习，我可不能掉队啊！"这个回答似乎不无道理，但赵英玲却没把握，如果她把这条理由带回家去，能不能给家里圆满交差。

这时，王杰提议说："咱们去照张相吧，这里的技术比咱老家好，咱们先照了合影，等将来探亲时再说办婚事的事情。"赵英玲不禁喜滋滋地回答说："好吧，那就先照相，过几天再把照片寄回去，给家里也算有个交代。成婚的事就等你假期了！"说完，脸上不由得飞起一片红霞……

来到徐州城，俩人高高兴兴照完相，又买了两斤糖果和几盒饼干，让赵英玲带回家去给亲戚邻居们分分。这时，王杰掏出二十元钱，塞进赵英玲手里让她路上花。赵英玲连连推辞说："钱我不要，家里生活还可以，你还是把钱用在部队上吧！"

喜糖、奖状、合影，还有一个承诺，赵英玲感到这样回家，分量已经够了。她看看王杰，依依不舍地说："咱们已经见面了，我心里很踏实，咱们从这里直接去火车站吧！部队招待所里的房间我都收拾干净了。王杰哥，年糕我放在招待所的桌子上了，你不要忘了给首长和战友们分一分，让大家都尝尝，也代我感谢一下首长和部队的热情招待！"

王杰还想挽留她再住两天，但赵英玲主意大，说得非常坚决："我来就是为了看你一眼，看到你在部队很好，我就心满意足了！"鸿雁传书一年半，终在军营得相见，然而美好时光总是短暂的，一个心有不舍，一个去意已决，分别就在眼前。

汽笛声声，让人心乱，赵英玲还想说些什么，却什么也想不起来，只好噙着泪登上了列车……

09 一双巧手，再加一副铁脚板

初夏的夜，启明星傲然挂在西方的天空，格外耀眼。练兵场上，白日里沸腾了一天的喊杀声还没有退去，一方洁白的电影幕布已经悬挂起来。

要放电影了！是什么片子能搞这么大动静，竟然还搬出了礼堂，放到了这幕天席地的练兵场？嘀！营部首长也来了，全营三个连的士兵全都来了，他们依次排成方阵，现场一片好奇和兴奋。

周循政委起身讲话，一个无比洪亮且富有磁性的声音响起来："同志们，我们是党和人民的军队，任何时候都不能忘记'提高警惕，保家卫国'的神圣使命。为人民而战，为正义而战，为和平而战，这是中国人民解放军的光荣传统。朋友来了有好酒，豺狼来了有猎枪，这是我们的一贯原则。几十年来，我们在和帝国主义、蒋介石集团斗智斗勇的过程中，创造出了游击战、伏击战、蘑菇战、麻雀战、地道战、地雷战，还有夜袭战等各种有效战术打法，打出了中国人民的智慧，打出了人民军队的志气！今天晚上，我们搞这么大场面，就是要给大家放映一部军事教学片，也是一部精彩的战斗故事片，希望大家继承发扬我党我军的优良传统，做好当前特殊形势下的练兵备战，苦练杀敌本领，坚决打击一切来犯之敌，坚决打击妄图'反攻大陆'的蒋介石集团，坚决打击一切胆敢侵犯中国主权的帝国主义侵略者！"

"三个坚决"一落地，掌声雷动。这番讲话振奋人心，虽然政委还是没有介绍今晚放映什么片子，方阵里却已响起热烈的口号声："时刻提高警惕，坚决保卫和平！学习军事技术，苦练杀敌本领！"

放映机开始转动了，几百双眼睛紧紧地盯着银幕，看一看到底是哪部片子。红星闪闪、八一制片厂、嘹亮军乐、一段毛主席关于人民战争论述的字幕之后，"地雷战"三个刚劲有力的大字横空出世。夜幕下一阵欢呼，这部片子大家期待很久了。

看！在赵家庄，雷连长给乡亲们带来了"步枪加地雷"的新打法，专门对付鬼子的"大扫荡"。"鬼子少了咱就干，鬼子多了咱就转；躲在暗地打冷枪，埋好地雷远远看；叫鬼子挨打又挨炸，一个人影看不见。"铁雷不够，石雷来补，漫山遍野的石头经过乡亲们锤打钎凿，变成了一个个石雷，成了鬼子的噩梦。山顶上有消息树，不见鬼子不挂弦，"虚虚实实，真真假假，死雷活用，遍地开花"，炸得真痛快、真解气、真过瘾啊！放映现场，地雷的爆炸声、鬼子被炸的惨叫声、乡亲们胜利的欢呼声，与全营战士自发的欢呼声交织在一起，战士们人人心里一团火，形成一股冲天的烈焰。

放映机停止了转动，可战士们却像开了锅，兴高采烈地议论着，任意释放着心中的快乐。

人群里一个说："这片子真过瘾！你看那子母雷，下面是雷，上面是几颗手榴弹，地雷一炸，手榴弹飞起来一炸就是一大片。"

另一个说："连环雷也不错，前面的鬼子踩了弦，一串雷都响了，谁也跑不了，真是太妙了！"

又一个抢着说："我看最好的还是碎石雷，起的名字多好听——天女散花！雷一响，满山的石头落下来，砸得鬼子找不着家……"

"我看还是头发丝雷好！鬼子的探雷器那么一碰，还没搞明白怎么回事就飞上了天。你看它这另一个名字——神经过敏雷！哈哈，绝了去了！"

"土化学雷最好，不怕敌人偷。鬼子打开雷它也不炸，鬼子用放大镜一照，雷炸了，哈哈哈！"

"别忘了，我们可都是工兵啊，就是要练好埋雷、造雷的绝活，不管他是哪儿的敌人，都让他们有来无回！"

王杰早就被影片感染了，这会儿又被战友们的情绪感染了。前几天在给高副连长誊写的教案里，他已经看到了最近的埋雷训练设计，原本是打算让一连单独观看教学片，结果变成了全营都来看。看来，营部首长为这次爆破埋雷训练费尽了心思。

王杰想：自己入伍近两年了，虽然进行过短期的射击和挖坑埋雷训练，但还不很精通，整体上来说，在军事技术上还是一个"门外汉"。现在连里号召考技术能手，自己一定要尽最大的努力，抓紧一分一秒的时间学习，不会就问。听说去年考驾驶技师的战友，为了迎接考试，有的竟然四次推迟了婚期，有的生病住院了竟要求提前出院，医生不让学习，可他们仍坚持学习。这种精神多么可贵呀！我要向他们学习，一定严格要求自己，争取考上技术能手！

★2

新的任务来了。连部提出按照"官教兵、兵教官、兵教兵的群众练兵运动"原则，要求干部和战士、新老战士互教互学，共同进步，尽快提高战斗力。战士们积极响应，每天白天全员投入训练，到了晚上各自埋下一个地雷，第二天再请战友排除。大家给这种训练方式起了一个名字叫"一天一个雷"。

挖雷坑早已不是问题，可埋雷确实不是那么简单的事。王杰反复体会着教练传授的方法要领，先用扫帚扫去挖雷的痕迹，再用左右手分别拿着鞋子在雷区印上脚印，就这样，他在操场上、大树下、菜地里挖坑埋雷，再小心翼翼地复土伪装，然后反复审量着。嘿，看不出任何的痕迹！

然而到了第二天清晨，老战士来到王杰的雷区，一下子就发现了埋雷地点。一连几天下来，王杰费了好大劲儿埋的雷，都很快被老战士一一识破了。可是，再看老战士埋的雷，王杰苦苦搜索，看着像是找到了，一锹下去却根本就没有。他开始着急上火，这里面到底是个啥名堂？

一个现实明摆着，是自己的技术不过硬。王杰拿定主意，一定要拜个好老师，虚心学习，尽快掌握埋雷技术。于是，他找到了全排埋雷技术最好的老战士齐昌君，虚心拜他为老师，请他传授诀窍。这位老兵还真是有水平，经过他的一番悉心指导，再加上王杰的苦心钻研，王杰再埋下去的雷，可不像过去那样轻易被找到了。

但是，如何才能过老师这一关呢？这天晚上，王杰动了很大心思，费了很大工夫，在坦克经常走过的道路旁埋下了一个雷，第二天就请齐昌君去找。齐昌君来到现场，倒背着手，四下打量了一番，还真没有发现埋雷的痕迹。就在王杰暗暗得意的时候，齐昌君弯下腰仔细搜索起来，最后，这个雷还是没有躲过齐老师的火眼金睛，再次被起了出来。见王杰皱起眉头，齐昌君粲然一笑，说："你这个雷埋得还可以，一般人很难发现，但还是有马脚。"

王杰觉得不可思议，连忙敬了个礼，向老师讨教马脚在哪里。齐昌君指着埋雷点说："咱们打开天窗说亮话。你看这一片地方，到处都是一块块的土坷垃，唯独雷坑这里有一片小土块太光滑，土的颜色也有细微的差别。这些小的差别，虽然不明显，却是最不应该疏忽的地方呀！"

王杰拍了一下脑门，这下算是听明白了，原来还是自己没有做到一丝不苟啊！

这一天，王杰特地来到长满了青草的菜地里埋雷。只见他轻轻铲起一块草皮，嘴里还念着口诀"前两锨，后两锨，中间土往外撩"，放下雷后，又万分小心地把草皮盖上，再把提前准备好的陈土压在草皮四周，东瞧瞧西瞧瞧，没有发现和原来的样子有不同。王杰暗想，这一次可没有任何疏忽的地方了，肯定不会再被发现了。

齐昌君又被请来了，他左看右看，东寻西找，果真没有发现王杰埋雷的地方。一旁的几个战友都要准备鼓掌为王杰庆贺了。这时，两根折断的枯草，引起了齐昌君的注意。他蹲下身子，仔细地观察着这两根小草：草是从半截被拦腰折断的，而且折断的方位完全一致，都断得一样齐，这肯定不是风刮的，而是埋雷的人用脚踩倒的。王杰一阵紧张，汗一下冒了出来，连这样的细节都能看出来，真是神啦！

但是，雷到底埋在哪里了，这位老师兼技术能手并没有轻易找到，而是过了好一阵子才发现的。一直在现场巡查的连长刘德林点评说："王杰，这次雷埋得不错，找不出什么痕迹，但是有两棵草弯了腰，没有及时把它扶正，要知道，敌人是狡猾的，这些小地方可不能疏忽！"王杰想，是啊！赵家庄的地雷有一次被鬼子用探雷器发现了，被全部画上了圈，当场爆破了。鬼子进了村就是一场疯狂的烧杀抢夺，留守的村民有的被子弹打穿了，有的死在了刺刀下，血流满地。影片中的这一幕，好多战士看哭了，王杰也看哭了。

王杰用心地听着连长和老师的指点，虚心地说："今后我一定加倍注意！"

刘德林借此教导大家说："同志们，战争是残酷的，在实战中往往不允许大家有这么长的时间埋雷。我们平时坚持这么训练，主要是培养大家一丝不苟的精神。平时多流汗，战时才能少流血啊！"

看来要练就一身真功夫，既要一专，还要多能。王杰始终没有忘记自己曾经的誓言：五大技术全练硬，防止敌人侵犯咱。作为一名工兵，他现在正把埋雷作为头号技能来钻研和掌握。打锤要猛，埋雷要巧，一个是举重若轻，一个是举轻若重，两者虽有很大不同，但终极目的都是打击敌人，克敌制胜。

从此，王杰坚持不懈地向老战士学习，埋了挖，挖了埋，再挖再埋，连吃饭睡觉都在琢磨如何埋好雷，好几次梦到了自己和赵家庄的民兵赵虎一块埋雷，"轰"的一声把敌人炸上了天。渐渐地，他已不再满足于一天一个雷，而是一天埋两个雷、三个雷。经过一番苦心钻研，王杰的埋雷技术有了很大提升，渐渐成了班里的埋雷专家。

埋雷过关只是第一步，王杰不禁开始了新的思考：如何才能根据不同的地理环境，因地制宜，创造性地研制出各种不同形制的雷投放于战场，杀敌于无形，使敌人陷于困境，为胜利赢取宝贵时间与战机？王杰感觉后面的路依然很长，自己还要继续接受锤炼，有感而发，他写下了一段滚烫的文字：

> 有人问我愿意做真金还是做纯钢，
> 虽然金子很名贵，但我还是愿做一块钢。
> 你看它在那高炉的烈火中沸腾，烧掉自己身上的一切杂质，然后变成品种多样的钢材，被运到农村、送到工厂……
> 什么是我们青年的个性？
> 钢！捍卫、建设祖国的纯钢。

★3

紧张的部队生活，再加上训练的强度不断加大，有些战士禁不住盼望着过上一个星期天，自由支配一下时间，看场电影放松一下天天绷紧的神经。

星期天如期而至，王杰一上午都在理发组忙里忙外，好多战友看到他的理发技术有了提升，就忍着头皮疼让他来理发，算是提供同志式的鼓励。下午，王杰找班长请事假，可班里班外都没找到；找到军人俱乐部，他发现班长孙西朵正拿着一支钢笔，在那里搜肠刮肚地写东西，一张脸憋得通红。于是，王杰好奇地凑过去问："写什么呢，这么用功？"

"给家里写封信。"孙西朵回答说，"感谢你帮我扫了大半年的盲，终于要出战果了。你找我有事吗？"

"今天礼堂里放电影《英雄坦克手》，一排的看了都说好，咱们一块去看看吧。"

孙西朵摇摇头："我就不去了。草稿打好了，得趁热打铁赶紧写出来，今天寄出去。家里接到我的信，我娘指不定高兴成啥样呢！"王杰拍拍他的肩膀，起身去了礼堂。

这部影片讲的是朝鲜战场上中美坦克部队的一次生死对决。美军在大批坦克的掩护下，向我志愿军三五〇高地发起猛攻。排长张勇率领志愿军坦克部队，紧急开赴高地配合步兵作战，敌我双方展开了一场惊心动魄的厮杀。电影预告几个排里的战士两天前就看到了，尤其是这批坦克二师的工兵们，埋在心底里想开坦克的"老病根"一下子爆发了。他们三五成群地赶到礼堂，痛痛快快地看起来，好多战士眼睛直勾勾的，不舍得离开荧幕一眼，直看到五点散场。战士们过足了开坦克的瘾，不，是看别人开坦克的瘾。

可是，谁也没想到看一场电影竟然看出了问题。

下午四点，连里定时查岗，发现四班竟唱起了"空城计"。班长孙西朵请了假上街寄信，全班的战士光想着看电影，竟忘记了查岗时间，这可犯了营房值守的大忌。电影散场了，通报批评也下到了班里。寄完第一封家信的孙西朵高兴地回到班里，却看到了从天而降的通报，感觉就像一根鱼刺突然卡进了嗓子眼。

四班当晚召开班会整改，全班士气低落，大家一言不发，硬着头皮等着班长的狂风暴雨。王杰想了想，首先站起来说："班长，是我警惕性不高，先去看了电影，请班长狠狠批评我！"

孙西朵没想到王杰第一个发言，还主动开展自我批评，他吐了一口气说："王杰，你没有错，你已经向我请假了。"

王杰却坚定地回答说:"我就是错在这里,我是请假了,但没有从全局考虑,我今后一定注意!"

全班同志正在为这事懊悔,听到副班长竟然主动请求批评,还讲出了一个谁也没有想到的理由,无一不受感动。

班里最后决定,每个战士都要反思自己在纪律方面的问题。王杰再次拿起自我批评的武器,一幕幕过滤着自己这两年来的问题,如自由主义的问题、提前打背包的问题。这些虽然已经在指导员约谈时都解决过了,但是这次班里出现了纪律问题,看似是一次偶然,说不定里面还有一些没有发现的必然因素。

想着想着,王杰忽然想到一件事情,连忙翻出《雷锋日记》,找到了一段文字:"军队,他是战斗的集体,有严格的组织纪律,一切要适应战斗的需要。很难设想,一支锣鼓不齐、行动不一的军队,在战场上能打败敌人,取得胜利。"正所谓小洞不补,大洞吃苦。这是一副多么及时的"良药"啊,正好能治四班的"病"。

借着今晚的机会,王杰把这篇日记牢牢地背了下来,在他内心深处树立起了一个坚定的信念:只有铁的纪律,才能铸就铁的队伍!

4

一场长途拉练任务正在紧锣密鼓地酝酿着。连部里,指导员和连长一大早就坐下来磋商,除了一个细节之外,其余方案都敲定了。

刘德林开门见山地说:"老伙计,自全军开展学雷锋活动以来,你是三天两头地作报告、搞评比、树典型,你看都把你累瘦了。朝鲜战场上美国佬给你留的那个纪念,你可要注意了,不能有丝毫大意啊!这次长途拉练,领队任务交给我,阵前动员交给你,行军时你跟着车队走,怎么样?"

冯安国听了心里说这个算盘打得不赖嘛,但嘴上笑笑说:"老伙计,你的心意我领了。你要真是为我着想呢,咱就按照规矩来,这几百里路，还真难不倒我，别忘了当年咱们可都是铁脚板！这次是军事行动，请你主讲，亮亮嗓子，有道是连长做动员，地动山也颤嘛！"一席话调侃下来，两个人心照不宣地同时大笑起来。

刘德林刚才所说的"纪念"，其实是他们俩之间的暗语。当年在朝鲜战场上，小分队在一次夜间执行侦察埋雷任务返回途中，穿过一片山坡时，冯安国一脚踩在了一颗美国鬼子埋的地雷上。他当即收住脚步，示意战友离开，然后蹲下身子小心地察看周围地形。借着夜色，他看到身体右侧正好有一块大石头，于是一个右侧翻飞身滚到了大石头后面，躲过了45度杀伤角。然而，令人想不到的是敌人埋的竟然是一颗防步兵跳雷，地雷飞出地面一米多高起爆，几块尖利的雷片越过石头射进了冯安国的腹腔。经过手术，冯安国体内的大部分雷片都被很快取了出来，躲过了一劫，可是有一小块位置非常特殊，难以取出，成了朝鲜战场留给冯安国的"永久纪念"。一到阴雨天，冯安国的腹部就有一个点位隐隐作痛。

五月二十二日，拉练动员开始了，队伍整装待发，连长刘德林胸有成竹地走到队伍前，亮开洪钟一般的嗓子，慷慨激昂地讲道："同志们，当年的长征路上，天上有飞机，地上有追兵，国民党几十万大军的汽车轮子愣是没追上我们的红军，还被打得晕头转向。这是为什么？因为我们的红军战士人人都是'飞毛腿'。十年前的朝鲜战场上，我们的志愿军面对的是武装到牙齿的美国鬼子，他们的机械化部队有的是汽车，有的是坦克，可是在三所里、龙源里、松骨峰战役中，他们愣是被我们一次次打了埋伏，包了饺子。这又是为什么？因为我们的志愿军人人都有一双铁脚板，从来不怕山高路险。兵贵神速，无论运动战、奔袭战还是伏击战，都离不开'飞毛腿'，离不开铁脚板！现代战争虽然时有花样翻新，但是不管怎么样，一双铁脚板仍然是基本功。如何才能练出铁脚板呢？没有捷径可以走，就是要靠急行军来练，靠强行军来造。同志们有没有信心？"

"有！有！有！"全连战士迸发出心底的万丈豪情。

刘德林满意地点点头，接着讲道："当年的朝鲜战场上，美国人是钢多气少，我们是钢少气多，钢铁少一点不可怕，怕的是少了顽强的革命意志。历史证明，敌人有钢，我们有铁，而且是'三铁'，一是铁的意志，二是铁的纪律，三是铁的脚板，这'三铁'缺一不可。今天，我这个上过朝鲜战场的老兵，就把这'三铁'送给每一位同志，希望大家不负党的重托，不负祖国和人民的期望，接受严峻考验，早日淬炼成敢冲敢上、善打胜仗的钢铁战士！"连长的话句句掷地有声。

行军任务紧接着下达到全连每一位战士：行军七天，全程五百里，中间组织一次山地"争夺战"。所有准备工作务必在一天内完成。接到任务，战士们个个兴高采烈，纷纷争写保证书、决心书，表示要向雷锋学习，要向好八连学习，特别是向吃大苦、耐大劳、在冰天雪地中抗美援朝的志愿军学习。就连刚到连队才三天的新战士张钦星，也坚决要求参加这次行军。

这也是王杰入伍以来的第一次长距离行军。出发前打背包时，王杰特地把几样东西放进挎包里：两本书、一根笛子、一副新竹板，另外还有一样东西是从司务长那里借来的，外面包了一层纸，谁也没注意那是什么。王杰心里明白，这一路上自己可离不了这几样东西。

为了这副新竹板，王杰可是动了不少心思。排长赵书彦给王杰派了任务，让他一路上担任全排的宣传鼓动员。往常表演节目时，班排之间可以相互借竹板，可这次是集体行军，路上各排都要宣传鼓动，都要打竹板，竹板肯定就不够用了。如果到街上去买新的，又要花去不少钱。怎么办呢？王杰跑到储藏室，扒拉了半天，找到了几节废旧的竹筒子。这下好办了，他找来工具，又是劈又是刮，再系上一根红丝带，一阵子忙活下来，一副新竹板就做好了。王杰扬手一打，竹板发出了清脆悦耳的声音，行军路上它一定能派上大用场，再也不用犯愁了。

09 一双巧手，再加一副铁脚板

5

部队于凌晨三点半出发，没有号声，也没有灯光，夜阴沉似水，天空黑得像锅底，看不见一颗星星。战士们全副武装，除了枪支弹药和铁锹外，还背了粮袋，里面装着三天的粮食，每个人的负重至少有三十斤。队伍行进在田间小道上，以每小时五公里的速度急速开进。指导员冯安国虽然消瘦，但他还是坚持走在前面。他抬头看看天，心想："马上又要下雨了，工兵连跟雨就是有缘啊！也好，正是锻炼铁脚板的好机会！"

天微微亮时，六班的韩义祥还有几位老战友看到了王杰，能在行军的路上看到他可真不容易，要不是王杰担任了宣传鼓动员，不是一个班里的是很难碰到一块的。韩义祥看了一眼王杰，又看了看自己班的副班长王守连，怎么王守连的粮袋不见了？韩义祥拽了一下副班长的衣袖，悄悄地问道："你的粮袋呢？"正在奋力赶路的王守连喘着粗气，想回话，可又接不上气，只能用手一个劲地指着王杰。

韩义祥仔细一瞧，王杰肩上的粮袋怎么那么大啊！原来，别人只背自己的四斤半粮食，他却背了三个人的粮食，其中一份就是王守连的。王守连平时不管干什么重活，倒挺有力气，就是在赶路时缺乏耐力。这次行军之前，王杰悄悄地从伙房里把王守连的一份领出来，装进了自己的粮袋里。另外一份是战友王振才的，他身体弱，王杰顺手也把他的粮食给捎上了。

王杰手里比别人多了一副竹板，这是大家一眼能看到的。他的挎包里鼓鼓囊囊装了几样东西，大家一时难以猜出都是些什么。鼓动员的最大"特权"是可以走在队伍的边上。一排人在前进，前后拉开的距离约有三十米长，只见王杰一会儿奔前，一会儿跑后，一会儿又打起竹板说唱道：

> 走一步，少一步，长征道路二万五。
> 战士个个是铁汉，你帮我助渡难关。
> 互相扶持过了山，三军过后尽开颜。

年轻的士兵们一想到红军长征爬雪山的场景，顿时来了精神，队伍行进速度明显加快了。队伍转入一段乡道行军，刚走了半个小时，天上就飘起了蒙蒙细雨。这几天本来就雨水不断，不少战士一步一滑地前进着，一不小心就滑倒在泥水里。

连长刘德林下达命令，通知全连战士务必在三分钟之内背熟一道口诀，以确保夜间行军安全。通讯员冯明臣跑步传达着这一命令，让战士们依次传递着口诀："若是下雨，走黑不走亮，走亮要上当；若是晴天，走亮不走黑，走黑要吃亏。"这是朝鲜战场上志愿军夜间行军背诵的口诀，也是当年红军长征时人人会背的口诀。如何做好路和水的辨别？在雨天就是黑和亮，在晴天又变成了亮和黑。战士们背会了口诀，脚下开始变得灵活起来。

宣传鼓动口号很快变成了："同志们加油啊，排除万难，勇往直前！革命到底，一往无前！"战士们的情绪一下子被点燃了。看到路边有一块大石头，王杰一个箭步跳上去，掏出竹板，打起清脆的节奏，即兴说唱起来，赢来一阵喝彩声。只听王杰唱道：

> 行军遇到好时候，斜风急雨做朋友。
> 不怕艰苦汗水流，两腿一跃奔山头。
> 美国佬，蒋介石，铁脚板下命难留。

眼前出现一个小山坡，山路又黏又滑。王杰连忙站稳脚跟，不时地扶一下这个，拉一把那个。忽然他看到一个"胖墩"上坡很费劲，急忙走了过去，一边架起他一边说："来吧，把背包给我。"那人一扭头说："王杰，你已经帮我背了四斤半粮食了，剩下的必须我自己扛！"

原来是王守连啊，王杰没争过他，只好紧走几步拉着他上了山坡。

常言道：上山容易下山难。要下坡了，路也更滑了，特别是鞋底上糊了一层厚厚的黏土，怎么刮也刮不净，战士们走起路来像溜冰。王杰亮开嗓子喊："大家小心喽！"谁知还没喊完，自己却"吱溜"一声先滑下了坡。孙西朵眼疾手快，忙把他拉住，总算没摔多远。孙西朵扶起王杰，一看没什么要紧的，就开起玩笑说："宣传员坐上汽车了，一日千里哟！"一句话逗得大家哈哈大笑。

还没笑完，忽然又有两个身影一不小心也跟着滑下了山坡，这下笑声更是一发不可收拾了，传出去好远，惊动了林中鸟雀。

后来"坐汽车"升了级，改叫"坐硬席"和"坐软席"了。凡是滑下去一屁股坐在泥地上的叫"坐软席"，坐在石头上的叫"坐硬席"，硬席坐上去屁股硌得生疼生疼的，可是大笑上一阵很快就不疼了。一段路走下来，人人都感觉自己成了革命乐观主义者。

6

下了坡，前面出现一片麦地。雨停了，天也大亮起来，战士们可以清楚地看到地里的麦子已经抽穗了。绿油油的麦浪轻轻荡漾着，晶莹剔透的露珠挂在麦穗上，连长、指导员和许多战士看在眼里，流露出一份喜悦。这真是一片充满希望的田野啊！

王杰一边走，一边注意着队伍的脚下。忽然，前面的一个战士稍不留神，踩倒了几株麦子。王杰紧跟过去，蹲下身子小心翼翼地把麦子扶起来，又在其根部培了土，连连拍上几下，麦子又直挺挺地站立起来了。后面几个战士走过，不由得赞叹说："王杰你真好！"同样的事情，有个战士见了却不那么想，半开玩笑地说了一句："活雷锋就是有工夫，行军打仗这么大的事，还能顾得上几株麦子？"王杰听了，毫不客气地说："麦子是乡亲们辛辛苦苦种的，马上收割了，踩坏了多可惜。什么时候也不能忘了群众纪律，'三大纪律八项注意'的第六条，就是要爱护群众的庄稼。"一席话说得那个战士红着脸走开了。王杰跟上了队伍，大声喊起来："请大家注意脚下，一定不要踩坏了庄稼！"

三十多里之后，队伍踏上了公路，副连长命令："原地休息十分钟！"

第一次休息号吹响了，队伍停了下来。战士们三三两两地坐下来，有的拧开水壶喝水，有的检查脚上的水泡。各排的宣传鼓动员趁机又活跃起来了，王杰也从背包里掏出一本《毛泽东著作选读》，亮开嗓子，给全排战友们读起《愚公移山》来。

> 现在也有两座压在中国人民头上的大山，一座叫做帝国主义，一座叫做封建主义。中国共产党早就下了决心，要挖掉这两座山。我们一定要坚持下去，一定要不断地工作，我们也会感动上帝的。这个上帝不是别人，就是全中国的人民大众。全国人民大众一齐起来和我们一道挖这两座山，有什么挖不平呢？

"同志们，在我们长途行军路上也有两座大山，一座叫作苦，一座叫作累，大家说该怎么办？"

"挖掉它！"大家齐声回答。

"大家敢不敢和老愚公比一比决心？"王杰继续启发道。

"敢！"又是一个齐声回答。

这时，只听王杰那清脆的竹板又一次打响了：

> 愚公能移山，战士何惧难。
> 立下愚公志，苦练铁脚板！

接着，他又组织本排学习《中国人民解放军总部关于重行颁布三大纪律八项注意的训令》。王杰首先自己检查了这次行军中在遵守群众纪律方面的不足，又把之前踩麦子的事情提出来引导大家讨论，并且制订出了遵守群众纪律的措施。他还建议指导员组织全连学习和遵守，这得到了冯安国的全力支持。

经过短暂的休息，队伍很快汲取了新的力量，继续开进。前面虽然是平坦的公路，却已经有三分之一的人脚上磨了泡，特别是王守连的脚上已经磨出了三个大泡，行动起来很是费劲。王杰再次打起了竹板给大家鼓劲加油：

> 两脚成了兵工厂，
> 各种"大炮"都生产。
> 脚上成了"大炮"群，
> 射出炮弹打美蒋。

王守连倍受鼓舞，咬咬牙说："我一定战胜困难，就是爬也要爬到目的地。"

第一天，队伍冒雨行军走了七十里。傍晚时分，夕阳烧红了西方的天空，部队来到了野外宿营地。

一天的行军，对入伍接受锻炼已经快两年的王杰来说，早已不算什么，但是对入伍不久的新战士来说，却是个严峻的考验。王杰跑了一天，也看了一天，心里为他们感到高兴，因为新战友没有一个掉队的，也没有一个叫苦的，他们经受住了第一天的考验。不过，王杰也真心疼他们，他们个个脚上都磨满了泡，行动起来就像光脚踩在了烧红的铁板上，步步钻心疼啊！

王杰在出发前做了准备，袜子挑的是半新半旧的，鞋子也是用锤砸软了的，这样穿着长途行军脚就不容易起泡。到了宿营地，王杰卸下粮袋，扔下背包，提起水桶去伙房，准备打上热水给战友们泡泡脚，可没走几步，突然感到脚下一阵钻心的疼。他这才注意到，自己的脚上也磨出了泡，但他仍坚持赶到了伙房，想把热水尽快打回去。

炊事班里的战友正忙个不停，有的烧水，有的切菜，有的淘米，忙得不亦乐乎。大家都行军了一天，炊事班更是辛苦，他们到了宿营地还没来得及喘口气，就投入了一场新的战斗。王杰看了看锅里的水还不太热，于是卷起袖子，拎起一把斧头劈起木柴来。

炊事班班长蒋德光看到了，说："王杰，你行军一天，够累的了，快去休息休息吧，水很快就热了！"

王杰一边继续挥动着手里的斧头，一边笑着说："你们也行军一天了，怎么也不见休息呢？"

炊事班班长哑口无言了，笑着摇摇头接着去忙了。王杰劈完一堆柴，把它们抱到锅灶前，一块一块地添进去，火苗蹿起来了，火烧得更旺了，王杰的脸被火映得通红通红的，他一身的疲劳还有疼痛一下子都化为了乌有。

水烧热了，王杰打了满满一桶提回班里，把水倒进几个盆里说："大家快烫烫脚吧，烫完了，把脚上的泡挑破了就不疼了，夜里睡上一觉，明天好行军。"战士们把脚伸进水盆里，水好热啊，汩汩暖流涌遍全身。脚烫完了，王杰不知从哪里变出一根针来，用火烧了一下，一一为战友们挑去脚上的水泡。有的战士怕疼，王杰就把他的脚揽在怀里，低下头，慢慢地、轻轻地挑开那一个个胀得鼓鼓的水泡。

战友们看着副班长王杰如此贴心，真是感动极了。有人说军营是个大家庭，看来这话一点也不假！他们想，难道王杰的脚上就没有水泡吗？过了好一阵子，帮战友们忙活完了，王杰这才倒了一盆热水，把双脚泡进去……

他一边泡，一边想事情，原来长途行军中最累的是炊事员同志。队伍还没出发，挑着行军锅打头阵的是他们；队伍宿营，马上给战士们盛上热水热饭的是他们；吃罢饭，战士们都休息了，洗洗刷刷的依然是他们……想到这里，王杰穿上军鞋，再次来到炊事班，帮助炊事员切了一会儿菜，跟着他们一块吃了饭，又挑了几担水，一直忙到晚上十点，这才回到班里。

别人早就熄灯睡觉了，王杰却又从挎包里掏出半截蜡烛来，划了根火柴将其点亮，接着从背包里翻出一本《雷锋日记》，认真地读起来。过了一会儿，他又拿起笔，在日记上写道：

  毛主席说：吃苦在前，享受在后，拣重担子挑。今后我一定做到，宁肯自己辛苦，换来别人幸福。

想想五天的拉练才刚刚开始，他又写道：

  我要做光荣的战士，经得起考验，克服天大的困难，圆满地完成拉练任务。

他停住笔，伸一下懒腰，听到哨兵正在换岗，这个时间恰好是每晚的十一点钟。想想明天还有八十多里的行军任务，这个"熬夜虎"连忙把书放回挎包，吹灭蜡烛，一头躺到铺上，进入了梦乡。

7

  战士们凌晨四点出发，头顶上满天星斗眨着眼睛，野外的空气格外清爽，队伍的开进速度也明显比昨天快了。战士们人人把群众纪律牢记在心，一边走得飞快，一边还唱起了那熟悉的旋律："革命军人个个要牢记，三大纪律八项注意。第一——一切行动听指挥，步调一致才能得胜利……"

  通讯员再次传达连部命令：从今天起，凡体力不支或感觉不适者，可及时上保障车。消息传来，大家回头一看，队伍的后面真的跟了一辆大"解放"，它慢悠悠地晃荡着。几位排长皱皱眉头，盯紧了班里的每一个战士，他们心事都是一样的：只要累不倒，谁也别想开这个头。

  二排长赵书彦朝着王杰喊了一嗓子："王杰，二排就看你的了！"

话音刚落，就见王杰手里的竹板清脆地响了起来：

急行军，强行军，一双脚板赛车轮。
千山万水脚下走，路滑坑深日夜奔。
想想抗日老八路，学学抗美志愿军。
练就本领为人民，永远跟党一条心。

这通竹板一打，二排的战士们不由得群情振奋，个个精神抖擞。二排长对王杰的表现和才华在心里打了个满分。他对这位战士的成长格外关心，这几天他把全排的几十名战士观察了一个遍，要是评比二排的全能多面手，非王杰莫属！

二排的气氛吸引了一个人，在中途休息的时候，他来到了二排区域，他就是副连长高绍忠。几位新战士早就听说高副连长是抗美援朝的英雄，都想听听抗美援朝的故事。"高副连长，您就给我们讲讲志愿军的两条腿是如何赛过美国汽车轮子的吧。"一个战士喊起来，一群战士应和着。

高绍忠的思绪一下子回到了硝烟弥漫的战场。他接过赵书彦递上来的行军水壶，喝上一大口，开始讲一段一一三师奔袭三所里的故事。

第一次战役打响了，一一三师接到了一项极其特殊的任务，要在一夜之间穿插到一百五十里外的军事要塞三所里。据可靠消息，将有三个美军师途经这里逃跑，其中他们有三百多辆坦克、四百多门火炮。刚打完一场歼灭战，还没来得及休息的一一三师，当时接到的命令非常特殊，第一条：不管有多大困难和伤亡，你们都要向前、向前、向前；第二条：到达三所里，不论付出多大代价，都要坚决截击敌人！

命令层层下达，先头团团长朱月清命令各营边走边吃饭，不准一个人掉队。接着，连长、排长、班长一级一级地传达：跑，往死里跑，跑到三所里就是胜利。整个队伍上上下下，心里只有这一个信念和任务，为了完成任务，即便付出生命，也在所不惜！要知道，这场急行军并非畅通无阻，而是要一路打仗一路前进。英勇的一一三师，一边往三所里狂奔，一边沿路横扫南朝鲜军。一些战士跑得倒在了地上，再也没有起来，战友们来不及掩埋，跨过他们的躯体继续前进。炮兵们已经被炮弹和零部件压得直不起腰了，但是没有人慢一步。到了这个时候，支撑他们走下去的已经不是体力了，而是无比强大的精神！他们翻越了一千二百五十米高的长安山，战士们结成"人链"互相拖拉着前进，前进，前进……

"后来怎么样了？"一位战士忍不住问道。"就在天亮的时候，一一三师终于要接近目的地了，这时天上出现了美军侦察机，情况一下子变得万分危急。怎么办？是继续前进，还是就地隐藏？如果放弃行军，结果将不堪设想。千钧一发之际，部队下了一道出奇制胜的命令，让所有战士丢掉头上的伪装，脱掉身上的白色披风，光明正大地继续前进。天上的几架侦察机看到这支队伍已经溃不成军，认为肯定不是中国军队，只能是吃了败仗的南朝鲜军，于是绕了一圈飞走了。就这样，我军比美军提前五分钟到达了三所里，美军的噩梦开始了！这次行军他们走的全是山路，实际路程要远远超过一百五十里，由此创造了全世界步兵战争史上的纪录。这就是伟大的中国人民的军队！这就是创造世界奇迹的铁脚板！"

这究竟是一个什么概念？有人曾经这样研究过，如果真想切身体会它的难度，可以尝试背上二十斤重物，在四百米标准跑道上以每小时五公里的速度跑上一百七十五圈。

一段故事讲下来，二排的战士们一个个听得心潮激荡，热血直往上涌，身上充满了无穷的力量，再也坐不住了。他们想，比比前辈，看看我们，今天的八十里路又算得了什么？我们也要学学当年的志愿军，前进，前进，前进！

烟波浩渺的微山湖就要到了，天地之间变得格外空旷，一阵阵凉爽的湖风吹过来。经过一天的急行军，这支队伍穿过山地，越过田野，跨过河流，终于接近了今天的目的地。

"西边的太阳就要落山了，微山湖上静悄悄。"这是谁写的歌词啊，真是太美、太形象了。全连战士到达湖畔，抬头一望，顿时被那万顷碧波和一轮落日迷住了。好美的一轮夕阳啊！它含情脉脉地收敛了耀眼的万道光芒，它的笑脸染红了波光粼粼的湖水，染红了青山，染红了芦苇，也染红了湖上的渔家，一切的一切都笼罩在了一片橙红之中……

今晚能够枕着湖水与星光入眠，是何等惬意的事情啊！战士们忽然产生了一种错觉，今天哪里是艰苦的行军拉练，分明就是一场清爽的湖畔旅行，他们的心情变得格外愉悦。尽管脚上又造了几门"大炮"，但他们觉得这趟拉练太值了！

晚上，一团篝火架起来，一场行军晚会开始了。战士们幕天席地围坐在一起，面向静静的湖水，尽情地释放着万丈豪情。天空中的点点繁星，倒映在清澈的湖面上，水天上下一色，简直分不清哪里是星空，哪里是湖底。节目轮番上阵，有独唱，有快板，有武术，还有山东地方戏吕剧，一阵阵掌声响起来，喝彩声此起彼伏，连湖里的鱼儿也跃出水面来凑凑热闹。

一个节目闪亮登场了！辛庆文的男高音，加上王杰的笛子伴奏，把《铁道游击队》主题歌《弹起我心爱的土琵琶》演绎得淋漓尽致。昔日的同窗，今天一个战壕里的战友，俩人合作默契，现场欢呼声不断，篝火晚会一下子被推向高潮。这一天行军的疲劳，全被战士们抛到脑后去了……

夏夜的湖水轻轻拍打着湖岸，借着篝火的余光，王杰写下了一段心得：

> 野营训练每天行军百余里，艰苦吗？是艰苦，正是有了这种艰苦精神才练得了过硬本领。我们的军队真不愧是伟大的军队！只有这样过硬的军队，才能保卫我们的社会主义建设！

王杰合上日记本，吹灭蜡烛，睡在一旁的两位战友已经在轻轻地打鼾了。王杰看看星空，静静地听着湖水的喘息声，很快进入了梦乡。

明亮的星空下，巨大的湖面像一面镜子，芦苇荡里隐约可见渔火点点，当年小鬼子在微山湖上横冲直撞的巡逻艇早已消失得无影无踪。这是一片和平的天空，这是一个美丽的水乡，留下了一段英雄抗日的佳话，还有一段久久传唱的旋律。

8

行军第三天了。早晨起来，战士们还在议论着昨晚的节目。连长发布命令：今天进行"班进攻"，行军十公里，主攻阵地设在小李庄附近的山丘上。

又是一个急行军。在他们眼前，冒出两个小山包，海拔一百多米，一个叫官山，一个叫白马山，两山相隔三四百米。现在战士们已进入了冲击阵地，指导员冯安国正在进行"战地"紧急动员："前面就是'敌人'的一号高地，上面设有火力点，再往前的二号高地是'敌人'的主峰。据前方侦察，'敌人'困守此地，已经孤立无援了。上级命令我们立即消灭一号高地的火力点，进一步拿下主峰。同志们，考验我们的时候到了！我们要向董存瑞、黄继光学习，向抗美援朝的英雄们学习，以百倍的决心和勇气，坚决消灭'敌人'！"

话音一落地，人人顿时感觉到了浓厚的战斗气氛。班长立即分配了任务，战士们快速准备。王杰提起枪，压满子弹，关上保险，放在左前方，又拧开了手榴弹盖，接着卸下小锹，挖了蹬脚孔；又解开风纪扣，紧了一遍腰带和鞋带，随后说道："报告班长同志，王杰准备完毕！"

全班分成三个组，班长率第一组在左翼，朱玉沛率一个组在右翼，王杰率一个组在中间突击。进攻令一下，两翼掩护，王杰率领的突击组跃出战壕，箭一般地冲上前，一边前进，一边射击。突然，山头上"敌人"的机关枪、步枪一起响了，严密的火力顿时封锁住了前进的道路。班长一面命令突击组隐蔽，一面命令左右翼两组迂回过去，从侧面射击

"敌人"，以解除突击组遭受的火力压制。

雨后初晴，小山坡上还是一片泥泞，王杰率领突击组一会儿匍匐前进，一会儿俯身跃进，泥里滚，水里爬，身上的衣服全湿透了，他们全然不顾，只管往前冲。突然，"敌人"发现了左右两翼的进攻组，马上集中火力阻击。战机来了！王杰抓住这个时间空隙，带领突击组迅速冲过了"敌人"的第一道火力墙。

突击组前进了十几米，突然发现前方阵地上插着蓝色的标旗，原来这是"敌人"设置的雷场。王杰赶紧指挥全组："按照标定的通路，跑步通过！"通路很窄，脚下烂泥很深，这是拉练中特地选定的困难地段。前面就是"敌人"，王杰虽然感到腿有些发软，但是他没有放慢脚步，咬紧牙关，一口气冲过了六十多米长的"布雷场"。

前面地势开阔，"敌人"的炮火越来越猛烈。王杰观察了一下地形，想用匍匐前进的办法穿过这层火力网，可是刚刚跃出不远，小黄旗又竖在了眼前。

"染毒地区，快穿戴防护衣！"王杰一边戴防毒面具、穿防护衣，一边打着气说，"想用毒气来阻拦我们前进，休想！"战士们戴上面具后，呼吸有些困难，全身的汗像雨一般冒出来。战士王振才没走几步，就想用手揭开面具喘口气，被王杰立即给制止住了。

穿过了染毒区，一道铁丝网拦住了他们的去路。只见王杰几步跃到铁丝网下面，掏出钳子"咔咔"几下打开了一个缺口，全组飞掠而过。眼看就要接近"敌人"的前沿了，忽然，侧面一个暗火力点的机枪又打响了。班长果断地喊了一声："王杰，干掉它！"

听到班长的命令后，王杰毫不犹豫地喊了一声"火力掩护"，一把抄起爆破筒向前冲去。他一口气冲到离暗堡二十米的地方，手臂一抬，奋力投出一颗手榴弹，借着硝烟快步接近暗堡，双手举起爆破筒，狠命地将其从射击孔插了进去。

只听"轰"的一声巨响，暗堡里的"敌人"全部被歼灭了。王杰就地十八滚离开暗堡，站起来又向主峰发起了冲击。

"战斗"继续向纵深发展，这是一场激烈的争夺战。一号阵地沦陷后，"残敌"全部收缩到了主峰阵地，妄图凭借坚固的工事和猛烈的火力，做最后的顽抗。这真是一根难啃的骨头！全班进攻受阻，前进速度一下子慢了下来。

怎么办？王杰看见"敌人"的火力全部集中在正面射击，于是他急中生智，迅速带领全组从左翼大胆猛插到"敌人"背后，战场形势迅速得到扭转。"敌人"腹背同时受到攻击，顿时乱了阵脚，四散奔逃，谁也顾不上谁。当他们想转身射击时，又被一阵手榴弹炸得七零八落。转眼间，山头已是短兵相接，杀声冲天，一场白刃战开始了。眼看整个战斗就要宣告结束，突然又从战壕里跳出来一个"敌人"。说时迟，那时快，王杰一个虎步蹿上去，猛喊一声"杀——"，就把那个"敌人"给干掉了。

一杆红旗插上主峰，战斗结束了，真痛快啊！全班战士个个汗流浃背，满身是泥，虽然大家在一上午的演习中连一口水都没能喝上，但此时此刻，全都在山顶尽情地跳跃着，欢呼着胜利。

晚上，王杰打开日记本写道：

今天进行的"班进攻"，虽然是一次战斗演习，打的是空炮弹，累得我上气不接下气，可是我经过了"战斗"锻炼，提高了杀敌本领。为了战时少流血，平时多流点汗，苦点累点也值得！

9

行军终于到了最后一个晚上。

"斗争最艰苦的时候，也就是胜利即将来到的时候，可也是最容易动摇的时候。因此，对每个人来说，这是个考验的关口。"王杰读着这篇雷锋日记，开始思考着这几天以来接连不断的"关口"。

二十五日凌晨三点，连队接到上级命令，任务是要到驻地二十里外去运器材。野外一片漆黑，道路泥泞，王杰和战友们一起，越过两条河流，到了目的地，背上器材，一刻不停地按原路返回驻地。任务完成时，已是上午十点多了，王杰的鞋袜、衣服全都湿透了，但是他没有叫一声苦。

二十六日晚上，连队熄灯刚过一个小时，突然又紧急集合，营里命令各连抽调一个班，进行"原有道路"的侦察，王杰又被抽中了！此时，眼前是漆黑的夜，他们带着测量道路的标杆、皮尺、指北针和绘图板立刻出发。说是"原有道路"，其实只是白天走过一趟。他们就在这条路上开始了夜间作战，测量道路坡度、转弯曲半径、沿路河沟宽度、水的流速，还有原有桥梁的坚固程度。工兵是坦克的先行官，他们实测的数据将是坦克前进的依据。王杰和战友们一丝不苟地一项一项进行实地测量，来回二十多里路，忙了四个小时，回来时已是深夜两点多了。他又顺利地通过了一个"关口"。

现在，最后一个考验摆在了战士们面前，这就是吃过早饭后开始急行军一百三十里，直奔最后一个目的地：营房。

早饭刚过，战士们就开始紧急收拾行装。王振才拿着军用水壶，到开水桶边灌水。王杰也在那，只见他灌满了水壶后，站在那里一碗接一碗地喝起来。王振才看了半天，搞不明白这是什么名堂，旁边有人打趣说："王杰，你这是要自加分量，准备练什么本领吧！"王杰笑了笑走开了。

队伍整装待发。几天下来，指导员越发消瘦了，大家有些担心他的身体，可是今天，冯安国还是那么精神抖擞。他在做最后行军的动员："同志们，五百里路程，我们走了三百多里了。今天，是最后的一段路程，也是最为艰苦的一段路程。越是接近胜利越艰苦，就看我们的后劲足不足。在战争年代，我们经常在这样的时刻领受任务，和敌人赛跑，谁跑得快，谁就能占领有利地形，谁就会获得胜利。如果这个时候走不动了，没有了后劲，不能按时到达目的地，就极有可能前功尽弃。大家说，我们有没有这股后劲？"

"有！有！有！"回答声响彻云霄，气势如虹。部队随即开拔。战士们一口气走了一个多小时，连长刘德林发现王杰的竹板还没响，便走到他身边说："不行了吧？要不要上保障车？"

"连长，我行，就是两条腿不大听指挥。"

"只要你思想不垮，腿就会听命令。这个时候，是磨意志、炼思想的最好时机。"经指导员一点拨，王杰仿佛打了一针强心剂，感觉腿上似乎平添了力量。听！竹板又响了起来：

行军走了九十九，还有路程在前头。
努力走，不落后，为了胜利加把油。
加把油，往回走，百尺竿头争一流。

雨停了，初夏的太阳开始释放能量。王杰觉得口干舌燥，喉咙里想要冒火，他抓起水壶想解解渴，刚打开盖子，又拧上了。前面又是一个山头，连长见大家汗流浃背，当即宣布原地休息二十分钟。

一时间，道路旁、树荫下，战士们坐在背包上休息起来。王振才拧开水壶，想喝上一口，谁知壶底朝了天也没倒出一滴水来。王杰见了，忙把自己的水壶递过去。王振才不好意思接受，说："你留着自己喝吧！"

"我早晨喝足了，你喝吧，也好减轻我的负担。"王杰朝他眨眨眼，他知道这位战士这个时候最需要的就是水，不能再等了，就把水壶扔了过去。

王振才接过沉甸甸的水壶，眼前忽然闪过早晨的一幕，他终于明白了。现在，别人的水都喝得差不多了，王杰的水壶却还是满满的，原来他这是为同志们准备的呀！王振才喝上一口清凉的水，感激地说："王杰，你真是活雷锋啊！"王杰笑着回答说："我比雷锋差远了！"

行程还剩四十里，不少战士开始落后了。指导员也走得慢了，渐渐地落在了队伍后面。只见他拄着一根棍子，走一步喘一口大气。战士们看了，一下子联想起电影《万水千山》里红军过草地的镜头。在大渡河战斗中受伤的指导员李有国旧伤复发，在草地行军时常常拄着一根棍子，不同的是，电影里是漫天飞雪，而此时只有毒辣辣的日头。

保障车一直紧跟在队伍的后面。看着眼前这一幕，战士们心疼地劝说起指导员，请他上车。可这位坚强的老兵却笑笑说："不要紧，坚持就是胜利，走一步少一步！"空荡荡的保障车只能徐徐开动着。

王杰感觉头有点晕，腿也像灌了铅一样有千斤重，每走一步，他就提醒自己一句"千万不能掉队"。看到这里，他用沙哑的声音喊道："同志们，向指导员学习！"队伍受到了感染，一边喊口号，一边坚持赶路。

走一步就像过一座山，走一步就得到一次锻炼。傍晚，部队胜利回到了营房。五百里风雨行军结束了，保障车依然还是空荡荡的。

当晚，营部组织大家看了电影《上甘岭》。重温经典，王杰激动地写下这样两句话：

　　黄继光就是在这次战斗中用身体堵住枪眼，英勇牺牲了。我要向上甘岭的英雄学习，向黄继光学习，学习，永远学习！

王杰在总结这次行军的收获时，这样写道：

　　这次野营训练锻炼了体力，学习了军事知识，接近了实战要求。训练是在困难多、地形复杂、气候多变的复杂情况下进行的。从出发到结束，一直下着雨，我们都是冒着雨、踏着泥训练的。同志们在泥里滚，水里爬，不怕脏。大家说得好："衣服脏了可以洗掉，我们学到的本领是永远洗不掉的。"这次训练接近实战要求，我们学到了过硬本领。

10 浪头翻滚，木料场的入口在哪里？

★1

转眼八月到了，又是收获的季节。高粱满了穗儿，玉米饱了粒儿，农民磨好了镰刀，压平了场圃，兴高采烈地准备着收获辛勤劳动的果实。谁知天有不测风云，就在这个时节，河北、山东的部分地区，滂沱大雨连续不断地下了十多天，直下得海河泛滥、大运河河堤出现险情，眼看秋收无望，靠近这两大河流的城镇和村庄也受到了洪水的严重威胁。

河北危机！华北危机！消息牵动着全国人民的心，也牵动着驻徐部队战士们的心。王杰几乎天天等在连部门口，专等着通讯员来送报纸，看一看北方的雨是否停了，水是否退了。可是，大家一直没有等来什么好消息。雨还在下，水还在涨，那颗颗雨点打在王杰的心上，汩汩洪浪冲击着战士们的心房。

八月十九日，坦克二师接到了济南军区发出的赴津抗洪的预令，决定派出工兵部队火速驰援。

灾情就是命令！王杰第一时间递交了抗洪决心书，他在决心书上写下了这样一番话：

> 受灾地区的人民，就是我的父老兄弟。我们是人民的战士，在人民需要的时候，我要像董存瑞那样去炸敌人的碉堡，像黄继光那样去堵敌人的枪眼，像雷锋那样把有限的生命投入到无限的为人民服务中去！当兵是为人民、为党、为祖国而来的，不管任何工作，党指到哪里就冲向哪里，就是需要献上青春也毫无怨言。

一天、两天过去了，出发的命令还是没有下达。这些日子，王杰和战士们切实感受到了寝食难安的滋味，他们一闭上眼就看到瓢泼的大雨、凶猛的洪水，还有受灾地区的父老乡亲们。一个个战士在为人民的生命安全而焦虑，为国家的财产安危而担忧，本来请假探家的战士决定不走了，住在医院的病号要求马上归队，请战书、保证书雪片似的飞向连队党支部。

三天、四天过去了，部队依然没有开拔。王杰心急如焚，他不禁想起了六年前家乡发大水的情形，洪水无情，刻不容缓啊！他坐立不安，东西都准备好啦，怎么还不走？他的心早就飞向了受灾的地区。人民的生命财产等着去抢救，可为什么不走呀？时间过得太慢啦，真是度日如年啊！

2

第六天的子夜时分，紧急集合号吹响了。

战士们纷纷从睡梦中惊醒，王杰一骨碌从床上跃起，快速打好行装，往背包里塞了几样东西。三个连队的士兵陆续跳上火车，车厢门"咣当"一关，一阵汽笛响过，专列启动了。火车越过黄河，进入河北，开赴天津灾区。

八月二十七日晚上，专列速度减慢，"咔"的一声停在了津浦铁路上的一个小站：陈官屯。王杰和战友们跳下火车，透过雨幕往前看。眼前洪水的样子十分凶猛，它翻滚着想要决口泛滥，却被一道道新筑的长堤锁住了身躯。探照灯、聚光灯驱散了黑沉沉的夜幕，马达声、劳动的号子声打破了寂静的夜空。一列又一列的火车，鸣着汽笛，运来了抗洪的物资和设备，随后，一辆辆大卡车又把物资运向抗洪的前线。千军万马围绕着一个目标奋战，一切工作紧张而又秩序井然地进行着。

王杰看到如织的人群里有光着脊梁汗流浃背的农民，有双手蘸满油污搬运设备的工人，还有穿着火红背心步伐矫健的革命军人。光影闪闪之中，大堤上几位头发有些斑白的中年人在现场观察着、指挥着，他们是当地党、政、军的负责同志。

这里是一个新的战场！这是一幅军民一心、战天斗地、豪情满怀的"抗洪图"啊！

早晨，天上看不见太阳，王杰看着四周茫茫的大水，看着依然在一线战斗着的人们，唯独不见他日夜关心的群众。他们去哪里了？当地的干部告诉战士们："你们放心吧！他们早已坐上救援船只转移到安全的地方去了。"

突然，隆隆的马达声从头顶掠过，原来是空投物资的飞机赶来了。飞机飞得很低，一袋袋食品从天而降，精准地落在地势较高处，工地上欢呼起来！一个穿红背心的战士打开飞机投下的一个口袋，里面竟然是香喷喷的天津大油饼，旁边还有成袋装的饼干，这些可是天津市区的群众给抗洪一线提供的无私援助。飞机天天飞、天天投，成了一条从未中断的空中补给线。

眼前的这一切，给王杰注入了无限的力量。他盼望着赶紧领任务，但是，部队初来乍到，还没有正式的任务。王杰他们被安排住在陈大爷家里，随时待命。

陈大爷是极少数没有撤离的群众之一。他头发花白，身躯壮实，一双有力的大手全是老茧，腰带上别着一根旱烟袋。老大爷很健谈，一见面就与战士们攀谈起来。战士们心怀疑惑地问:"大爷,这里水这么大,您老人家怎么不走呀?"

陈大爷不着急回答,他装上一袋烟,慢慢地点上火,平静地说:"我不走,我要看一看。"

"您想看什么呢?"战士们更加好奇地问。

陈大爷说:"同志们啊,你们年轻,没经历过解放前那些吃人的日子。就说咱这条海河吧,打我记事起,不知发过多少回大水,哪一回不是冲得鸡犬不留?那真是洪水走一趟,死人满坡躺呀!这一回,是六十年来罕见的一回大水,可你们看看,水比哪回都猛,可人比哪回都平安。我老伴,还有两个孩子,毛主席他老人家派人来都接走了。我不走!我能走吗?水一来,毛主席就派中央的、省的、县的、公社的多少领导干部到这里,毛主席他老人家为咱们贫下中农操多少心哪!你们这些解放军,我也不知道是从哪里来的,可听口音,都不是本地人。你们怎么来的?还不是毛主席派你们来的!他老人家这么关怀咱,我能走吗?我留下,虽说上不了大堤,扛不动木桩、草袋子,也总能给同志们烧壶热水、晾把干柴吧!我不走,我要亲眼看着你们把大水治服!"

★ 3

工兵一连接到的第一项任务,就是到运河里打捞护堤物资。

一连火速行军五里路,赶到目的地东钓台村。洪水滔滔,严重威胁着运河大堤。千里大堤在不断加高之中,但洪水也跟着节节上升,离堤顶仅有一尺多高。新堤坝被洪水浸泡着,不少地方出现管涌、塌方,随时需要加高加固,急需大量木桩、柴草。沙石可以就地取材,但木桩、柴草一时难以运送。时间就是生命,这是一场堤岸和洪水的搏斗,更是一场人与水的较量。怎么办?指挥部果断地决定:就地取材,变废为宝,到运河里打捞漂浮的物料,把被洪水冲倒的房梁屋柱收集起来,以供护堤使用。同时,要将物资一一登记造册,洪水退后由国家统一归还。

眼下堤内堤外全是水，俨然一片泽国。堤外一二里远的地方，白茫茫一片，房屋和树木全泡在水里，偶尔露着的几处高地，早已成了一个个孤岛。战士们纷纷脱下衣服，跳进浑浊的洪水中打捞可用物资。

王杰刚把衣服脱下，就听副连长制止道："你水性一般，不能下水，还是留下做个接应吧。"

"我行！游个三四百米没问题！"不等副连长再次发话，王杰就一头扎进水里。

水中的王杰本领也不赖，只见他像鱼鹰一样，一会儿潜入水底，一会儿又冒出水面。他一边游一边高兴地想："多亏我不是旱鸭子，当年在家乡的南潭还有万福河中练习的泳技，今天终于在天津派上用场了。"他和同排的三个战友合力奋战，一共打捞出了十几根柱子，把它们捆扎成一个轻便的木筏，接着又迎着巨浪，去追水里面东漂西荡的高粱秸和芦苇，再一捆一捆地把它们弄上来放到木筏上，然后找来一根木棍当篙，由王杰撑着，开始向千里堤岸边驶去。

一股风浪袭来，木筏在水中摇晃个不停，王杰忙用手中的篙稳住木筏。刚撑了四五十米，一个更大的浪头卷来，王杰身子一闪，"扑通"掉进水里，咕咕地呛了两口水，他奋力冒出水面，鼻腔顿时一阵酸疼。他稍定一定神，向前游了几步，抓住木筏上的高粱秸，想借力爬到筏上去，没想到秸秆很滑，刚爬上半个身子，"扑通"一声又掉进了水里。当他第二次冒出水面时，感到有些疲惫，一个声音在提醒着他坚持就是胜利！于是，他使出全身气力再次游过去，双手抓住木筏，稍稍休息了一阵。

恰在这时，六班长李文禄撑着木筏赶过来了。原来他看到王杰两次滑落水中，生怕发生意外，便加把劲将木筏撑到王杰跟前。一支木篙递过来，王杰连忙紧紧抓在手里，李文禄一使劲，就把他拽了上去。俩人合作，捞起木篙，把两个筏子前后连接起来，一起把打捞起来的物料送到了岸边。

连长刘德林带队在岸边接应，他刚刚把打捞到的物资送上堤岸，就看见了一身疲惫的王杰。王杰的左脚小趾还流着鲜血呢，也不知是怎么划破的。连长立刻安排卫生员给王杰包扎，拍拍他的肩膀心疼地说："休息一下吧！脚破了，不要再下水，免得感染！"

"连长，这没什么了不得的。当年大渡河上，十八勇士冒着枪林弹雨，还能胜利完成任务，现在我们可都是铁脚板，划破点皮算得了什么！"刘德林心疼地吼了他一嗓子："你可真是个犟脾气！"

水里的战士陆续登岸，大堤上的物料越聚越多。正在这时，二排的战友送来了三壶开水。排长赵书彦见了，首先递了一壶给王杰，关心地说："快喝口水，歇歇吧！"王杰感激地接过水壶。说真的，这时的王杰又渴又困，已经连续两个晚上没睡觉了，只有中午吃饭时稍微喘了口气，如果此刻洪水退了，他真想立马躺在大堤上好好睡上一觉。可是不能啊！眼前的水位还在和堤坝比高呢。他再转念一想，革命者连死都不怕，还能怕这点暂时的疲劳吗？

王杰想好了，他决定喝口水润润喉咙，然后接着干。当他拔开壶塞准备倒水时，发现一排和三排还没有水喝，便不由得想起"一切革命队伍的人都要互相关心，互相爱护，互相帮助"这句话来。这是毛主席的教导。于是，他立刻盖紧壶塞，紧走几步把水壶送给了三排的辛养法。韩义祥看到了，就把另一壶开水送给了一排。全排只留下一壶开水，大家省着喝。

水喝下去两口，王杰感觉心里舒畅多了，于是舒展了一下筋骨，一转身又跳进水里去打捞物资了，急得卫生员在岸上直喊："王杰同志，你的脚可不能沾水！"

人多力量大，柴多火焰高。尽管大风一刻不停，河中依然巨浪滚滚，但经过一天的沿途打捞，战士们收集了不少木桩和柴草，千里堤在全体官兵的奋力抢救下，正在不断地加高加固。黑夜来临，闪电、暴雨裹挟着七级大风，猛烈地向堤坝进攻。但是，在加高加固了的堤岸面前，洪水一时还无法得逞。

10 浪头翻滚，木料场的入口在哪里？

王杰和班里的战友回到住处，进屋一看，陈大爷正忙着给战士们收拾铺位。这一天陈大爷可没有闲着，昨晚下车时被雨淋湿的被子，老人家已经一床一床地给晾干了。战士们见了，感动得说不出话来。王杰拉着陈大爷的手说："大爷，您可真像亲人一样关怀我们啊！"

"这有什么，你们为咱老百姓出生入死，我给你们拾掇拾掇被子，算个啥！"看着陈大爷额头上抖动的皱纹，战士们感受到了家人一般的温暖。

4

夜幕降临，暴雨如注，八级大风猖狂地吼叫着，洪水要借着黑夜进行疯狂反扑。较量在风雨中进行着，堤坝、路基时刻都在接受着考验。

经过一连几天的战斗，王杰抓紧吃罢晚饭，刚刚躺到草铺上，就听到集合号吹响了。他的心跳加速，心想该不是什么地方决口了吧，连忙披上衣服，蹬上鞋子，第一个跑了出去。正在吃饭的战士也纷纷放下饭碗，抓起一个饭团，也跟着跑了出来。

啊，天还在下着雨！连长高声宣布："火速赶往火车站，去扛草袋子。这批草袋子是从广东运来的，必须马上搬运到位！"

"火速""马上"，成了几天来连长刘德林下命令时不可缺少的字眼。前方传来消息，由于风狂、浪大、水位高，河堤、路基局部出现了溢流、渗水，还有沉陷和坍塌现象。二连、三连已经开上去了，河堤上急需装土的草袋子。可是此刻，草袋子却在离前线十多里远的火车站。赶紧出发！全体向火车站挺进！

一条无名羊肠小道泥泞不堪，十分难走，比拉练时的路况难走多了。漆黑的夜晚，狂风不止，战士们一个拉着一个，排成一条长龙，有秩序地互相照应着向前开进。王杰心想，平时多流汗，战时少流血，多亏部队及时锻炼我们的铁脚板，这点路算得了什么！

火车站台上闪着灯光，王杰动作迅速，一到车站，二话没说，一把拽下一捆草袋子扛到肩上，迈开大步往回赶。三十个草袋打成一捆，经雨一淋，湿漉漉的，足有五六十斤重。王杰扛在肩上，开始并不感觉沉，只是背上被刺得隐隐作痛。最困难的要数在铁道的枕木上走路了，每步走一根枕木吧，步子太小，速度太慢；要是一步走两根枕木吧，步子又太大，腿不够长。全国的枕木都一样，这能怨枕木吗？只能怨自己个子不够高，要是有辛庆文那样的高个子，两条长腿跑起来肯定就没问题了。

王杰走着想着，一不小心，前脚踩在了枕木中间尖硬的石子上，左脚小趾头被顶了一下，一阵钻心地疼，那个包扎的伤口可能开裂了吧？耳边风声更紧了，不能停啊，好在顺着风跑，前方大堤上十万火急，哪里顾得上这点脚痛。他跟跟跄跄地走完铁道，转下坡进入了那条羊肠小道。

天上划过一道闪电，王杰和战友们顶着暴风雨一路小跑。走小道可不比走铁道方便，空着手走两脚还直打滑，如今身上压了五六十斤，每走一步就像扭秧歌。路太窄了，没有办法"走黑不走亮"，突然脚下一滑，身子往后一仰，肩上的草袋子掉在了地上，人摔了一个跟头。爬起来没走几步，又是一个跟头。走了二三百米，跟头摔了四五个，王杰浑身上下沾满了泥水，并且后面不断出现战士摔倒的身影。老天啊，你也太会捉弄人了！

雨水打得眼睛都快睁不开了，忽然间一道闪电，王杰眼一花，他又一次跌倒了，这次竟然骨碌一下滚进了路旁的小沟里。他爬起来，只觉得左膝盖一阵疼痛。他鼓励自己说："不要紧！跌倒了可以再爬起来，跌伤了就找卫生员包扎。摔吧！你只能摔倒我的身体，但永远摔不垮我的意志。"

风雨中的王杰再次背起草袋子，继续前进。这时，他感到脚板上有些异常，原来是鞋子跑掉了。他忙蹲下身子，扎个马步，借着闪电才摸到了鞋子，穿起来就走，谁知刚一抬脚鞋子又掉了。怎么办？他干脆甩掉鞋子，光着脚丫子跑起来。王杰终于把第一捆草袋子扛到了堤岸上，岸上的战士们一刻不停地装起土来。

后面的战士也陆续赶来了，走得慢的由排长和班长照应着，还在途

10 浪头翻滚，木料场的入口在哪里？

中冒雨跋涉。王杰心里着急，转身就去扛第二趟。半路碰上了排长，赵书彦劈头问道："王杰，你怎么一个人行动？"

"我想抢时间，多扛一趟是一趟。"

"抢时间就不用顾纪律啦？"

纪律？！王杰听了排长的话，一时想不通，朝鲜战场上一个人坚守阵地和美国鬼子硬拼到底的多了去了。但转念一想，排长说得有道理，单独行动有"个人英雄主义"的倾向，纪律这根弦任何时候都不能松啊。眼前是狂风暴雨，路滑难行，最好是集体行动，即便哪个人出了状况，也能及时相互帮助嘛。

队伍再次集结起来，大家轻车熟路，很快重新抵达车站。这一次，王杰注意了行动纪律，始终不脱离集体，但又感到前方迫切需要草袋子，自己有多大劲，就应该全部使出来。他鼓足了勇气，还是忍不住"违反"了纪律，看到下面的草袋子是半干的，就一个人悄悄地扛起了两捆。

他简直就是犟牛一个！一个人扛两捆，重量翻倍，他使出浑身力气把草袋子往肩上扛，只觉得脚下摇摇晃晃，走不了几步，全身汗水直往下淌。王杰咬咬牙，突然间脑海里跳出了战斗英雄杨根思的一段誓言："在革命战士面前，不相信有完不成的任务，不相信有克服不了的困难，不相信有战胜不了的敌人！"

这段誓言充满了力量，一下子点燃了王杰身上的那股子倔劲。"我就不信了，今天就是座泰山我也要扛回去！"他一步一步地冒着风雨，顶着闪电，咬紧牙关和战友们一起前进。

这一晚，王杰又在战斗中度过。这是他参加抗洪以来的第三个不眠之夜了。

5

第二天一早，连部又下达了一个紧急任务，但只是给一个人下的，排长通知王杰马上执行。这是一个什么任务啊？原来王杰的脚受了伤，膝盖磕破了，他自己虽然没有顾上，但连队首长可是看在眼里，疼在心上。恰好连部的通讯员病倒了，连长决定让王杰暂时接替这个岗位。当排长把连部决定通知给王杰的时候，他一下子呆住了，半天说不出话来。

他知道，这是组织上给他的一种爱护和照顾，但是，他觉得自己现在最需要的是去参加抗洪的战斗。他磨蹭了一会儿，央求排长说："赵排长，现在工地上任务艰巨，多个人就多分力量，还是让我上一线去吧！"

赵书彦了解王杰，他知道自己排里的这个战士，放到哪里都能出色地完成任务，他也希望王杰到一线去，可是这回他毕竟负了伤……怎么办呢？排长觉得有一肚子的话要对王杰说，但从何说起呢？

他眉头一皱，想起一个人来，于是拍着王杰的肩膀说："通讯员的岗位嘛，也很重要。你忘了，黄继光当年就是个通讯员哩！"

"黄继光？"王杰抬起头来看了看排长，原来排长在这里等着他呢。这下好像没有退路了，但他嘴上还是说："排长，您放心，我一定完成任务。不过，恳请您再考虑一下，让我上一线去吧，一点小伤不碍事！"

"难道你不想学黄继光了？！"二排长说。王杰一下子不再作声了，他不知道如何才能跳出排长给他画的这个圈。这时，赵书彦又亲切地补了一句："既然连部已经决定了，服从命令是军人的天职，快打起背包，搬到连部去吧。"王杰这才没了脾气。

王杰人虽然搬到了连部，但心却依然没离开热火朝天的抢险工地。上午九时，指挥部突然传来一道命令：工兵一连立即出发，火速赶到车站附近架桥保路。

前方，一条百米长的路基突发严重险情，眼看洪水就要把路基冲垮，必须以最短的时间、最快的速度，在它的外围抢修一道堤坝，拦截洪水的进攻，护住路基。路基四周一片汪洋，筑堤坝的土要通过一条十多米宽的河面运送过来。河虽不阔，但水流湍急，水深过腰，战士们要

10 浪头翻滚，木料场的入口在哪里？

201

肩扛沙袋涉水过河，困难很大，关键是耗时费力。时间不等人啊！指挥部特此命令，迅速在河面上架起一座桥，通过桥面加快运土速度。

这哪里是要架一座桥，分明是在架保护路基的生命线啊！

一连的战友们就要出发了，王杰心里羡慕极了！他走出连部，看向整齐的队列，忽然看到了老乡朱玉沛——那个曾经手擎着破瓦片要饭的朱玉沛，那个入伍以来各项工作都走在前面、堪称榜样的朱玉沛。王杰知道，此时的朱玉沛，还正发着烧呢，但是他和所有的抗洪勇士一样斗志昂扬，准备去接受新的战斗。战友们顶着风浪、迎着艰险、一往无前、敢打敢拼的壮志豪情，感染着临时通讯员王杰。

"冯指导员！"他跑到队伍前，满脸通红地说，"请批准我也去架桥吧！"

"留在家，等伤好了再派你去！"指导员回答得特别干脆。

"指导员，朱玉沛他发烧三十九度，还在坚持工作，我怎么能休息呢？"

"同志，这不是休息，这同样是工作！"冯安国理解王杰的心情，但是，他更知道王杰目前的状况，于是剑眉一扬，把"工作"两个字说得特别重。说罢，他转身跟上队伍，又回头丢下一句话："快通知伙房，烧点开水送过去！"

"是！"王杰响亮地答应着，他知道伙房的人手紧张，只要能把送开水的任务抢到手，把水送到工地，人也就到了工地，那不就可以参加战斗了嘛！

他向隔壁炊事班传达了命令，竖起耳朵专等着听开水响。水终于烧好了，炊事班班长喊了一嗓子，要派一名炊事员去送水。王杰一个箭步赶上前："你们还要忙着做饭，让我去送吧！"不由分说，他挑起开水桶就走。炊事班班长望着他的背影直喊，却没有听见回答。

王杰很快来到了工地。工地上真热闹啊，眼前一副火热的战斗场面：抗洪勇士们一个个站在齐腰的深水里，喊着号子在打夯，在栽桩，在架桥。为了争取时间，有一排战友硬是用肩、用手、用全身的力量，扛着、扶着、顶着桥桩，愣是率先架起了一座人桥，让运土的战友们快速通过。

王杰放下热水桶，刚想参加战斗，就被高绍忠看见了。他坚决不同意，又一次把王杰打发回了连部。

连部里空荡荡的，无事可做，憋得王杰心里直发慌。工地不让去，活也干不了，怎么办哪？他想着一线奋战的战友，也想着空闲下来的自己，想着自己在通讯员这个岗位上怎么做些有意义的事情。进入洪区的一幕一幕，不由得在他眼前回放起来。紧张的抗洪斗争，打破了连队正常的作息规律。任务一到，不论是白天黑夜，战士们马上出发，空暇的时间极少。风雨中来去，泥水里滚爬，战士们的衣服、鞋袜天天都是湿的，天天沾满了泥巴，谁也顾不上换，换了也顾不上洗……

王杰忽然间有了主意，撸起袖子，抓紧时间干了起来。他在各班宿舍里搜集着，把衣服一件件洗好，鞋子一双双刷洗干净，然后一件件晾干，又一件件送到每个人的床头。炊事班班长路过看到了，夸赞他说："你这位通讯员，真是一个闲不住的人！"

风没有停，雨还在下，抗洪斗争仍在继续着。临时通讯员王杰坚守着自己的岗位，做着自己能够做的一切工作，他时刻盼望着早日参加一线的战斗。

6

这一天终于来了。

一个夜晚，通讯员王杰刚吃了一口饭，就来了任务，而且是一个特急的任务：最关键的十九号涵洞面临决口，急需木料加筑长堤，否则天津市区危矣！可是木料场远在三十里之外，需要用最快的速度赶到木料场，抢救出那里的木材，去加固堤防，保卫天津人民的安全。

王杰毫不犹豫，放下饭碗，跳上了汽车。大"解放"打开大灯，在凹凸不平的道路上不停地飞奔着。一个多小时后，车子突然停了下来，

10 浪头翻滚，木料场的入口在哪里？

王杰探头一看不禁纳闷起来，这儿到处汪洋一片，哪里有什么木料场？

就在这时，高绍忠用手往茫茫的水中一指："同志们，木料场离这儿还有一里多地，方向正东，通向木料场大门的道路淹没在两米多深的大水里。木料厂周围全是铁丝网，现在需要组成突击队，挑选一个水性较好的同志当探路尖兵，给大家探出一条安全的通道来。哪位同志报名？"

"我去！""我去！""我去！"几十个战士一齐举起拳头。

"连长，我是通讯员，让我去！"王杰从队尾跑上来，一个立正站到副连长跟前，坚定地说。

"你那个'半水性'行吗？"

"我的意志是'全水性'，请领导相信我。"

高绍忠见王杰这次决心很大，就点头答应了他："好，下水！一定要注意安全。"

韩义祥和突击队的勇士们还没脱完衣服，王杰已经走进齐腰深的水里，副连长带着战士们跟随尖兵王杰陆续前进。

天空中没有月亮，只有点点星光，三米以内尚能看到人影，再往远看，就是一片模糊。"全连的手电筒，为尖兵照路！"随着副连长一声喊，十几道光束照向水面，黑夜茫茫，仅能射到三四十米远的地方，再往前依然是一片黑暗。

雨停了，风浪却一个个迎面扑来，洪水激荡得人摇摇晃晃的。忽然一个趔趄，王杰左脚小趾一阵钻心的疼。

"这里有暗石，同志们绕着点走。"

又走了几步，王杰脚下一滑，陷进了一个深坑里。

"大家注意！左边有个深坑。"

一个水花，王杰不见影了。高绍忠连忙关切地说："王杰同志，注意安全！"

王杰从水里钻出来，"阿——嚏，阿——嚏"连打了两个喷嚏。

"注意，右边是一条深沟。"

突击队踏着王杰在洪水中探出的路，向目的地前进着。通往木料场的路，在延伸、延伸。

突然，王杰腿上被什么东西扎了一下。他弯下腰，把手伸向水底一摸，嗬，原来是铁丝网，木料场应该不远了。他惊喜地说："报告！摸到铁丝网了！"

大家抬头一看，前面四五十米远的地方有一片隆起的黑影，木料场就在里面。铁丝网横拦着前进的道路，高度齐胸，怎么过去？有的说从水底下钻过去，有的说从上面爬过去。

"不行！"王杰转过头来对大家说，"铁丝网下段埋在泥里，上头贴着水面，游不过去啊！"

高绍忠听到了，连忙安排突击队说："沿着铁丝网前进，一定要找到木料场的入口。"

洪浪滚滚，木料场的入口到底在哪里呢？寻找木料场的大门，说来简单，但铁丝网淹在水里，看是看不到的，只有用手去摸，用身子去探。手刺破了，腿划破了，王杰全然不顾，坚定地朝前冲去。忽然，他的右手触到了一个向里倾倒的门框，他兴奋地大喊起来："报告，入口找到了！"

突击队的战士们心里乐开了花，甩开膀子，一齐涌进了木料场，直往库房冲过去。"有人吗？"王杰喊了一声，回答他的是呼呼叫的大风和激荡的洪水。就在突击队要冲进库房的时候，一个铜钟般的、震撼人心的声音从黑暗里响起。

随着喊声，库房里的电灯突然亮了，灯光把库房照得如同白昼一般。雪亮的灯光太刺眼了，空气似乎刹那间凝固了。顺着喊声望去，突击队战士们一个个呆住了，他们不敢相信自己的眼睛，一个身材魁伟、精神抖擞的人，正站立在他们面前。

他是谁？

库房里的水已经没过腰部，库房中央叠着三四张方桌，方桌后边的一面墙壁上，高挂着伟大领袖毛主席的巨幅画像，毛主席正慈祥地望着大家。画像一旁，用鲜红的笔迹整齐方劲地书写着一段毛主席语录："这个军队具有一往无前的精神，它要压倒一切敌人，而决不被敌人所屈服。不论在任何艰难困苦的场合，只要还有一个人，这个人就要继续战斗下去。"

那位精神抖擞的人，就站在毛主席的画像下面。他脸色黝黑，浑身是水，但神采焕发；在他面前的桌子上，摆着一摞账本，账本上横着一支旋开的钢笔。他像座铁塔一样站在那里，一副顶天立地的模样。

"同志，你这……"战士们不知道该怎么开口。一时间，他们还不明白眼前究竟发生了什么事情，这茫茫的洪水中怎么会有人呢？又会是什么人呢？

那座"铁塔"仍然矗立在那里，这次该他感到意外了，只听他问："你们是……"

"同志，我们是解放军，十九号涵洞发生了险情，上级命令我们连夜抢运木材。你是……"

那人把手按在桌面上，大声说出四个字来："我是工人！"

"工人？！"

"对！"工人同志说，"我的任务是看守木料，观察水情。人在木料在！"

"水这么大，就你一个人？"

"木料是国家和人民的财产，水再大，我也不能离开岗位。"那位工人同志转身望着墙上的画像，豪迈地说，"毛主席在指挥我战斗！"那声音底气十足，分明就像炸雷一样在耳边滚过。

"同志们！"那位坚守岗位的工人同志说着走下来，跳入水中，"咱们一块干吧！快把木料运到十九号涵洞去！"

眼前的一幕，在王杰看来，是何等的震撼！王杰还是第一次如此近距离地接触到他所敬仰的工人同志。

王杰抬起头，望着那叠起来的高高的方桌，望着伟大领袖的画像，心里默默地背诵着墙上的大字，耳旁是风呼浪啸，但眼前的方桌牢牢地立在那里，一动也不动。那位工人虽然下到水里来了，但是王杰和战士们觉得，他还站在那里，高高地站在那里，稳稳地站在那里……

一根根四五米长的木料，直径有二十厘米，这是多么理想的木桩呀！现在，突击队要把它捆成木筏，顺着原路从水里推向停车处。每一个木筏都用十五六根木料编成，王杰的木筏却用二十根木料编成。他在水中推了推，感到分量不大，忙停下在木筏上又加了一些，这才和突击队一道前进。

到了停车的地方，岸上的战友们帮他把木料一根根抬上岸，一数竟然是三十根。岸上的战士看到王杰全身湿透了，非要脱下自己的干衣服给他换上，王杰却说："前方十万火急，快装木料，不要管我！"

几辆大"解放"装满了木料，汽车轮子转得飞快，载着这群战无不胜的勇士们，急速奔向千里堤，奔向十九号涵洞……

战斗一场接着一场，胜利一个接着一个。在战士们的日夜奋战下，洪水疲乏了，千里堤依然屹立着，津浦路依然畅通着。只要国家和人民需要，勇士们会一直战斗下去！

10 浪头翻滚，木料场的入口在哪里？

九月下旬，经过百万抗洪大军的昼夜奋战，围困天津两个多月的洪水终于退却了，天津人民开始重建家园。一直紧张奋战在抗洪一线的勇士们终于有了喘息之机，工兵营一边休整，一边时刻准备迎接可能出现的应急任务。

在这场奋战中，王杰了解到，在那些水势逼人的日子里，在靠近海河、运河的城镇里，无数座厂房里的机器从未停止过转动。他看到了夜晚的城市仍然灯火通明，铁路上的火车仍然鸣着长笛，他看到了万众一心、众志成城所迸发出的磅礴伟力，心中更加坚定了对党的无限忠诚和向往。

这天晚上，王杰翻看日记，正好看到了一篇自己写于年初的诗歌《伟大的党》。这是他在第一次提交了入党申请书之后，心中的情感难以平复，写下的三段铿锵有力的诗句：

党！伟大的党，是你把我培养，我一生不能忘。
我要积极地学习，做一个党的忠诚战士。

党！伟大的党，是你把我培养，我一生不能忘。
我坚决听党的话，党指向哪里我就到哪。

党！伟大的党，是你把我培养，我一定严格要求自己，争取早日加入党，为社会主义、共产主义贡献自己的力量。

灯光暖暖地照着王杰的脸庞，他在认真写一份入党申请书，准备找个机会，再次提交给党支部。

第一次提交入党申请书后，在公布入党名单的时候，王杰没有看到自己的名字，他默默想了半天，不免有些失望。但是自从到了天津，到了灾区，到了千里堤，到了木料场，见到了一个个熟悉或者不熟悉的身影，还有那位不知道名字的工人同志，他对入党一事有了崭新的认识，他感到自己离党员的标准确实还有一段差距。共产党员是什么？是忠诚，是忘我，是先锋，是把国家和人民装在心里，唯独没有自己。入党是什么？是选择危险，选择付出，选择艰苦的岗位。怎么入党？必须选择正确的途径，就像探路前往被大水围困的木料场一样，如果找不到正确的入口，只会被名和利的铁丝网划得遍体鳞伤。他坚信，自己一定能够找到那个正确的入口！

眼下，是多么宝贵的休整时间啊。王杰打开背包，翻看随身带来的《毛泽东选集》，他要把失去的时间补回来，把自己的所见所想写进日记里。他还从七班长手里借到了一本报告文学，里面全是上甘岭战斗中的英雄故事。要知道，朝鲜战场上的英雄群体有成百上千个，虽然王杰已经听过、读过了无数遍黄继光等人的故事，但还是一次次地被他们感动着。

王杰专门来到连部，把自己的入党申请书再一次郑重地交给了指导员。指导员送给他一本小册子，让他读一读。可别小看这本小册子，里面写的是战斗英雄们的英勇事迹，每个人物身上都闪耀着大无畏的革命精神。

战士王杰掏出他心爱的钢笔，饱蘸着火热的感情，一次次记下了自己学习英雄的感想与心得。

> 9月6日
>
> 刘胡兰慷慨就义，想到的是革命秘密可以得到保全；向秀丽舍身赴火，想到的是国家的财产因此可以得救；黄继光堵住敌人的枪口，想到的是后面的部队可以前进。
>
> 9月13日
>
> 《战斗在上甘岭》是一部生动感人的报告文学集，是记录中国

10 浪头翻滚，木料场的入口在哪里？

209

人民志愿军在名震中外的上甘岭战役中所涌现的无数可歌可泣英雄人物的光辉动人事迹。

我怀着崇敬的心情读完它，吸吮着前进的乳汁。其中有舍身堵枪眼的英雄战士——共青团员黄继光。他以崇高的革命战士的责任感完成了祖国交给他的任务。他身上七处负伤，用胸膛堵住正在喷射火焰的机枪眼，掩护战友们冲上去，消灭了敌人。

有共产党员突击排长——孙占元，他在反击敌人的战斗中，指挥全排英勇作战。他的腿被打断，但仍坚持指挥，与敌争夺阵地。他一人用两挺机枪掩护部队冲锋。子弹打完了，敌人又冲上来，他拉响了最后一颗手雷，与敌人同归于尽。还有……他们的光辉榜样是值得我永远学习的。

9月24日

我们的军队具有一往无前的精神，正如毛主席所说："不论在任何艰难困苦的场合，只要还有一个人，这个人就要继续战斗下去。"他们有的还活着，有的牺牲了，他们创建了丰功伟绩，在革命的历史上写下了壮丽的诗篇。

"一往无前的精神""只要还有一个人，这个人就要继续战斗下去"，那晚在木料场看到的话，已经深深地印在了王杰的心里。

8

国庆节前夕，凶猛的洪水终于被治服了。饱经风霜的陈大爷亲眼看到了这一切，看到了人民子弟兵对人民的付出，他笑了，那张爬满皱纹的脸上挂着兴奋、欢乐和激动的热泪，浮现出发自内心的笑容。他举起双手，颤抖着双唇，高呼着："毛主席万岁！中国共产党万岁！"

战士们要走了，新的任务在等待着他们！陈大爷是多么想把战士们留在自己的家里，留在自己的身边啊！

这天，陈大爷和遭遇洪灾的老百姓在欢送人民子弟兵，有多少话要讲、有多少情要诉啊！人民舍不得子弟兵，子弟兵也舍不得亲爱的人民。

汽车开动了，欢送的人们追赶着汽车。

火车开动了，欢送的人们追赶着火车。

他们跳着，跑着，高喊着，高唱着……

汽车还是走远了，火车还是走远了，那些可爱的子弟兵的面容看不见了，子弟兵挥动着的白毛巾也渐渐模糊了……

嘱托，人民的嘱托响在战士的耳旁。

希望，人民的希望装在战士的心里。

歌声，歌声响在人民的耳旁，响在人民的心上。这歌声是：

　　向前，向前，向前！
　　我们的队伍向太阳，
　　脚踏着祖国的大地，
　　背负着民族的希望，
　　我们是一支不可战胜的力量！

11 隆隆炮声下的青春之歌

★ 1

凛冽的风，呼啸着从遥远的西伯利亚吹来，虽经长途跋涉却凌厉的势头不减，黄河结冰了，淮河凝滞了，徐州大地天寒地冻。

军营的练兵场上却一派火热，实战化练兵技术考评开始了。射击场上，枪声阵阵，靶子换了一排又一排；投弹场上，一个个矫健的身影活像下山的猛虎，随着一声声呐喊，手榴弹在天空中呼啸而过；刺杀现场，虽是木制枪具，但战士们举手不留情，你来我往，互不相让，撞击声与怒吼声此起彼伏，一对对直杀得难解难分……连续五天的考评，天天现场公布成绩，真是既紧张又刺激啊！

十一月底，连队召开了总评大会，最为激动人心的时刻到来了！军人俱乐部里，人头攒动，连长刘德林正在宣布全连"五大技术满堂红"入选名单，大家竖起耳朵认真地听着。

"朱玉沛！"刘德林念出了第一个名字，台下立刻响起热烈的掌声，王杰也情不自禁地为他叫好。这是一项特殊的荣誉，只有各项考评成绩均是优异者，才能脱颖而出，成为佼佼者。

"王杰！"听到连长念到自己的名字，王杰不觉心头一震，随即耳边又是一阵热烈的掌声。

掌声，代表真诚的祝贺，也是热切的礼赞。战友们没有忘记，在刚刚入伍的时候，大家就是在这里举行了诉苦大会，他们不但听到了朱玉沛从小讨饭的悲苦命运，还听到了王杰的豪言壮语："同志们的苦，就是我的苦；同志们的仇，就是我的仇。"今天，这两位战友同时斩获了"五大技术满堂红"的荣誉，着实可喜可贺！

刘德林宣布完毕，全场爆发出经久不息的掌声。紧接着，朱玉沛、王杰等十位技术尖兵胸前戴着鲜艳的大红花，精神抖擞地走上台去，接过大红奖状。指导员微笑着和王杰握手，那是一股格外沉稳的力量，带着一份无比殷切的希望。

王杰站在领奖台上，感到格外的自豪。这是令人难忘的一幕，也是个人奋斗的回报。回报还远不止这一个，临近年底，王杰又考取了二级爆破能手，再次被评为"五好战士"。另外，还有一份特殊荣誉，那就是工兵一连在天津抗洪救灾过程中被记集体一等功，王杰个人荣立三等功。真可谓硕果累累！然而，王杰仍然放不下自己入党的心事。

十二月中旬的一天晚上，王杰看完电影，悄悄地来到连部，他要把指导员借给他的那本小册子还回去，顺便还要向指导员，并请教一下如何才能更快入党。

冯安国看着一进门就打军礼的王杰，见他的脸庞早已变得黝黑透亮，目光日渐沉毅，身体更为健壮，心里不由得升起喜爱之情。他笑着说："王杰，你这一年进步不小嘛！三等功、'五大技术满堂红'、'五好战士'，刘连长这几天老夸你呢，夸你样样都是响当当！"

王杰这次一改腼腆的性格，自信地回答说："报告指导员！我取得的这点成绩，应该完全归功于党的领导和同志们的帮助。个人的任何一点成绩都是集体努力的结果，个人是离不开集体的，我懂得这个道理。如果没有党的领导，没有组织和人民群众的支持，我就会寸步难行、一事无成。"

冯安国炯炯有神的眼睛里闪过一道光芒，心里想谁说这个战士不爱讲话呢："好！一套一套的，很有理论高度和水平嘛，不愧是个文化兵。不过，在成绩面前可不能翘尾巴，你将来还要挑重担的。"

"是！保证完成任务！"王杰又打了一个敬礼，然后真诚地说，"指导员，请您再给我推荐一些新书吧，我需要学习。"

"好事情啊！我们的军队，我们的战士，在任何时候都不要忘记学习和改造思想。为了适应形势变化的需要，以及做好同帝国主义打大仗的准备，今后我们学习的范围要扩大，学习的深度要加强。知彼知己，百战不殆，只有研究透敌人，才能战胜敌人！"

王杰走出连部，在回营房的路上，他反复回味着刚才的谈话，心里面禁不住开始反思起来：王杰啊王杰，你这次考核是取得了"满堂红"的好成绩，但是你对技术真的做到精益求精了吗？有的课题理论你是背得滚瓜烂熟，但是实际做还能做上来吗？即便能做上来，再多问上几个为什么，就不知道了吧？原本觉得当工兵多容易，谁不会挖坑埋地雷，就是没文化的老百姓一看也会做，初中毕业生做工兵真有点"高射炮打蚊子"——大材小用啦。这种思想自己以前是存在的，可是一钻进去，才发现当工兵也是一门很深的学问。现在不是大材小用，而是小材大用啦！今后要想练就过硬本领，就要像白求恩对待技术那样精益求精，这样有一天当重担子派下来的时候才不会被压垮！

他这样想了一阵子，最后拿定主意，今后一定加倍努力学习，千万不能骄傲。要想早日入党，必须首先在思想上入党，必须真正做到吃苦在前、享受在后，随时随地接受组织的考验！

2

坦克二师工兵营接到一道特殊命令：秘密开进沂蒙山区，进行为期一年的国防施工。这次任务，与上次开垦农场有类似之处，都是开垦以前未开垦过的地方,而且都没有提前建好的营房;不同的是,大敞湖只是名义上的"下湖",这次却是真真正正地"上山"。

凌晨四点,北风怒吼,工兵营全体出动,卡车一辆接着一辆,排成一条足有一公里的长龙,几乎拉上了全部家当,浩浩荡荡地进发着。车轮滚滚,卡车绕过茫茫的微山湖畔,跨过长长的津浦铁路,当车队即将进入沂蒙山区时,漫天的雪花开始飘舞起来。

风在山谷里回旋,雪在山村上空跳舞,大山张开她那无比宽阔的怀抱,老区人民投以热切的目光,共同迎接这支肩负特殊使命的钢铁队伍。

群山巍巍,风雪阵阵,丛林密布,沟壑纵横,战士们置身其中,忽然有了一种与世隔绝的新奇感。与连云港外岛上的山相比,这里的山太大了,大到看也看不过来,走也走不出去。

上冶公社五圣管区是一个大山坳,远近高低几处村庄依次排开,分别叫韩家庄、要峪、牛岚和英山村。后面两个村因为是近邻,所以用来驻扎营部和三连,一连住要峪,二连住韩家庄。这里就是工兵营的新家!为什么说是家呢?因为没有营房,各班战士都被分头安排到乡亲们家中了。

要峪村的支部书记崔自喜,四方大脸,身材魁梧,是一个标准的山东大汉。他热情地把四班领到山坡上的一处小院里,颇为感慨地介绍说:"大山里有的是石头,这石头房子的好处就是冬暖夏凉。这是一套新房子,你们就放心地住下吧!俺村有位老支前模范,他家里有两个儿子,大儿子崔运祥,二儿子崔运和。这是运祥和他新过门的媳妇曹正桂在冬前刚盖成的三间新房,原准备过了年分家单过哩。这不一听部队要来借民房,就主动让出来了,他们俩还和父母住在山坡下的老院子里。"说着,他指了指风雪中一处炊烟袅袅的石头院落。

王杰和战友们欢天喜地住进了新房,看着已经贴好的窗户纸和一堆备好的打地铺的麦秸,战士们心里一阵温暖。他们就地铺开麦秸,把军被一字排开,打起了两排通铺。王杰主动把中间的铺位让出来,选了个最边上的位置。在他看来,自己晚上经常看书写字,还是靠边睡比较方便。

开饭了，香喷喷的大煎饼，还有热气腾腾的小米饭，这是要峪村的乡亲们自发送来款待亲人的第一顿饭。在风雪中赶了一天的路，战友们吃得可香了，晚上大家挤在大通铺上，那叫一个暖和。

这真是不到老区来，不知道老区的人民有多好！谁又能想到，这处新房子一借就是六七个月。

天上的雪花还在肆意飞舞，没有要停的意思，漫天皆白，一夜之间大雪封了山。大雪把工兵营封在了冰冷的大山中，也封在了老区人民温暖的怀抱里。

第二天早晨，雪停了，一轮红日升起来，格外明亮地照耀着这个银装素裹的世界。一阵集合号响过，三个连的几百名战士展开了一场登山运动。红旗招展，龙腾虎跃，战士们踏着积雪，攀越在山路、松林之间，争先恐后地向山顶冲去。

部队刚刚驻扎，第一场行动竟然是"爬雪山"，王杰和战友们格外兴奋。作为一名军人，又有谁不向往着当一次红军呢？

3

虽说山风无比强劲，还不时飘起鹅毛大雪，但工兵营的战士们可管不了那么多，他们热火朝天地筹备着国防施工。爆破切壁是第一道工序，每排从各班选拔抽调五名骨干，组成一个崭新的集体：爆破班，杨长河任班长，王杰任副班长，组员有马来道、刘成科、辛养法等。他们承担着装炮、放炮的任务，责任大，危险也大，全班面临着一场严峻的考验。

为了保证施工的速度和质量，部队决定开展"百炮不哑"行动，只有连续装一百个炮眼无哑炮的战士，才有资格被评为"爆破能手"。爆破班做了精心准备，就等着一炮打响。

"轰隆！"一声巨响传来，深山里地动山摇，无数声回响，在战士们耳畔荡起。

"真棒！咱们的炮响了。"一个声音兴奋地喊起来，也喊出了大家的心声。人群中一阵欢呼雀跃。

然而，王杰和爆破班的炮手们还在焦急地等着、等着，怎么没有第二声呢？抗战时期和解放战争时期，这里曾经是军民团结战斗的铜墙铁壁，如今，战士们要在这儿开山劈岭，为祖国和人民筑起新的钢铁长城了，这第一次试爆，怎么能失败呢？

王杰事前做了大量细致周密的准备，他和班长、三个上阵的"尖兵"反复研究药怎么装，炮怎么点，雷管、导火索是否合乎要求；试爆开始后，班长带领组员仔细操作，一丝不苟，直到大家认为一切就绪了，才申请连长下达起爆命令。

爆炸声响了，一连的战士们绽开了笑容，但是爆破班却感到一阵惆怅，还没等硝烟完全散尽，他们就三步并作两步地赶到跟前，往爆破面上一看究竟。现场陷入一片沉默，随后就是一阵叽叽喳喳的议论声。

"三炮只响了一炮，哑了两炮，这算什么爆破啊！"

"爆破不成功，钻好的眼也白瞎了！"

"咱运渣的，只能停工待料喽！"

"别说了，要不你试试？"

"咱试不了，咱又不是尖兵！"

王杰听到这些，张了张嘴想说什么，忽然发现自己也哑了，真是无话可说啊！哑炮排除后，大家心灰意冷地下了山。

看到这情形，连长刘德林开腔了，他招呼着爆破班，鼓励大家说："胜败乃兵家常事，万事开头难嘛，何况三炮还响了一炮，目前的关键是要总结经验和教训。咱们回去后好好琢磨琢磨，问题到底出在哪里。"

事不宜迟，爆破班在连长的亲自主持下，立即展开对问题原因的彻底筛查。经过梳理，发现三炮中唯一炸响的一炮是马来道装的。他首先介绍了装药点炮的全过程和动作要领。仔细一对照，原来有一炮，班长装药时图快，使雷管和导火索的连接脱了节；还有一炮，小刘装药时用力过猛，导火索被捣杆弄断了。

问题的卡点和漏洞全找到了，对技术要领也更加理解了，大家要求立即组织第二次试爆。可是有人却禁不住要打退堂鼓，小声嘀咕："这可是个硬差事，技术上差一点火候都玩不转，还不如抱钻机、推斗车痛快。弄不好光挨批！"

王杰听了，心里一开始也直打鼓，但他很快说服了自己。部队进山之前，自己就下定决心要敢于接受各种考验，怎么一上阵就打怵了？遇到困难就害怕了，就后退了？不！困难是个纸老虎，你越不怕它，它越拿你没办法。

一人通，并不代表人人通。刘德林听出了个别人说话的调子不对，马上敲警钟说："要排除技术上的哑炮，首先要排除思想上的哑炮。"

连长亲自"开炮"了！大家意识到自己在思想上出了问题。王杰是爆破班学习毛主席著作的小组长，他立即带领大家就地开展学习，先读《愚公移山》，再读《为人民服务》。

辛养法抢着发言说："愚公都九十岁了，还能迎难而上，带领一帮子孙，向大山宣战，我们就需要这股子精神！"

杨长河接过来说："张思德以前当班长，后来调去当了战士，他却说：'职责不同，为党工作是一样的。'张思德一点也不考虑个人得失，我们要向他学习。"

王杰也拿定了主意，他慷慨激昂地说："为了完成国防施工，我不怕粉身碎骨。我们现在苦些，是为了千万人民不受苦，什么样的苦我都能忍受。爆破是第一道工序，我们必须当好这个先锋！"

这时，学习毛主席著作标兵胡承俭和他们班的战士赶来巡查工地，看到王杰和爆破班围成一个圈，头上冒着热气，正在学习毛主席著作，讨论的氛围可热烈了。胡承俭看出了门道，去年王杰追着他请教如何学习的一幕又浮现在眼前，他悄悄地对战友们说："看，爆破班在武装思想呢！据我推测，很快我们就能听到炮声啦。"

思想的问题解决了，如何才能练好装填技术呢？王杰到石壁下转了两圈，发现那里竟然还有不少残眼，一下子来了主意。他带领爆破班的尖兵们，用松软的泥土代替炸药，装进残眼里，接着用捣杆捣实，再插上拉火管，小心翼翼地封好外口，然后练习点炮。开始时，王杰一次只能点一炮，随着技术越练越得手，一次能点两炮、三炮、四炮……连部要求一次点七炮，他一次竟能点十炮。

炮声隆隆，打破了十几年来大山深处的沉寂，也成了战士们向施工进军的号角。

★4

炮声很快成了山下老百姓谈论的话题。自从部队进了山，整天炮声不断，这炮声让他们想起了八路军顽强抗日的硝烟烽火，想起了当年孟良崮战役打响时的惊天动地。如今，这炮声又响起来了，每次的炮响都非同寻常，这次的炮声里也一定蕴藏着一个惊天动地的事业。

巨大的工程需要一道道工序做支撑，但问题往往出在细节中。这不，最近一次爆破时，他们发生了三十厘米的"超挖"，不该炸的地方炸了，施工质量打了折扣，还给后面的施工带来了困难。问题出在哪里呢？查来查去，问题出在钻机手身上。原来钻眼和爆破是紧紧相连的两道工序，眼要是打得深浅合适，角度准确，爆破就能达到预期目标。但是由于缺乏协同作业的经验，钻的只管钻，爆的只管爆，个别钻机手为了贪快，往往不太关注钻眼的规格。总之，各工序各自为战，导致了"超挖"现象。

这个问题教育了王杰，他果断建议爆破班的同志轮流到现场值班，直接指导钻机手打眼。办法是好，但这样一来，爆破班的工作量要加大了，一旦建立值班制度后，就得抽一个人出来，到现场去指导。好在大家现在都是一条心，认为工作要挑重担子，只要对大工程有利，个人苦点、累点也无所谓。他们把这个方案向连部作了汇报，连部当即批准，并要求马上付诸实施。

这天，王杰穿着工作服，戴着防险帽，到现场去值班。当钻机组的战士们休息时，王杰便抱起一部钻机干了起来。到了下午，眼看爆破下来的石渣一时运不出去，他立即又去帮忙装车推车，干得浑身是汗。钻机组、爆破组、运渣组的活，他都抢着干，最多的时候他一天竟然干了十六个小时。有人开玩笑说："王杰，这是你们分外的活呀！"王杰一边擦汗一边说："干的都是革命工作，哪里还有分内分外啊！"战友们听到了，由衷地佩服起他来，觉得他是一个闲不住的人，一个不知疲倦的人！

每次炮声响起的时候，爆破班就蹲在不远处安全的地方，仔细地数着爆炸的次数。如果不能全部起爆，就意味着有哑炮。哑炮必须及时排除，否则将不能进入下一道工序。鉴于整个切壁施工采取的是深孔装药模式，需要仔细甄别造成哑炮的原因，准确勘查哑炮现状，然后用最为合适的方法将其取出。王杰总是抢在前面，主动去处理这个既辛苦又危险的问题。

王杰凭着自己的胆大和心细，很快掌握了操作方法。有时他向炮孔里灌水，先让炸药失效，然后取出炸药；有时勘查到炸药的底线完好，不用取出炸药重装，就重新连接哑炮外线后起爆它；第三种情况是直接在炮眼十厘米的地方进行平行打眼装药，实施二度起爆。一来二去，排哑炮几乎成了王杰的专利。

哑炮排除完毕，现场另一个艰巨的任务就是排险石。山洞顶部被炸药炸过的石块参差不齐，谁也不敢保证没有随时断裂和坠落的危险。韩义祥带领几名战士，被分在了排石组，每当炮声响过，他们就举着一根又长又重的钢筋，在山洞里东敲敲、西捣捣，"哐当——哐当——"，不时有巨石掉落下来，那阵势还真是让人胆战心惊。几天下来，不免有人打起退堂鼓，动作迟缓起来，施工进度老是上不去。

王杰看在眼里，急在心里。这天上午，他一次装了九炮，收起地上的几节导火索，远远地启动制爆装置。轰隆！轰隆！一连九炮，全部爆破成功。

不知什么时候，王杰已经戴上两层口罩，手里擎起一根十多米长的钢筋，直冲进洞去，那钢筋足有几十斤重。山洞里硝烟、石末、灰尘四处弥漫，能见度很低，王杰凭着他长期打顶锤的经验，首先向着洞顶中间的一块大石头捣去,只听"咔嚓——哐当——",一大一小两个石块同时落下,砸到下面的石块上,擦出一溜火花。

稍停片刻,王杰又举着钢筋向一簇小石块捣去,"哗啦啦"掉下一片流石。王杰前进两步,再次举起钢筋,向洞顶深处的几块石头一一捣去,它们纹丝不动。王杰不放心,就一边敲击,一边听着声音,挨个敲上一阵子,发现竟有一块险石卡在中间。于是王杰挺起手中的钢筋,顺着石缝用力撬动了七八分钟,那块顽石终于滚落在地。他把整个洞顶检查了一遍,确认没有任何问题了,这才走出洞来。

排石组的战友们看到他满脸是灰,一头汗水,连忙说:"王杰,这是我们的任务,不该连累你啊!"王杰摘下口罩,大口呼吸两口新鲜空气后笑着说:"我正好也练练手,不用分得那么清,后面的事情就交给运渣队吧!"说完他就往另外一处山洞装药去了。

一连几天下来,王杰总是抢活干,这让排石组的一些同志感到很惭愧,他们嘴上不说,却手上加力,争先恐后地赶进度。王杰看到在这个组抢不到活干,又瞅准机会到其他排石组抢活干。一来二去,王杰不但成了"百炮不哑"的爆破能手,也成了排险石的行家。

赶上白天歇班的时候,王杰还总想着到周边的乡亲家里帮忙挑水劈柴,还帮他们把院子扫得干干净净。每次到坡下的崔大爷家里干活,大爷大娘总还要留住他唠上一阵子。

赶上晚上歇班时,王杰就和七八个战士一块点起蜡烛,学上一段《毛泽东选集》,然后开始热烈地讨论。这种氛围多么熟悉啊,多么像他刚入伍时在连云港海岛施工期间的情形啊!

这天晚上,学习一结束,王杰就一口气吹灭了蜡烛,这东西在大山里面不好买,得省着用。黑暗之中,大家七嘴八舌地聊起施工,聊起各自家乡的事情,还有人聊起什么时候能回到徐州去。

一个声音说:"这里只能天天听刮风,要是能看上一场电影多好啊!"另一个声音打趣说:"这里可以看星星嘛,山里的星星可比外边的大。"

11 隆隆炮声下的青春之歌

忽然有人提议说："咱们还是请副班长吹上一段笛子吧！"

王杰笑着答应了，这个提议好，不用点灯就能完成。他顺手抽出笛子说："好吧，今天现学现卖，就吹一首老区人民人人爱唱的《沂蒙山小调》吧！"

清幽的笛声在耳边响起来，婉转悠长，透过窗户传出去，一直传到整个山村的上空。听着听着，劳累一天的战士们进入了梦乡……

5

工兵一连风雪无阻地进山施工，工程进度一天也没有耽误。这天中午，几辆马车踩着雪泥赶过来了，营部首长早在村头迎候，这是费县人民政府副县长李子平带队来施工前线开展春节慰问了。

李县长是位部队转业干部，仍保持着雷厉风行的军人作风。只见他一个闪身跳下马车，几双大手握在了一起，人群里爆发出一阵爽朗的笑声。三个连的司务长都来卸车了，前面两车装的是满满的面和油，还有几只杀好的老山羊已经冻得梆梆硬；后面一车是大白菜，还有一摞摞新烙的大煎饼。卸车的战士们可高兴了，这下可以安心过年了，再也不怕大雪封山了。

令人想不到的是，慰问团还特地带来了县里的电影队。李县长这位老革命，为部队战士们想得真周到啊！军地领导一同赶到施工一线，进行现场慰问，查看施工进度。营首长特批今晚全员放假，在牛岚和英山两个山村之间的一块空地上，支起放映设备，连放两部新电影，让战士们和几个村的父老乡亲们一次看个够。

第一部是豫剧《朝阳沟》。这是刚刚上映的一部戏曲影片，一开场就带着一股子喜庆，一下子吸引住了山村里的乡亲们。谁也没想到，这电影里竟然也能唱大戏，而且还是关于山沟生活的戏。随着银环走进朝阳沟，那欢快的旋律听得人心花怒放。"走一道岭来翻过一架山，山沟里空气好实在新鲜。一行行果树一道道堰，那个梯田层层把山腰缠。劳动人民用双手把山河打扮，多少汗水浇在里边……"

那唱腔简直是绝了，乡亲们听得如醉如痴。趁着戏曲换场，有人说，这戏唱的明明是朝阳沟，可是听着多像咱这大山沟啊。别看咱这里现在是冰天雪地，到了春天你再瞧瞧。

第二部是革命影片《红日》，它再现了当年孟良崮战役惊心动魄的场景。冬夜虽已深了，但在战士和乡亲们的脸上，几乎看不出任何困倦的神色。比起看戏来，孩子们更喜欢看这惊心动魄的战斗片。影片中起伏的山峦，和眼前的山景何其相似，而那隆隆的炮火，距离这片山坳又是多么的近……

慰问的电影，满满的年货，给深山中的工兵部队带来了无比喜悦，他们施工的热情空前高涨起来。

王杰在完成自己爆破组的任务之后，又主动去帮助运料组运石渣。要将山洞中的石渣运出去，需要跨过一道二三十米深的山沟，上面铺了一条又窄又长的板。这个木板桥颤巍巍的，别说推着装满渣石的车子行进，就是一个人在上面行走，都非常危险。但是，王杰一点也不胆怯，反而干得非常带劲。他想，早在海岛施工时练就的运渣本领，可不能轻易丢啊，我多干一点，施工进度就快一点，人人多干一点，整个工程就快了。

排下的险石有些个头较大，难以装车，运料组就有人提出要重新打眼，让爆破班装药再炸一次。王杰看到了，皱起眉头说："这也太浪费炸药了！拿大锤来，看我怎么收拾它。"王杰真不愧是打锤标兵，只见他抡起大锤，一干就是半天，大石头被打成了小石头，再也不用炸上一遍了。

在他眼里，炸药要比力气金贵多了，好钢必须用在刀刃上！

在这水瘦山寒的沂蒙大地进行国防施工，虽然战士们备尝艰辛，但这恰恰是党和国家的需要，是无数人民幸福安康的需要。王杰怀着一颗赤诚之心，早出晚归，抢在一线，视工地如战场，从来不叫苦、不叫累，经受着严寒和重担的双重考验。

6

风雨送春归，飞雪迎春到。一个春寒料峭的早晨，王杰早早来到工地，眺望着巍巍群山，仰看东方漫天的彩霞，注目着一轮红日喷薄欲出，新一天的战斗又要开始了，他不由得心潮涌动，一首滚烫的诗作脱口而出：

沂蒙高山耸入云，我们施工为人民。
不怕工作苦和累，愿把青春献人民！

春节过后，施工一直没停，眼看过了正月十五，节前的粮食储备已经消耗得差不多了。一天下午，司务长孙乐义来到坡上，想找一个战士跟着出山去买菜，恰好遇到王杰歇班回来。这个闲不住的人，一听说有任务便来了精神，忙说"我去吧，司务长"。司务长想让他休息，他却执意要去。司务长皱皱眉说："那你就去借一辆推车，借来就去，借不来就换别人。咱们以一刻钟为限。"

"这个难不住我，崔大爷家就有一辆，我这就去借。"王杰笑着一溜烟下了坡。崔家这辆独轮车远近闻名，人们都叫它"支前车"，也叫它"英雄车"，当年崔大爷就是推着它和无数勇敢的乡亲们一道支援陈粟大军，打赢了孟良崮战役；又推着它赶到淮海战场送粮送面，一直推到了长江边上。当年，为了做好这辆独轮车，崔大爷特地挑选了上等榆木，好不容易请来鲁班传人"独轮张"，管吃管喝地看他亲手做了半个多月，最后看着他打量着自己完成的手艺，满意地说了一句"至少能用六十年"。

崔大爷听了王杰的来意，爽快地答应了，唤了一声趴在院子里的大黑狗："大黑，该干活了！王杰你带上它，回来走夜路保你们一路平安。"大黑抖抖浑身的毛，汪汪叫了两声，好似领了任务。

王杰推上车子，和司务长孙乐义直奔公社驻地。说也奇怪，这大黑一步也不离车，车走它也走，车停它也停。这让王杰想起了家里的大黑，可惜它死在了国民党军的枪下！

孙乐义看着王杰沿着山路推着独轮车，呵呵一笑问："空车好推如驾云，重车难推累倒神，你可听说过这句话？"

王杰摇摇头，回答说："司务长是说这独轮车吧？我在工地上天天推车，你看这独轮车我不也推得很好嘛。""是啊，空车是好推，装上重东西可就难驾驭了。我老家莱芜也有独轮车，十五岁我学推车的时候，爷爷教我一个口诀，今天就传给你吧。"王杰喜不自胜，记下口诀，一路上演练着，就等返程时练习推重车。

孙乐义本来就喜欢王杰，知道他不少故事，见如今他又成了爆破班副班长，干活非常出色，不禁为他高兴。两人一路走来，话来话往，聊得很是投机。"家是鲁西南的吧？家里几口人啊？分了多少地啊？"这位司务长一边赶路，一边打开了话匣子。

王杰想了想说："我家是爷爷领家过日子，父亲兄弟三个，有十多口人，一直没分家。解放前家里有二十多亩薄田，后来划的是中农，那地盐碱多，庄稼也不怎么长，生活勉强能过得去。一九五七年发大水，第二年夏天父母亲就带着两个妹妹、两个弟弟，投奔远在内蒙古的大姐那边去了。""哦！原来是这样的中农啊……"

孙乐义沉吟着又补充了一句："我们可要相信组织啊！"王杰点点头继续赶路。

其实，三个月前从天津抗洪归来，连队党支部就第二次研究了王杰的入党问题。就入伍以来的表现来看，党支部认为发展这位同志为预备党员的条件早就够了，于是派专员开展政审调查。调查组两位干部来到金乡城北，华堌村的干部正在挖河工地上开会，村书记王恩地被叫到桥上问话。听说是调查王杰家里的情况，这位老书记心中有数，热情地介绍说："王杰家的情况我都知道，他家是中农成分，解放前他爷爷家里就有二十多亩地……"没等他把话说完，调查组组长头就大了，这情况看来不只是中农、富农的问题了。他扭头就走，撇下老支书王恩地愣在原地，不知道自己是哪句话说得不到位，为此他一连郁闷了几天。

他哪里知道，部队发展党员有一股"唯成分论"的风刮得正紧。王杰本来也觉得自己有希望，谁知道名单一出来又没有自己的名字，虽然听人议论过几次成分问题，王杰却没往自己身上想。

赶到公社已是傍晚时分，他们买上几捆粉条、三袋大萝卜，还有大葱、生姜，满满一车，孙乐义亲自动手，把车子扎了个稳稳当当。俩人啃了四个烧饼，推上车子摸着黑往回赶。这装满东西的车子还真不好推，车身高大，货物又重，比运渣的那种两轮车难推多了。幸亏王杰来的路上做了练习，再加上他臂力过人，司务长也伸手助力，他很快就驾轻就熟了。

十几里的山路，中间有一段又窄又险，两侧全是密密的森林，又赶上过一个大坡，独轮车显得沉重起来。司务长让王杰稍作休息，自己拿出一根绳子拴在车前，交由王杰在前面拉，自己亲自驾车，并放出大黑在前面开路。大黑嘴里"呜呜呜"地低声咆哮着，撒开四蹄往前冲，王杰和孙乐义两个人一个拉一个推……

天边出现半轮月亮，黑压压群山一片，山村隐约可见，已经上了平坦大道，俩人松了一口气，交换一下位置继续赶路。孙乐义不由得夸赞起来："王杰好样的！这一趟下来，你的推车技术就算练成了。不简单嘛！"

王杰甩一把汗，感激地说："多亏您教我口诀，今后您就是我的老师！"孙乐义笑着说："只要功夫深，铁杵磨成针。凡事多动脑筋，都能写出个口诀来，活就好干了。"

大黑的两只眼睛在黑夜里亮得像灯笼，它认得路，眼看就要到家了，它不禁兴奋地摇起尾巴汪汪汪地叫上几声，山村里随即传来一阵回声，大山里的夜真是空旷极了。王杰大喝一声："大黑今天立功了，明天赏你骨头吃！"大黑好像听懂了，突然腾空跃起，逗得俩人不禁放声大笑起来，尽情释放着一路的疲劳……

王杰完成任务赶回石屋休息时，已经是夜里十点多了。他看到歇班的战友都睡得正香，就蹑手蹑脚进屋，悄悄拉开被子。今天这趟路赶得真紧啊！但是一想到能让战友们吃上新菜，他就觉得这趟任务接得值。

他脱下棉衣，轻轻躺下来，尚无睡意，司务长在路上说的那句意味深长的话再次萦绕于耳边，他心里开始有了自己的思考："入党，这是我的追求，也是我努力的方向。别人能入党，说明别人已经具备条件。自己没入党说明自己还不具备条件，有的工作还没做到家。自己没入党，不埋怨别人，不埋怨党，是自己做得不够，今后要加强学习，争取做个党员！"

想想那一个个英模人物，自己的人生境界和他们还有很大的差距，必须要给自己来个"约法三章"才行。他想了想，借着窗棂外朦胧的月色，翻出日记本，写下了几行非常简短的文字：

牢记：
在荣誉上不伸手！
在待遇上不伸手！
在物质上不伸手！

这一天，是一九六四年三月三日。这三句话，无比坚定、深刻，虽然简短之极，却字字千钧。它是王杰生命的宣言，也是沂蒙大地的馈赠。

这位连续提交入党申请书的优秀战士，开始从自己身上找原因，他要在这沂蒙大地，借着国防施工的战场，还有沂蒙大地坚韧不拔的精神，在自己内心深处来上一场彻底的革命。

几场东风吹过，沂蒙的春天来到了，群山苏醒了，万木吐翠摇红，山花次第开放，林间泉水叮咚，百鸟婉转，白日渐长，施工的黄金时间来到了。战士们脱去棉衣，手脚更加利索，施工的进度明显加快了。这时候，爆破所需物资的保障工作显得尤为重要。三月底，爆破班的五位炮手离开了要峪村，集中搬到山上居住，一来便于加快施工，二来可以看护物资原料。

不料，一个意想不到的问题出现了——岩石里钻出水来了。炸药最怕水，但爆破的时候又不能不装进水眼里，造成爆破效果一再打折，还出现了不少哑炮。以前"轰隆"一声响，一炸一大片，现在炮声小得像个大炮仗，炸下来的不再是大石块，而是一些石片片。

王杰见了，心里着急啊，他连夜想办法攻克难题。"三个臭皮匠，顶个诸葛亮"，经过几个人的一番推演，他们把炸药装进牛皮纸筒里，外面用线缠紧，用沥青糊严，再装进水眼里，这样炸药又恢复了以前的威力。由此，王杰和刘成科又共同承担起了熬制沥青的任务。

一天，王杰和刘成科在山坡上配合作业，他们一个拿着竹劈子负责搅拌沥青，一个负责添柴烧火。突然，刘成科手中的竹劈子"叭"的一声跳了起来，滚烫的沥青一下子溅到了王杰的右手背上。王杰顿时感觉好像触电一般，疼痛透过手背传遍了全身，但是他没有动，稳稳地站在那里，咬着牙，使劲攥紧左拳。

刘成科大喊了一声"王杰"，然后紧张得不知如何是好，脸色一阵煞白。王杰对他说："别慌，不要紧，不要紧！"然而，疼痛不骗人，豆粒般大的汗珠从他的脸上滑落下来。刘成科扔下竹劈子，急切地说："副班长，我找卫生员去！"

王杰忍着剧痛故作轻松地说："没关系，这点小伤算得了什么！"

刘成科焦急地拉住王杰的手说："被这么滚烫的沥青烫着了，怎么会没事呢！副班长，你的手都红肿起来了，不能再耽搁了，快去处理一下吧！"沥青的沸点比水要高上几十度，没有钢铁般的意志很难撑得住。

王杰一边推开他的手一边说："没事儿，我皮糙肉厚的，干完活，我一定去，咱们抓紧时间熬沥青，千万别耽误了施工进度！"沾满沥青的手怎么工作呢？此刻，他满脑子想的就是不要耽误了工作，于是他跑到柴油桶前，把手一下子插进去，想赶快洗掉沥青。他哪里知道，柴油和沥青混合后是有毒的，最容易引起伤口感染发炎。只见他咬紧牙关，忍住阵阵刺痛，在柴油里反复搓洗，豆大的汗珠再次顺着额头流了下来。

卫生员赶过来了，大家着急得不知道说什么好。直到沥青被溶解得差不多了，王杰才把手抽了出来，对卫生员说："包起来吧！"说得那么轻松，却又那么坚定。卫生员看到王杰的右手被烫去一块皮，露出鲜红的一片，心疼不已，连忙一边给他包扎一边说："王杰同志，你再坚持一下！"

王杰强忍着剧痛，却依然面色从容地说："不就是烫了一下嘛，我可以坚持，你继续。"卫生员给他包扎好，交给他一条三角巾让他把胳膊吊起来，一再叮嘱说："王杰同志，你一定要好好休息。一定要记住啊！"王杰有点沉默，他用另一只手向卫生员敬礼致谢，没有表态是同意还是不同意。

不能工作，这是王杰从来没有想过的事情。

不让工作，是王杰万万不可能同意的事情。

当晚，王杰的右手肿起来了，他忍着挥之不去的阵阵疼痛，用左手费了好大的劲，写下了一段歪歪扭扭的文字：

> 今天，在装药时不小心叫沥青烫坏了手，疼得厉害，可是让我更痛苦的是我影响了工作。同志们不叫我上班，可是想想二万五千里的长征……我这点伤又算得了什么！坚持下去，一定要坚持下去！

王杰受伤后，连队首长和战友们都动员他休息。可是打着绷带的王杰却一刻也没有停下来，他说什么也不肯离开施工工地，每天挂着右胳膊，用左手继续为战友填装爆破炸药，为大家端洗脸水，还每天用左手练字、写日记。他忍着疼痛，脸上一直洋溢着笑容。

"副班长，你回去休息吧！"爆破班的战友们都心疼地劝他回营地休息。王杰却说："我们班就五个人，现在工作这么紧张，我怎么能下去休息呢？干不了重活，我可以干些轻一点的小活，就是帮着出个点子也是好的。"话说到这个份上，大家实在阻挡不了他的热情，就答应白天允许他

11 隆隆炮声下的青春之歌

来工地转转，但晚上必须好好休息。但既然来了，王杰又怎么会满足于转转呢？他很快就用左手忙起来，一会儿装炸药，一会儿捡石块，一会儿又去捏泥蛋，可别小看这些泥蛋，填装炸药后全靠它封住炮眼呢。

一天，爆破班上工的时候，辛养法突然惊讶地喊道："奇怪，我们昨天收工时运来的红土和沙子，今天怎么一下子都变成泥蛋了？"吴庆忠不相信："别瞎扯了，红土怎么能自个儿变成泥蛋呢？"大家说说笑笑，谁也没在意，继续投入到紧张的劳动中去了。

谁知当爆破班第二天上工时，同样的怪事又发生了。这次，大家可真感到惊奇了。辛养法说："昨天你们说我瞎扯，我以为记错了，这回可是真的吧！"刘成科低头看了看，若有所思地说："班长，这颜色是新的，泥蛋还湿着呢，肯定是昨天晚上刚刚捏好的。"杨长河扫视了大家一眼说："这是谁捏的？自动报名！"半晌，没有一个人回答。"嗬，咱班出活雷锋了，做了好事也不留名！"

这时，恰好营部的周循政委前来一线巡查，听到这事后专门安排说："长河同志，你把这事仔细查一查，看看到底是谁干的，查清了向我报告。"杨长河连忙打了个军礼说："报告首长，刚才我们查过了，都不知道情况。我猜可能是三排的同志帮我们干的。"周循去了三排，亲自查问情况，结果三排的同志个个都说他们自己已经忙得不可开交，晚上倒头就睡，半夜三更根本不可能往山上跑。

晚上，周政委又特地巡查了一趟，找不出这个人来他也睡不着觉。当他走近一连工地时，用手电筒一扫，竟然照见了一个人影。会是谁呢？他快步走上前去，只见那个人影一只胳膊吊着，正用另一只手不停地捏着泥蛋。他一眼就认出，这不是王杰嘛！

"嗬！这几天大家都猜不透的谜底，竟然让我揭开了。王杰同志，大家让你休息，你怎么还晚上偷偷干上了呢？"王杰连忙站起来，手里还抓着一个泥蛋，他不好意思地低下头，笑了笑没说什么。

第二天一早，刘德林听卫生员说王杰的手感染得很厉害，便找到他说："王杰同志，你马上下山，到营卫生所治疗伤口！快去，这是命令！"见连长一脸的严肃，王杰知道没法推辞了，便恋恋不舍地下了山，住进了营卫生所里。他人虽下了山，心却留在了山上，老惦记着施工的进度怎么样，爆破的质量怎么样……

这天，天上没有一片云彩，太阳照得人暖烘烘的。王杰跑到卫生所后的山坡上，找到一块大石头，打开日记本，用左手吃力地写着：

手烫伤九天啦，我没有停止工作。我认为工作第一，个人的事是小事，个人的利益应当服从党的利益。

写到这里，他就像抬了一百多斤的大石头，累得满头大汗。

满耳的山风，把高大的马尾松和山边的栗子树、柿子树吹得呼呼作响。他静静地听着，一边休息一边想：这几天来，我坚持用左手写字，终于写得有个样儿啦！原本还在山上住工棚的时候，他就开始练了，在床头上、石墙上，不知写满了多少张包炸药的牛皮纸，现在虽然还是写得又大又歪斜，但速度总算提上来了，可认度也高了，他高兴地自言自语着："太好了！左手也能写学习笔记了，趁这次机会，我一定要努力学习。"

自从那晚巡查见了王杰之后，周政委一直放心不下。今天，他专门从营部来到卫生所病房，还特地带来了军医。王杰见营首长亲自前来，心里有些不安，主动报告说："报告首长，我右手烫伤，左手不碍事，还可以给战友们填装炸药，干干杂活。我还能继续工作！"

政委可不信他这些话，当即安排军医解开王杰的绷带查看伤情。看到伤情，军医很震惊，这是二度烧伤，外加中度感染啊！他建议马上去医院治疗。周循听到这个结论，很是疼惜地说："王杰同志的手感染得这么厉害，还在半夜里偷偷工作。我们要对每一名战士的健康负责。我命令，立即送王杰去医院治疗，不得有误！"

倔强的王杰还有些不太情愿，一旁的刘德林着急地嚷起来："王杰呀王杰，我现在就送你去住院。什么时候治好了，什么时候归队！这是命令，立即执行！"

8

无奈之下,王杰被连长"押送"到了兖州解放军九一医院。

刘德林临走前不放心,还专门给主治军医和护士长叮嘱了半天,特别提到王杰是个"关不住的病号",说去年夏天他竟然带病去农场割麦子,班里安排专人看着他休息愣是没看住。这次伤势非同儿戏,决不能半途而废!

军医看了看病历,又托起王杰的右手,迅速松开三角巾,发现敷料上已经渗满了脓液,有的地方也已经结成脓痂了。再揭开敷料的一角一看,军医皱起了眉头,只见王杰手指肿胀,五指不能并拢,连手腕上的小臂也又红又肿了。伤势很严重啊!

军医随即安排护士:"现在就送病房,三级护理。"接着又摇起电话通知手术室:"有个病人,需要立即手术,请马上准备。"

王杰吊着胳膊,与护士一左一右,穿过长长的走廊,走进手术室的外间。他谢绝了护士的帮助,自己穿上隔离衣,还用一只手换下鞋子,一副若无其事的样子。

看到这些,军医想了想刘连长的交代,便做出了自己的判断:这是一个倔强的战士,不适合常规手术方案。就他的伤势而言,手背上大部分是二级烧伤,有一部分已经达到了三级。那些裸露的真皮还有末梢神经,别说碰一下,就是在上面轻轻吹口气也会撩起一阵火辣辣的痛。如果使用局部麻醉,固然可以短时间内减轻手术痛苦,但从长远看,却不利于手功能恢复。怎么办?有必要改变方案了。

这位睿智的军医向这位顽强的战士提出了自己的试探性想法,王杰毫不犹豫地回答:"痛,我受得了,只要能快点治好就行!"

"好!"军医下定决心,通知护士首先用生理盐水浸泡患处,进行换药。一阵剧痛过后,敷料揭开了,王杰右手的创面完全裸露在了明亮的无影灯下,只见他手背上出现了一层黏糊糊的脓液,颜色黄不黄白不白的，有的地方被沥青烧得结成了黑色的焦痂。

用什么消毒液冲洗掉脓液呢？军医不禁有点儿犹豫。按理说对付化脓的创伤，应当使用一种叫"新洁尔灭"的消毒液，它的好处是疗效高，但同时刺激性也强。刚才，护士用一般的生理盐水浸泡王杰右手时，他已经疼得肌肉直打战，现在药物的刺激性加大，这个小伙子能忍受得住吗？

正在这时，王杰催促起来："医生同志，您放心治吧。痛，我能克服。"军医递给他一条毛巾，让他紧紧咬住。

消毒液通过器械慢慢流到王杰的右手背上，他不由得颤抖了一下。几个协助手术的护士，连忙按住他的手脚，以免他的抖动影响手术的进行。这是应对无麻醉手术的常规操作。王杰似乎意识到了自己刚才没有防守好第一波冲击，随后，他紧紧咬住毛巾，尽管鼻息很不均匀，头上滚下黄豆粒般的汗珠，但身体却极力保持着纹丝不动。

现在要冲洗中指的伤部了。军医尽量轻些再轻些，格外小心地蘸着创伤处的脓液，控制着消毒液以最贴近的距离、最缓慢的流速滴向创伤处。他在尽最大可能减轻患者的痛苦。王杰的额头上冒出的汗珠更大了，他的呼吸也更粗了，手术在争分夺秒地进行着……

年轻的护士们，紧张地站在床边，她们多想这位年轻的战士能大喊几声啊，或许要比默默忍着还好受些。可是，手术室里始终是静悄悄的，只有消毒液滴入敷料桶的声音和一两声手术器械的碰击声。

这是一场毅力与条件反射的搏斗！

这是一次意念与生化刺激的较量！

一个小时后，王杰走出了手术室。他觉得腿有点软，头也有点晕，包扎好的右手背上好像扎进了无数根钢针。可是他知道，这次手术是彻底的，更是成功的，虽然暂时还有阵痛，一股喜悦之情却暗暗涌上了王杰的心头……

第二天一大早，查房的军医悄悄走近十八病室，首先看到了靠近玻璃门的八十五号床。只见王杰右手吊着，倚在床上，左手托着一本书，正看得入神呢！怎么回事？刚才护士不是汇报说，这个病号一直坚持着没有注射止疼针，夜里疼痛难忍，天亮前才开始入睡的吗？

军医走进病室，仔细去瞧那本书，封面上一行熟悉的字映入眼帘：毛泽东著作选读。他心里一震，原来是这样，怪不得王杰有顽强的意志，怪不得他在配合治疗时能忍住剧痛。他关切地说："你昨天刚来，一路颠簸，又做了手术，好好休息吧！"

王杰微笑着说："医生，首长让我住院，就是让我好好休养，可是人休息了，思想不能休息啊。这是多好的学习机会呀！"军医看着王杰，敬佩地点点头说："你这位年轻的战士，还挺有思想哩！人休息了思想不能休息，这句话很有哲理，你的精神很值得我学习！"说完军医安心地去忙了。

一会儿病友们先后起来了，护士也开始忙起来。吃饭的时候，护士说要给他把饭端到床前，可王杰偏偏不同意。一连几天，每次开饭他都是自己跑着去食堂，坚持用一只手打饭。

几天后，换药的时候，王杰一听到军医说伤口愈合了不少，就马上对军医说："请您明天让我出院吧！工地上那么紧张，我住在这里心里不踏实！"可他没有想到，他的这个请求当即换来了一顿批评："我看，你这是又得了急躁病了。你现在最大的任务就是安心治疗，如果发生第二次感染，或者得了败血病麻烦可就大了。对自己的身体不负责任，也就是对革命不负责任。"

看到军医一脸严肃，王杰沉默了。当天晚上，他把自己的心事写进了日记里：

听了军医的话我心里很沉重，人最难过的是失去为党工作的机会。虽然是暂时的，但也很难过。难过也不是办法，必须振作起来，有一分热发一分光，能做点工作就做点工作，尽自己的力量做好工作。

王杰躺在床上，心里掂量着，这医院好进不好出，每天除了吃饭就是睡觉，虽然能够看书写东西，但毕竟自己还是想多工作。正在苦闷的时候，他忽然想起一段故事：雷锋外出培训住在招待所里，到了星期天也不上街闲逛，而是待在招待所里帮着服务人员忙这忙那。想到这里，他忽然坐了起来：对啊！这所医院里一定也有需要我的地方。

　　他虽然一只胳膊吊着，另一只手却忙开了。他帮医院擦地板，帮护理员打饭，还为病房擦玻璃、倒垃圾，为病友端便盆，甚至还坚持推车送煤。不论脏活重活，他干了一天又一天，劳动量越来越大了。护士和病友们劝他休息，说他根本不像来住院的，他总是笑着回答："我还有一只好手，总不能让它闲下来吧！"很快，全院的人都知道了王杰的名字，还亲切地称他为"闲不住的一只手"。

　　不久，住进来一位新病友叫陈杰祥，小陈是位新战士，老犯阑尾炎，需要手术。自打他住进来，就很少说话，一副闷闷不乐的样子。王杰看他精神上有些萎靡不振，就开导他说："咱们身体出了毛病，暂时不能在连队的岗位上贡献力量，咱可不能因为看病疗养，就放松了对自己的思想改造。如果身体上的病治好了，思想上却生了锈，那可就得不偿失了！我们要像雷锋那样，做一个永不生锈的螺丝钉。"

　　五一劳动节到了，医院给每位病号发了两个黄澄澄的大金帅苹果。小陈拿起苹果对王杰说："早晚都要吃，留着能干啥？"说完就痛痛快快地解决掉了一个。再看王杰，他将两个苹果用纸包好，放进了床头柜里。小陈见状，忍不住开玩笑地说："留着不吃，等着下崽啊！"

　　两天后，小陈就要进行阑尾炎手术了，他对开刀着实有些害怕。医生来做他的思想工作，他却说把人开膛破肚，和老家过年杀猪有什么区别，活人怎么能开刀呢？

　　王杰一听，知道他这是顾虑太重，就为他打气说："革命战士，就是要一不怕苦，二不怕死。当年刘胡兰面对敌人的铡刀，依然面不改色，那是何等的勇敢！开刀做手术有什么可怕的，疾病就像敌人，你越怕他，他越欺负你。对待敌人要记住一句话：敢于斗争，才能胜利。你心情放松了，配合医生完成手术，就是赢得了胜利！要相信自己，我等着你凯旋！"

一个小时转眼过去了，护士把小陈推回病房，对病友们说："这个小战士，能忍住疼痛，真是好样的！"王杰向他竖起了大拇指，小陈感激地看看他，伸出右手来，和王杰的手紧紧地握在了一起。

手术后的小陈，吃不下，喝不下，嘴唇干裂。王杰取出了那两个黄澄澄的大苹果，放在小陈枕边。小陈嗅着苹果的香味，想起两天前开玩笑时的一幕，眼泪一下子流了下来，好半天才说："真没想到你这舍不得吃的苹果，原来是为我留的啊！"

9

五月上旬的一个下午，山上爆破组的战士们正在坑道作业，突然有人喊了一声："王杰回来了！"众人连忙看向洞口，只见王杰右手缠着纱布，左手提着挎兜，精神抖擞地站在大家面前。战士们丢下手头的活，一下子围上来，好像久别的亲人一般亲热，纷纷关切地问："你怎么这么快就出院了？"

王杰笑着说："我都在医院里休息了半个多月了，总是休息，浑身的皮都疼了。可想你们啦！"原来他在医院里苦熬了十八天，不等伤口痊愈，就主动申请出院了。战友们让他先回营房休息，等伤完全好了再上工。

王杰抬起右手，在战友们面前来回晃了晃说："伤口基本好利索了。我不离开工地，重活干不了，就先干些轻便的小活，打打下手也是好的。这下总算是回来了！"出院后的王杰，心情是复杂的。回想这一个月来由于烫伤事故影响了工作，他在思想上背了包袱，害怕自己评不上"五好"。通过反思，他意识到必须丢掉这个思想包袱，否则就难以轻装上阵。

他向连长汇报了住院治疗的情况，刘德林看了他的出院证明，指了指医嘱栏里"全休十五天"那句话。王杰做个鬼脸说:"就让我在工地上看看呗,为大家掌掌眼也好。"

他一回到山上那片熟悉的战场,就拿起他日夜思念的炸药和导火索,二话不说干了起来。他依然爬险路,钻山洞,打炮眼,排险石,哪里出现了急难险重的任务,他就会往哪里凑。工地上有了这位业务尖子的重新加入,凭着他精湛的技术,好多工作难题迎刃而解,二排的工作进度在加快,一连的工作进度也在加快。在战友们中间,开始流传起这么一句话:"哪里有困难,哪里最危险,哪里就有王杰!"

不久,连队发放了夏装。这年发的鞋子有两种:一种深口的,一种浅口的。按照规定,新战士领浅口的,老兵领深口的。有些新兵穿不惯浅口鞋,就和老兵换鞋。新战士小胡一时想不出要找谁换鞋,就想起去年刚入伍时送《毛泽东选集》给自己当礼物的王杰。于是,他壮起胆子找到了王杰。

王杰一听,这可是一次关心同志、体贴战友的好机会,他毫不犹豫地和小胡换了鞋。不但如此,他还把新军装交还给了部队,要求把它发给其他需要的同志,说自己还有几身旧军装缝缝补补可以穿。

王杰的右手终于又能够伸握自如了，他意气风发地在日记里写道：

我们革命战士，就是要发扬"火车头"雷厉风行、说干就干的精神，发扬"红军不怕远征难，万水千山只等闲"的精神，发挥冲锋陷阵、身先士卒的带头作用，同时还要具备"老黄牛"忠心耿耿、埋头苦干的精神。

连部派人来采风了，通讯员冯明臣拿来相机，利用一次施工的间歇为爆破班的战友们留下了一张珍贵的合影。站在哪里好呢？王杰望了望远山，一指几公里外的玉柱峰说："咱们就和它一块留个纪念吧！"玉柱峰是蒙山第二高峰，它一峰突起，直插云天，造型和名字一样奇特。几位战友见了，拍手叫好。于是，一张以巍巍青山为背景的青春合影，刹那间定格了，成为王杰和战友们在沂蒙施工期间留下的唯一一张合影。

10

五月中旬的一天，赵英玲突然收到了一封信，打开一看，只见信中的字歪歪扭扭，再看内容，不禁吓出了一身冷汗。王杰信中特别交代说："现在我的手已经康复了，明天就要出院。请不要回信，我就要离开兖州医院重返沂蒙山区施工了。请不要为我难过，也别牵挂我！"

信中越是这样说，赵英玲心里越是不明白，她心急如焚，一时不知如何是好。她在一张纸上一遍又一遍写下王杰的名字，不知不觉也写下了自己纷乱的思绪：打开信惊奇心跳，歪歪扭扭的字行，为什么和往常不一样？看过信后才知道，你在工作中右手不小心被沥青严重烫伤，于是改用左手写信。烫伤之痛，时刻牵挂，我想去沂蒙把你看个究竟……

这天一大早，赵英玲告别父母，乘坐公共汽车赶往沂蒙山区腹地的费县。一路上她感到车轮转得太慢了，好不容易到了费县，又没人知道国防施工的部队在哪里，最后好不容易打听到北部山区有开山的炮声。几经周折，赵英玲终于来到了蒙山脚下的牛岚村，并打听到了一处插着红旗的临时军营。

赵英玲一路听着山上阵阵炮声，来到了军营门口，哨兵拦住了她，问明情况后转身进去汇报。不一会儿，一位干部走出来对她说："姑娘，你能找到这里，真不容易啊！王杰同志在一连爆破班，他们正在山顶施工，吃住都在山上。你先安心住下，我们通知他尽快下山。不过，他现在是爆破班副班长，最快要两天后轮休时才能见到他。"接着他又对身边的勤务兵说："小张，你去村口找牛大娘，把王杰家属安顿到村里暂住几天，食宿费由部队承担！"小张接过行李，带着赵英玲向村东走去。

牛大娘是一位老拥军模范了，她一听有军属来家里借宿，高兴得合不拢嘴。小张拿出一些钱和粮票塞给她，她坚决不要。她笑着说："小同志，你知道咱沂蒙可是老区了，二十多年前八路军就开到咱这里，俺们和部队就是一家人，别说军属住上几天，就是住上一年半载，也没问题！"老人家看看赵英玲，只见她上身穿一件粉红衬衣，下身穿一条红条绒裤，带着一股农村姑娘的朴实劲儿。

牛家东侧的草屋，条件虽然很简陋，但牛大娘却将屋子打扫得干干净净，还在板床上铺了新被子。赵英玲放下行李，来到院子里四处看看，总想帮大娘干些什么活。牛大娘拉住她的手说："闺女，你啥活也别干，过去军属住在谁家，谁家脸上就有光。俺们这一带都是拥军模范！"

第二天早饭后，牛家人都去田里干活了，小院里非常安静。赵英玲在东屋坐了一阵子，觉得一个人实在无聊，就走出小院，朝村口走去。牛岚村是个小山村，一条小溪绕着村子流过，村南有座山，山势不高，却杂树丛生、葱郁喜人。大平原上的姑娘，很少见到这样的景色，于是她大着胆子找到一条崎岖小路，顺坡而上，登到高处放眼四望，发现这里山外有山，风光无限；回首望去，山路弯弯，流水淙淙，山风阵阵吹

11 隆隆炮声下的青春之歌

过松林，凉爽极了。

赵英玲走着走着差点迷了路，不免心里着慌，费了好大劲才折回来。一进牛大娘家，听到牛家母女正在忙着做午饭，一颗悬了半天的心才落了地。忽然，她看见东屋门口立着一位面生的小战士，向里一望，发现自己板床上竟然躺着一个人！她一个姑娘家，站在门口没敢进。牛家二妞正好走出厨房，冷不防一把把她推进屋里，洒下一串银铃般的笑声就跑开了。

屋里的那个人竟是王杰，他一下子坐了起来。"小玲子，你去了哪里？我们快等你一个小时了！"她脸一红，看了一眼门口的身影说："你怎么这么快就下山了？你的手怎么样了？牛家人下地忙，我闲着没事就去爬山了，差点迷了路。"

王杰伸出右手来，只见他伸握自如，但上面依然留着一个暗红的斑块。赵英玲疼惜地说："王杰哥，你今后干活可要当心了！""一点小伤，已无大碍，就当是老区人民给我发的一枚勋章吧。"王杰憨厚地笑着，笑得赵英玲也跟着开心地笑了起来。

原来王杰昨天就接到了通知，本来是两天后才休息，恰好炸药没能及时送上山，爆破班暂时闲着，刘连长就安排王杰下山，并嘱咐他速去速回。赵英玲喃喃地问："你来见我，还带个小战士干什么？"王杰又笑了，说："我右手刚好，还不很灵便，班长怕我有什么闪失，就让小胡跟着我。下午炸药到了，我还要进山，明天休班再来看你。"

午饭熟了，赵英玲和王杰开心地在牛大娘家吃了一顿饭。两天后，她让王杰把她送到了上冶车站，俩人依依惜别。

这天下午，王杰返回了山上，一到工地就说："班长，我来归队销假。"杨长河见了诧异地问："不是给你准了三天假吗，怎么这么快就回来了？"一旁整理导火索的辛养法笑着说："上次在徐州就是两天，这次又是两天，上次还能看张照片，这次连个影子也看不到了。"班长有些忐忑地问:"王杰,你俩没闹什么别扭吧?"王杰白了辛养法一眼,憨厚地朝班长笑了笑,丢下一句"好着呢"就去忙了。

杨长河跟在王杰身后,悄悄地对他说:"副班长,今天我喊你一声兄弟,虽然我没见过你的未婚妻,但是我觉得,这个姑娘不简单!你要知道,我们这深山老林的可不好找,她一个人坐几百里路的车,又走这么远的山路,不找到你不罢休,见了面又怕耽误你的工作,这就叫善解人意。真让人羡慕啊!"

赵英玲放心地返程了,王杰又全身心地投入了施工,吃、住、干,完全就长在了山上。

自进入爆破班以来,王杰整天和炸药、雷管、导火索打交道,对这些国家财产非常爱惜。在装药过程中,战士们切割导火索时常常剩下不少一两寸的导火索,他觉得就这么扔掉怪可惜的,每次都捡起来放在口袋里,再将它们存放到一个箱子里,等攒得多了,就把它们一段一段接起来,用胶布缠紧接口,功效一点儿都不差。有几次施工到了关键时刻,导火索告急,王杰接的导火索就解了燃眉之急。

战友们非常服气地说:"关键时刻还是要看王杰的!"受他影响,大家也开始节约利用每一寸导火索。

王杰又有了新的习惯,他经常提前来到工地,为战友们做施工准备,大家称赞他这是"毫不利己,专门利人"的高尚情操,他却说:"毛主席说要吃苦在前,享受在后,他老人家怎么说,咱就怎么做。我做的都是小事,没有什么值得炫耀的!"对于这些小事,用他自己的辩证法来说就是:一个人的力量和作用,在伟大的事业中毕竟是小的,如果以为"为人民服务"就必须干一件大事,那么"小事"又要谁来干呢?

夏至过后,天气渐渐炎热起来,山里的蚊虫也出来撒欢了。大雨来袭时，运渣一旦受阻就要整体窝工。盼到雨过天晴，战士们要在高温下进入山洞作业，里面热得像蒸笼，他们只能赤膊上阵，每次都是汗水泥水浑身淌。好不容易到了傍晚，天气凉爽下来，可十分钟不到，人就会感觉脚上越来越痒，定睛一看已经被咬了满腿的疙瘩，用指甲一挠更是奇痒无比。这是蒙山的"蠓虫"，当地人叫它"小咬"。"小咬"个头比芝麻粒还小，多数为黑褐色，几乎看不到翅膀，喜欢在野外成群飞舞，看到山洞里有灯光，就悄悄飞进来，逮住人猛咬一阵子。考验真是无处不在！

战天斗地，还要斗蚊虫。怎么办？王杰和战友们商讨一番，认为蚊虫怕硫黄，决定傍晚和夜间以放炮切壁为主，白天以掘进运渣为主。王杰本来就闲不住，这样一来他夜间休息的时间就更少了，但他却毫无怨言。为什么呢？因为再过一两个月的时间，他就要满三年的服役期了，如果复员回了家就再也没有这样的机会了，所以他格外珍惜参加国防施工的分分秒秒。

为了党和祖国，为了人民，我有一天的生命，就努力工作一天。一切难以忍受的我都能忍受下去，为了党和祖国，为了人民，我坚决努力到死！奋斗到死！

这是他悄悄写入日记的话语，也是他再一次为自己吹响的冲锋号角。

七月二十八日这天傍晚，紧张的爆破施工一切准备就绪，等着运渣组完成最后一拨任务，就要开始进场作业了。山谷里悄然吹起阵阵凉风，把一天的炎热逼退了不少。王杰忽然想起右手烫伤期间曾经做过的一次思考：个人的理想、前途和幸福是什么呢？

王杰环顾夕阳下的群山，只见山下是乡亲们家家升起的袅袅炊烟，山上是大半年来国防施工的累累硕果，一条被自己不知踩踏过多少遍的弯弯山路，明灭可见。想想这一路辛苦，却又是一路甘甜，王杰心中不由得豁然开朗，答案有了：

　　什么是理想？革命到底就是理想。
　　什么是前途？革命事业就是前途。
　　什么是幸福？为人民服务就是幸福。

　　王杰心中有一种按捺不住的兴奋，没想到曾经冥思苦想的人生答案，竟然在今天一下子变得通透起来。答案好比一道高挂云天的彩虹，无比绚烂夺目。

12

　　八一节，是军人的节日。头天晚上，王杰干到凌晨方才休班，突然想起下午接到的通知说第二天连队要举行一场大山里的联欢。

　　王杰想，趁着这个节日的空儿，自己应该先去帮助群众做点事情，打水扫院子，发扬一下我军的优良传统。自从搬到山上住，山下的乡亲们也见得少了，要峪村的崔大爷一家怎么样了？上次小玲子来住的牛大娘家最近怎么样了？上午正好休息，就先到这两个村里去看看吧！

　　一大早王杰下了山，直奔要峪村崔大爷家，一进门大黑就撒着欢儿地迎上来。崔大娘和大儿媳正在院里洗菜，看见王杰进来就像家里来了贵客，忙说："是王杰啊！真是有一阵子没见到你了，我们全家都想你啊！"

　　"是啊！大娘一家都好吧？我也怪想你们的。刚才从山上下来，顺路采了些蘑菇，送给您老尝尝鲜。"

　　王杰说着把蘑菇放到石桌上，顺手操起一把扫帚就扫起院子来。"崔大爷没在家？""和你大哥一早下地了，他最近老念叨你。听说你手烫伤了？还听说你那没过门的媳妇也来山里了？俺和你牛大娘熟，她直夸你好福气呢！只可惜大娘没能看上一眼。"

这时，一直低头洗菜的曹正桂直起身来，接过话说："我看到她给部队挑水了呢，弟媳妇真能干！到了部队也不闲着，将来一准是个会过日子的人。"王杰听了，心里美滋滋的，干得更起劲了。

出了崔家门，他大步流星地赶往牛岚村，路上看见前面一位老大爷推着独轮车，王杰连忙上去帮忙。这位老乡是给军营送菜的，王杰一听不由分说，连忙从气喘吁吁的老大爷手里接过车，一直送到军营门口才罢休。接着，他又向炊事班借来扁担和水桶，在河边挑起两桶清澈的溪水，直奔牛家。

王杰进了院子，发现家中没人，看看缸中的水还有半缸，提起两桶水倒了进去，正好灌了个满满当当。正想走，牛大娘回来了，一看到王杰就笑呵呵地说："俺刚才去后院叫你大哥来挑水，没想到让你给挑满了！"牛大娘拉着王杰不让走，在院里说了好一阵子话才放手。

夜色渐沉，星斗满天，野外燃起熊熊篝火，村里的乡亲们也赶来凑热闹。一群战士和村里一群年轻的小伙子，还有几个泼辣的山妹子，手拉起手，围着火堆扭起了大秧歌，庆八一军民联欢晚会开场了！

该王杰出场了。全部士兵和群众围着篝火坐了几圈，只见王杰打起清脆的竹板走到战友中间，一字一板地说唱起来："竹板一打震天响，篝火圈内找连长；个子不高身体壮，烽火狼烟冲天长。"他一边打着竹板，一边做着鬼脸，装作找人的样子，忽然把刘德林拉到篝火旁，换了个一本正经的腔调："咱们连长有特点，眼睛在下眉在前，两只耳朵挂两边，鼻子夹在眼中央。"一段话逗得全场前仰后合。

王杰又走到冯安国面前，打着竹板继续说："都说连长会带兵，指导员一旁赞不停；爱兵如子人人夸，奖状满屋映墙红！"然后特别起劲地打起一阵紧连环："说说工兵咱一连，开山凿洞争向前；虽说沂蒙施工苦，战士个个笑开颜！不怕沂蒙施工苦，战士个个笑——开——颜！"

节目不断上演，欢呼声一浪高过一浪，战士们长期在深山中施工的单调、紧张和辛劳，全都随风飘散了。在这蒙山脚下，大家尽情地跳啊，唱啊，笑啊，把一个八一联欢之夜，过成了一场军民大联欢。

夜深了，山下的篝火晚会宣布结束。王杰和爆破班的战友借着天边半个月亮的光，沿着夜里的山路回到施工住处所在的"望云台"。

王杰感觉到这一天天过得何其充实，不，是这一年过得都何其充实！天津抗洪的一幕仿佛还在眼前，沂蒙山区已经成为第二故乡，而再过七天自己入伍就整整三年了。而从一九五八年夏天算起，自己与父母一别已经是六个年头了，他们在内蒙古生活得到底怎么样？母亲的心脏病好转了没有？两个妹妹的学习成绩怎么样？还有两个弟弟都长高了吧？他们还认得我吗？一连串问号，无边的乡愁，带着他不知不觉进入了梦乡……

子夜时分，人睡得正香，突然狂风骤起，电闪雷鸣，紧接着瓢泼大雨从天而降。王杰从睡梦中惊醒，一骨碌爬了起来，伸手去拉电灯，电灯没亮。战士们也惊醒了，刘成科也忙着去开电灯，同样没亮，大风早已把电线吹断了。

借着一道闪电，王杰跑出门去，冲进暴风雨中。"副班长，电线断了，你要小心啊！"刘成科看着王杰的身影大喊了一声。这时辛养法坐起来问："这么大的雨，副班长干啥去了？"刘成科忽然想到，前不久也是深夜里的一场暴雨，他被雷声惊醒，一看副班长不知道去了哪里，等了好久才见他浑身湿透回来休息。第二天早晨战友们去上工，发现昨晚散落的施工器材都被转移到了安全地带，不但将重要物资都盖好了雨布，而且还挖了专门的排水沟。大家一猜就是王杰干的！

想到这里，刘成科恍然大悟，他看了一眼心急如焚的辛养法，大声喊道："快！我知道他去了哪里。跟我来！"俩人奋力冲进雨幕，向作业场附近一路寻去。

一道电光闪过，王杰正推着一只油桶往山坡上攀爬。原来王杰被雷声惊醒后，马上想到作业场里还有油桶、木料等重要器材，这要是被山洪冲走了，国家财产必然遭受损失，于是连衣服都没来得及穿整齐，就冲向了作业场。借着雷电闪光，王杰一把扛起三根木料抡到山坡上，又推来几个油桶，稳稳地卡在乱石当中，再转身冲下山坡，双手左右开弓，去抓那泡在水里的抬筐，他要竭尽全力抢救这些被大水冲散了的物资。

刘成科两个人赶过来了，二话没说立即投入战斗。

这是一场人与山洪的拼夺战，刻不容缓，每分每秒都异常珍贵。

"王杰！我们来了！"紧急时刻，带队巡查的刘连长和七八个战士也赶到了。

他们提着风灯，打着手电，照射着整个作业场，几位战士也跳进水里，加入紧急抢险，同暴风雨展开了搏斗。人多力量大，抬的抬，推的推，扛的扛，一百多根木料，几十个油桶还有抬筐，全部物资器材都被抢运到了一个山坡上。就在这时，只听山顶上一声巨响，震耳欲聋，山洪暴发，咆哮着向作业场直扑过来。

"马上撤离！接绳子！"刘德林炸雷般的喊声穿破风雨，一根绳索随即被抛向水中。战士们拉住绳索，排成一排，王杰断后，刘德林用力拉动绳索，几位勇士快速涉过深流。说时迟，那时快，就在全部人马安全登上山坡的那一刻，一股山洪隆隆作响卷着巨石翻滚而下，惊心动魄地冲进了作业场……

12 胸怀祖国，放眼世界，他第一个血书请战

★

  汛期已经来临，天上时现电闪雷鸣；世界冷战仍在继续，局部地区风谲云诡。一个震惊世界的事件突然发生了！

  一九六四年八月二日，美国军舰开进北部湾，与越南民主共和国的鱼雷艇相撞。三天后，美军以此为借口，出动六十四架飞机空袭越南北方，开启了对越南民主共和国的狂轰滥炸，把战火由南越扩大到北越，遍及整个越南国土。

  消息传来，炮兵二师全体官兵义愤填膺，纷纷痛斥美帝国主义赤裸裸的侵略行径。任何胆敢同正义与和平为敌者，最终注定要走向失败。这一次也绝不会例外。我们一定要和东南亚人民并肩战斗，随时准备上战场！

  面对动荡形势，部队紧急号召凡服役将满三年的老兵均可申请"超期服役"，王杰毫不犹豫地递交了申请书。王杰在申请书中表达了自己坚定的信念：

英雄王杰
WANG JIE

亲爱的祖国，亲爱的党，我的热血在沸腾！支援越南人民是我们义不容辞的责任，为了受苦受难的人民就是死了我也心甘情愿，就是上刀山入火海也永不变心！

"人生以服从祖国需要为最快乐"，这是王杰当年报名参军前的第一篇人生宣言，也是他一直铭记于心的铮铮誓言，更是他军旅生涯的方向指南。三年以来，在绿色军营中，昔日的文弱书生，今天已经练就了一身钢筋铁骨，连年的"五好战士"，几次立功受奖，全连的业务骨干、技术尖兵，王杰感慨国家给自己的荣誉太多，而自己对祖国和人民的回报太少。在王杰心里，有一个信念从来没有像今天这么强烈过：我一定要留在军营，我一定要上战场，我要成为一名奋勇杀敌的军人！

九月一日，批准超期服役的名单张榜公布。王杰、朱玉沛、辛庆文、韩义祥、冯明臣、陈学义还有和他们一起参军入伍的十多个老乡同学，全部获得了批准，部队还给每人专门配发了一枚小小的红色证章：超期服役。这是一种光荣的象征！

面对伟大祖国的需要，面对伟大斗争的需要，整班、整排乃至整连的士兵全部毅然地选择了继续战斗，无人退役，态度是那样坚定，那样决绝！这就是中国军人，他们知道自己为谁而来，又为谁而战！一代人有一代人的使命，一代人有一代人的光荣，此时此刻，这些血气方刚的士兵们心中只有一个期待：早日完成国防施工，早日开赴抗美前线。

2

连部正在筹备一件大事，一件事关全连政治思想教育的大事。

一切准备就绪，幕天席地，群山肃穆，上百名战士静静等待着冯指导员开讲。为了讲好这堂课，他做足了功课，专门走访了沂蒙当地的乡亲们，收集了大山深处的一系列红色故事，尤其深入了解了当年"大青山突围"这段非同寻常的历史。

全体战士聚精会神地听着指导员的讲解,思绪一下子被带回到二十三年前那个血雨腥风的岁月。

那是发生在大青山脚下的一场突围,也是一场敌强我弱的生死血战。它来得太意外,也太突然。一九四一年冬,日寇纠集五万余重兵对沂蒙山区实行"铁壁合围"。这是对沂蒙根据地空前的"大扫荡",敌人妄图一战定华北,把这里变成第二个"满洲国"。狡猾的敌人悄悄长途奔袭,组成一个五千人的混成旅团秘密进入大青山四周,布下了一个诡秘的合击圈,当地军民一时没有发现。被围的是抗大一分校及一一五师,还有山东分局机关,约有五千人。五千对五千,数量相当,但一边是战斗经验不足或手无寸铁,战斗人员与非战斗人员成1∶5分布的军民组合;一边是惯用"偷袭、合围"伎俩的日军主力一部,战力强悍,还有大汉奸刘黑七的四五千伪军一同行动。另外,日军还有约五千人的三个联队正奔袭而来。

战场形势瞬息万变!危急万分!

抗大一分校校长周纯全沉着应战,当即命令抢占最近的制高点大青山,这位曾经参加过大别山黄麻起义的老红军,果断提出向西蒙山突围。恰在这时,日军一个中队带着一门步兵炮,已经抢占了大青山一号高地。大队长陈华堂、政委李振邦都是久经沙场的老红军,他们深知敌情就是命令,当机立断抢占制高点,带领担负全校警卫重任的第五大队,火速向第二、第三号高地扑去。日军见状,也拼命抢夺两个高地。

万幸的是第五大队抢先一步,占领了两处高地。在山下的抗大一分校,各路人马飞速集结,安排统一突围。这时,二号高地上的争夺战已进入焦灼状态,枪炮声、喊杀声撕心裂肺,几经争夺,得失数易,危险步步紧逼。隐藏于大青山主峰下山坳里的干部学生有三千人之多,都是山东抗日根据地的精英,必须快速组织突围出去。周校长严令参谋郝云虹:"速去五大队,告诉陈华堂,要死守三号高地!没我的命令不准撤退!"

关键时刻,山东分局警卫连赶来了,两个连的兵力全部用排枪开路，带领着突围的人群急速向沙河开进。大家只有一个信念，穿过沙河就是胜利！极其悲壮的时刻到来了，前面有日军火力阻击，天上有敌机俯冲扫射，鲜血染红了草坡，染红了白沙。生死关头，除了前进别无他途。狭路相逢勇者胜，冲！坚决冲出去！没有枪就用石块砸，用牙齿咬，用血肉之躯杀出一条路……就在突围人员誓死与敌人血拼的时候，奇迹出现了：全副武装的日伪军，看到勇猛冲击、无惧无畏的人潮，认为是二、三号高地上血战后的英雄们猛虎下山了，一时间被眼前这火山爆发、黄河决堤般的"洪流"惊呆了，竟然飞速撤出阵地，向西南方向溃逃而去。警卫连快速占领西山，掩护队伍继续向西突围。

此战是沂蒙抗日根据地军民反击日军的一次著名战斗，也是山东敌后战场我方损失惨重的一次突围战。令人欣慰的是，此次突围的成功，保存了大批抗日的有生力量。

"残阳如血，终于，突围人员经紫荆关以南登上了西蒙山……同志们，紫荆关在哪里？它就在离我们正北两千米的地方。大青山又在哪里？它就是正东方向的那座山峰，离我们仅有二十公里。同志们，我们一定不要忘记，我们脚下的这片土地，就是他们当年战斗过的地方。沂蒙山，是英雄的山！沂蒙老区，是用鲜血染红的革命圣地！"战士们顺着指导员手指的方向眺望着、感慨着、追忆着……

冯指导员还特别介绍了一位国际友人，他是波兰籍德国共产党员汉斯·希伯。他曾与著名的史沫特莱并肩战斗过，也曾经到莫斯科采访过列宁和斯大林。一九三三年他再次来到中国，在上海和史沫特莱等人发起成立了第一个国际马列主义学习小组，并亲赴延安采访过毛主席。他是一位以笔为枪向法西斯势力开战的国际共产主义战士。然而，在大青山突围中，在五道沟同敌人进行顽强战斗中，他被敌人无情的扫射击中了，身上弹痕累累，最后壮烈牺牲，长眠在了大青山下……

"同志们！侵略者从来都是阴险狡诈而又极其残忍的，但历史证明，他们又绝非不可战胜的！我国广大抗日军民以拯救民族危难为己任，不怕流血，不怕牺牲，凭借大无畏的革命精神抗击强敌，体现了人民军队为民族而战的坚强决心。在这场战斗中，革命先烈为了抵抗日本帝国主义的侵略，战斗、搏杀、流血、牺牲；老区的百姓们，奋不顾身掩护、抢救、照顾伤病员，宁愿牺牲自己也要全力支持抗战。他们是中华民族抵御外侮、振兴中华、自强不息的强大精神力量。"指导员铿锵有力的讲解，感染着、震撼着在场的每一位战士。

"同志们，当前越南人民正在流血、流泪，正在遭受侵略者的肆意践踏，我们的战士要苦练杀敌本领，练出一身硬功夫，将来开赴越南战场，才能真正与那些帝国主义侵略者一决高下！"

这是一场演讲，更是一场动员。王杰和战友们流着热泪连续鼓了三次掌，掌声雷鸣，惊起了林中的飞鸟，它们鸣叫着向大山深处飞去……

当晚，依然兴奋不已的王杰，伴着山谷中的阵阵松涛，回味这堂革命传统教育课，写下了一段发自肺腑的文字：

> 世界上现在还有三分之二的人民没有解放，还在受苦受难。一个革命战士要有心怀祖国、放眼世界的雄心壮志，不能只想到个人的一点利益，而不去解放受苦受难的人民。一个革命战士是完全为了解放人民、彻底为人民利益工作的，这个"完全""彻底"也就是说服役是没有年限的，革命需要就干一辈子，革命是永远不会满期的。我愿干一辈子革命，永远也不放下手中枪。

此时，在这位钢铁战士的心中，树起了一个更加开阔与高远的人生目标。他放下手中的那支"英雄"牌钢笔，不禁想起了长眠于大青山脚下的汉斯·希伯。如果有时间，自己一定要到这位共产党人的墓前献上一束山花，行上一个庄严的军礼。将来有机会，自己也一定要像他那样，做一个坚强的国际共产主义战士，为全人类的解放事业而奋斗！

3

只有遭受过痛心疾首的欺凌，才能从骨子里理解尊严的意义。从百年苦难中走出来的新中国，怎能坐视美帝国主义在友邻的国土上燃起罪恶的战火？！

夜间站岗的王杰不禁想起了家乡，想起了三千民工的鲜血，想起了一群女学生的惨死，想起了被"还乡团"糟蹋致死的堂嫂，还有被打的爷爷，吃了枪子的大黑，以及曾被抓壮丁的伯父，这个世界上的邪恶势力一日不除，人民将永无宁日！想到这些，他紧紧握住手中的钢枪，"朋友来了有好酒，豺狼来了有猎枪"，对侵略者任何时候都不能有丝毫的客气！

超期服役，是一个新生活的开始，王杰不免思绪万千，有许多事情需要重新考虑，眼下最关键的是要给家里人一个交代。

就在前不久，未婚妻赵英玲盘算着王杰的服役时间差不多了，于是再次来信催婚。可是王杰看到国际形势紧张，哪能放下武器回家呢？他思索再三给赵英玲回了一封长信，申明了当前形势严峻，国家正提倡晚婚，大家都要暂时放下儿女情长，以国为重。他还特地举了身边的一个例子，说山东曲阜有个孔昭俊，为了改变农村的落后面貌，坚持晚婚八个年头，赢得了家人支持和社会赞誉。王杰劝小玲子多理解自己当前的处境，个人问题还是再放上一放。赵英玲本就是一位通情达理的姑娘，她看重的是人品和感情，是一辈子的志同道合，只是碍于父母一再催促，不得已而为之罢了。

然而，忽然有一天，赵英玲竟然接到了一封从内蒙古阿荣旗寄来的信，看完后她的心情一下子变得不淡定起来。这封信是未来的婆婆托人写的，信中有几句话极为关键，看得她不由得眉头紧锁，一时不知所措。信是这样写的："小玲子，芳他爹本来是全家的依靠，可他前几日在厂里夜间加班干活时，不小心被机器碾断了手指。小玲子，你知道咱家现在非常需要你！王杰的四个弟弟妹妹很小，正在上学，还顶不上事，俺有心脏病也难以持家。俺想来想去，就写信让你来俺这边过。"

这是一封家信，也是一封求援信。赵英玲看完信开始忐忑不安起来，她的第一反应是：婆婆家里出事了！而这一切，远在部队的王杰可能还不知道。婆婆没有给儿子写信，竟然先给自己来了信，这无疑是一种莫大的信任。信虽短，内蒙古家中的状况却如在眼前，再加上随信寄来的三十五元钱，特别是那句"让你来俺这边过"，婆婆望眼欲穿的心意，已经明明白白了。她又想起和王杰在沂蒙分别时，俩人曾经商议过如何照料公婆，看来到了该给父母说明白的时候了。

她拿定了主意，就把来信给父母念了一遍。父亲听后摇了摇头，长吁了一口气，拍了一下大腿就不再说话了。母亲知道这是一家之主已经做了决定，不禁大哭了一场，然后去帮女儿收拾行李。

赵家父女来到华堌村，两家人坐下来商议如何才能去内蒙古。王俊亭对赵家的举动大为感激，他有些动情地说："廉堂，你看赵家这是多好的闺女啊！这路上少说也有三千里，就让我去送小玲子吧。俺现在就剩一把老骨头了，到了内蒙古看看你二弟一家的情况，也就放心啦！"

当天下午，赵英玲赶到县城，向内蒙古发了一封加急电报，内容极为简短：后天陪爷爷去阿荣旗。署名：小玲子。

王杰在沂蒙的工作极为紧张，尚不知家中情形。这天晚上，他在日记中默默写道："家里三番五次来信催我回家结婚，可是我主意已定，说什么也不能丢掉党的事业去处理个人问题。现在我个人正年轻，再晚几年结婚也不晚。要在青年时代把精力放在党的事业上，多为国家做一点工作，把自身的力量全部献给祖国的社会主义建设事业。"

第二天，他竟然意外收到了赵英玲从内蒙古的来信，让他又惊又喜，惊的是父亲忽然遭受伤痛，喜的是未婚妻竟然已到内蒙古。那无比娟秀的字迹，是多么的熟悉和亲切，信里面藏着的是赵英玲美丽的心灵和她对自己的坚贞感情。

王杰捧着信反复看了两遍，心里面五味杂陈，他不知道这几千里的路途上赵英玲究竟经历了多少艰辛，但无论如何，看完这封信，王杰心

12 胸怀祖国，放眼世界，他第一个血书请战

中的一块大石头终于还是落了地。他当即写了回信：

> 亲爱的小赵！来信收悉。你陪爷爷顺利到达内蒙古，我很高兴。你能去内蒙古照顾咱爹娘，我要好好谢谢你！那边有你照顾着，我在部队就更放心工作了。小赵，父亲来信说，农场很大，也缺人手，你平时不要闲着，要主动参加农场的集体劳动，要在劳动中锻炼自己的本领，磨炼自己的意志，争做又红又专的农场工人。

信的开头，王杰再次使用了那个年代最浪漫的表达，而且第一次对心中的她用了"谢谢"两个字。订婚六年，千里奉孝，未婚入门，无怨无悔，赵英玲做到了他人不能做到的事情。

信的末尾，王杰署上自己的名字，还有一个崇高的军礼。是的，班长杨长河说得对，这是一位了不起的姑娘，这是一位善解人意的姑娘，她就是自己这辈子要找的那个对的人！

4

大山里的施工始终在紧张地进行着，一线的战士们不分昼夜地爆破、打眼、运渣，为了进一步加快工程进度，工地上还掀起了"比学赶帮"的热潮。

王杰虽然身在爆破班，却始终关心着全排的进度。据王杰最新观察，三排的业绩比较突出，无论钻孔还是运渣，都是全连第一，二排却有些落后。关于其中的原因，二排排长赵书彦认为主要在于技术上"不过硬"。他的话虽然不无道理，但是王杰觉得最关键的因素还是人，特别是五班长和六班长两个人在团结协作上搞得不够好，一来二去，不但影响了个人情绪，还妨碍了工程进度。

这天晚上，连长突然在会上宣布：原二排排长赵书彦调任副指导员，原三排七班班长朱玉沛调任二排代理排长。连队在施工的关键阶段进行人事调整，是为了调动国防施工队伍的活力与热情。

朱玉沛和王杰毕业于同一所学校，又是同一年入伍，俩人在新兵连就成了好朋友，平时经常交换学习心得、交流思想改造成果，俩人又都是连年的"五好战士"、技术尖兵，都在班里担任职务。听了通报，俩人不由得分头想起了心事。

朱玉沛想："二排有许多老兵，有的入伍比自己还早，现在连部宣布自己去领导二排，这个担子怎么挑？会不会有人不服气？"他把自己的思想顾虑向指导员主动做了汇报。冯安国把准了他的脉，用鼓励的口吻对他说："大胆工作吧，应该相信同志们是能够把革命利益放在第一位的，有了问题，可以向支部反映。"

王杰却从另一个角度在想：朱玉沛为人踏实，工作积极，大家评价他"说话像个大姑娘，工作像只小老虎"，是个"叫挑五十斤，争挑一百斤"的好同志。三年军营锻炼，王杰从内心里佩服他，经常以他为榜样，特别是天津抗洪时朱玉沛发着高烧还坚持在水中架桥，给王杰留下的印象特别深。现在朱玉沛来二排做代理排长，这是多么好的学习机会啊！自己应该积极主动地协助他做好工作，以减轻新排长的负担，不辜负连党支部对二排的期望。

第二天一早，朝霞满天，王杰和二排的同志们站在山坡上，远远看见朱玉沛背着背包从山的西边绕过来，他们马上迎上去，行了个军礼，随即接过背包和挎包，热情地把新排长引进了营房。趁同志们抢着倒水的空儿，王杰把朱玉沛的背包解开，在他的铺位旁边铺上床单，挂上了蚊帐。原来，一早起来，他就已经把新排长的铺位准备好了，在下面铺上了一层厚厚的干草，还特意安排和自己的铺位紧挨着，便于俩人及时交流。

一切安排妥当，他对朱玉沛说："排长，我现在上岗去了，班里的情况下午再向您汇报！"

下班回来后，王杰主动招呼说："排长，咱们找个地方聊聊吧。"在房后一个背风的地方，两个人在一块青石板上坐下来。王杰首先开口说："老乡，从今天起我就喊你朱排长吧。今后在工作上你要多安排我干活，在生活上也要严格要求我，发现我错的地方你要狠狠地批评我，不要因为我们是同年入伍的老乡，就不好意思。"

朱玉沛知道王杰的特点，虽然说话不多，但说一句是一句，从没有半点虚假。王杰这几句话，说得是那样的掏心掏肺，这是胸怀坦荡的表现。听了这些话，朱玉沛也非常诚恳地说："我也没有什么能力，咱俩以后互相帮助，共同来把二排的工作搞好吧。"

接着俩人切入正题，谈到了工作上存在的问题。王杰汇报了各班的思想表现，同时又把五、六两班之间团结协作的问题重点谈了一下，最后，在谈到技术上的问题时他说："三排是个先进排，这回你把经验带到咱们排，一定能把二排的工作搞得更好。"

朱玉沛说："你在爆破班，三个钻机组的工作情况你都了解，你说，二排的问题出在哪里呢？"

王杰考虑了一下说："照我看，技术方面是两台钻机工作时协调不够好，浪费了许多时间；再就是分工不明确。至于两位班长的问题，还是请你和他们分头谈一谈吧。"

解决问题不能过夜，两个人商议了一阵子，决定连夜率领三个钻机组去三排现场参观。朱玉沛打着手电，王杰提着马灯，并肩走进三排的作业场。看着兄弟排干得井井有条，听着几部机器"突突——突突——"的节奏声，王杰正想说话，朱玉沛先开了口："同志们，可能是我们使用机器时出了问题。"

有比较才有进步，再加上新排长的投石问路，在随后开展的自查会议上，大家纷纷发言，各抒己见。

"挪动钻机时，我们的准备工作不够好，造成了时间浪费。今后必须清理好现场，确保一步到位！"

"听听人家的压缩机，声音多清脆啊！咱们的两台钻机不该同时停止作业，影响了压缩机的功率发挥。"

"我们也要学学三排，运渣时提前把装车的、推车的人员都分好工，固定下来，免得窝工。"

…………

会后，朱玉沛又和五班班长、六班班长专门谈了一次，指出他们应该以身作则，团结协作带动大家，共同把二排的进度赶上去。

王杰所在的爆破班担负着全连的任务，每次点炮任务一结束，他就赶到二排的作业面，不是协助抱钻机，就是帮助运石渣，一干就是两三个小时。朱玉沛打心眼里佩服他，心疼地说："王杰，快回去休息吧！"他却笑着回答说："睡早了睡不着，让我干一会儿再回去。"

问题一个个解决了，二排作业的进度一步步加快，不到一个月的时间，就达到了全连的先进水平。战士们都说："咱们朱排长真有办法！"新排长在二排树起了威信，这是多么好的事情，王杰真为朱玉沛还有二排感到高兴啊！

怎么才能表达此刻的心情呢？他快乐地唱起了一首歌——《我们走在大路上》。

我们走在大路上，意气风发斗志昂扬，
毛主席领导革命队伍，披荆斩棘奔向前方。
向前进！向前进！革命气势不可阻挡，
向前进！向前进！朝着胜利的方向。
…………

这是王杰最喜欢的一首歌曲。他每次唱起这首歌，都浑身热血沸腾，脚下充满着力量，心里充满了希望。

5

技术水平上去了，政治思想也不能放松。

二排决定开展学习英雄活动，进一步从思想和精神深处来鼓舞全排斗志。王杰从连部借来一本《战斗英雄的故事》，其中有一篇《滚雷英雄罗光燮》，引起了他的注意。

这位罗光燮，是四川乐至县人，是中国人民解放军涌现出的战斗英雄，在一九六二年中印边境自卫反击战中，他舍身滚雷，为国英勇捐躯。王杰看了，心里一震，这位英雄竟然也是一名工兵，而且还是黄继光式的英雄。这是一个多么光辉的榜样啊！他当即决定把这位英雄的故事推荐给二排的战友们学习。

在作业场外的两棵松树下，朱玉沛带领着全排，抓住施工集中休息的时间，组织全排战士围成一个弧形，自己则坐在一块大石头上，捧起书本开始讲述英雄的故事。

一九六二年，印军肆意侵占我国领土。中国发出和平解决中印边境争端的倡议后，不但一再遭到印方拒绝，印方竟然还向中国发动了大规模的武装进攻。真是欺人太甚！中国边防军奋起自卫反击。

中印边境自卫反击战打响了。在一次战斗中，罗光燮所在的二班在排长的率领下，配合步兵执行爆破任务。为了行动便捷，罗光燮不顾零下四十多摄氏度的严寒，毅然脱下毛皮鞋，换上了胶鞋，甩掉手套，赤手紧握着爆破筒，全神贯注地等待着冲锋的号令。随着两发红色信号弹升空，不等排长"前进"的口令落地，罗光燮一个箭步，第一个冲出了战壕。他在这次战斗中，不仅冻伤了手脚，而且手掌一度和爆破筒冻在一起，在他猛地扔出爆破筒时，手掌竟被活生生地撕掉了一大块皮。战斗结束后，在白雪皑皑的阵地上，罗光燮双手缠满了绷带，连吃饭时端碗都很困难，可他还是坚持写下了这样的日记："为了党，为了祖国，为了人民，我愿意贡献自己的全部力量，甚至鲜血和生命。"

十一月中旬到了，罗光燮听说工兵连又要配合兄弟部队打反击了，目标是印军占据的二十七号据点，他不顾伤口还没愈合，手指甲还没长出来，脱了皮的地方也还没有长出新皮，就从医院溜回了部队。

在热琼沟西侧山梁后紧靠中国的一侧地区，印军不仅修建了大大小小三十多个地堡，配备了强大的火力，还在二十七号据点周围的山坡上设置了纵深达六百米的雷场。这里地势险要、易守难攻，而且居高临下，由此向东可观中国境内纵深十多公里，向西可清楚地瞭望楚舒勒附近的丁如泽地区，那是印军机场的最后屏障，战略位置十分重要。

十八日清晨，一阵猛烈的炮声揭开了战斗的序幕。在炮火掩护下，工兵连跟随步兵四连向印军二十七号据点移动。突然前面发现了雷区，连长命令"工兵开辟通道"。工兵连一排副排长立即带队向前开进，硝烟弥漫中他的左脚踩上地雷，身负重伤，巨响和浓烟散去后，前进道路上的三班战士全部壮烈牺牲。紧接着，二班战士随着排长的口令冲了上去，冲在前面的正是罗光燮。他脖子上围着一条白毛巾，双手握着爆破筒，闪电似的向前冲去。

罗光燮和班长冒着敌人的炮火，奋不顾身地冲进了雷场，先是用探雷器一一将地雷探出，然后用爆破筒将其引爆，为大部队前进开辟出道路。罗光燮弯腰猛跑了十多米，刚通过一片开阔地，却不幸踩中了一颗被白雪覆盖的防步兵压发雷，只听"轰"的一声巨响，罗光燮当即倒在地上晕了过去……

很快，罗光燮又被爆炸声震醒了。他忍着剧痛撑起身子，发现自己的小腿被炸没了，身后背着的自动步枪被炸得七零八碎，爆破筒也掉到了右边的悬崖下。班长张铭傲见他醒来，正要冲上去救他，只见罗光燮艰难地举起右手，向班长挥了挥，既像是阻止班长过去，又像是挥手作别。

突然，顽强的罗光燮拖着伤残的身躯，毫不犹豫地滚进了雷区。轰！罗光燮的右臂被引爆的地雷炸飞了，可他的身躯仍然没有停歇，继续奋力向前翻滚，翻滚……轰！几秒钟后，又一颗雷被引爆了，罗光燮整个身躯被抛到几米以外又重重地跌落下来。只见罗光燮艰难地晃了晃头，甩掉了头上的泥土，又回过头来向祖国的方向深情地看了一眼，毅然硬撑起仅有的左手，让身躯横了过来，使出最后一股劲，沿着山坡向雷场深处滚去，滚去。随着一连串的地雷爆炸声，一条六米宽的通道被打开了，而罗光燮残缺的躯体也完全消失在了一片火光与硝烟之中……

"为罗光燮报仇，冲啊！"随着一阵冲锋号，战士们一跃而起，踏

12 胸怀祖国，放眼世界，他第一个血书请战

259

着洒满了烈士鲜血的通道向山顶冲去……很快，印军土崩瓦解，西段被占领的国土又重新回到了祖国的怀抱。

故事讲完了，朱玉沛的眼睛里噙满了泪水。松树下，二排的战士们一个个感慨无比，激动万分。罗光燮在紧急关头，舍身滚雷，保卫祖国，这是何等高尚的革命英雄主义和爱国主义精神。有人说，没想到工兵也能当英雄，了不起啊！

王杰被罗光燮的英雄壮举深深打动着。他合上笔记本，眺望着远方高耸入云的玉柱峰，又想起了那句"在任何艰难困苦的场合，只要还有一个人，这个人就要继续战斗下去"。他紧绷着双唇，暗暗下定了决心："当祖国需要的时候，我一定也像罗光燮那样，生为祖国，死为祖国！"

王杰爱看战斗英雄的故事，这些故事像火种，早已在他的心里扎根、发芽并蓬勃生长。据统计，在王杰的日记里，六次提到董存瑞，八次提到黄继光，三十三次提到雷锋，多次提到邱少云、罗光燮、周天喜、陈代富、王忠殿、黄家富、安业民、谢臣、刘胡兰、向秀丽、欧阳海、王若飞、方志敏等革命烈士。

踏着英雄的足迹，汲取着英雄的精神，王杰在思想上迈出了更为坚实的步伐。在他的心目中，沂蒙大地遍地都是英雄，祖国大地代代都出英雄。这是一个多么伟大的时代！我们一定能够高举和平正义的旗帜，战胜帝国主义贪得无厌的霸权。

6

一个注定让全世界高度关注、让亿万中国人民为之振奋和自豪的日子来到了！

一九六四年十月十六日，中国成功爆炸了第一颗原子弹。在古老东方的丝绸之路上，在中国西部的戈壁滩上空，一朵巨大的蘑菇云冉冉升起，现场无数为之奋斗的人们热泪盈眶。消息传出，长城内外人们奔走相告，大江南北人心振奋。

快看！满街大红的《人民日报》号外版，人们争相阅读，"我国第一颗原子弹爆炸成功"的标题下还有一行小字意味深长："我国政府发表声明，郑重建议召开世界各国首脑会议，讨论全面禁止和彻底销毁核武器问题。"

喜讯传到工兵一连，全体官兵欢呼雀跃，在工地上紧张施工的战士们纷纷跑出洞口，顾不上浑身的灰土石屑，兴奋地拥抱在一起。连长和指导员前来视察工地了，他们带来了师部首长的亲切慰问，全连上下沉浸在了一种特别喜庆的氛围之中。

这天晚上，王杰按捺不住自己的心情，在日记里特别写道："原子弹试验的成功，生动有力地证明了我国人民巨大的创造力，以及高度发达的科学和技术水平，它是马克思列宁主义正确路线和党的领导的结果，是我国人民坚强的意志、自力更生的精神和创造性的劳动相结合的结果！"这是一名普通战士对国家事业的理解与认识，文字炽热而铿锵有力。

夜很晚了，战士们终于进入了梦乡，每一位战士都睡得特别香，嘴角上挂着甜甜的微笑。

7

就在施工热情空前高涨的时刻，坦克二师工兵营一连忽然通知朱玉沛、王杰和韩义祥去参加"郭兴福教学法"集训，王杰去莱阳，朱玉沛去潍坊，韩义祥去连云港，三人接到通知后非常激动。

这是根据济南军区工程兵司令部的安排部署，在山东、江苏等地举办的一次重要集训活动。"郭兴福教学法"是我军在二十世纪六十年代初开展和推广的军训教学法，其创始人郭兴福是当时南京军区的一名优秀教练员。他在军事训练中总结出"六字训练口诀"，即勇、猛、狠、快、准、活，要求战士心装敌情，将靶场当战场；主张士兵在训练时不仅要严格刻苦，还要机动灵活。一九六三年底，中央军事委员会训练委员会主任叶剑英观看了"郭兴福教学法"，给予了高度评价，从此全军掀起了一场学习运动。一九六四年初，中央军委秘书长、总参谋长罗瑞卿在南京主持召开现场会，要求各军区、军种、兵种、军事院校等都要培养出自己的"郭兴福式教练员"。

明天就要出发了，受副指导员的委托，二排代理排长朱玉沛代表连队与王杰、韩义祥进行了谈话。这个培训，表面上看是工程兵司令部搞的一次练兵集训，实际上就是为基层连队培养业务尖子，为班排培养军事训练的带头人。朱玉沛郑重其事地说："这次外出集训任务紧急，连里推荐我们三人参训是对咱们的信任！你们要有心理准备，这次培训结束后，你俩可能要被连里委以重任。这是组织对咱们的信任，相信你们定会不负众望，圆满完成任务！"

一席话听得两个人热血沸腾，王杰握住韩义祥的手说："咱们要好好参加集训，认真学习，一定把过硬本领真正学到手，绝不辜负首长对我们的期望！"

当晚，王杰在整理行装时，先后来了两个送别的战友。第一位是辛庆文，他一见王杰就黑着脸说："王杰，你明天去莱阳学习，准备穿什么衣服去撑门面呀？"王杰听了这没头没脑的话，忽然不知道该怎么回答。他的军装个个有补丁，新军装一发下来就上交了，要不就穿身旧军装去莱阳吧。

见王杰呆在那里，辛庆文不禁"扑哧"一笑，从身后变戏法似的拎出来一身新军装，放到王杰铺位上，说："就穿我这身吧，我没舍得穿，就给你留着呢。你代表的可是咱全连的形象，也是工兵营的形象。"不由分说，辛庆文催他马上换衣服。王杰一转身，身后的旧军裤露出了一个窟窿，他连忙脱下来，准备晚上补一补再洗出来。辛庆文眼疾手快，一把夺过去说："快把上衣也脱了，今天我就全部没收了，等你学成归来我再完璧归赵。"看着王杰换上新军装，一身精神，辛庆文这才转身离开。

辛庆文前脚刚走，四班长孙西朵后脚就进来了，他也是来找王杰告别的，他明天就要和一批战士转到其他部队去了。当听到王杰要去莱阳参加培训时，孙西朵不禁高兴地叫起来："祝贺你，王杰！你是文化兵，又爱学习，技术本来就过硬，参加培训后可就如虎添翼了。"

王杰拉着老战友的手说："我一定好好学习。这一年来光钻山洞了，军事技能没什么进步，这次一定抓住机会好好补上。"他忽然有些依依不舍地说："没想到你要转到其他部队去了，我送你两本书吧，算是留念，也是希望你继续学习，取得新成绩。"两个人约定今后定期通信，相互鼓励，苦练硬功，立志早日开赴最前线，一同杀敌立功。

第二天一早，三个人步行十公里赶到上冶车站，然后坐车赶往费县火车站。一路行来，他们有说有笑，别提多高兴了。三个人既是战友，又是同学加老乡，大家不禁回忆起当年参军入伍时母校送行的场景，还有金乡一中老校长杨经元题写的"剑胆琴心"。这次全连抽调的三个外出培训尖兵，竟然是同一个学校毕业的学生，他们一定要给母校争光，给工兵一连争光。

费县车站到了，他们该分别了。王杰告别战友，坐上了开往莱阳的列车。日头偏西，列车徐徐开动，王杰久久望向窗外，心情难以平静下来。刚才排长在路上说，从莱阳学习回来，三个人就要直奔徐州和大部队会合，今年不能再回沂蒙了。他还没来得及和乡亲们告别呢，又怎能不恋恋不舍呢？

别了，红色的沂蒙，光荣的沂蒙！

别了，可爱的乡亲，可敬的老区人民！

别了，沂蒙七十二崮，大青山，玉柱峰，要峪村！

别了，山村里那一张张亲切而又熟悉的笑脸，山上山下那一个个朝夕相处的故事！

没有眼泪，也没有歌声，唯有深深的眷恋。这片土地给了王杰太多太多，他在这里留下了太多难忘的回忆，这次离开不知何时才能回来，自己唯有用加倍的努力和进步来回报这片土地。

列车奔驰，在大山的海洋里穿行……

莱阳是一个远近闻名的梨乡，也是一个出英雄的地方，"南京路上好八连"的起源地就在这里，"好八连"就是在这里组建的。王杰早就立志向"好八连"学习，这次能到莱阳学习，心里别提多高兴了。

今天，来到这个有着优良革命传统的地方，王杰非常珍惜，他开始如饥似渴地学习。课堂上，他学习了"郭兴福教学法"的主要特点：从实战需要出发，从难从严训练；民主教学，官兵互教；摸清底细，因人施教；突出重点，精讲多练；循序渐进，逐步提高；启发诱导，形象直观；评比竞赛，树立标兵；既练战术、技术，又练思想、作风。其教学方法可以概括为：会讲，会做，会教，会做思想工作。他下定决心，一定要把郭兴福的"四会"教学法学到手，回去当好一名合格的教员，为练兵备战、开赴战场贡献力量。

培训紧张而有序地进行着。他白天学，晚上练，积极参加交流座谈，忙得不亦乐乎。王杰利用培训间隙，记录下了两段难忘的学习生活。

11月9日

看到尖子分队的表演，我为能参加这样的集训而高兴，也为他们过硬的功夫、紧张的作风、不怕苦不怕累的精神而欢呼。部队只有练成他们这样才有战斗力，战时才能过硬，才能消灭敌人，取得胜利。来此集训时间很短，我必须抓紧一点一滴的时间，一定把他们的经验学到手，带回去，使我们的部队也训练成思想红、功夫硬、战术精的部队。

11月13日

今天是集训的第五天，天气比较冷，西北风不停地吹，刮得人都不容易站住。天气虽冷，但是我们照样到野外作业。一开始浑身冻得发抖，眼都睁不开，但作业了一个多小时，慢慢地就不感觉冷了，身上渐渐暖和起来。练硬功，在好的环境下要练，在困难的情况下也要练，好天气练，坏天气同样也要练。两天的练习我都顶住了，我知道坏天气对我是一种考验，但是我经受住了考验，学到了本领。

王杰不但在作业时间练，还常常拿出休息的时间抓紧练。别人问他怎么那么拼，他说："熟能生巧，练能出劲，只有一刻不放松，才能拼出速度和质量，练出真本领。"

功夫不负有心人，就这样，他的成绩不断上升。按照要求，在中等硬度的土壤里三十分钟埋十个雷，成绩就是优秀，而王杰只用二十五分钟就埋完了十个雷；在坚硬的土壤里要求是六分钟埋一个雷，他不到五分钟就能埋一个。除了这些技术层面，王杰在政治思想和作风方面，也学习掌握了"郭兴福教学法"的最大特点，那就是带着敌情练兵，带着阶级感情练兵，在任何情况下，都要敢打敢拼、有我无敌，始终发挥人的主观能动性，哪怕是一块石头，只要握在我们手里，也要让它发挥出最大的威力。

月底培训完毕，济南军区评比出了"郭兴福式四会教练员"，莱阳教学点六个工兵教练中一共入选了两个，王杰是其中之一。

王杰一回到徐州，就马不停蹄地赶到连部报到，偶遇同样学习归来的朱玉沛、韩义祥两个人，三人喜不自胜。连长和指导员共同接见了他们。这场分别虽然仅仅只有一个月的时间，大家却感觉好像是过了半个世纪。

炮兵二师军营里，战士们成长的历史，正在悄悄翻开新的一页。汇报结束，王杰和韩义祥光荣地领了新的任务，分别担任工兵营一连二排五班、六班的军事教导员。不久，又一道任命下到二排，宣布王杰担任五班班长，韩义祥任六班班长，朱玉沛被正式任命为二排排长。

★ 8

五班班长王杰走马上任，他想的第一件事就是如何接好今年的

12 胸怀祖国，放眼世界，他第一个血书请战

265

新兵。

革命队伍需要新鲜血液，对于即将到来的新兵，王杰心想："我这个新班长给大家送点什么礼物呢？只有思想上不断进步，才能担当起革命的重担。"想到这里，他专程跑了一趟徐州书店，拿出自己的津贴，一下子买回了十九本毛主席著作单行本，准备送给新兵当礼物。王杰每个月的津贴是三元，可他每月的生活费从来不超过一元钱，攒下的津贴都用来为战友们买图书和学习用品了。

这天一早，王杰带队来到徐州火车站接站，他们接过新战士肩上的背包，一路欢笑着赶往军营。安顿好每个人的铺位，王杰就拿出一摞散发着油墨书香的领袖著作，给每人发上了一本。新兵们接过新书，看到封面上的红色字迹，心里暖暖的。这还不算，晚上连队举行了隆重的新兵欢迎会，王杰特地朗诵了自己新写的一首小诗，献给新来的战友们：

晚霞映红了天，车站上人声喧。
敲锣打鼓迎战友，革命队伍又把力量添。
革命的接班人，祖国靠你捍。
努力学毛著，端正方向盘。
千斤重担挑在肩，奋勇到底勇向前！

元旦刚过，坦克二师工兵科在徐州佟村坦克训练场组织了一场教练员集训。集训教官季家祥是位经验丰富的老工兵，这天下午他安排王杰担任示范班班长，要求在明天一早开始的集合训练中，教授大家"敌前沿设置防坦克雷场"。

到了晚上，王杰开始思索："这是我的第一课，必须讲好，但如何才能保证效果呢？"经过一番苦思冥想，根据莱阳的培训心得，又参照以往多次给高副连长抄写教案的经验，王杰连夜撰写完成了自己的教案。他揉揉有些酸的手腕，正准备休息时，又想到一个问题：这教案是有了，但是还没有经过实战检验，也只能算是纸上谈兵。怎么办？只有一个字：练！

王杰睡到下半夜就起床了，出门一看，满地雪白，原来是一场大雪悄悄地覆盖了徐州大地。雪天的训练场，成了他一个人的战场。

按照科目要求，设雷需要以卧姿行进，王杰毫不犹豫地蹲下身，冒着寒冷的夜风卧在了雪地里。他打开手电筒，一边进行设雷实际操作，一边修改着教案。一切从实战出发，这恰恰是"郭兴福教学法"的精髓所在。王杰脸冻紫了，手冻僵了，但他下定决心要用实战操作方法来上好这个示范课，这点苦算什么！

由于准备充分，第二天上午的这堂示范课王杰讲得非常生动。在进行现场作业时，王杰给每名战士发了一根树枝，把留在雪地上的脚印和作业痕迹全部清理得一干二净。这个细节，得到了总教官和战友们的一致好评。然而，很多人并不知道，这是他寒夜卧雪换来的。

当了班长的王杰，深感肩上责任重大，愈加注意自己的言行，生怕给新兵带来不好的影响。他每天晚上都要整理回放一遍当天的言行，发现错误及时进行自我批评。这个习惯他已经坚持了几年，现在对自己更是严之又严。

一天，王杰刚从炊事班帮厨回来，和新战士闲聊时无意中说了一句"我也是一个超期服役的老战士了"。别的人都没在意，然而，当天晚上他硬是回想起了这句话。自己为什么要说出这样的话呢？话里面怎么听都有一种抱怨的意味呀！这个世界上没有绝对的无中生有，肯定是有原因的。经过一番严格自查和自我解剖，他发现自己思想上的确背有一个"超期服役"的包袱，而且在家里多次催促结婚时，也产生过服役期满就回家的念头。

问题找到了，就要立即整改，只有解决好自己的问题，才能解决好班里的问题。王杰当即警告自己，务必消除这种消极思想，安心在部队工作，部队让干几年就干几年。为此，他专门写下一首题为《革命岂有超期》的小诗，以此来开展自我监督：

> 服役虽已期满，怎能解甲归田？
> 台湾还没解放，国际形势紧张，
> 约翰逊到处扩军备战，
> 怎能放下枪杆把锄头换？
> 服役期满不能向右转，
> 认清形势端正方向盘。
> 身在连队眼把世界观，
> 帝国主义不消灭，
> 枪杆永远扛在肩。

这首小诗虽然简短，却无比深刻与笃定，它像一面坚实的盾牌，牢牢地挡在了他那个念头前面，再也不曾动摇过。

9

新战士一到连队，立即投入紧张的训练中，他们最主要的训练科目就是挖雷布雷，这是战场上急需的本领。

寒风刺骨，王杰带领全班在野外进行单个地雷设置与排雷训练，他的手被冻得肿起一指多厚，外形像个气蛤蟆，每掘一锹土，手就震得发疼。这时，他观察了一下全班的操作情况，发现有的同志进度很慢，有的同志挖的雷坑质量不高，不由得眉头直皱。王杰让满头汗水的新兵先休息一下，然后把大家召集在一起，耐心地讲解操作要领。紧接着，王杰开始做示范动作，并让副班长看着表卡操作时间。新兵们瞪大了眼睛，都想看看班长的本领。

只见王杰"嚓嚓嚓"一口气挖了二十四个雷坑，只用了十五分钟，而且个个合乎标准。一番操作下来，战士们全都看傻了眼，这真是一身硬功夫啊！

榜样的力量是无穷的！看了班长的示范，五班的战士一个个斗志昂扬，练得可带劲了。但也有个别新兵不理解，因为虽然训练强度比不上王杰入伍时抡大锤、推小车那些工作，但对一些新手来说，依然存在不少困难。五班有一个新战士吴庆忠，因为对布雷爆破认识不足，干活总是慢腾腾的。王杰发现后，趁着晚上休息时间约他出去走走。没想到这个小吴是个直肠子，他一上来就毫不客气地抱怨说："王班长，你带兵太严，大家都快累趴下了，我更适应不了，我想调到别班去！"

王杰还从来没见过这么能"放炮"的新兵，这可能就是对当班长的一个考验吧。他笑笑说："庆忠同志，咱们先来讨论一个问题。你想想在战场上，是不怕吃苦的存活率高，还是耍滑偷懒的人存活率高？"小吴一口答道："这还用问嘛，当然是不怕吃苦的，谁练出了真本事谁就能活下来。"

"这就对了嘛！平时多流汗，战时才能少流血，这是无数革命战士用鲜血和生命换来的经验和教训。庆忠同志，这绝不仅仅是句口号。我们看过不少八路军和鬼子拼刺刀的影片，只要我们本事大，死的就是鬼子。战争打的是什么？打的是精气神，打的是真本事，打的是英雄气概！在太行山上，那些日本兵不也成了八路军的刀下之鬼吗？道理就这么简单。"

王杰这番话入情入理，这位新兵听着不由得面红耳赤起来，连连说道："班长，我错了！请您帮帮我，我应该从哪里做起呢？"

王杰斩钉截铁地说："想要敌人的命，自己得有命。只有平时练出真本领，战时才能要了敌人的命。党中央毛主席号召我们学习雷锋，你也知道雷锋同志干一行爱一行，从不在工作中挑挑拣拣。其实行行都能出状元，只要你不怕吃苦，钻研进去，相信你一定能够干出成绩来。如果这山望着那山高，三年服役下来，终将一事无成。这是原则问题，一定要搞清楚。"

王杰的一席话让吴庆忠茅塞顿开。从此他像换了个人，刻苦训练，迎难而上，经过一年的历练后，他被评为一级技术能手，后来又被提拔为班长。

王杰决定再找小陈谈谈。这个小陈叫陈建同,他这两天挖雷坑时不但动作迟缓,还眉头紧锁,王杰猜他肯定是思想上出了问题。王杰找到了他,陈建同坦率地说:"班长,我在家里就没干过这种活,当了工兵,往后是不是整天干这个?"

王杰一听,这是犯了自己当年的老毛病,看似是受不了训练的苦和累,实际上是觉得自己是初中生当工兵屈才。他丝毫没有责备小陈,反而将心比心地说:"我也是个初中生,刚入伍时想法和你差不多,认为自己当工兵大材小用。这几年下来才知道,工兵专业学问深得很,现在越来越感到自己学的那点知识不够用了。"

王杰知道光讲道理还不行,还要从感情上对其进行感化,于是王杰话题一转,问起他家里可有啥困难。陈建同慢慢地说出了他的家世,他谈到了奶奶的死、爷爷给地主做牛做马的情况,还有伯父被国民党抓丁的事……最后他哭了,王杰听着听着也陪着他流下了眼泪。

等陈建同平静下来,王杰说:"咱们都是共青团员,应该听党的话,紧握手中枪。毛主席说:'你们青年人朝气蓬勃,正在兴旺时期,好像早晨八九点钟的太阳。希望寄托在你们身上。'我们应该长志气,做一个红色的革命接班人。"

王杰不但带领五班严格开展教学训练,而且还在日常生活中教他们如何打补丁、补袜子,保持勤俭节约的良好作风,像兄长般关心着战友,在思想上引领他们,在生活上照顾他们。这个班集体,很快变成了一个温暖的大家庭。

10

王杰一门心思带领五班战士加大训练强度,全面提高队伍的军事素质。时隔不久,连队号召大搞军事训练和技术革新,王杰又被任命为"训练先行班"班长。这可是一个新的考验,如何才能先行呢?他决定带领全班夜以继日地搞革新,制作训练器材,千方百计激励全班的训练热情。

　　一天，道路坡度测量刚刚结束，王杰想："夜战是我军的传统战法，怎样保证夜间准确测量道路坡度呢？"一连好几天，他早起晚睡，待在储藏室里苦思冥想。这天夜里，连长查铺回来，发现王杰还没有休息，了解到他正在研究怎样保证夜间测量道路坡度的问题，就帮他想了一个用木盒子装水准仪的办法。王杰一听，脑子开了窍，连忙找来工具进行操作。可是经过一番操作，王杰发现水准仪的横线看不到，这又把他难住了。一次次尝试，一次次失败，但王杰一直没有灰心，而是更加坚定了信心。

　　副班长张钦星站岗回来，一看班长还没睡，想去催他休息，推开储藏室的门一看，王杰正一动不动地对着水准仪研究呢！看他投入的样子，张钦星不忍心打扰他，又把门轻轻地关上了。其实他已经注意到了，这几天王杰连电影都没心思看了，前天"四好战士"和"五好战士"开会，参会的人每人一张电影票，可是他却把票让给了别人，自己则蹲在俱乐部里修改技术方案。

　　王杰热衷于搞革新，班里的战友都称他是"革新迷"。最新的《人民工兵》杂志发下来了，他从头至尾认真阅读了一遍。放下杂志，他就盯上了一种"防步兵的绊发雷"。这种雷原来只有一根绊线，只能从一个方向让敌人绊线触雷。怎么样才能克服这个弊端呢？他参考杂志上介绍的经验，加上了一个装置，利用改变力量方向的原理，拉上了四根绊线，不管敌人从哪个方向来，都能触发雷的引爆装置，使它再也没有方向死角。

　　过了两天，"革新迷"王杰又从杂志上翻出一种新型"信号雷"。这是一种用于报警的地雷，由雷壳、抛射装置、引信、信号药等组成，配用压发、拉发或压拉两用引信。王杰发现"信号雷"通常设在地雷场前沿，这正是当前训练需要解决的问题，于是他就埋头研究起来，最后终于把信号雷试制成功了。战友们看着冲天而起的信号烟火，兴奋地说："这下好了，无论白天还是黑夜，只要敌人胆敢进入我们的雷区，就别想瞒住我们了。"当连队把这些新项目介绍推广给全连同志们时，

12　胸怀祖国，放眼世界，他第一个血书请战

大家竖起大拇指说："五班长真行！五班不愧是先行班！"

然而，王杰并不满足于这些发明与创新，他想得更多。他想到了胶东人民的"地雷战"，如果敌人的工兵排出了我们的雷呢？他想到了越南前线，如何在密林作战时巧妙设雷呢，布置怎样的雷场才能适合越南战场的地形特点呢？我们必须多练两手，坚决以革命的两手来对付反革命的两手。

他决定，首先从增强臂力开始练起。王杰带领五班的战士们，有时三三两两，有时全班都上，在天将破晓或暮色苍茫的时候，苦练托雷基本功。在荒山上，在草丛中，在野地里，在军营的四周，工兵战士们趴在地上，每人手里托着一个十六七斤重的大圆雷，练臂力，练意志。

考虑到越南崇山峻岭、地形复杂，王杰用手指着山坡对大家说："这就是'越南战场'，这个'战场'地形坡度不算大，但却杂草丛生，石子石渣到处皆是。这样的山坡，对坦克来说如履平地，正因为这样，我们才要在这种地形上练习埋雷。同时，为了给我们自己的坦克部队开辟道路，我们也可能要担负排雷的任务。"

王杰说完，接过一个战士手里的两个地雷，自己也立即趴好，然后下达了前进的口令。坡地上响起了一片"沙沙沙"的声音，只见每个人托着雷，用臂肘和膝盖擦着碎石，奋力匍匐前进。在山坡上这样行进，每前进一步都要比在平地上多付出几倍的力气，没一会儿，人人累得满身大汗，却没有一个落在后面。

大概二十分钟后，王杰和战友们几乎同时爬到一条线上，开始一起挖坑、埋雷。这时，大家的军装都被汗水湿透了，裤腿、袖筒等着力的地方都磨出了洞，胳膊肘和膝盖磨破了皮，有的地方还渗出血来。"只有平时多流汗，战时才能少流血"，这是王杰练兵时的口头禅。为了检验训练效果，他告诉大家："我们工兵的任务就是布雷、排雷。在前面这片山林里，我昨天埋设了许多教练雷，谁去排出这些雷？"

"我去！我去！我去！"大家争先恐后，一跃而起。

只见一个战士率先进入山林，突然他碰到了一颗雷，一发红色信号弹腾空而起，照亮了半个天空，惊得战士们互相告诫着"小心！小心"。有的战士发现了脚下的地雷绊线，刚刚把它剪断，却因为绊线连接的橡皮筋一弹，地雷意外地"爆炸"了。

战士们继续摸索着前进，身后传来王杰的声音："大家注意有绊发雷！"战士们格外警惕，小心谨慎地注意着脚下，不料一抬头碰到了头顶上的一根绊线，地雷又"爆炸"了。"上下注意！"战士们互相告诫着，可腰部又发生了"爆炸"。好家伙，山林里机关重重、处处有雷，真是让人防不胜防啊！

一场排雷结束了，大家抑制不住内心的兴奋，纷纷围住王杰欢呼了起来。

"班长，你摆的这个地雷阵，我们差点出不来了。"

"班长，你想的办法真多，简直就是个科学家！"

看到新雷威力无穷，王杰心里自然高兴，嘴上却还是谦虚地说："同志们，地雷这门学问很深，我不过是个小学生。为了对付美帝国主义，我们必须随时做好战斗准备，一旦祖国需要，我们就可随时奔赴前线，狠狠地打击侵略者。"

王杰的铮铮誓言，极大地鼓舞了战士们的训练热情。全连几次军事比武，五班均被评为技术过硬的尖子班，王杰个人也在连队综合素质考评中获得了"一级技术能手"称号。

喜讯传来，王杰及时往内蒙古阿荣旗写了封家信，在信中他与小玲子分享了这份刚刚收获的喜悦。

不久，王杰又带领全班战士展开了实战大练兵。四月二日这天，王杰带领五班在"敌人"前沿阵地上进行设置防坦克雷作业。

夜深人静，一片漆黑，工兵连五班的战士们背着一个个"铁西瓜"来到布雷场。"作业开始！"班长王杰一声令下，一条条黑影齐刷刷地卧倒。这里是用泥土混合碎石子压成的坦克跑道，新战士用尽全身力气，一锹下去挖不出一把土，双臂震得直发麻。战士们用力挖了一阵子，还是浅浅的一个坑，真是急死人啊！有的战士嚷开了："那么多软地方不去，偏偏在这坦克道上折腾人！"还有的说："赶快转移阵地吧！"

王杰一听，黑夜里的声音有一个是东庆明，还有一个竟然是陈建同。这还是思想上出了问题啊。王杰连忙叫停训练，招呼大家围在一起讨论。他首先提问说："将来上了战场，坦克是走软地还是走硬地？"

"当然是走硬地！"大家异口同声地回答。

"对！训练就是为了打仗，是为了真刀真枪地在战场上和敌人比硬功。当前美帝国主义在越南扩大侵略战争，我们要时刻准备履行国际义务，不练出一身过硬的本领怎能行？"

紧接着，王杰打开手电筒，带领大家一起学习《愚公移山》，让大家和愚公比比看："我们先和愚公比一比年龄！"

大家都笑了，战士们回答："愚公，年届九十；我们都是二十岁的小伙子，浑身有使不完的劲！"

"我们再和愚公比一比困难。"战士们回答："愚公要搬走的是太行、王屋两座大山，我们仅仅是挖一个雷坑。比起愚公，我们的困难小多了。"

"最后，我们再跟愚公比一比毅力。"这下，战士们不好意思了。有的说："愚公受人嘲笑不动摇，我们碰到一点困难就泄气，真没出息。"一个历经千年的故事，依然是活的教材。

这样一比，大伙的劲儿一下子鼓得足足的。干，坚决不换阵地！新战士徐汝明个儿小，体力偏弱，挖不了一会儿，就累得气喘吁吁，手上磨起了泡，可是他一声不吭，硬是坚持着挖下去。天气虽然很凉，可战士们的汗水却浸湿了棉衣。经过苦练，战士们终于战胜了困难，由原来二十七分钟挖一个雷坑，提高到了七分钟挖一个雷坑。

坦克道上挖雷坑，这是先行班班长王杰的创举。

坦克从哪里来，地雷就埋在哪里，这是实战的精神。

唯有不断革新与创造，方能适应千变万化的实战要求，战胜世界上任何狡猾的敌人！

★12

五月一日，济南军区坦克二师工兵营召开了抗美援越作战动员大会。会议由工兵营营长丛英达主持，工兵营副政委王步尧作动员报告。会场四周贴满了"打倒美帝国主义""坚决支援越南抗美斗争"的标语，还有美帝国主义侵略我国、侵略越南、侵略世界其他地区的图片，这些早已激起了战士们心头的怒火。

王步尧副政委讲道："同志们，根据党中央和中央军委的指示，今天召开抗美援越作战动员大会。自新中国成立以来，美帝国主义亡我之心不死，朝鲜战争失败后，他们不仅扶持台湾的蒋介石反攻大陆，还支持印度在中国西南边境挑起战争。今天，他们又侵略越南，妄图堵死中国的南大门。美帝国主义在越南北方不仅狂轰滥炸，而且释放毒气，残杀妇女儿童，他们对越南人民犯下了滔天罪行。中国人民决不答应！中央军委命令我们，从本月起，各兵种部队联合行动，做好抗美援越的一切准备，坚决把无耻的美国侵略者赶出越南去！"

这是战备动员大会，也是控诉美帝国主义罪行的大会，更是向党和人民宣誓的大会。动员讲话结束了，战士们的情绪更加高涨了，一个个对美帝国主义恨得咬牙切齿。突然，王杰第一个站起来带领大家振臂高呼：

"打倒美帝国主义！"

"坚决支援越南抗美斗争！"

"美帝国主义从越南滚出去！从台湾滚出去！"

全体战士们的声音汇成了惊涛骇浪，响彻云霄！

动员大会结束后，王杰怒恨交加，他用大头针扎破手指，蘸着滴滴鲜血，工工整整地写下了请战血书：

坚决支援越南的斗争，我要当一名志愿军！

这十七个字，在王杰的日记中单成一行，笔迹粗犷，特别醒目。这十七个字啊，是美帝国主义在越南扩大侵略战火以后，早就深埋在王杰心底的决心，它也代表了全国人民的决心。

这是全军一万多人中的第一份血书！这份充满力量的血书，震撼了整个军营！

大家纷纷以王杰为榜样，写出请战书，要求到越南去，坚决参加援越斗争，拼死也要把侵略者赶出去。

紧接着，王杰又向连队递交了决心书，坚决要求参加抗美援越斗争。王杰在决心书中，写下了一句无比坚定和永远闪光的豪言壮语：

我们要一不怕苦，二不怕死。做一个大无畏的人！

★13

训练场上，王杰和战友们带着对美帝国主义的极度仇恨，带着进行世界革命的决心，日夜加紧练兵。

这次的训练项目是：在阵地前沿用垂直法设置五一式防坦克雷场。这个项目已经训练过好多次了，但今天却和往常不同。五一式防坦克雷每个有十七斤重，平时训练时，他们用的是自制的空心雷，就是用一个木匣子来代替真雷，每个只有两三斤重。王杰认为练即为战，应当按地雷的实际重量进行训练。因此，他提出在空心雷里装上土。连长支持了这个建议。

"平时多流汗，战时少流血"，王杰秉持着这一理念，运用"郭兴福教学法"来训练五班的战士，他要带出来一支百炼成钢的队伍。

训练开始了。雨淅淅沥沥地下着，场地上一片泥泞。教员王杰命令："敌人的坦克将发起冲锋，我们要在前沿设置防坦克雷场。要求动作迅速，一百米以外，无响声，无光亮。开始！"

战士们腋下夹起两个雷，两手提着两个雷，弯下身子，两眼警惕地望着前方。"嗖嗖嗖"，他们向前冲去，刹那间跑出几十米远，八十多斤的重量压得大家全身冒汗。王杰和大家一起行动着。

"敌人射击！"

战士们闻声"唰"的一下趴倒在地，浑身上下沾满了泥水。戴义宏动作不够熟练，卧倒时背上的枪管打了脑袋，后脑勺上起了个大鼓包，他没有喊疼，继续行动。

"敌人继续射击，匍匐托雷前进！"

战士们肘部抵着地，两手托着两个雷，脚用劲蹬着地，艰难地前进着。每只手上托着十七斤重的雷，还要迅速爬行，没几下，战士们胳膊吃不住劲了。

"班长，上不去了！"

王杰使尽全身力气，也感到前进困难。"停，原地坐起。"战士们围坐在一起喘着粗气。

"困难很大，但是要想办法克服，不能被困难吓倒。"王杰发动大家想办法。根据大家的意见，他们决定每次带一个雷前进。训练继续进行。但是每次带一个雷前进，每人四个雷，布置一个雷场来去要花四十五分钟，在时长方面达不到要求。

连长提醒说："要想办法巧干才行。"

中午回来，王杰一直在想点子。他找来了有关的参考书，认真地翻阅着，希望从中受到一些启发，来克服当前的困难。过去，他曾经从参考书上学到过不少经验，比如防步兵的绊发雷，还有信号雷，都是根据参考书上介绍的经验制成的。这次，他翻阅了不少参考书，但却没有找到相关材料。

午休时间，王杰和同志们商量着钉了个"背雷架"，四个雷正好分放在"田"字形木架的空格里,这样大家可以背着雷前进。战士们试了试说:"背着走还行,七八十斤压在背上,匍匐前进可吃不消!"看来还要寻找更为合适的办法才行。储藏室的灯光亮到深夜,那是王杰和战友们在制作器材。

连长查夜看到了,鼓励他们说:"不要怕失败,试验一百次能成功,就是最大的收获。"

一早出操回来,王杰看到军属们用童车推着小孩子在树下聊天,他一拍大腿,马上回来钉了个"拉雷车",下面还装上了轮子。大家讨论后认为车轱辘的声音太大,不符合实战要求。

他们请教见多识广的刘连长,刘德林笑着说:"你们看到过南方农村里用的稻桶吗?桶底有两条弯弯的船形板,在水田里滑行起来,又轻快又没声音。"这句话再次点醒了王杰,他高兴地说:"对啊,用船形板代替车轱辘,就不会再出声,而且它对路况的适应性比轮子更好。"

先行班立即动手,试验一次成功!战士们在"拉雷船"上装四个实雷,拉着船匍匐前进,比双手托雷轻松多啦。现在布置一个雷场,前后二十多分钟就全部完成。

练为战,不为看。一次次失败终于变成了成功,从"背雷架"到"拉雷车",再到"拉雷船",展示出了群体的聪明和智慧。

王杰所在班改革了布雷方法,先后制作和创造了七种器材,更加有效地发挥出了装备和武器的威力。

一场场不怕苦、不怕累的演练,帮助战士们更快地掌握了杀敌本领,目标是更好地消灭敌人、保存自我。

13 从沂蒙到内蒙古何止千里

⭐

自从一九五八年王儒堂率全家迁居内蒙古阿荣旗那吉屯农场以来，王杰唯有靠书信诉说思亲之情，还从来没有到内蒙古探过亲。移居内蒙古多年的王杰父母，忙里忙外，养活六口之家，生存境况并未完全好转。王杰母亲张淑英患有严重的心脏病，病情发作时总是念叨着王杰的乳名。赵英玲平素勤快，来到那吉屯以后，将大部分心思都用在了照顾婆婆身上。看到未过门的儿媳如此通情达理、勤快能干，张淑英心情舒畅，身体好转了不少。赵英玲忙完家务，就在附近农场参加一些劳动。农场主要种谷子、土豆，每逢播种时她就帮着农场选种，等苗长大了，又随农场工人一起除草。集体劳动时，为了不伤及庄稼，她总是弯下腰来将一棵棵禾边草用手拔掉。劳动之余，她还兴致勃勃地写下一首小诗，以此抒发自己内心的喜悦之情：

一望无边绿油油，烈日火烤汗水流。

风飞荡漾晒谷秀，硕果累累黄金秋。

也许是爱屋及乌，也许是本性使然，赵英玲到达内蒙古仅仅两个月，就适应了这里的生产生活，而且主动挑起了家里的重担，照顾老的，关爱小的。这是一个追求完美的姑娘，此时，若用人世间一切美好的词语来礼赞她的人品，都已显得苍白无力……

赵英玲里里外外所做的一切，王儒堂都看在眼里，喜在心上。这未婚入门的儿媳既勤劳能干，又节衣缩食，他心里实在过意不去，狠下心来要让儿子尽快回来完婚。

深秋的一个夜晚，王儒堂辗转反侧难以入眠，既然睡不着，干脆穿衣下床，坐在灯下给王杰写信。

我儿芳：

爹爹今晚再次给你写信，也是迫不得已！小玲子来内蒙古家中已两月有余，她白天干活、照顾老人，晚上教你弟弟妹妹学习，里里外外，任劳任怨，真是个世间难找的好媳妇。你们俩从五八年定亲至今已经七八年了，你们这个年龄应该结婚了！我知道你非常忙，但部队的事干一辈子也没个完。小玲子她不好开口，我就替她说了，我要你赶快回来完婚，婚后你继续干你的事业，小玲子干小玲子的事，你们也互不影响。如果有什么困难，我就给你们部队领导去封信，说明咱家的困难情况，我相信领导是通情达理的。另外，你也知道，我在面粉厂加夜班时，右手一个手指被机器绞了，需要治疗休养，这样小玲子的担子就更重了。每天看到小玲子这样勤勤恳恳地干活，我唯一的愿望就是盼着你们快些完婚，也算了却两家父母的一桩心愿！你娘三天两头催我写信，就怕心脏病犯了，走得早，见不着你了……

王杰看完父亲的来信，内心深处忽然升起一阵莫名的自责：父亲受了工伤，母亲心脏病严重，爷爷年迈需要照顾，弟弟妹妹上学需要辅导，这样说来，小玲子身上的担子实在太重了！王杰沉思良久，他努力在小家与国家之间做着艰难的选择。

2

无情未必真豪杰，军营亦是重情地。连队的首长同样心焦着王杰家中的事情。

当连部通知王杰准备探亲时，刚刚担任五班班长的王杰却婉言谢绝了，理由是他刚刚接手五班不久，班里又补充了一批新兵，他们需要快速熟悉工兵业务。王杰真诚地对一直关心他的连长刘德林说："连长，咱们连训练才刚刚开始，五班又是先行班，我怎么能让私事影响了全班训练呢？"就这样，王杰第一次推迟了探亲。三月上旬，连里再度为他安排探亲假。这时，师里正要组织新任班长进行培训，王杰对战友们说："如果我不去参加培训，将来怎么能带好全班呢？"于是决定再次推迟探亲。这一次，他请排长朱玉沛出面向连长说明了推迟的理由。刘连长见王杰态度诚恳果断，不得已同意了他的请求。转眼到了四月中旬，上级安排工兵营参加当地农业劳动。连长决定抓住这次非军事行动的机会，再次催促王杰回家探亲。谁也没有想到，这时六班班长韩义祥突然接到家中一封"父亲病重"的加急电报！韩义祥心急如焚，同时又感到茫然，因为作为一线战斗部队，按照规定一个排不能同时安排两个班长休假，而这时的王杰已经办妥了探亲假手续，出发在即。

王杰听说了韩家的情况，立即找到刘连长要求推迟探亲，坚持把这次机会让给家中十万火急的韩义祥。送走王杰，刘德林马上找到韩义祥说："王杰同志看到了你家的电报，请求连队让你先回去探亲，我们已经同意了他的请求。"

听到这话的韩义祥跳了起来，他当即来到五班，一看到王杰就着急地说："王杰啊！你和父母分别七八年了，伯母心脏不好，家里多次催你回家结婚，你怎么能把探亲假让出来呢？"王杰连忙安慰他说："伯父病重，十万火急！我再坚持一下，等你回来，我再探亲不迟。"看到王杰一脸真诚，韩义祥顿时热泪盈眶。

第二天一早，王杰帮助韩义祥办理好各种手续，然后拉着韩义祥的手说："义祥，通行证、粮票、住宿用的介绍信都办好了，你就放心走吧。"说着，他又从抽屉里拿出一件高领天蓝色秋衣，这是当时非常流行的款式。王杰笑笑说："你年龄也不小了，回家万一有人给你介绍对象什么的，你就穿上这件秋衣去相亲，也风光些！"

韩义祥紧紧地握着王杰的手，泪水再次忍不住流下来。他知道这是王杰省吃俭用准备的自己结婚时穿的新衣，他现在不但让出探亲假，还让自己带上新衣回家相亲，真是想得太周到了！这份情义，千金难买。

王杰把韩义祥送出营房，关切地说："义祥，你放心走吧！班里的工作你不用担心，有什么事我会帮着照料。"韩义祥洒泪而去。王杰这次让出探亲假，在全排全连产生了很大影响，无论是连首长、老战友，还是新兵们，无不对王杰的这一举动钦佩不已！韩义祥一到金乡，就马不停蹄地忙起来，送父入院，请医问药，日夜守护。万幸的是，老人的病情很快得到控制，但还需细心静养。韩义祥安顿好一切，把老人交由家人悉心照料，提前两天返回了部队。他不想让王杰等得太久，只有让王杰尽快探亲，才能对得起王杰这次难得的举动。恰在这时，五班接到上级通知，准备参加军区汇报表演。王杰找到朱排长说："我不能在汇报表演的节骨眼上离开连队。这次汇报表演，我班已经做好了充分准备。请排长放心，五班坚决完成任务！"就这样，王杰第四次推迟了探亲。五月上旬，盼儿心焦的张淑英突然心脏病复发，而且相当严重。王儒堂十万火急发来电报，再次催促王杰回家探母。如何才能让王杰回家探亲？连长刘德林决定采取特殊手段。他悄悄为王杰办好了一切手续，买好了火车票，准备好了粮票还有路费，接着通知王杰来到连部，当面下命令让他立即启程。

王杰归心似箭，这次没有再推托。他非常感激地看着刘连长说：

13 从沂蒙到内蒙古何止千里

"谢谢连长给我做的这些安排。部队眼下随时出征，我就请一周的假吧！"

"那怎么行！一来一去，路上就要五六天，这几千里的路程你总不能坐坐就走吧！不管发生什么，这趟也要好好陪陪家人。给你半个月的假期，回来我们还要组织全连活动，专门听你们三位教员汇报关于'郭兴福教学法'的心得与收获。这次你就放心去吧！"

王杰走出军营，身上只带了一个挎包。他转身深情地回望了一眼营房，踏上了开往齐齐哈尔的火车。

3

从徐州到阿荣旗，长达两千公里，而且并没有列车直达阿荣旗，离阿荣旗最近的站是齐齐哈尔，下了火车，还要换乘汽车。

王杰是一个闲不住的人，一路上他主动帮助大爷大娘提包袱、搬行李，还为他们打开水，帮助那些领着孩子的大嫂抱一会儿孩子，还帮着乘务人员打扫车厢里的垃圾。人们发现，这位年轻的解放军，忙前忙后，分明就是一位活雷锋。

列车"咔嗒咔嗒"快速行进着，像奏响了一首催眠曲，满车厢的乘客都忍不住打起了瞌睡。王杰无暇顾及窗外的风景，他从挎包里掏出一个笔记本，原来临行前连长布置了任务，他要利用这次假期高质量地完成一篇三千字的汇报材料。

题目就叫《我是怎样学习和运用郭兴福教学法的》吧，开门见山，直奔主题。至于文章的结构，可以分为五个部分，最关键的内容安排在二、三、四部分。第二部分就写自己是如何领会"四会"精神实质并用于教学的，主要解决好"会讲、会做、会教、会做思想工作"的问题。第三部分就写自己在教学中是如何体现"郭兴福教学方法"的。郭兴福在教学中的"四带"方法，就是带着情况、带着任务、带着仇恨、带着问题去练兵。如何在教学中体现"四带"呢？这个要梳理归纳清楚。第四部分就写自己是如何以"三练"来训练部队的,主要围绕练思想、练作风、练技术展开,把训练的实例和效果写进去,这样才能让同志们听得明白,听得深入。

王杰把构思好的提纲一一写在笔记本上。纲举才能目张,有了基本架构,一切就变得容易多了。他看着车窗外闪动的远方的城市灯火,轻轻地吐了一口气。

车厢有节奏地摇晃着,活像一个巨大的摇篮,王杰轻轻合上本子,他决定小憩一会。于是,靠在带窗的一侧,他很快进入了梦乡……列车一转眼就直接开进了阿荣旗,他刚走出车厢,就看到一位姑娘在向他挥手,那不是小玲子嘛!粉红上衣,红色绒裤,还是去年到沂蒙时穿的那身衣服。一转眼到了那吉屯农场,父亲拉着母亲的手,笑嘻嘻地迎出来,指着满山的树对他说:"芳儿啊,砍下这里的树,咱们盖新房,给你娶媳妇。"王杰高兴地接过一把锋利无比的板斧,甩开膀子,砍倒了一棵,接着又去砍下一棵。小玲子在一旁站着,甜蜜地笑着,笑着……

一声响亮的汽笛声,打断了王杰的梦,紧接着响起了乘务员的报站声:"各位旅客,前方到站——沧州西站,请到站的旅客带好自己的行李,注意下车安全。下一站,天津陈官屯站!"

王杰一个激灵,再也睡不着了,原来要到陈官屯了,这里可是两年前全营官兵抗洪救灾的地方。

他放眼窗外,只见一望无际的庄稼地里全是葱绿葱绿的麦子,长势非常喜人,再也看不到那场洪水肆虐的汪洋。刹那间,军民一心、团结战斗的场景,往来运输的专列,天上空投的飞机,水中打桩的号子,不肯离开坚持留下来烧水的陈大爷,还有木料场里屹立在方桌上的那位工人同志……一幕幕往事在眼前闪现,一阵莫名的激动涌上心头。

王杰再也按捺不住内心的激动,他在日记本上第一次写下了自己别样的感受:

乘上了返家的列车,激动的心情不能平静,虽然一夜没有休息,但没有一点困意。阔别几年的新的家乡，离别几年的老人，变化有多大啊！这些不解的谜，随着列车缓慢地前进，逐步地得到答案。祖国的建设一日千里，突飞猛进，在党和毛主席的领导下，一片繁荣景象；工厂密布，烟囱林立；农村形势大好，一片丰收景象；劳动时，人们忙碌地工作。总之，全国人民都在有一分热发一分光，都在为社会主义增添一块块砖瓦。

4

王杰终于坐上了前往阿荣旗的客车，远远望去，只见山峦叠翠，万顷林海犹如一片碧波。

客车在颠簸，思绪在翻滚，王杰不由得又想起了火车上那段短暂的梦境。虽然明知是梦，可是那身衣服却是那么真切，那么熟悉而鲜艳。是的，小玲子就是穿着这身衣服，在去年五月穿山越岭到了沂蒙山，到了牛岚村。沂蒙相见的一幕又浮现在眼前……

就在东屋里王杰和赵英玲见面说话的工夫，牛家已经把午饭张罗好了，除了常吃的煎饼，还有香喷喷的炒干肉、炖蘑菇，这可是过年才有的大菜。堂屋里，牛大娘招呼着王杰和赵英玲坐下吃饭，一家人其乐融融。牛大娘笑呵呵地说："原来你就是王杰啊！快看看这位姑娘，赶了几百里路来看你，真是有情有义。这是俺沂蒙最正宗的小米煎饼，当年解放军攻打孟良崮，吃的就是这种煎饼。今天到俺家，卷上大葱，保你俩吃个够！"

赵英玲还从来没吃过煎饼，见牛大娘一片盛情，她礼貌地接过一个煎饼卷大葱，咬上一口，竟有些硬。赵英玲有些吃惊地说："这煎饼怎么这么硬啊？"这时牛家二闺女在一旁咯咯地笑起来，牛大娘瞪了她一眼，嗔怒道："傻二妮，不许笑！"转头向着难为情的赵英玲说道："闺女啊，俺这沂蒙煎饼，可不比你们老家的黄面馍，你得放开牙口使劲咬才嚼得动。这里有面汤，快把煎饼泡一下，这样软和也好吃。"赵英玲照着泡了一下,刚才还坚硬无比的煎饼竟然真的软和起来,用力一咬,香软可口,还真有一股小米的味道。

王杰在要峪村住了几个月,早已习惯这沂蒙山深处乡亲们的生活习惯,好多院落他都去挑过水、劈过柴,听乡亲们讲过当年八路军、解放军,还有红嫂的故事。"牛大娘,这几天小玲子住在您家里,给您添麻烦了。我们谢谢您老!"王杰坦诚地表达着心意,"牛大娘,您老就是当年的红嫂吧?"

牛大娘摆摆手说:"说啥谢呀,你在大娘这里可别见外!在俺沂蒙,村村有红嫂,个个做得好,俺比她们差远了!"

一席话聊过,这顿农家饭也吃出了别样的味道。赵英玲对牛大娘说:"俺来沂蒙,也要学学红嫂,明天就到军营找活干!俺可不能在大娘这里吃闲饭。"牛大娘听了连连点头。

第二天清晨,赵英玲出了牛岚村,走入军营。看到伙房里有个小战士正要去挑水,赵英玲上前拦住他说:"我可不能白吃白住,让我去挑吧!"小战士红着脸,说什么也不干。这时,正好有人喊那小战士去送些劈柴,赵英玲趁他不注意,扛起扁担,提起水桶就向河边跑去。小战士在后面高喊:"嫂子,嫂子,你快回来!快回来!"

赵英玲也不理睬,硬是挑了两桶水。小战士赶快从伙房里跑出来,提起水桶将水倒入大缸中,还拿出一双新军鞋说:"嫂子,你乐意挑水,我也拦不住你。这样吧,请你把这双军鞋换上,不然把那绣花鞋磨破了,王副班长那里我可不好交代!"

她脱下绣花鞋,换上了小战士递过来的那双军鞋,心里别提多高兴了。

大山,军营,煎饼,红嫂,这次沂蒙之行给这位尚未过门的军嫂留下了太深的印象,让她感到不虚此行!又住了两天,赵英玲执意要走,王杰请了假,专程送她去车站。沂蒙山里,白云悠悠,这一别不知何时才能相见!

路上,赵英玲轻轻拉过王杰的右手,仔细看着那个烫伤留下的伤疤,怜惜地说:"我来就是不放心你的手,现在看你恢复得这么好,我就放心了。以后不管干什么事，自己可要多加小心！别让人家天天为你揪着心。"王杰笑了笑说："小玲子，对不起，我本来不想写信告诉你，就是怕你担心。我今后一定加倍注意，决不让你再担惊受怕了！"

王杰从口袋里掏出三十五元钱递过去说："小玲子，你拿着在路上花，看能给家里买点啥就买点啥！"赵英玲推开他的手说："我不要，你留着在连队用吧。对了！你在山上施工时，我闲着没事就去给军营挑水。那里的小战士让我换上了一双军鞋，我昨天洗干净晾在牛家窗台上了，你想着还给人家。"

十几里的山路，俩人一边走一边聊，不知不觉来到了上冶车站。赵英玲含情脉脉地对他说："王杰哥，我真要向你好好学习了。自从初中毕业后，我感觉自己这两年倒退了很多。读书也少了，整天跟邻里姐嫂们学习绣花裁衣，我感觉人生都没有方向了……"

哪里是没有方向，这是话里有话呀！王杰想了想，大胆地拉过赵英玲的手，郑重其事地说："小玲子，春节后你来信不久，内蒙古的姐姐也来信了。母亲身体不好，想让咱们尽快完婚，也好了却一桩心事。如果再过几个月就能复员的话，我们到时就去内蒙古安家吧！"这句话一下子说中了赵英玲的心事，她不禁害羞起来。

"现在母亲需要有人照顾，你若愿意代我先去内蒙古，回家后就找个合适的时间，向父母提出来商议一下吧。我等着你的信。"赵英玲认真地听着王杰的话，使劲点了点头。

"开始检票了！"赵英玲有了上次徐州火车站离别的经历，这次她格外坚强，快步登上客车，拉开车窗，向着栏杆外的王杰挥了挥手，留下一个灿烂的微笑。王杰笔直地站立着，向缓缓开动的客车行了一个军礼。

年前还在沂蒙，转眼已到内蒙古。记忆的闸门一旦打开，释放的除了记忆，还有潮奔浪涌的情感。团聚，终将变为现实。

5

中午到了，赵英玲正在那吉屯农场的家中忙着生火做饭，忽然间厨房里闯进来一个身影，对她大声说："小玲子，我回来了，做上我的饭！"

赵英玲一抬头，不禁愣了愣神，这是谁呀？啊，怎么是王杰回来了？！她不由自主地站起身，拍了拍身上的柴草，又揉了揉眼睛。哦，真是王杰回来了，这次不是梦！

终于到家了！从阿荣旗汽车站到那吉屯农场这十五里的坡路，王杰是一路小跑过来的。看到了小玲子，他如释重负地憨笑起来，走上前去帮她整理了一下偏向一边的麻花辫，怜惜而又关切地问道："小玲子，这么久不见你，你都瘦了！来内蒙古八九个月了，习惯了吧？"

赵英玲稍微平复了一下激动的心情，点了点头说道："嗯，挺好的！王杰哥，俺已经习惯了。这次你真的回来了，俺感觉跟做梦似的。你怎么没提前写封信回来呢？路上还顺利吧？娘可想你了！……"

此时此刻，她心里有无数的话想问，还有好多话想说。眼前就是天天想、夜夜盼的人，此时此刻他身穿一身整齐的军装，就站在自己眼前。

王杰不禁又问："你想老家父母了吗？"赵英玲没出声，往锅底续了一把柴火，拉起王杰的手说："老家一切都好。快去见咱娘！"随着赵英玲一声喊，家里人全都来到了院子里。

"怎么，是王杰回来了！"这是爷爷惊喜的声音。

"芳儿，你可回来了！"这是母亲热切的呼唤。

"大哥哥回来了！"这是两个妹妹的欢呼，几年不见她们已经亭亭玉立了；两个弟弟跟在后面怯生生地看着……

亲人们迎上来，老人和孩子们围成一团，七嘴八舌喊个不停，一家人终于团聚了。整整七年，积攒了多少个日夜的思念。

"娘！"王杰看到母亲老了许多，上前抓起她的手。张淑英也一只

13 从沂蒙到内蒙古何止千里

手用力抓住儿子粗壮的手,另一只手抚摸着他的绿军装,还有结实的身板,不由得喜极而泣。人群里怎么不见父亲的身影?忽听大门一声响,王儒堂从农场收工回来了。王杰抓起父亲的手,喊了一声"爹"!

一顿午饭,虽然简单,但因为有了亲人,大家吃得却格外香甜。碗筷放下了,那边赵英玲一阵收拾,拿去厨房洗洗刷刷;这边堂屋里,还有说不完的心里话,叙不完的相思情。

一整个下午,王杰都在院子里抡斧头,使劲地劈柴、劈柴……父亲去上工,两个妹妹去上学,弟弟们还小,就蹲在一旁凑热闹。咔!咔!王杰抡起斧头来竟是那么有力,那么痛快,木柴很快堆成了一座山。爷爷破例抽起了几袋旱烟,坐在院子里乐个不停。赵英玲陪着婆婆坐在堂屋门口,晒着太阳,一边缝缝补补,一边小声地说笑。

大姐雪兰闻讯赶来,带来一个见人就害羞的小女孩,还有一个毫不怯生、活蹦乱跳的胖小子,一进门就大声地喊着"舅舅"。王杰放下手中的活,抱起这个可爱的孩子,没想到他竟然响亮地在舅舅脸上亲了一口,满院子顿时响起一阵欢笑。

姐夫徐成河跟在后边,一脸的憨厚,手里提着酒和菜,还有一条足有十多斤重的胖头鱼,说是当地阿伦河里的特产,特别给弟弟准备的。赵英玲刚想把鱼接过去,大姐连忙说:"好妹妹,你就不要沾手了。让你姐夫来收拾鱼,今天你歇着,我来烧火炖大鱼,让全家吃个鲜!"忙活惯了的赵英玲哪里歇得下,她接过菜,忙去择菜、洗菜。

炊烟袅袅,鱼味飘香。这天晚上,王儒堂全家准备吃团圆饭了,一家老小有说有笑,好比过年一般。爷爷坐在正席,王儒堂、王杰和姐夫分坐两侧,一罐老窖摆在桌上,几个家常炖菜已经摆上,新蒸的杂面馒头散发着热气,在几个叽叽喳喳的孩子看来是那么诱人。

徐成河看到岳母还没有落座,忙站起身走进厨房去喊,只听张淑英回了一声:"你们先动筷子吧,我再忙一会儿就过去,大鱼马上就炖好了,一会儿让你弟弟端过去。你是客人!"姐夫说:"娘啊,弟弟今天才是客人。人逢喜事精神爽,王杰兄弟这一回来,您的病也好了!"说着拉起她回堂屋坐到上首。

爷爷脸上一直挂着笑，笑着笑着，情不自禁地老泪纵横。王儒堂见状赶紧说道："芳儿啊，你爷爷这是太想你了！你当兵走的那年秋里，老家闹饥荒闹得厉害，村子里很多老人都没有撑过去，爷爷也害怕见不上咱们了。没想到你爷爷不但挺过了三年困难时期，还和小玲子一块来到了内蒙古。今天爷爷看到咱家团圆了，这是高兴的啊。"

王杰接过话头，安慰爷爷说："爷爷，我也想你啊！没想到几千里的路程，爷爷您也能来到内蒙古，您这精气神真值得我们后辈学习啊！"

一句话说得爷爷乐起来，王俊亭捋一把胡子说："好孙子，这话我爱听。把酒给爷爷倒上，这可是老书记去年知道我来内蒙古特意送的酒，过年谁也没舍得喝，就等着今天给你庆功呢！"王杰打开了这瓶家乡的老酒，依次给爷爷、父亲还有姐夫斟满。

爷爷端起酒杯，精神抖擞地说："我老汉今天说句话。咱王家从明朝中期，搬到菏泽郓城城南王老虎村，又从郓城搬到金乡城北华堌村，七年前儒堂你们一家又搬到了这千里之外的内蒙古来，这变化真是大了去了。看到你们一家过得还好，我没了心事。这次芳儿从军营回来，咱家就盼着这顿饭呢。为了今天的团圆，干一杯！"

屋子里升腾起一股清醇的酒香，一家老小热闹起来，姐夫端上来一大盆香喷喷的炖鱼，放在中间。王儒堂开口讲道："咱家芳儿，大名王杰，在徐州当兵眼看就四年了，去年年底又当了班长，这是咱王家的荣耀。小玲子来到内蒙古，什么活都干，俺没见过这世上还有这么能吃苦、能持家的好姑娘。当年定亲时，她只留了几件新衣服，奶奶给的银手镯等贵重的礼物都让拿回来了。我当时还说她傻，现在看来，这是咱祖上积了大德，才遇到这样的好闺女。小玲子啊，俺全家都托你的福了！"

一番话，说出了公婆的真诚，也说得赵英玲不由得羞红了脸。

王儒堂又看了看徐成河说："他姐夫，俺们举家前来内蒙古，这也

13 从沂蒙到内蒙古何止千里

六七年了，你们老徐家也没少帮衬，做得实在没话说！"说着他高高举起酒杯，接着说道："今天咱们吃个团圆饭，你们爷爷高兴，你们娘也高兴，咱们全家都高兴。这第二杯酒，就算提前喝了你们哥哥和嫂子的喜酒！你们小孩子放开了吃，今天就当过年了。"说完，爷儿几个同时举杯，虽是浅浅地喝上一口家乡的酒，可心里那叫一个甜啊！

　　王儒堂落杯举筷，往老父亲碗里夹了几筷子菜。王杰见父亲给爷爷夹菜，也将盘中一大块鱼肉夹到小玲子碗中，笑着对赵英玲说："刚才爹说了，全家人都托你的福气了！"调皮的小妹王爱武看看哥哥，又转头看看嫂子，忽然大叫起来："俺哥对嫂子真好！"全家人同时笑了起来。一人归来，全家欢喜，品不够的是家乡酒，叙不完的是相思情⋯⋯

　　清脆的笛声响起来，一曲接着一曲，忽而舒缓，忽而奔放，忽而婉转悠扬。游子心中的千言万语，化作缕缕笛声悠长。

　　笛声，吹开了爷爷和父亲额头的皱纹，吹开了小玲子的心扉，也吹散了母亲心头的愁云⋯⋯

6

　　夜静极了！

　　王杰与赵英玲走进西屋，这是父亲为两个人精心准备的新房。为了省工省钱，父亲没有请工，一个人忙忙碌碌地干了两个多月，才将房子建起来。王杰环顾四周，只见房中床铺干净利落，一张新桌子靠在北墙，桌子上摆放着几本毛主席著作，床头上方贴着一幅胖娃憨笑图，屋子里隐隐飘浮着一股淡淡的清香。从赵家相识到万福河畔相恋，又从徐州探望到沂蒙相会，再到共同坐在了这间塞外新房里，两个人一路走来是多么的不容易。

　　当日思夜想的人就坐在身边时，赵英玲竟然有些羞涩拘谨起来，她低头不语，两只手有些不自然地摆弄着辫子。

　　王杰首先打破了沉默："小玲子，我知道你这一年来受苦受累了，今晚全家人这么开心，全都是你的功劳！我本该早回来探亲，但有几件事接连不断地影响了归程，最后还是连长让人偷偷给我买的火车票。来时非常仓促，没来得及给你买些什么东西，也没有给家里人带什么礼物。在部队上这几个月的津贴，我一直攒着。明天，咱俩一块上街去买些礼品回来。"

王杰静静地等着赵英玲回话，赵英玲一直沉默，好一会儿才轻轻吐出几个字："我不能去！"王杰惊讶地问为什么，赵英玲说："你能回来就是最好的礼物！咱娘的心脏病比你想象中更厉害，身边离不开人了。为了不影响你工作，娘不让我在信中告诉你。她的心率忽快忽慢，有时还喘不过气来，脸憋得通红通红的，我见了都害怕！"

王杰望着眼前被草原风沙吹得有些黝黑的未婚妻，突然间，一种心酸、愧疚、自责和悔恨涌上心头，脸上也不由得滚烫起来。自古忠孝难两全，自己是在为国尽忠，可小玲子是在替自己尽孝啊！眼前的赵英玲，不再是当年那个一起打枣的柔弱女孩子了，她在王杰心中是那样的坚强。

王杰默默地握起赵英玲的手，这双手如今在操劳中已经变得粗糙了。他有些哽咽地说："小玲子，你来到俺家吃了太多的苦，受了太多的累！我在部队超期服役的时间也不会太长了，等我带好了这个班，就立即申请复员，回来好好地陪着你，报答你对俺家的恩情！"

赵英玲听着听着，不禁羞红了脸，她相信王杰刚才说的这些话绝对都是真心话，在不久的将来也一定能够兑现。她想起了在沂蒙牛岚村牛大娘家吃的那顿煎饼，还有分别时的那一个军礼，她不再羞涩，大大方方地问道："那双军鞋，王杰哥你还记得吗？"

"当然记得！我已亲手还给了小战士。"

"我喜欢穿军鞋。下次你回来的时候，一定要想着给我带一双回来。"

"好嘞！再发军鞋时，我就特意领一双小号军鞋。"

世间珍宝千千万，谁承想，一双军鞋，竟然成了赵英玲的最爱。

13 从沂蒙到内蒙古何止千里

7

　　第二天清晨，天刚蒙蒙亮，王杰就起来干活了，他挑起扁担和两只水桶，把院子里那口大缸灌得满满的。要在平日里，这多半都是父亲和小玲子的活儿，王杰想趁这次探亲，好好表现，尽己所能为家里做点事情。

　　早饭后，趁赵英玲和大妹去厨房刷锅洗碗，姐姐悄声对王杰说："弟弟，平时都是小玲子照顾咱全家老小，没时间出去。这次我从农场请了几天假，爷爷和娘由我照顾着，你就陪着小玲子到旗上去逛一逛，别忘了给她买件新衣服。她来农场快一年了，还从来没买过新衣服呢！咱娘说，她知道咱家人口多、日子难，从不给家里提任何要求。"王杰父母在一旁听着直点头。

　　张淑英看着儿媳忙完厨房，又给她准备吃药的水，就拉起她的手说："小玲子啊，部队上给芳儿放了假，从今天起娘也给你放假。这几天有你姐姐在家陪我，你们俩就到阿荣旗还有林场周边转一转，也算散散心。"赵英玲看着慈祥的婆婆，点了点头。

　　俩人走出农场，像一对出了笼的小鸟，有说有笑，直奔十余里外的阿荣旗。王杰不禁问道："小玲子，平常农场的活累不累？""不累，农场里买了台大拖拉机，耕地又快又深，能省下好些功夫，就是除草和秋收忙一些。农场里文化人不多，休息时场长要求我们学习毛主席著作，很多人不识字，都是让我读给他们听。"赵英玲一边走一边自豪地回答。

　　"看来没有白上的学！现在已经有不少初中生和高中生来到了军营，将来肯定会越来越多的。"

　　快到阿荣旗的时候，有一段很长的坡路，俩人刚刚迈步上坡，就见一位骑车的大嫂，车上驮着一筐青菜正吃力地爬坡。王杰见状快走两步，帮那位大嫂推车，一直推到坡顶才放手。大嫂扶稳车子，回过头来感激地说："谢谢你同志，你叫什么名字？"赵英玲抢着回答说："大嫂,他叫解放军。不用谢!"随后洒下一串银铃般的笑声。"解放军真好!"大嫂感动地笑着,挥挥手骑车走了。

王杰说:"小玲子,我姐说你快一年没添件新衣服了,咱们去百货大楼买几尺好布给你做身新衣吧。"

"不做!我带来的几件衣服都很新,还能穿几年。"小玲子回答得斩钉截铁。

走着走着,前面出现了一处照相馆,王杰忍不住又提议说:"那我们就去照张相合个影吧。"在他心里,这一趟要是不花上两个钱,心里实在过意不去。

"不照!"赵英玲依然回答得那么干脆利索,"我们在徐州都照过了。现在弟弟妹妹都上学,还是省下钱来给他们买学习用品吧。"

俩人在街上逛了一圈,总算找到一处百货店,利索地给老人买了点心、给小弟弟买了些糖果之类。王杰付钱后,向那售货员询问邮局怎么走。售货员非常热情,用手一指说前面街口不远就是,他连声道了谢。两人出门后,王杰这才郑重地对赵英玲说:"咱们去趟邮局吧,我要给部队寄个信报个平安,同时看看部队对我还有什么新的任务要求。"于是,俩人一前一后向邮局走去。

8

初夏的阿荣旗空气出奇地好,蓝天白云下,远山连绵起伏,天气温和宜人。

寄完信,出了阿荣旗城区,俩人走在回家的路上,年轻的脚步像风儿一样轻快,俩人心里有说不出的高兴。聚少离多,机会难得,相处的时光是那么宝贵,那么美妙。就这样一直走下去,该有多好啊!

前面又是来时路,咦,路边怎么忽然间出现了一处大大的院落?就在这段大慢坡上,刚才由于一门心思帮人推车,俩人谁也没注意到坡顶附近还有一处陵园。王杰定睛一望,只见那门边挂着一个牌子,上面赫然写着：阿荣旗东山烈士陵园。

王杰抬头看看天上的太阳，时间还早，于是两人决定入园瞻仰一番。陵园值班的是一位姓李的年轻同志，他看到有一位解放军前来参观，连忙热情地迎出来。王杰和赵英玲拾级而上，来到一座高大的纪念碑前。两人举目瞻仰，只见两侧松柏肃立，"革命烈士永垂不朽"几个鲜红的大字在阳光下格外醒目。

来到烈士墓群前，不远处一位身材魁梧的大叔正在一座墓前祭奠。王杰静静走过去，只见那墓碑上刻着"东北抗联冯治纲之墓"几个字，墓前新摆了几束鲜花，还有一碗刚刚倒上的草原老酒。

"大叔您好，这是您的亲人吧？"王杰主动上前问道。

"比亲人还亲哪！他是当年东北抗日联军龙北指挥部的指挥员。老首长已经离世二十六年了，他就是我心目中的英雄。自一九五三年东山陵园建好后，我每年都要来一次。"大叔神色凝重。

听到这番话，王杰带着赵英玲连忙向那墓碑深鞠一躬。小李在一旁向王杰悄声介绍说，这位大叔是达斡尔族人，名叫孟德仁，当年在东北抗联担任向导和情报员，也是一位响当当的抗日英雄。王杰一听，肃然起敬。两位军人一见如故，孟大叔开始讲起东北抗日联军的故事来。

稍过了一阵子，他抬头问王杰："小战士，听你说话好像是中原口音，你在哪里当兵啊？"王杰回答道："我在徐州当兵，家在山东，是鲁西南人。"

"山东！你和我们高政委是老乡。"大叔用手指了指冯指挥员墓右侧的一个墓碑，继续往下讲，"那里就是高政委的墓。高政委名叫高禹民，原名单忠义，也叫过高升山，是你们山东高密人，自幼随父母迁居到黑龙江。他是一九三五年入的党，第二年就任中共依兰县委书记。冯指挥员牺牲的那年春天，他担任了东北抗日联军第九支队政委。到了冬天，高政委为掩护部队转移，率领尖兵班行动时与大队日军遭遇，在鸡冠山战斗中壮烈牺牲了。"

孟大叔讲完了高政委的故事，端起地上那碗酒，倒一些在冯治纲墓前，然后站起身来移步走到高禹民墓前，也倒了一些。王杰这才注意到，孟大叔走路有些跛，应该是在战斗中负伤留下的残疾。

这时，孟大叔站直了接着讲："你看我这腿啊，就是那日本鬼子给打的。一九四一年冬，我听说部队到了巴彦旗境内，兴奋得一夜没睡好觉，第二天就骑马去迎接部队，在阿塔山坡找到了部队。部队从此出发，到了博克图附近。一次，部队派出几个战士到附近侦察，不想他们在一处炭窑窝棚购买子弹时暴露了身份。部队马上集合前去接应，我们刚到炭窑窝棚附近的南山坡，就和日本兵还有伪军碰上了。我架起机关枪就打，一梭子子弹还没打完，机枪的撞针就断了；我又架起身边的'三八大盖'，连连向敌人射击，干倒了不少鬼子。部队在王钧大队长的带领下，发起了冲锋，和敌人展开了白刃战。我冲上前去抢鬼子的一挺机关枪，不料旁边一个被击晕醒来的鬼子突然向我开了枪。这一枪打在我膝盖下，骨头受了伤。但这次战斗，我们确实缴获了敌人不少枪支、马匹和弹药。中国人和小日本打了多少仗，哪一场战斗没有流血牺牲啊！"

孟大叔看王杰听得认真，忽又说道："小战士，最近美帝国主义在越南土地上杀人放火，无恶不作，这和当年的日本强盗没有什么区别。小同志，你这一身绿军装，可不是白穿的，等明天你们上了越南战场，可要替大叔狠狠地揍这帮强盗！"

王杰心中一震，当即挺身立正，向着这位达斡尔族抗日老英雄行了一个庄严的军礼："请孟大叔放心！我已血书请战，随时准备上前线！"

王杰的话掷地有声，满脸沧桑的孟大叔看着王杰那坚定的目光，非常满意地点了点头。

★ 9

在东山抗日烈士陵园里的这番相遇，深深地震撼着王杰，也深深地感染着一旁的赵英玲。在整个过程中，她一直静静地跟在王杰身后，听着那些曾经发生在这里的英雄故事，感到身心受得了一次难得的洗礼。

两人静静地走在回家的路上，王杰想到孟大叔刚才讲起的那一个个地名，它们又在哪里呢？那是老一辈战斗过的地方，将来自己复员来到阿荣旗，一定要到大山里、山梁上、河道边，去逐一寻访。想着想着，人已经走出好远，王杰还不时地回望一眼东山，还有那座高大的纪念塔。

他看看小玲子，看看苦苦等待自己多年的未婚妻，欲言又止，却又不能不说，终于他还是鼓足勇气说："小玲子，有个事需要征得你的同意。我们这次还是再把婚期延一下吧！等我回来，等我打败了美国侵略者，一定回来结婚。"

"我可以一直等下去，可父母那里如何去说呢？"赵英玲咬咬嘴唇，多年来她早已摸清了王杰的脾气，只要他认准的事情，十头牛也拉不回来。但她依然理解王杰，就像王杰理解她一样。"父母那里，我们一块去说。这么些年都等了，再等上一年半载他们还是能理解的。"看到小玲子轻轻点点头，王杰悬着的一颗心这才安稳下来。

第二天一早，王杰又到后街去挑水，一位叫姜桂枝的邻家大嫂也赶来挑水。王杰二话没说，将自己的水倒入她的桶里，自己再重新打。姜桂枝连声道谢着，不禁问道："这位解放军同志，见您眼生，您是哪一家的？""大嫂，都是一条街上的，这是我应该做的！"后来，姜桂枝听说了王杰的事迹，才对邻居提起此事，她逢人就说："王杰和赵英玲都是好人！"

有了姐姐的帮忙，王杰这次探亲期间，和小玲子两人终于能够多点时间相处。两个人几乎形影不离，他们一起洗衣，一起劈柴，一起烧火做饭，一起到田里干活，一起陪父母和爷爷聊天，还一起到邻居家里去认识叔叔大爷们。晚上，两个人又一起给两个妹妹辅导功课，其乐融融。时间过得如此充实，而又如此匆匆，王杰不禁在日记中写道："虽然是第一次来到这里，人们却像是离别了多年的朋友一样，无限热情，对我问长问短、关怀备至。老人各方面都好，生活美满，我真是无比的幸福！"

这天下午，王杰让姐夫提前接回了姐姐。到了晚上，赵英玲安顿好年迈的爷爷还有几个弟弟妹妹睡下，便把父母请到新房里，两代人坐下来聊了好久、好久，终于，俩人征得了双亲的理解。

十多天就这样不知不觉过去了，六月五日上午，王杰突然接到部队的来信，拆开看罢，他的脸色顿时凝重起来。他看着赵英玲说："小赵，我要提前两天归队了！现在美国正大举侵犯越南，连长来信让我火速归队，立即参加实战拉练。信中还说，我们工兵营有可能被国家紧急调往国门。我要上前线了！"

王杰奉命提前归队，全家人都来送行。王杰与爷爷、父母、姐姐、姐夫，还有爱军、爱武、王志、王勇四个妹妹弟弟一一话别后，走到赵英玲面前，依依不舍地看着她说："小玲子，我得走了。有了这次探亲，我更放心了，这个家中有你在，我就能安心在部队工作了。小玲子，你要照顾好自己，等我带好了这个班，就申请退役，回来成亲。"

赵英玲点点头，她走近王杰，再次为他整理好军帽和军装，他们离得那样近，她甚至能够听到他的呼吸和心跳。小玲子眼中饱含着无限深情，噙着泪水只说了一句话："王杰哥，一路保重，我永远等着你！"

汽车早已等候在农场门前，农场里的邻里乡亲也来送行。临上车前，王杰含着眼泪抱了抱母亲说："娘，我最担心您的身体！自古忠孝难两全，娘，请恕孩儿不孝，等我服役期满，回来天天陪着娘……"母亲听了儿子的话，握起儿子那双钢浇铁铸一般的手，咬着牙忍住，就是不让眼泪流出来。

客车缓缓开动了，王杰从车窗里再次向亲人们挥手道别。他有万分的不舍与眷恋，却也有亟待履行的使命和担当。

别了！那吉屯农场，我还会再来……

别了！阿荣旗，我的第二故乡……

别了！亲人们，愿你们天天好好的……

那吉屯农场的乡亲们永远也不会忘记在农场门前送别的那一幕。目送着缓缓开动的客车，赵英玲搀扶着婆婆站在风中，直到客车消失在大草原茫茫的烟尘之中，这对婆媳还站在那里远远地望着。一位是未婚妻，一位是老母亲，她们默默无言的脸上，早已挂满了晶莹的泪珠……

14 大运河边的惊天壮举

★

六月七日晚,军营的战友们终于盼来了一个熟悉的身影,他风尘仆仆,背着一个鼓鼓囊囊的挎包,脚步轻盈得像一只燕子。"是王杰回来了!""班长回来了!"大家围拢上来,有的递开水,有的接挎包,真是热情极了。王杰笑着招呼战友们,大家你一言我一语地祝贺着。

"班长,你这挎包里鼓鼓囊囊的,是专门给我们准备的好东西吧。"

"是啊,给大家分分吧!"

"好啊!大家快来排好队……"副班长高兴地欢呼起来。吃喜糖,这可是五班全体战士盼望已久的事情了,从班长请假坐上火车那天就开始盼,今天终于盼到了。挎包打开了,里面除了班长的笔记本、笛子、车票,还多了一个鼓鼓囊囊的蓝布包,里面散发着一股甜丝丝的香味。这个包里一定就是喜糖了。战友们按捺不住心中的喜悦,有的人已经开始流口水了。

"班长，这是什么喜糖啊？下面还有吗？"大家好奇地议论着，干脆把包翻了个底朝天，竟然一块喜糖也没有。

"这是糖炒榛子，是你们未来的嫂子专门炒的，上好的内蒙古特产。大家尝尝，就是外面的壳比较硬，得使劲咬才行……"王杰解释说。

啊！这不是喜糖，是什么特产，还是什么"未来的嫂子"，没听错吧？大家不敢相信自己的耳朵，难道班长这趟探亲没有结婚办喜事？究竟是什么情况？热闹欢喜的氛围顿时没了一半，惊讶、叹息，很快变成了打破砂锅问到底。

辛庆文首先坐不住了，他仗着多年的兄弟感情，冲着王杰发起火来："人家小玲子多好的姑娘啊，这算来算去都等你七八年了！连长好不容易给你批了假，你千里迢迢地跑了一趟内蒙古，不结婚就这么回来了？你这心也太狠了吧！"

陈学义在一旁直跺脚："王杰，你这趟回家探亲一去就是半个月，哪天不能举行个仪式啊？这是多么好的机会呀，你怎么就没有结成婚呢？"

一直没插上话的六班班长韩义祥感慨地说："兄弟，你这是何苦啊！你看看咱们连一多半是光棍，大家都很羡慕你，都等着沾沾你的喜气呢！唉，没想到你好不容易回趟家，竟然……赵家会怎么想？家里老人会怎么想？"

王杰笑了笑对大家说："庆文、学义，还有义祥，你们的心意我领了。这些道理我还不明白！不是我不想结婚，而是做人有时候也不能太自私了。大家想想，现在抗美援越形势这么紧张，咱们随时就要上前线。大家还记得吗？上个月战备动员，首长让我们一颗红心两种准备。学义，咱们平时严格训练，不就是为了能打胜仗吗？一旦真正上了战场，冲锋陷阵，谁能保证不负伤、不光荣？假如能早日凯旋，毫发无损，再结婚岂不两全其美？要是一旦光荣了，谁舍得让自己心爱的人独守空房一辈子啊！"

王杰一席话，说得句句在理，尤其是最后那句话。战友们听了谁也不再说话，每人拿了几颗糖炒榛子，默默地散去了……

2

六月中旬，工兵营突然紧急集合。

营部首长全员参会，营长丛英达阔步向前，进行紧急战备演练动员："同志们，刚刚接到上级命令，从现在开始，全营将士开往徐州东部开展一个月的实战训练，训练内容主要包括野营突击拉练和武装泅渡训练两大科目。同志们，当前国际形势异常严峻，美苏两大集团正从东欧局部对抗走向世界全面对抗，双方针锋相对，开展军备竞赛，从东欧到中东，从东亚到东南亚，均有军事异动，第三次世界大战大有爆发之势。当下，在美帝大举入侵越南的同时，朝鲜半岛的美军以及台湾的蒋介石也在蠢蠢欲动，其居心何在，不言而喻！越南、朝鲜仅仅是帝国主义的跳板，美帝国主义的真正目的是妄图搞南北夹击，将新中国扼杀在摇篮之中。在中国西南方向，不甘失败的印度也在妄想趁火打劫。因此，抗美援越，国之大计，以战止战，势在必行！据说，越南境内不但河流密布，而且水面宽阔。因此，上级命令我们工兵营按照实战要求，苦练野营拉练，苦练武装泅渡。现在传达命令，出发！"

工兵营全体官兵乘坐几十辆军车，浩浩荡荡向邳县开进。邳县在徐州正东，需要行驶一百八十里。一九四七年第一阶段的淮海战役，就是以邳县碾庄为中心展开的。碾庄战役全歼黄百韬兵团四个军，为夺取淮海战役的全面胜利奠定了坚实基础。

一条京杭大运河纵贯南北，千帆往来，好不繁忙。大运河流出一碧万顷的微山湖区，分成东西两脉，蜿蜒向东而去。西脉沿主航道经徐州方向一路向东，东脉从微山湖出韩庄镇直奔台儿庄，两道水脉在江苏宿羊山镇境内汇合后，径直流入邳县境内。河道向南归入中运河段，从运河畔的张楼公社到骆马湖二十公里的水面忽然变得无比宽阔，最宽处竟达一千六百米，烟波浩渺，极为壮观。

营部设在大运河畔邳县张楼公社的一所中学里，学校刚放了暑假，各连队就近宿营，一切从简。第二天一大早，各连官兵个个精神饱满，斗志昂扬，在大运河上开始训练。身背枪支弹药的战士们，勇敢地跳入波浪翻滚的河水当中，张开双臂，搏水击浪，奋力在水中游着。

看到如此波澜壮阔的大运河，王杰想起了家乡村后的那条万福河。万福河是大运河的一条支流，自从他习得水性，在那万福河里也曾多次畅游，这次有缘在大运河中击水，更是倍感亲切。只是这段运河宽阔无比，绝非轻易可以征服，全营战士分区作业，一边在水上来回练习泗渡，一边在水中演练设雷放雷，每天还要开展一次双军对阵实战演练，好不激烈！

时隔一周，工兵营与当地群众举行军民联欢。在张楼中学的大操场上，几百名官兵整整齐齐席地而坐，周边几个村庄的乡亲们自发前来观看。一时间，红旗招展，军歌嘹亮，台上表演接连不断，台下掌声似雷鸣。五班长王杰和三排长冯明臣准备了节目，俩人合作编写了一段对口词《水上练兵》。这个节目一上演，一下子把联欢推向了高潮。

王：山，青青的山。

冯：水，绿绿的水。

王：高山巍峨，密林丛丛。

冯：水网密布，江河纵横。

王：我们，

合：人民解放军。

冯：国防线上的哨兵，

合：保卫祖国，担子重。

王：当前，老美在越南玩火，

冯：妄想在我国发动战争。

王：我们要百倍提高警惕，

冯：练就杀敌的本领。

合：对！练就杀敌本领。

王：我们伟大领袖毛主席发出号召，

冯：到江河湖海学游泳，

王：在大风大浪里练本领。

冯：毛主席，我们向您保证，

合：要练成闹海蛟龙。

王：趁此良机，

冯：分秒必争。

王：乘风破浪，

冯：苦练水上硬功。

王：为革命，

冯：排除万难。

王：为打仗，

冯：不畏艰险。

王：以主席思想，

冯：作行动指南。

合：毛著天天看。

王：战略上藐视敌人，

冯：战胜困难有信心。

王：战术上重视敌人，

冯：突破难点树雄心。

王：冒酷毒烈日，

冯：顶惊涛巨浪，

王：把困难踩在脚下，

冯：把艰苦视为光荣。

王：带着复仇怒火，

冯：带着国际主义精神。

合：练！练！练！

王：练过硬的思想，

冯：练克敌制胜的本领，

王：练坚韧不拔的意志，

冯：练英勇顽强的作风，

合：思想、技术、作风过硬。

王：陆上是猛虎，海上赛蛟龙。

冯：攻无不克，战无不胜。

合：敌人哪里来，就在哪里消灭净！

3

工兵营营部来了两名邳县地方人武干部，一位是张楼公社人武部部长张成高，另一位是参谋侯振林。俩人受县人武部部长薛道荣同志的委派前来慰问，协助部队处理地方上的事情。

周循政委出面热情接待，双方一接触，发现彼此还真都有事情需要对方帮助。周政委说："感谢你们的支持！我们这次的任务有二：一为野营拉练，二为武装泅渡训练。拉练当中，可能要给邳县百姓的生产生活带来很多不便，请你们协助部队给当地百姓做好解释工作，让老乡们注意远离演练区域，一切以安全为重。另外，如果野营拉练给当地农田庄稼等群众财物造成损害，我们将严格照价赔偿！"

对于工兵营的请求，两人答应得很是爽快。紧接着，张成高也诚恳地提出了一个请求，而且是一个迫不及待的请求。原来，面对风云变幻的国际形势，各地积极响应党中央毛主席的号召，全国人民早在一九五八年起就开始大办"民兵师"，实行全民皆兵。电影《地雷战》在运河两岸的上演，轰动一时，家喻户晓，引得孩子们竞相模仿起来。邳县武装部由此受到启发，快速在全县组建"民兵地雷班"，使民兵训练的热情空前高涨，于是县里准备趁机组织一次全县民兵比武大会。张楼公社接到任务后，四处聘请教员，但全县都在争先恐后搞训练，导致

"一教难求"。

对于地方请求，营部立即商议答复：坚决予以支持。工兵营很快将任务交给一连，一连决定选派两名业务尖子前去支援，一位是五班班长王杰，负责训练地雷埋设；另一位是三班班长陈学义，负责训练爆破技术。六月二十六日晚上，连部通知两人前往营部接受具体任务。按照营里确定的训练计划，两人必须每天拂晓前起床，步行三里多路，于五点前到达张楼民兵训练基地，分班组集训上课，然后八点前再归队参加泅渡训练。

这是一项光荣的任务，同时也是一项艰巨的任务！任务要求两人天天坚持，确保风雨无阻、雷打不动。

陈学义领到任务后，有些焦虑，因为三班虽然在埋雷、排雷技术方面成绩不错，可是一到水里就身不由己了。为了迎头赶上，这几天三班开会决定抓紧一切时间，勤学苦练，尽快突破武装泅渡这道封锁线。今天新接了额外任务，他生怕影响全班武装泅渡训练，心里打起鼓来。王杰的泳技也并不过硬，特别是他带领的五班，有一半是"半水性"，浅水区还可以，一到深水区就手忙脚乱，困难比三班还要大。但他不仅开始思考如何克服困难来完成这个新任务，还思考着如何在训练中展现出解放军一贯的好作风。

在回来的路上，陈学义忽然冒出一句："地方的干部真会抓公差！这样一来，我的游泳计划算是告吹了。"

王杰一听，马上纠正说："三班长，可不能这样啊！训练民兵不也是咱的任务吗？"陈学义自觉说走了嘴，赶快闭口不言，直到回到宿舍仍然提不起情绪。这时，王杰拿着一本《毛主席语录》，还有一只手电筒走进来，拍了一下他的肩膀说："咱俩出去走走吧。"

宿舍东北角恰好有一处通风口，俩人停下来，借着雪亮的手电光，王杰从书里找到了毛主席关于人民军队和人民战争的论述。当读到"战争的伟力之最深厚的根源，存在于民众之中"时，王杰用手指着，让陈学义一字一句地读。读完之后，王杰合上书说："这次训练民兵，就是贯彻毛主席关于人民战争的思想和关于民兵工作'三落实'的指示。当前越南形势日益紧张，美帝国主义不断向我们挑衅，把民兵练好，不但是长远的战略需要，也是非常重要的现实需要！"读了毛主席的书，又听了王杰的话，陈学义很受启发和教育，他忽然明白了自己该怎么做。

自从接受任务以来，王杰就一刻不停地投入了工作。虽然自己是优秀教员，在练兵上也有经验，可王杰总觉得这次训练民兵并不比以往训练士兵简单。看吧！他在屋子里一闷就是好几个小时，又是翻资料，又是做笔记，时不时擦把汗，驱赶一下蚊虫的叮咬，一连几天都熬到深夜才休息。白天一有空，他就跑公社、找大队、蹲农场，主动去了解民兵班及每个人的情况。

七月一日下午，太阳火辣辣的，张楼公社民兵地雷班班长李彦清正站在树下乘凉，王杰找到了他，经过简短的自我介绍后，两个人交谈起来。王杰问道："李班长，你快说说民兵班平时的政治学习是什么情况。"李彦清想了想，如实回答说："学是学了，不过学得不好。我班有五个是生产大队的，还有六个是农场的，这是来自两个地方的人，不大好管理，军事上我又一窍不通。"

听话听音，这话里怎么还有畏难情绪啊？王杰当即决定往深里谈："你是班长，担子不轻啊！但是要坚信一点，只要好好学习毛主席著作，就没有克服不了的困难。冬练三九，夏练三伏，这是部队练兵的老传统。带领一班人在大伏天练兵是很苦的，我们做班长的要体贴同志，你就先学学《关心群众生活，注意工作方法》这篇文章吧。不学好毛主席著作就没有方向。"两个人一直谈了很久。李彦清感到这位新请的教员水平很高，一上来就抓住了自己的主要毛病，不禁产生了由衷的佩服。他叮嘱自己要树立信心，工作要抓起来，胆子要大起来，照着王教员说的去做一准不会错。

班里的民兵一听到部队派的教员马上就来，每个人都有说不出的兴奋。这些穷人家的孩子，过去枪杆子被地主们掌握着，他们只有受苦的份；现在，党把枪杆子交给了他们，而且还派来了最好的老师，上哪去找这样的好事情！他们还听说新教员是一位叫王杰的班长，连续三年都是"五好战士"，还立过两次三等功哩！庄海忠不知从哪儿打听到的，说王教员是师一级的技术能手、模范共青团员。年龄最小的吴步良大腿一拍，一蹦三尺高地说："哈，这下管了！"在邳县方言里，"管"就是"行"和"很好"的意思。七月二日要上第一堂课，头天晚上大家竟都高兴得不想睡觉。

4

第二天东方刚一泛白，民兵们就都起床了。刚走出门来，他们就看见一个战士正挥舞着扫帚在打扫场地，只见他穿一身绿军装，格外地英姿飒爽。李彦清率先迎上去惊喜地喊道："王教员！"民兵们一拥而上，亲热地喊着"王教员！王教员"，好像见到了亲人一般。王杰丢下扫帚，一面和大家握手，一面自我介绍说："我叫王杰，上级派我到这里来，今后我们就生活在一块了。我有什么做得不到的地方，请大家多帮助。"

这番自我介绍亲切自然，虽然没有滚烫的话语，却说得大家心里格外热乎。这时，民兵们不由得留心端详着王杰，只见他褐色的长方脸上，浓眉，厚唇，使人感到特别忠厚朴实；他微笑的面孔，使人感到特别亲切；握住他粗大的双手，人人都感到是那样的壮实有力。大家围着他，都想再多看一会儿。

王杰说"上课吧"，一群人便回到了屋里。地雷班的课目主要是学习应用地雷，班里都是二十岁左右的青年人，大家都觉得地雷很神秘，都想赶快学会它、应用它，搞出一番成绩来。

待全班坐定，王杰看了看说："怎么少了一个人？"这一问让大家感到很奇怪，他怎么知道少一个人？李彦清连忙回答："周士忠因农活忙没有到。"接着王杰又问："你们为什么要当民兵？"这一问更是出乎大家的意料，这个问题谁都可以答，但大家谁都回答得不全面。看来，今天的这位王教员不简单啊。

问完两个问题，王杰热情地讲起来："各位同志，今天能与大家相识，这是我们的革命缘分。自从营首长指派我到民兵班担任教员起，我就一直没睡好觉，就一直在想如何利用短短十几天的时间把大家培养成布雷能手，圆满完成上级交代的任务，这是我最关心的问题。因为我本人文化水平不高，军事知识有限，讲课经验也不足，就怕不能满足大家的要求。我就在前面给大家当向导引引路，路还要靠大家自己走。下面开始讲课。"

这时，东方的朝霞升起来，天空红彤彤的一片，大家的精力正旺盛得很。王杰抓住这个机会，首先分析国际形势，讲到越南的形势、刚果的形势、多米尼亚的形势，说美帝国主义到处发动侵略战争、多次向我国进行战争挑衅等情况。他响亮地讲道："帝国主义者如此欺负我们，这是需要认真对待的。我们不但要有强大的正规军队，还要大办民兵师。这样，在帝国主义侵略我们的时候，他们就会寸步难行。"

王杰开始切入地雷的话题："同志们，这次培训既然是民兵地雷班培训，首先我们就要认识地雷。地雷构造简单，携带方便，易于伪装，威力巨大，是阻止敌人步兵及装甲兵前进的有力武器。抗日战争时期，地雷战就是我军游击战的重要战法之一。在长期的斗争中，我们积累了丰富的经验，采用'雷枪结合、金钩钓鱼、送雷上门、让地雷长腿'等种种妙法，让地雷处处开花，炸得鬼子和伪军闻风丧胆，寸步难行。大家都看过《地雷战》吧？胶东地区的民兵诱敌深入，以村庄内外为战场，各自为战，巧妙布雷，他们在路上、树上、窗户上、门头上设置地雷，总结出了'虚虚实实，真真假假，死雷活用，到处开花'十六个字的经验诀窍，敌人碰到哪里，哪里就炸开花，这令敌人心惊胆战、谈雷色变，不得不龟缩在炮楼里，最后成为咱们的俘虏。在现代战争中，地雷作为一种有效阻敌武器依然不可缺少。毛主席的人民战争思想，就是全民皆兵，而民兵正是一支重要力量。"民兵们个个听得津津有味，心里说这位教员别看年龄和我们差不多，可讲起这地雷战来真是头头是道。

王杰继续讲下去："根据当前实战需要，咱们重点了解现代战争中常用的三种地雷：一是埋设在敌人前沿阵地的五一式防坦克地雷，二是五九式绊发防步兵地雷，三是常规性应用地雷。这五一式地雷，承重量通常在两百公斤以上，专炸敌人的坦克；五九式地雷的绊发线承受拉力在零点五公斤到一公斤之间，专炸敌人的步兵和骑兵。"王杰展开教案，把基本常识和要领由浅入深讲了一个遍，让大家熟悉地雷的种类、组成、构造，掌握不同地雷的特性还有布雷的关键环节，还专门在小黑板上画图示意。张楼公社民兵地雷班的开场第一课，民兵虽然没有见到地雷，开始时觉得有些遗憾，可慢慢地越听越入神，一堂课听下来，大家感到耳目一新。

下课时，民兵们就想明天一定可以见到地雷了，谁知第二天又没见到地雷，却只见到几只木箱子。难道这简陋的木箱子就是地雷不成？

"这不是真地雷，这是实验雷，我们是拿它来做练习的，等我们熟练了之后再用真雷！"王杰说。

王杰打开木箱子，取出一个一个的零件，按照昨天的图示内容，再次深入地讲解地雷的性能和构造，并让每一个民兵学员都上前识认一遍，真正做到认得准、说得出。对于反坦克雷的构造和绊发雷的设置，他先讲再提问，遇到民兵答不上来的问题，他又讲又提问，一遍又一遍，不厌其烦，直到课堂上所有的民兵都能完全理解为止。

5

两次内堂教学后，这天一早，王杰把大家带到了开阔地带，发放给每人一把工兵锹，开始布雷训练。终于可以动动筋骨了，全班的热情顿时被点燃了。

王杰一边示范，一边给民兵传授口诀："前两锹，后两锹，当中土，往外撂，四圈一修就好了。"他一边指导训练，一边给民兵们说起山东快书："铁西瓜，威力大，咱们一定要掌握它。如果敌人来侵犯，给他摆上地雷战。任他敌人再狡猾，管叫他有来无回炸开花。"民兵们听了开心地大笑一阵，练得更加起劲儿了。

民兵也是兵，训练时，一切必须从实战出发的原则不能丢。于是，王杰找到一块土质够硬的地方挖坑布雷，他一边示范，一边讲解。只见他撸起袖子，抡起铁锹，锹锹见功，一个标准雷坑不到三分钟就挖好了。他拿过一个雷放进去，大小深浅正合适，然后快速做完地面伪装，嚯，根本看不出哪里有雷！在一旁站着负责计时的民兵班班长李彦清惊叹不已，民兵们纷纷羡慕道："王教员真是一把好手！"

紧接着，王杰讲道："同志们，平时多流汗，战时才能少流血。我们必须从实战出发，从严从难从苦进行学习训练，决不能走过场！在战场上，民兵和正规部队工兵布设的雷，在杀伤力上没有任何区别。战争是残酷的，战场上不是你死就是我活，你本领过硬，死的是敌人；敌人本领过硬，伤亡的就是我们。"王杰的这番话，在民兵班班长李彦清听来，无异于在耳边拉响了一颗炸雷。

随着王杰一声令下，民兵们开始作业。这批民兵个个身强力壮，只听"嚓嚓嚓"一阵铁锹响过，十来个雷坑就挖好了。这次王杰负责计时，最快的七分钟，最慢的九分多钟；把雷放进去再看看，有的坑浅了，有的坑小了，一多半的雷针露在了外面。看到这情形，刚才几个边挖坑边窃窃私语的民兵不禁吐出了舌头。

民兵班班长的雷坑挖得怎么样呢？王杰组织大家观看李彦清挖的雷坑，其中有些坑挖深了，而且四壁狭窄。有人说："没看出这个坑有什么不好。"王杰现场点评说："请大家注意，坦克是链轨车道，如果埋雷过深，坦克的轨链就会碾压坑壁而过，根本碰不到地雷顶端的引针，那么这个雷坑就算白挖了。所以雷坑不要挖得过深过窄，坑壁周围一定要宽阔些，上方的雷针离地面十五厘米左右最为合适，这个深度既便于伪装，又能让坦克链轨触发引爆。大家还要注意，如果我们埋设的是防坦克地雷，雷坑不能挖在大路中间，必须布在大路两侧链轨必经之处。"原来是这样啊！民兵们佩服不已，不禁再次跃跃欲试。

311

又一轮训练开始了,这次讲的是埋雷姿势,什么情况下匍匐卧姿埋雷,什么情况下半蹲侧姿埋雷。王杰一边安排挖坑布雷,一边现场对每一个民兵进行巡回指导。忽然他发现民兵吴步良正弓着腰撅着屁股挖雷,便快速走过去,使劲拍了一下那撅着的屁股。吴步良立马站起来,慌忙打个敬礼说:"报告王教员,我这雷坑有啥问题不?"

王杰拍拍他的肩膀,看看大家说:"同志们,这几天我们已反复强调过,咱们要把这个训练场当作炮火连天的战场才行。开展实战埋雷训练的目的,在于我们不仅要将雷坑挖好,还要保护好自己。这一条,大家一定要牢牢记住。这里就是战场,在咱们前方不远处就是敌人的坦克车、工兵、特种兵部队。如果埋雷时体位过高,就极有可能被敌人发现,这样不仅暴露了布雷位置,让敌人轻易绕开雷区,也极有可能成为敌人射击的'活靶子'!"王杰严肃地环顾了一下大家,继续说:"刚才,这位同志在挖坑时采取的姿势是完全错误的,千万不要再撅着屁股弓着腰挖雷坑。大家要向英雄邱少云学习,宁肯让烈火烧身、牺牲自己也不暴露目标。因为这不是个人问题,一旦暴露了目标,就会影响整个战斗的胜利。大家明白了吗?"

民兵们齐声回答:"明白了,王教员!"王杰觉得这次讲透了,就对吴步良说:"小吴,按照我说的要求继续训练吧!"没想到这个小同志经不起批评,忽然来了脾气,将头一扬,把锹一扔,大声说道:"这民兵我不干了!本就不想来,是爹娘硬让我来的。"说完扭头就走。

怎么会这样?王杰不禁蒙了,是不是刚才点评时那盆凉水浇得猛了些?他稍一冷静,立即追上去拦住他说:"步良同志,是不是刚才我批评得重了些,让你难堪了?我知道你年龄小,还吃不了大苦,但不管为了啥,你爹娘让你参加民兵,证明他们有眼光,想让你在民兵队伍里锻炼成才,学好本领,同时也希望你在实际战斗中保护好自己。这一点不会错吧?"小吴止住脚步,王杰接着说:"小同志,如果这里是战场,你这样挖雷坑,也许就暴露了。再说你这样回家了,又如何给父母交代呢?如果你觉得我的话讲得重了,请接受我的道歉。"

吴步良望着王杰诚恳的目光，慢慢低下头，过了几分钟，转身回来，重新拾起了躺在地上的工兵锹，按照动作规范干起来。

人与人之间贵在交心，一个团队内部碰撞出的每一束情感火花都值得珍惜。一天下午，王杰在参加泅渡训练回来的路上，刚好又看到吴步良巡逻经过，只见他背上扛着一杆九九式大枪，精神百倍。王杰叫住他，从他背上接过枪，"哗啦"一下拉开枪栓检查了一遍："哦，枪膛里看不到一点灰尘，可枪管上却沾了土。说说看，你的枪平时都是怎样保管的？"

吴步良不假思索地回答道："俺又没有枪架子，还不是倚在墙根上。"

王杰告诉他，枪要定期擦，不用时得挂到墙上，并用纸盖起来，并且强调说："枪是咱穷人的命根子，得好好保管。你要记住特级英雄杨根思说过的这句话：武器是同志们用鲜血换来的，是革命的财产，不能损失。"吴步良点点头说："管！我明天就去买纸，在墙上揳个钉子挂上盖起来。"

王杰又说："还有，你不识字，怎么读毛主席的书呢？得好好自学啊。"吴步良挠挠头说："王教员，自学可不容易搞啊！"

"你知道愚公吗？面对两座大山他都要立志搬掉它们，你这么年轻，难道连搬掉自己头上文盲帽子的勇气都没有吗？"这个励志的寓言故事，王杰不知道使用了多少遍，每一次在关键时候总能发挥出奇特的效果，他相信这次也不会错。只听吴步良响亮地回答说："我就是要和愚公比，搬掉这个帽子。可是，怎么个学法？请王教员给我指条路吧。"

看到吴步良一脸认真的样子，王杰告诉他思想的问题解决了，办法总会有的，可以从看图识字开始学起。王杰还给他讲了孙西朵学文化的故事，最后说："你以后学习的事情，我明天和民兵班班长李彦清交换一下意见，以后就由他负责，让他来做好监督。"

吴步良非常高兴地背上大枪，又去继续巡逻了。很快，他照着王杰教的方法，不但开展了自学，还天天把枪管护得干干净净的，后来成了民兵班里的护枪标兵。

6

民兵班里第一天开课时没来的那个人，终于来报到了。这个周士忠，因为农活耽搁了训练时间，等他来报到时已经开讲三天了。为了多锻炼这位同志，在当天的演习中，王杰特地命令他去炸掉"敌人"铁丝网里的木桩。谁知他不得要领，一把抱起炸药就跑，跑到木桩跟前，把炸药随意一放就折回来了。

王杰见小周做事不动脑筋，便命令他反复做了好几次，直到合乎要求方才罢休。休息时，王杰给民兵班讲起了董存瑞的故事。他说："你看董存瑞去炸敌人的碉堡时多么认真，选择不到恰当的位置，宁肯用自己的身体当药架子，也决不应付了事！我们就是要学习英雄的这种精神，平时练，唯一的目的就是为了战。平时马马虎虎，战时就不能完成任务！"周士忠听了，立即端正了态度，表示一定刻苦练习，但是毕竟耽误了三天的课，他很担心自己跟不上。

王杰了解了他的思想顾虑后，便给他打气说："我们一定要记住毛主席教导的那句话：对待困难首先要藐视它，而后重视它，克服它。你缺的几堂课，我可以给你补上。只要你多学多问，什么困难都不在话下。"周士忠这才打消了顾虑。但周士忠的家离训练场有五里路，白天他要参加田间劳动，哪有时间补课呢？

然而，王杰就是王杰，他坚信事在人为，只要下决心，时间总是有的。第二天，王杰早早到了训练场，一看民兵们还没起床，便把场地打扫了一遍，还坐下来读了一篇著作。正巧周士忠来得也早，王杰当即抓住上课前的时间，给他补上了绊发雷的设置一课。又有一天中午，周士忠路过军营，王杰见他衣着整齐，不像是要去劳动的样子，便问他："今天能有时间补课吗？"周士忠本来打算去看二姨，见王杰这么上心，就决定把其他的事情放一放，于是当场下决心说："那现在就补吧！"王杰给了他一把工兵锹。这一补就是两个小时，挖雷坑的技术要领这一课算是补上了。

一个星期天，王杰到邳县县城去买书，路上正好遇到周士忠陪着母亲进城去参观阶级教育展览会。两个人顺着大运河堤并肩同行，边走王杰边给他讲解防坦克雷的设置方法，还不时停下来在地上画。十多里的路程，课补完了，县城也走到了。周士忠的母亲看在眼里，问道："儿子，这位解放军一路上都和你说了些什么？"周士忠如实回答说这是王教员在给自己补课，还说起了前几次补课的事情。老人家听了，感动地对儿子说："解放军真好，你得好好向他学习呀！"

路上周士忠还主动地告诉了王杰一个秘密。原来他本不姓周，是姓龚，在他还不满周岁时，父母无力养活他，把他放在大路口，为他另找一条活路。后来一个姓周的大爷把他收留了，他这才姓的周。王杰知道了他的身世后，对他更加关心，与他更加亲热了。

雨季悄悄来临了，势头不小。七月九日这天早晨，天上下起了大雨，连续早起训练的民兵们有些疲惫，都还在呼呼大睡。李彦清听到外边的风声雨声一阵紧似一阵，睁开眼睛瞧了一眼，只见雨水敲打着窗户，顺着玻璃流得正欢，心想今天王教员可能不会来了，还是让大家多睡一会儿吧。

五点钟刚过，只听到"哐啷"一下门被推开了，有人进来喊了一声"该起床了"，睡得正酣的民兵们慌忙睁开眼睛一看，竟然是王教员身披雨衣出现在面前。民兵们一下子慌了神，穿衣找鞋，手忙脚乱好一阵子。

看着衣衫不整的队友，大家不禁尴尬起来。王杰上前帮着大家一一整理好装束，语重心长地问道："同志们，咱们为什么要全民大练兵？"大家脑子还没完全清醒，相互看了看，谁也没有回答。王杰说："当下美帝国主义正在侵略越南，台湾还没有解放，我们要随时准备战斗。民兵是国防的后备力量，也是人民解放军的坚强后盾，训练民兵就是为了提高国防战备能力。我们睡觉了，可敌人并没有睡觉，美国侵略者在越南没有睡觉，我们需要时刻提高警惕，随时准备战斗。就在刚才我来的时候，全营的官兵已经集合下水，冒雨练习泅渡了。越是恶劣的天气，越要咬牙坚持训练。"

　　看着挽着裤腿、两脚泥水的王杰，身为民兵班班长的李彦清感到一阵愧疚，当即上前一步万分感慨地说道："王教员，您带着我们民兵训练受累了。我们一定加倍苦练，誓死消灭敌人！"

　　雨依然很大，民兵班却在王杰的带领下，带着一股雄赳赳气昂昂的劲头来到了训练场上，开始了冒雨埋雷作业。天上不时传来阵阵雷声，民兵班里有人振振有词地喊："天上有天雷，地上有地雷，咱们民兵干劲大，看谁炸过谁？"课间休息时，大家一致决定，从明天起不论刮风还是下雨，就是天上下刀子，也要早早起来按时训练，决不能再出现今天早晨这样的情况了！

　　训练期间，王杰注意到周士忠的右小脚趾在鞋帮外露着，于是断定他家里一定过得不好。第二天早晨，雨下得小了些，王杰觉得班里雨衣不多，执勤的战士更需要穿，就未穿雨衣，冒着小雨出门了。他特地带上了一双自己的新军鞋，见到周士忠，把军鞋塞到他手里，用命令的口吻说："周士忠同志，请你立即换上军鞋，继续进行布雷训练！"周士忠换上军鞋，激动得流下了泪水。李彦清和其他民兵看到了这一幕，都说王教员处处用心，真是把咱们当亲兄弟啊！

　　谁知下课时，雨越下越大。临走时，李彦清给王杰找来了一件蓑衣，王杰一看怎么也不肯要，他推辞说："蓑衣你们下田时要穿，我冒雨回去，也是个锻炼嘛！"说着，拔腿消失在雨幕中……

7

　　除了军事技术上的严格训练，王杰对民兵班在思想上抓得也很紧。在他看来，一支革命的队伍，不能走纯军事化的路线，只有政治思想上的总阀门拧紧了，才能不出问题。

　　有一次，范志华在上课时东张西望，不注意听讲。王杰看在眼里，想在心里，当时没有批评他；后来他又了解到范志华不太热爱集体，经常一个人单溜。一天下午，王杰到小商店去买肥皂，正巧碰到了范志华，两个人便亲切地聊起来。王杰问道："老范你是什么成分？从前都受过什么苦？"范志华说："我家是贫农。有一年春天日本鬼子大'扫荡'，父亲被抓住，被他们用刺刀活活刺死了……"

王杰听了，沉痛地低下头，好半天说不出话来，停了一会儿才郑重地说："你一定要牢记这阶级苦、民族仇，紧握枪杆子，还要好好学习毛主席著作，不管你遇到多大困难，照毛主席的指示办事，就能克服。"说着，他从衣兜里掏出那本《毛泽东著作选读》，翻出那篇《纪念白求恩》的文章，给范志华讲起白求恩作为一个加拿大人，是如何为了帮助中国人民抗日来到中国，最后为了抢救伤员，竟然牺牲了自己宝贵生命的故事。范志华听了这个故事，深受触动，脸红了起来。

王杰问他："老范，你看白求恩怎么样？"范志华说："好样的！他不远万里来到中国，与中国人一块打鬼子，我要向他学习！"

王杰及时补充说："是啊！白求恩是一个高尚的人，一个纯粹的人，一个脱离了低级趣味的人，我们要学习他那毫不利己、专门利人的精神。有些人认为吃好、穿好、玩好才是幸福，那是不对的；能够为集体、为国家、为人民多做些有益的事情，这才是真正的幸福！"

班里还有个民兵叫郭文武，身材魁梧，有力气，训练也非常刻苦，可是他却认为既然当了民兵，练兵埋雷才是正事，对农业生产的重要性认识不足，一干农活就打不起精神。王杰听到了一些议论，就在一次训练总结时特别强调说："民兵不仅要练武，还要搞好生产，能多为国家生产一粒粮食，同样也算是对革命做出了一份贡献。民兵民兵，拿起锄头是民，扛起钢枪是兵，咱们什么时候也不能忘记，这才是咱民兵的本色！"

郭文武的思想从此开始转变，他一方面积极埋雷练武，一方面主动参加生产劳动，有时还带病坚持扛锄下地，用他自己的话说："我多为集体操点心、出点力，心里才舒坦。"

王杰和地雷班的同志，相处时间虽然不长，但是相互之间却十分亲密，大家有什么思想问题，都愿意和他谈。一天，民兵罗汉瑞和王杰谈起了自己的心事。他的父亲、哥哥和嫂嫂都是共产党员，而他自己还只是一名共青团员，他惭愧地说："王教员，我真丢人，到现在还不是共产党员，全家就剩下我这个不争气分子了！"

王杰觉得罗汉瑞的看法不正确，他说："我也是共青团员，也在争取入党。人家能入党，是人家条件够了，我们没有入党，说明我们条件还不够，还要继续努力。中国共产党是工人阶级的先锋队，不光担负着中国革命的任务，还担负着世界革命的任务。要想成为一名共产党员，需经过严格的思想改造才行。我们应该继续努力，但是不能有任何个人的杂念！"

"用什么办法才能去除个人杂念呢？"

"送你三句话吧：在荣誉上不伸手，在待遇上不伸手，在物质上不伸手。这也是我的座右铭。"

罗汉瑞听了，十分震撼，没想到王教员看问题这么透彻，已经有这么高的思想境界。自己还没能入党，就应该从自己身上找原因！

其实，对于入党这个问题，王杰早就拿定了主意。战友张玉甫曾担心王杰这么优秀的同志老是在党的大门外徘徊会产生思想压力，于是主动找他谈话。王杰亮明自己的态度说："出身不能选择，家庭也没法选择，但人生的道路可以选择。怎么干好革命工作、把自己分内的事做好，这个我可以选择，我可以做到。"

在邳县的这段日子里，王杰作为张楼公社民兵地雷班的教导员，和这批民兵兄弟们的感情日益深厚。这批民兵真不赖，他们不仅学会了埋雷、排雷，有的甚至对研发新雷产生了兴趣。

在张楼期间，王杰走到了当地群众中间，与他们相处得非常融洽。利用训练的间隙，他帮助村东头的袁大爷挑水、扫院子，帮助村南头的贫农张兆焕背土粪，帮助"五保户"抱柴，帮学生朱大英割草，还给张绍业剪发。在部队和张楼小学举办军学联欢会后，他还给朱大英、朱振亚等同学讲黄继光、雷锋的故事，教育他们当好共产主义接班人……

8

夕阳静静地洒在大运河上，一望无际的田野里庄稼葱翠无比，远近高低的房顶上飘起缕缕炊烟。一轮皎洁的明月从东方冉冉升起，整个大运河笼罩在一片静谧之中。好一个月圆之夜！还有一天时间全营将士就要回徐州了，战士们忙着冲澡换衣，说说笑笑，军营上下一派团结活泼的热烈气氛。对于军营的几百名战士而言，这是一个极其平常的夜晚，而对于工兵营一连五班副班长张钦星而言，这个夜晚却令他终生难忘。饭后，张楼中学一间办公室里，王杰正和自己的这位副班长面对面而坐，王杰一脸严肃，张钦星似乎有点尴尬。

整个军营已经安静下来了，他们头顶的汽灯发出一阵又一阵嘶嘶的叫声……原来，坦克二师每半年对各连队进行一次例行摸底和评选活动，评选前，营部要求各连队首先进行自评自查自纠。白日里，一连利用训练的休息时间召开半年初评大会，要求各班战士畅所欲言，给连队各级干部提出宝贵意见，以便他们改进作风，从而进一步凝聚连队战斗合力，继续争做先进连队。五班副班长张钦星生性直爽，他没有提前和班长王杰沟通，就在会上"开了炮"，一口气给连队党支部提了二十三条意见建议，其中有几条相当尖锐，火药味十足，把整个初评会议的气氛搞得十分紧张。

五班长王杰见他这样当众"放大炮"，那还了得！他没有当场表态，张钦星是自己的副班长，一旦他表了态，场面会更难堪。虽然张钦星的意见并不代表全班，但是张钦星意见中的片面与极端令王杰很不安，他决定晚上找张钦星好好谈谈。月光洒在窗外，屋里非常安静，空气似乎有些凝固了。王杰看了一眼张钦星，这会儿他反倒成了闷葫芦。王杰首先打破了沉默："钦星同志，上午你对连党支部工作大胆地提出了很多意见和建议，这些我都听到了，但有些关键性的问题你我事先没有沟通，导致我在会议上很难表态。"张钦星白天"放了大炮"，嘴上痛快了，心里却并不安稳，现在听到班长开了口，他张了张嘴却不知道怎么接。

王杰倒了一杯水递过去，态度缓和了一下接着说："钦星同志，今天晚上咱俩好好交流一下。当时会上我没有表态，就是想咱俩交换一下意见，明天再提出我的初评看法。你给连党支部提出的二十三条意见，概括起来就是：连支部一无是处！你要知道，毛主席历来教导我们，看待问题要一分为二，既要看到连队的成绩与荣誉，又要看到隐藏在这些成绩与荣誉背后的不足与缺点。我来军营四年，算是个老兵了，我亲眼看到咱们连队在连长和指导员的带领下，政治思想上与业务练兵上进步都很大，年年被评为营里的先进连队，这是不争的事实。冯指导员走了，余济亮指导员任职时间虽短，但他适应能力强、政治觉悟高，经常与新战士单独谈话交心，使得一批新战士的政治觉悟和认识水平提高很快。我坚定地认为，我们一连党支部的战斗堡垒作用在整个工兵营中发挥得最好、最棒！"

张钦星听了王杰班长讲的一堆事实，心里想这些谁不知道啊，但是会上又让我们大胆提意见，这不是让人为难吗？这么一想，他的眉头不由得拧成了一个疙瘩。

王杰决定解开这个疙瘩。他稍作停顿，让副班长喝口水，随即展开了新一轮攻势："当然，工兵营有工兵营的缺点与不足，我们一连也有一连的缺点与不足，但这些细枝末节的问题并没有影响连党支部积极向上的主流作风。比如我们这次实战拉练，不管是武装十公里行军还是大运河武装泅渡，刘连长与余指导员始终以身作则，他们都在第一时间出现在队伍的最前列！刘连长虽然脾气较大，我们很多人都挨过他的训，但正是刘连长的这种严格管理，才保证了整个连队军纪严明、战士训练有素！"张钦星坐在那里一声不吭，他找不出理由反驳，只能听着班长向他"开炮"。

"需要特别强调的是，刘连长、高副连长都是在朝鲜战争上经历过枪林弹雨、出生入死、立过赫赫战功的英雄，而今天的他们不计名利、不计待遇、不计辛苦，仍然和我们在一起摸爬滚打，我们其中不少还是些新兵蛋子，他们居功自傲了吗？他们摆过老资格吗？他们炫耀过自己曾经的战功了吗？当然，钦星同志，金无足赤，人无完人，他们肯定也有不足和缺点，你提出的某些缺点他们也确实存在，但是，他们那些缺点和他们的成绩相比，哪是芝麻，哪是西瓜，咱们应该分得清楚！我在部队生活四年了，知道选拔干部就像选树苗一样，开始看中的好苗子，不一定就能长成参天大树；看着不打眼的苗子，说不定还真能成了气候。对于这些问题，我们可以私下里给领导提出来，但不要在大会上全盘否定连队半年来的成绩和荣誉。要记住，毛主席的两分法啥时候都管用！"

张钦星开始有些不服气，以为班长就是要给连领导找回面子，听着听着，他不禁开始愧疚起来，意识到自己的政治觉悟、大局观念与认识水平和班长有着很大差距，自己看问题还真是过于极端了。惭愧啊！自从与班长搭班子以来，五班之所以能成为全连的先进班，之所以能代表工兵营参加全军汇报表演，都与班长的政治觉悟和业务水平分不开。可以说没有班长，就没有五班，更不会有五班这么高的荣誉。自己以后必须好好向班长学习，首先必须嘴上要有个站岗的，再也不能乱"放炮"了！

想到这里，他猛然站起身，上前一步，紧紧握住王杰的手说："班长，我确实做得太欠考虑！你这一席话，让我开了窍。你看问题确实站位高，也全面得多。我上午在连队的发言确实欠考虑，比较极端。我向班长保证，以后公开发表意见之前，一定先向你汇报，先在班里形成一致意见。只有咱们步调一致，才能体现出五班全班的战斗力、凝聚力与向心力。请班长放心，明天开初评会，我要当众检讨我的错误，认真进行自我批评！"

听了副班长这个表态，王杰会心地笑着说："沟通到位了，才能提出有建设性的意见来嘛。我们先来学习一段《矛盾论》，然后我这里有几条意见，请你全部记下来。明天早晨我要给民兵班做最后的实爆训练，这些意见，就由你代表五班向连队党支部做统一汇报吧！"

"好，全听班长的！"张钦星愉快地答应着。王杰打开书本，两个人借着灯光开始了学习……

9

军营熄灯已多时了，战友们都已进入了梦乡，王杰却躺在床上辗转反侧，难以入眠。通过今晚的交心，看得出副班长是个知错就改的好同志，这让王杰十分欣慰！对于他看问题片面、缺乏全局观念、说话不想后果等毛病，通过与他经常交流来促进改正，完全是行得通的。

王杰又想到班里的七八个新兵，每次开会都一言不发，让人一直琢磨不透病根出在哪里。难道是自己太严肃了吗，还是自己工作方法不到位？等民兵训练结束后，自己要与他们逐一交心，找出他们的思想疙瘩在哪里。四月份全连的业务比赛，五班获得了"技术尖子班"的称号，如何才能带领全班保持住这项荣誉？如何把五班带成一个有血性、有担当的战斗集体？如何借助这次连队初评让全班团结友爱，更上一层楼？

他披上衣服，侧身翻出日记本，打开那盏小电池灯，写下了这样一篇日记：

加 油

"四好""五好"花正浓，一年又比一年红，
新的一年更跃进，跃马横戈向前冲。
半年初评加油站，检查评比把油添，
分秒必争学毛著，如同握紧方向盘，
眼前道路更宽广，步伐更快永向前。

凌晨两点，到了王杰值班站岗的时间，他提前几分钟换班上了岗。

凌晨三点，该叫东庆明值岗了，但考虑到最近十几天来，新战士参加泅渡训练，个个都非常疲劳，这会估计他睡得正香，于是王杰决定不叫他，自己加站一班岗就行了。他抬头看天，只见天高云淡，月白风清，最近阴雨不断，还真难得有这么美好的一个夜晚。

碧空如洗，月轮正圆，大地沐浴在皎洁的月光下，静谧，清爽。他不禁想起了内蒙古那吉屯，想起了家中的父母，又想起辛苦持家的小玲子，心里感到格外的踏实。

一个身影走过来，是余指导员夜间查岗来了。王杰敬了个礼，只听指导员问道："五班长，你应该是上一班岗，这班岗又是为其他同志站的吧？"王杰笑笑说："指导员，这不是咱们连队的老传统嘛！新战士训练太辛苦，我不忍心叫他们。"余济亮看了一下时间说："再过半小时就到四点了，你明天还要为民兵做实爆训练，马上回营房休息，我替你站后面这半班岗。到时候叫小陈来换岗就行了。"王杰执意不肯，却被指导员一把接过枪去，不由分说让他回房休息。

凌晨四点，王杰叫醒了陈建同，让他去换岗。王杰又走到桌子跟前，点燃了小油灯，灯光一照，他发现东庆明的蚊帐敞着一个口，赶忙走过去，把蚊帐边仔细压好。接着，他端起全班的脸盆，放到山墙根下摆成一排，扛起扁担，不大一会挑回满满两桶新鲜的井水，依次倒进每一个战友的脸盆里，又挤上牙膏，搭上毛巾。王杰轻轻舒了一口气，进屋叠好自己的军被，把试爆用的炸药包装进背包里。

吹灭小油灯，正准备出门，张钦星恰好醒来了："班长，您这就出发吗？""嗯，我得走了。昨晚咱俩的交谈非常愉快，等我回来，咱们再讨论一下班风建设问题。"

他看到副班长点头回应，又亲切地接着说："我训练民兵这十几天，班里的工作让你操心受累了。今天是最后一课，等我回来就能分担你的工作了，咱俩一起把咱们五班带到前线去。"

张钦星坚定地回答说："我们五班一定要去！"

王杰扫了一眼正在睡梦中的战友们，背上挎包转身走出五班，走出营房。

今天还是不到五点钟，他就和三班长陈学义一道出发了，迎着东方的第一道曙光，直奔训练场。一路上，他们的心情激动而愉悦。王杰说："这些民兵真好，瞧他们进步多快，短短的十多天，就学会了一套设雷本领，咱们的任务算是完成了。"顿了顿，接着又说："我教得还不到家，民兵班班长的指挥组织能力还不行，可惜没时间了……"陈学义附和着说："是啊！往后有机会再来，说实话，我还真舍不得离开他们哩。"

从军营到训练场，这三里远的路程，他们俩风雨无阻，天天走一趟，早就轻车熟路。田野里，经常早起除草干活的老乡们，看到他们走过来，还彼此熟悉地挥挥手相互打一下招呼。

生产队的干部对王杰说："王教员，你给民兵上完课，给我们介绍介绍学习毛主席著作的经验好不好？"

王杰说："我学得不好。"

"别谦虚！"生产队的干部说，"一会儿我上部队去找你！"

10

村庄里传来一阵公鸡的啼叫，东方朝霞开始泛红，林中的鸟儿开始了新一天的歌唱。训练场到了，两位教员分头忙碌起来。今天，王杰比往常来得稍微早了一些，民兵们正在起床。

今天是最后一课，也是实践操作的关键一课。这堂课一结束，营部交给的民兵集训任务就圆满画上句号了。如何向大家表示祝贺呢？这位优秀的教员，早就准备好了礼物，他专程跑了一趟邳县新华书店，就是在路上遇到周士忠还给他补课的那一次，买回了十五本《为人民服务》，准备实爆结束后由地方人武部的侯参谋主持，给每位民兵发上一本，剩下的也一块赠送给民兵班，送给后面新加入的人员。他和李彦清商量过了，要想办好民兵班，今后的政治思想学习一定不能放松。

一想到这次光荣的任务即将落下帷幕,自己和五班的武装泅渡也练出了新的水平,即将跟随大部队开赴越南战场,他的心中就不由得燃起无穷的力量。看看时间到了,王杰收起书和挎包,取出几只拉火管放到兜里,又拿出准备代替地雷实爆的炸药包,然后把挎包放在大树下,一切准备妥当。

"立正,向右看齐。稍息!"民兵班集合起来了,班长李彦清跑上来报告情况。王杰走进训练场,只见民兵们队列整齐,个个精神抖擞,对今天的实爆训练充满了期待。王杰扫了一眼整齐的队伍,响亮地讲道:"民兵同志们,今天是咱们的最后一堂课,也是绊发防步兵应用地雷的实爆训练课。大家知道,一切军事理论,只有经过实践的检验才能发挥出巨大威力。今天这堂课,是全部课程中最难、最复杂的一堂课。这种地雷的名字叫绊发防步兵应用地雷,由炸药、雷管、拉火管、绊线四部分组成。大家要特别注意,这种雷没有导火索,用绊线直接连接拉火管,一旦敌人的步兵触碰到绊线,绊线就会立即牵动拉火管,拉火管就会即刻作用于雷管,雷管就会引爆地雷瞬间发生爆炸,这样,敌人根本就不会有时间采取任何防护措施,我们就能达到杀伤敌人的目的。民兵同志们,这堂课的每一个环节都非常重要,大家不但要注意观察,而且必须牢牢记住每一个环节,千万不能出现丝毫差错!"对于核心原理,王杰讲得格外细致,他一边讲一边用帆布包扎起一个炸药包。

这时罗汉瑞走上前来,有些不解地说:"报告王教员,咱们要是引爆一颗真地雷该有多好啊!"

王杰耐心解释说:"绊发防步兵应用地雷,同我们自己包扎的这个炸药包原理是一样的,其杀伤力也一样,我们用炸药包来代替地雷,这是在响应军委倡导的勤俭练兵号召。"

没想到吴步良也跟了一句:"反正我认为炸药包没有真地雷好。"

范志华听到了,大声呵斥道:"你这个小个子,王教员反复强调以演为战，勤俭练兵，你的脑子哪去啦？"吴步良伸伸舌头不吱声了。

王杰借机鼓励大家说："同志们，绊发防步兵应用地雷得由兵工厂来制造，需要用铁皮来包裹炸药，成本比较高；而炸药包呢，用帆布包或硬纸就可以包扎，简单易行，咱们自己就能做，需要多少咱就做多少。等将来你们上了战场，有的是真地雷，只怕敌人不够你们炸的！"原来是这样啊，大家终于释然了，开心地笑起来。

民兵班被王杰带到训练场外的一条硬路上，实爆操作开始了。王杰站在队前，手里拿着拉火管、雷管和绊线，不厌其烦地再次讲解了爆炸原理和技术关键。他用强调的语气说："地雷实爆的一般方法是拉火管连接导火索，导火索再连接雷管，但是导火索每秒钟只能燃烧一厘米，如果用五厘米导火索，敌人踩到地雷隔五秒才能爆炸，完全有机会逃之夭夭。大家学习的绊发防步兵应用地雷实爆，最终目的是通过地雷瞬间爆炸，最大限度地消灭来犯之敌，所以，这种地雷不能加装导火索。大家记住，这可是部队的秘密武器，专门对付越南战场上的敌人，如果不是连队首长有安排，这样的绝活是不能轻易外传的。"这句话让李彦清和每一位民兵都格外激动。

"大家注意，这是绊线，这是拉火管，将绊线直接连在拉火管上，敌人一旦触碰到绊线，绊线就立即牵引拉火管引爆雷管，这样雷管和地雷就会几乎同时爆炸。"王杰边讲解边模拟操作，把所有注意事项交代得清清楚楚。对于这种绊发防步兵应用地雷的实爆训练，作为工兵营尖子班班长的王杰，已经在连队里试验过多次，每次都成功了，但今天他仍然放心不下。为了绝对安全，不发生任何意外，他还是独自跑到一条小河边的小桥旁进行试验。民兵们听到"轰"的一声，第一次试爆成功了，王杰还不放心，又试爆了一次。两次试爆都成功了，王杰这才信心百倍地回到了训练场。

正式实爆开始了！民兵们接连在路旁挖好了三个雷坑，王杰看看左侧的雷坑挖得浅了些，便选中了中间的雷坑。大家围在这个雷坑四周，静静地看着王杰操作，心里默默地记下每一个步骤。这时，范志华突发奇想地说："王教员,这是最后一次课了,要不,这次地雷实爆由我来操作吧!"

王杰毫不犹豫地制止道："不行!你才刚刚学了十几天,这种绊发地雷没有导火索,非常危险,还是我来操作吧,大家只需仔细观察。"

他又想到有二十支雷管还装在范志华身上,于是命令他说："小范,你把雷管给我吧,放你那儿危险!"范志华极不情愿地掏出雷管交给了王杰。王杰顺手把雷管装到上衣兜里,仔细扣好了上衣兜扣子。

一切准备就绪。只见王杰右膝跪地,左腿踏在雷坑边。民兵们怕看不清楚,瞬间拥了上来,两米之内的空间里,十二个人紧紧地围了两层,其中包括十一位民兵和一名人武干部。这十二个人分别是:李彦清、林义群、龚茂才、庄海之、吴步良、罗汉瑞、郭文武、刘成喜、周土忠、范志华、庄海忠、侯振林。其中,周土忠、林义群、庄海之离雷坑中心只有四十余厘米。王杰一边讲解,一边用绳子捆扎好炸药包,包上四个雷管,每个雷管装有二两半炸药。王杰双手抱起炸药包轻轻放入坑内,然后小心地安上起爆装置,又熟练地用一尺长的绳子打了个子母扣,小心翼翼地系在拉火栓上。

一切准备完毕,埋土之后就可以引爆了。王杰特别叮嘱大家说:"埋雷过程需要伪装,不能暴露出新土的痕迹,要保持路面原样,一定要像在战场上那样,绝不能让敌人发现任何的蛛丝马迹。"

接下来,王杰用铁锹铲土回填。他将土轻轻地撒在炸药包上,刚铲到第三锹时,突然听到一声细微的响动,意外发生了,拉火管突然失控了!王杰非常清楚,是拉火管已经作用了雷管,而雷管引爆炸药只需短短的零点七五秒……

"怎么办?"

凭着丰富的爆破经验,王杰完全可以后仰躲开四十五度的杀伤角,可周围的十二名阶级兄弟呢……

千钧一发之际,王杰大声喊"闪开",同时伸出双臂,一个纵身,毅然决然地扑向了炸点,用他的身躯覆盖住了炸药包。

几乎同时，一声巨响，火光冲天而起……谁也没有想到，王杰竟然以这种方式为张楼民兵地雷班讲授完了最后一课。他用自己的纵身一扑，挽救了在场的十一名民兵和一名人武干部，而自己却献出了宝贵的生命。

这一刻，是一九六五年七月十四日早晨七点半。

这一刻，他那灿烂绚丽的生命，在爆炸的瞬间戛然而止，年华永远定格在了二十三岁。

11

雨，大雨，暴雨，一下就是整整一天一夜，却丝毫冲刷不掉大地的悲痛。

河水，涨，暴涨，翻滚的波浪拍打着堤岸，层层巨浪为英雄高唱着挽歌。

一趟开往内蒙古的列车上，坐着工兵营副营长张岩和两名战士。

张岩心情格外复杂，在他心里，他感到这条路好长，好长。那吉屯农场到了，他不知道见了王杰的家人究竟该怎么说，他觉得一双脚抬起来好沉，好沉。

几个军人突然造访，一个个脸色凝重，赵英玲第一预感就是王杰在部队上一定出了什么大事情，一颗心瞬间提到了嗓子眼。

张岩走上前，先是握着王俊亭老人的手，有些机械地做了自我介绍，然后，含着眼泪转身走到王杰父母面前，紧紧握住了王儒堂的手说："大叔，你们为党和人民培养了一个好儿子！为毛主席培养了一位好战士！王杰同志入伍四年来，努力工作，任劳任怨，三次被评为'五好战士'，两次荣立三等功，多次被评为业务能手和技术标兵，代表全营参加全军的汇报演出……"这番话他一路上已经掂量了无数遍，可是真正见了面，每句话都说得好难！

"四年来，部队每次有重大任务，不管是抗洪救灾，还是架桥施工，王杰同志总是冲在最前面。在天津抗洪救灾时，王杰同志不顾危险在滚滚洪水中为突击队探路。在沂蒙山区施工时，王杰同志右手虽然被沥青烫伤，但他却忍受着剧痛继续坚持工作。王杰同志团结战友，热爱战友，与人为善，助人为乐，被战友们亲切地誉为工兵营里的活雷锋！"

王儒堂不想听这些，他想知道这些话后面究竟隐藏着什么。张淑英眼中已经涌出了泪水，她似乎预感到了他们的来意。究竟是什么情况？他们不敢去想！张岩欲言又止，王儒堂再也忍不住了："首长，您说吧，王杰他咋啦？我的儿子到底在部队发生了啥情况？"

张岩，这位从朝鲜战场上走出来的老兵，他强烈地控制着自己的感情，强逼着自己说下去，他不知道究竟该用什么语言来描述王杰这位心爱战友的离去。

"就在十天前，我们工兵营奉命去邳县大运河进行武装泅渡训练，准备开赴越南战场。应当地人武部的请求，王杰同志被工兵营派去训练地雷班民兵。在一次实爆训练中，炸药装置突然发生意外，王杰同志为了救护在场的民兵和人武干部,毅然扑向了炸点……王杰同志是光荣的!他无愧于党、国家和人民!是你们培养了他……"

突然间,一声晴天霹雳!恍惚间,不知是醒是梦!赵英玲蓦然起身奔回自己的小屋,一头趴到床上,使劲咬着牙,痛苦的眼泪奔涌而出。她多想放声痛哭一场,也许只有痛哭才能宣泄她此刻的痛苦。她在心里痛哭:"王杰哥你怎么如此狠心抛下我!说好的要我等你回来,可是却让我等来了你光荣牺牲的消息!让我怎么活……"

但她又知道自己还不能放声痛哭,她甚至不能在多病的婆婆面前流下太多的眼泪。白发人送黑发人,这是一个家庭最脆弱的时候,在这个时候,家里任何一个人都不能再出现闪失!一个月之前农场门前的相送,竟然就是生离死别!"我就回来陪着娘"成了张淑英听到儿子向她说的最后一句话。两天下来,张淑英的眼睛快要哭瞎了,她的芳儿走了,永远留在了大运河边,再也不能回到她身边了。但这位深明大义的母亲,想到未成婚就过门尽孝的儿媳还在身边,这如何能对得起人家小玲子?!她收住眼泪,坚强地对哭成一团的孩子们说:"爱军、爱武,还有志儿、勇儿,你们的哥哥是为了救护十二名阶级弟兄才牺牲的,他应该这样做!他是你们的好哥哥,他是咱全家永远的光荣!从今往后,你们谁也不准哭,不准在你们嫂子面前哭!"

王杰的牺牲,一度让身在异乡的赵英玲陷入了万分痛苦中。余生太长,唯剩无尽的思念。她手里有一叠王杰从军营写给她的信,今后却再也无法接到他的来信了。临别时的那个承诺,今生已无法实现,一切的一切,只能化作默默的回忆,还有无尽的思念。思念化入愁肠,在她心里化作了一首无比凄婉又格外壮丽的诗篇:

抹不去的记忆,抹不去的记忆,因为玫瑰的壮根深扎在我的心扉;
抹不去的记忆,抹不去的记忆,因为玫瑰的藤须缠绕着脑际;
抹不去的记忆,抹不去的记忆,因为你无私奉献的精神牵引着我的神识;
抹不去的记忆,抹不去的记忆,因为你人生的光辉普照在我的心里。

抹不去的记忆，抹不去的记忆，王杰！我抹不去的记忆，王杰！王杰！永远抹不去的记忆，王杰，王杰，王杰，我永远永远永远抹不去的记忆。王杰，王杰，王杰，我用歌声呼唤你：王杰，英雄王杰——永远的丰碑！

15 他的精神永耀中华

★1

中国是一个从来不缺少英雄的国度，伟大的民族精神恰是诞生一代代英雄的基因宝库。悠悠数千年，一条流淌着中华民族辉煌与苦难的长河，曾经哺育了无数的英雄和先哲。

基因不灭，英雄辈出。大运河畔，英雄王杰的惊天壮举，生动诠释了什么才是"一不怕苦，二不怕死"，什么才是"不怕牺牲，舍生取义"。

王杰，和他崇尚的诸多英雄一样，义无反顾地以血肉之躯去挑战危险、睥睨死神，注定要在无比壮烈中获得永生。

王杰牺牲后，辛庆文第一个赶到爆炸现场。在离王杰训练民兵的地方三里远的营部，半年工作评比会议正在进行着，只听见"轰"的一声巨响，窗户被震得哗哗响。营通讯员丁德然气喘吁吁地跑进会场，刚报告了一句"王杰牺牲了……"，正在列席会议的辛庆文，即刻像触了电一般奔出会议室，东墙有一人多高，他不顾一切地飞身翻墙而过。路上遇到几个民兵，个个血迹斑斑，衣服破碎，热气、血腥味扑面而来，路两旁的树杈上挂着衣服碎片。他顾不上这些，飞速跑向炸点，跑向血泊中的王杰！

在辛庆文眼前呈现的是惊人的一幕：王杰躺在离炸点两米远的地方，眼睛还是睁着的。他急忙抱起王杰的头往上扶，却见他胸部有个洞在汩汩地流血。他急忙用手紧紧捂住流血的伤口，又看见王杰的左膝盖已被炸碎，两只手和胳膊肘全没有了……

"我的兄弟啊！"辛庆文一把抱住王杰大声喊着："王杰，王杰！你不能死，你不能死啊！"他悲痛欲绝，泪水夺眶而出，滴在了王杰的脸上。他慢慢地放下王杰，发现在他的右腿上有一块碎布在微微颤抖，他下意识地撕下这块布，小心翼翼地擦抹着王杰沾满血迹的眼睛，并擦掉了滴在王杰脸上的泪水，只见王杰慢慢地合上了双眼……

辛庆文知道王杰是技术能手，怎么会轻易被炸死呢？他痛不欲生，号啕大哭："我的好兄弟，你一定是为了保护民兵才牺牲的……我的好兄弟，你别离开我，我一定把你带回家！"他将血布紧紧地握在手中，上面有王杰的血迹和自己的泪水，这是王杰留给自己的最后一个纪念物啊。

前不久的七月六日，师里通知辛庆文代表济南军区参加与北海舰队在青岛开展的五千米武装泅渡比赛，他夺了冠军。当他返回时，部队正在邳县进行泅渡训练，师领导决定让他去工兵营做游泳教练。七月十三日，他在营房门口遇到了正准备去训练民兵的王杰，老同学老战友许久不见，自然有说不完的话，两个人还一起回忆着当年在县城南潭学游泳和救人的往事呢。那是初二那年夏天，王杰跟着辛庆文学游泳，一开始呛了几口水，后来掌握了要领后就大胆地游起来，大约一个小时后就如鱼得水了。忽然，不远处一位正在洗衣服的大嫂滑落水中，二人见状马上前去救援。王杰救人心切，一把抓住大嫂的胳膊，就想往岸边拉，可她手里紧紧地攥着两件滑落的衣服一时拉不动。关键时刻，熟知水性的辛庆文夺下衣服，两个人合力才把人救上岸去……谁也想不到，这共忆往事的一幕竟成了兄弟二人的诀别！

那块血布，被辛庆文装在了自己上衣左边的口袋里，后来他一直珍藏着，直到四十五年后才把它捐献给了金乡县羊山烈士陵园内新建成的王杰纪念馆。一块早已呈暗绿色的军衣碎布，重新进入人们的视线，成了一件极为特殊而又重要的纪念文物。

就在辛庆文悲痛欲绝的时候，陈学义赶来了。他看到眼前的情形，不禁哭喊起来："王杰，你快醒醒呀！早上我们一起来的，你要站起来陪我一起走回去，剩下我自己，怎么向首长交代啊……"辛庆文愈加悲痛，件件往事袭上心头："王杰，我的好兄弟，咱俩从完小、中学、部队都在一起，说好了兵役期满后一起复员回家，我还答应你，你与赵英玲结婚时去给你们主持……你为啥说走就走了呢？"在场的战士、民兵和群众无不动容。

连长刘德林赶来了！看到王杰沾满鲜血的身躯，这个铁打的汉子几次哭晕了过去。这可是他最心爱的一位班长啊！就在刚才连队半年评选大会上余指导员宣布的优秀士兵名单里，就有他的名字……他熟悉王杰参军后每一步的成长，他不能接受如此残酷的事实。悲痛昏厥的老连长，最后被担架抬走了。

工兵一连的战友们紧接着赶来了！张玉甫带领战友们将王杰的脸清洗干净，又把王杰的军装整理了一下，战友们一起强忍悲痛把王杰的遗体抬到了小屋的木床上。整整一天，全连官兵没人咽下一口饭，极度的悲伤笼罩着每个官兵的心头……

坦克二师政治部主任刘德一带领调查小组赶来了！就在七月十四日上午，坦克二师司令部值班室接到了驻扎在邳县张楼的工兵营打来的电话，报告说该营一连五班班长王杰同志在当天早晨训练民兵时不幸牺牲了。师部立即召开紧急会议，通报了工兵营出现的训练事故情况，要求师所属部队以此为戒，加强安全工作。师里决定成立调查组，由师政治部主任刘德一任组长。刘德一乘火车从徐州直奔邳县，随即赶赴爆炸现场。与此同时，工兵营营长丛英达和坦克二师工兵科科长田永泰等，业已赶到王杰牺牲的现场，第一时间进行各种数据的测量和调查。他们还细心地寻找到了一截钢笔尖，那是从王杰从不离身的那支"英雄"牌钢笔上掉下来的。

当地无数的群众自发赶来了！王杰舍己救人的事情迅速传遍运河两岸，群众自发地以各种形式前来悼念他。有人从炸点旁边的地上抓上一把土，带回家留作永久的纪念；有人特别制作一个木框罩住炸点，生怕炸坑的原貌受损；有人在炸点附近，摘下草帽肃穆静立并鞠躬致意……

七十七岁的龚李氏老人提着祭品赶来了。听说王教员为了保护当地民兵英勇牺牲了，她泪水涟涟地说："王杰是救咱死的，他是个好人，我来送送他……"其情其景俨然一位母亲在送自己的儿子。

老人袁启营被搀扶着流着热泪赶来了！他动情地说："雷锋我听说过，但是没见过，王杰我是亲眼见到的，十天前，他还帮我挑水浇园子哩。人家是外地人，为了救咱张楼民兵献出了生命，这在过去连亲兄弟也办不到啊！真是党培养出的好战士啊！"

2

王杰的牺牲，给战友、师长、亲人还有乡亲们留下了太多的伤痛。

对于他的牺牲，各级领导持续高度关注，并指示要快速进行深入调查并定性。

邳县人武部找到部队党委，反映群众的心声和意愿。当地人民群众一致要求将王杰同志的遗体安葬在他的牺牲地邳县，不再运回部队驻地徐州，这一请求获得了批准。张楼人民默默地买来邳县最好的楠木，又请当地最有名的工匠为他赶造了一口棺木，宽大的棺木被漆成大红色，特别庄严厚重。县人武部准备将王杰运至县烈士陵园安葬，没想到张楼公社的乡亲们说什么也不让运，被救民兵及家属也一致请求，说王教员是他们的救命恩人，应该葬在张楼，让子孙后代永远吊唁。上级党委同意了这一请求，将王杰安葬在邳县张楼，并决定在此修建一座纪念馆。

英雄王杰
WANG JIE

二排长朱玉沛带领着战友，负责为王杰着装与整理仪容。大家小心地为牺牲的战友脱去了附在身上的血衣，梳理着英雄凌乱的头发，就在大家翻动遗体的瞬间，突然听到英雄腹部"砰"的一声，原来是爆炸时残留在胸腔内的气体这时才释放出来。听到响声，在场的战友即刻站成两排，对着遗体齐刷刷敬礼……朱玉沛强忍着巨大的悲痛，泪眼婆娑地注视着亲爱的同学、战友那残破的身躯，他不愿意相信眼前的现实。他轻轻地取下英雄遗体上的衬衣，那衬衣只剩下领子和肩膀部分的碎片。他用一张报纸仔细包好，拿回了部队……

一批战友在默默地为英雄王杰准备着后事。王杰生前工作勤奋、生活节俭，所有衣服都已磨破，根本找不出一件像样的衣服。为了给英雄多准备几套新衣上路，战友们纷纷拿来了自己的军装，其中张玉甫更是将一套崭新的军装捐献了出来。他们要用这种方式，来送这位曾与自己并肩战斗的战友最后一程……

七月十六日上午九时，天空下起了蒙蒙细雨，王杰同志的第一场追悼大会开始了。张楼公社的乡亲们闻讯赶来了，他们扶老携幼，都来送王杰最后一程。

现场气氛格外凝重。工兵营政委周循致悼词，他高度评价了王杰生前的模范事迹。一连二排的战友们听着王杰的事迹，一件件、一桩桩如在眼前，那个熟悉的身影开始在眼前晃动，那个亲切的声音还有悠扬的笛声仿佛又在耳畔响起。他们是有着约定的，相约在越南战场上与侵略者一决高下……

当听到"王杰同志千古"的时候，全体指战员及数百名群众顷刻间失声痛哭，参训的民兵们哭着说："王教员是为救我们才牺牲的，他是我们的救命恩人！"战士徐汝明捶胸顿足地说："为什么不叫我死！为什么不叫我替班长去死！"

韩义祥走到王杰遗体前，看着昔日的同学、战友，静静地躺在大红棺木内，他感到自己的心都碎了，任泪水止不住地流，久久不愿意离开。他多想多待一会儿，陪陪这位战友，陪陪这位兄弟啊！

全体官兵围着棺木，向王杰致以崇高的军礼，在一阵阵痛哭声中，棺木被合上了，全体官兵列队为王杰送葬，方圆几十里的乡亲们从四面八方涌来为王杰送行。张楼公社的丁书记在前面抬棺扶灵，战友们和群众冒雨送葬，一路上哭声震天……

王杰在战友和乡亲们的悲泣声中走了，带着对党的事业的无限忠诚和对这片土地的无限眷恋，走完了二十三年的生命历程。这是一次悲壮的追悼会，王杰走得壮烈，战友们泪流满面，万分悲痛！

3

大运河畔的纵身一扑已经定格，但到底是英雄壮举，还是安全事故，还是一个谜团。人虽盖棺，却难定论，这让调查组组长刘德一感到万分困惑。他目睹了七月十四日下午之后的一切事情，也走访调查了一批又一批人……已经三天了，他想下个结论，尽快给师部一个交代，也给五班长王杰一个交代。然而，他苦恼，他犯愁，他拿不定主意。

在营党委扩大会议上，刘德一听出了意见的分歧：一边是有些人怀疑王杰思想上存在入党压力，在拉火管上动了手脚，借机给师部制造安全事件；另一边却义愤填膺地反驳说那是歪曲、是诬陷，王杰根本就不是那样的人。

在张楼部队驻地，刘德一和师直工科干事陈竞看到全连干部战士正沉浸在巨大的悲痛之中，当调查组问起王杰，战士们回答的最多的一句话就是：在我们连队，平日里大家都叫他活雷锋！讲起王杰的一桩桩好事，大家都说个没完。

在连队黑板报前，刘德一驻足观看，发现上面一篇篇全是悼念王杰、回忆王杰事迹的文章，而且要求上级党委追认王杰为共产党员。

在医院探望民兵和民兵家属时，他们一个个流着眼泪说："要不是王教员扑向炸点，俺们不知要伤多少人！"唯一受重伤的民兵是罗汉瑞，他激动地说自己当时就站在王杰旁边，如果不是王杰用身体盖住炸药包，自己丢掉的恐怕不是一条腿，而是一条命……

　　一位医生非常感慨地反映了一个情况：这些民兵被送来时，不少人身上扎着一些骨头碎片，但他们拒绝手术、拒绝取出，他们说这是王教员的骨头，不要取出来，他们要留作纪念！自己干了多年的医生，还是第一次遇到这样的事情……

　　再听听当地乡亲们怎么说吧。他们一致说：王杰就是舍己救人的英雄，部队领导应该给王杰记功。参训的武装部干部侯振林说：王教员教学认真细致，处处以身作则。事发当天早上授课前，王教员还单独做了两次试爆，都是安全成功的！很难想到授课时竟然发生了意外……

　　周循政委在连队上交的王杰的遗物挂包里，发现了一大两小三本日记，不知都记了些什么。好奇的他认真读了一遍，十分感动。沂蒙国防施工时王杰右手烫伤，用左手劳动的一幕又浮现在他的眼前。他拿着王杰日记在院子里一边踱步，一边自言自语着："这个同志真了不起！日记太感人了！"随即他将王杰日记交给了调查组。

　　刘德一翻开日记本读了起来，他不由得被这些日记吸引了，目光再也难以移开，读着读着眼泪竟然流了出来。当他读到日记中"我们要一不怕苦，二不怕死。做一个大无畏的人！"时，心里禁不住惊叹道：这是一个多么无私、多么高尚、多么英勇、多么纯粹的革命战士啊！

　　时间到了七月十八日，几天没合眼的刘德一带领调查组，从邳县返回徐州汇报调查情况，刚一上火车，就遇到了一个熟人。这个熟人是济南军区政治部青年部副部长崔毅，两个人曾在天津抗洪时见过。崔副部长出差从连云港回济南，他也注意到了这位有些狼狈的政治部主任，不由得问起他怎么满头大汗，还一副很疲惫的样子。刘德一回答说："别提了，我们部队出了个事故，一位班长牺牲了，搞得很紧张。"于是就把事情经过和调查的情况，一五一十地向崔副部长做了汇报，最后他递上了那本厚厚的王杰日记。

　　崔毅接过日记，一口气读了许久。在这本日记里，他看到了什么才是一心为革命，什么又是"三不伸手"，什么才是理想、前途和幸

福,什么又是"一不怕苦,二不怕死"。他又翻到了一篇写于当年六月二十八日的日记,这是一篇关于电影《自有后来人》的观后感:

> 李玉和说:"共产党员,怕死就不干革命!"这一句话充分说明一个共产党员为革命视死如归,为革命哪怕洒热血……只要革命需要,我一定像李玉和那样视死如归,不怕牺牲,直到生命的最后一秒钟。

"这是何等的境界!这样的人会怕死吗?"崔毅一边看一边思考。当他合上日记时,态度鲜明地表达了自己的观点:"这恐怕不是个一般的事故,王杰的举动是英雄行为,他应该是伟大的共产主义战士!"他当即建议刘德一一定要保存好王杰日记,尽快一字不动、一篇不删地印出来,同时形成新的调查报告,上报济南军区。

徐州站到了,做事认真的崔毅决定改变行程,和刘德一一块下了火车。经过到部队开展调查走访,他得出了这样一个结论:"英雄的行为绝不是偶然的,只有不断地改造自己的思想,提高无产阶级觉悟,才能在一旦需要的时候,毫不犹豫地献出自己的生命。"崔毅认为王杰绝对是一个大典型,他对启动宣传英雄王杰的事迹充满了信心。事不宜迟,他提笔写信向济南军区政治部和军区首长汇报了王杰事迹,首次提出王杰是"欧阳海式的战士",同时拿出了学习宣传王杰精神的初步意见。

八月四日,军区政治部办公会研究认为王杰是临危不惧、舍己救人的英雄,并向徐州派出工作组进行调查。为了鉴定实爆使用的装备性能,工作组请来了工兵专家,对王杰发生意外的一系列技术问题反复进行研讨论证,决定从拉火装置入手查找原因,然后进行现场实爆实验。工兵营里从早到晚响起了爆炸声,十声、二十声、三十声、四十声……终于找到了原因,原来有的拉火管放置时间长了会失效,在没有启动拉火装置时竟能发生自燃。这种概率很低,应该是万分之一的概率。

原因找到了,但是在仅仅一秒的时间内,地雷教员能躲开吗?这需再做一次实爆实验来验证。这是一件极其危险的事情，搞不好又要酿成一场悲剧，又有谁愿意做这种实验呢？这时，坦克三团工兵连副连长季家祥自告奋勇报了名，他说："王杰是我带出来的兵，我相信他。让我来吧！"是的，去年王杰参加工兵技术能手考核，是他担任考官，再后来王杰参加集训担任示范班班长期间，又是他担任主教官。他信得过王杰！

实爆实验的场地选在了大操场，在场的许多人都为这位教官暗暗捏了一把汗。他从容淡定，用拉火管连接雷管后，完全按照与王杰一样的操作程序和操作姿势，一腿跪着，一腿蹲着，在拉火管拉开后身体随即向后一滚，雷管"轰"的一声爆炸了，季家祥却安然无恙。倒是远在几十米外观看实验的一位调查人员，被雷管爆炸飞出去的一个小碎片击中鼻尖，鲜血直流……

实验成功了！人们向季家祥投去无比敬佩的目光，这位教官不但具有丰富的爆破经验，而且有着非凡的胆魄。

经过再次向军区工程兵专家请教，调查组证实了这是一次意外爆炸。在炸药即将爆炸的紧急关头，王杰毅然扑向炸点，身体被抛起一人多高。根据实地测量记录，王杰遗体被掀到其作业位置的后方，头距炸点二点一米，脚距炸点三点七米。这显示出他的身体是往前扑、重心对准炸点之后被爆炸冲击波甩出去的。由此，调查组得出了最终结论：面对炸药包爆炸时形成的四十五度最大杀伤角，王杰作为一级技术爆破能手，如果向后一仰，完全可以保全自己，但他却放弃了自救，毅然决然地选择了向前一扑，以大无畏的精神牺牲了自己，挽救了在场的民兵兄弟。

真相终于大白于天下！他是解放军战士的光荣！他是人民子弟兵的骄傲！他是一个真正的"一不怕苦，二不怕死"的人民英雄！

4

九月十六日，一场有七千余人参加的烈士追悼大会在徐州举行。王杰烈士的遗像悬挂在会场前方，黑框围护，黑纱悬垂，两旁挽联醒目地写着：壮志凌云生如雷锋不愧为毛主席的好战士，英雄献身重如泰山真正是全心全意为人民。

遗像周围摆满了各种花圈与挽联。济南军区装甲兵司令员许光达、政治委员黄志勇敬送了挽联：毫不利己实一心服务人民，临危不惧真人民英雄本色。

邳县张楼人民送来了挽联：训练民兵奋不顾身壮烈堪比董存瑞，舍己为人可歌可泣英雄再现黄继光。

一排排花圈，寄托着人们对王杰烈士的沉痛悼念！

一副副挽联，书写着军民对王杰同志的无限哀思！

一声声呼唤，传递着战友们对英雄王杰的无限思念！

坦克二师新任师长邢同立同志致悼词。邢师长充分肯定了王杰同志光辉战斗的一生，高度赞扬了王杰同志"一不怕苦，二不怕死"的革命英雄主义精神。

中央军委装甲兵司令部副参谋长林木彬也发表了讲话。他说："毛主席的好战士王杰同志，为了十二个阶级弟兄的生命安全，临危不惧，英勇献身，表现了人民战士大无畏的英雄气概和热爱人民的赤胆忠心。王杰同志为人民而死，他的死比泰山还重！"

济南军区政治部代表崔毅也发了言。他指出，王杰同志值得我们学习的地方很多，最根本的是要像他那样学习毛主席著作，联系实际，改造思想，长期坚持，言行一致，使自己的一生，成为学习毛主席著作的一生，成为革命的一生，成为全心全意为人民服务的一生！

王杰的伯父王廉堂来到了追悼会上，他没想到自己竟然因为这个来到了绿色军营。他心情复杂，无法用语言表达，却又非常清醒。只听他站在台前讲道："王杰是党、部队培养出的一个好孩子，他为大伙死得光荣！"

王杰的母亲也从阿荣旗来到了徐州，她说："我为有这样的儿子而自豪！在紧要关头他能用自己的身躯掩护十二名民兵弟兄，他死得值，死得光荣。他不仅是我的好孩子，也是党的好孩子，我为有这样的儿子而骄傲！王杰为革命牺牲了，当今世界还不太平，我把大女儿王爱军、二女儿王爱武交给部队，让她们继承哥哥的遗志，继承哥哥的精神，像她们的哥哥一样保家卫国。"这位母亲，强忍着巨大悲痛，泪往心里流，整个报告下来没流一滴眼泪，在场的所有人无不为之动容。多么坚强的母亲！多么伟大的母亲！

大会宣读了济南军区装甲兵军党委《关于开展向王杰同志学习的决定》，号召装甲兵全体干部、战士、职工和家属，认真学习王杰同志的革命精神和优秀品质，像王杰那样学习毛主席著作，做毛主席的好战士；像王杰那样，以英雄模范为榜样，自觉地改造思想，树立起把自己锻炼成革命接班人的雄心壮志。

韩义祥每次回忆起这段往事都激动不已，他说："第二次追悼会是雄壮的追悼会。王杰是英雄，王杰是丰碑，他生的伟大，死的光荣。我为战友骄傲、自豪！"五班长走了，六班长韩义祥对这位亲爱的战友念念不忘，后来复员回到家乡，还一直坚持向全社会讲述王杰事迹、传播王杰精神，即使满头白发，仍还在撰写和宣讲着英雄的故事……

5

根据王杰的一贯表现和生前请求，一九六五年九月二十日，部队党委决定追认他为"中国共产党党员"，并授予"烈士"称号。连长刘德林感叹不已，说出了一件秘密：其实，就在王杰牺牲的前几天，连队支委会开会，已经同意按程序发展这位优秀的战士入党，准备找他谈话，没料到他竟突然牺牲了。他没有等到这一天啊！

一九六五年九月二十四日，济南军区党委常委办公会决定，在全军区广泛深入地开展宣传学习王杰的活动。济南军区《前卫报》、《徐州日报》及驻地广播电台率先行动，及时报道了王杰舍己救人的英雄事迹，并选登了王杰的部分日记。

一石激起千层浪！一场声势浩大的宣传和学习活动开始了。第二天，中央人民广播电台在《新闻和报纸摘要》节目中播发了王杰的事迹和部分日记，与此同时，《人民日报》《光明日报》《中国青年报》等均在显要位置突出刊发了王杰的事迹和日记。

罗瑞卿大将听到了广播，并看到了报纸，当即打电话向有关部门查询此事，他对王杰日记、模范事迹给予了很高评价，随即向中央军委做了汇报，中央很快作出了"要在全党、全军、全国像宣传雷锋一样宣传王杰"的重要指示。

金秋十月，坦克二师云集了全国七十多名记者，他们为了争抢第一手线索，纷纷要求住进部队的军营。王杰生前所在连就住进了二十多位记者，有的记者与战士同住在营房里，有的记者干脆打起了地铺。一九六五年十月底，《解放军报》《人民日报》和中央人民广播电台分别刊登和广播了王杰日记摘抄。

十一月六日，中国人民解放军总政治部、全国总工会、共青团中央、全国妇联等先后发出通知，号召全国军民向王杰同志学习一心一意为革命的精神，称"王杰同志是董存瑞、黄继光式的英雄，是雷锋式的伟大共产主义战士"。随后，教育部、国家体委也分别发出通知，号召全国广大师生、全国体育工作者学习王杰"一不怕苦，二不怕死"的革命精神，勇攀高峰。紧接着，《人民日报》刊发新华社第一篇社论《一不怕苦二不怕死——学习王杰同志一心为革命的崇高精神》，随后，《人民日报》《解放军报》《新民晚报》连续发表了《一心为革命，一切为革命》《毛主席怎样说的，我就怎样做》《从雷锋到王杰》《学好人好事，做好人好事》等多篇文章，其中《解放军报》用十二个头版头条和二十一个整版，大篇幅刊登了王杰事迹。

英雄王杰的事迹引起了党和国家领导人的高度关注。许多领导同志纷纷挥毫题词，高度评价王杰"一心为革命"的品德和"一不怕苦，二不怕死"的精神。

毛泽东主席高度赞扬"两不怕"精神，指出：

我赞成这样的口号,叫做"一不怕苦,二不怕死"。

《解放军报》的报道引起了周恩来总理的重视,他亲笔抄录了王杰的诗:

> 座座高山耸入云,
> 我们施工为人民。
> 不怕工作苦和累,
> 愿把青春献人民。

接着,周总理又为王杰题词:

> 一定要学习王杰同志一不怕苦、二不怕死的精神。

朱德委员长亲笔题词:

> 学习王杰同志不怕苦不怕死的精神。

叶剑英元帅写诗《纪念王杰同志》赞道:

> 一朝闻道夕能死,
> 道在行言领袖中。
> 矢志兴无灭资业,
> 为花欣作落泥红。

董必武副主席在《读王杰同志日记》中写道:

共向雷锋学，如君领会多。
一心为革命，三载保无讹。
死义泰山重，书香贝叶过。
利人糜顶踵，示范耿星河。

陆定一副总理亲笔题词：

继雷锋同志之后，又出现了王杰同志这样的模范人物，这是人民解放军的骄傲，是中国青年一代的骄傲，也是全国人民的骄傲。

学习王杰同志为革命不怕苦不怕死的精神，做好各个岗位上的工作。准备经历更大的考验，粉碎帝国主义的侵略！

许光达大将题词：

学习王杰同志为人民利益而死的高贵品质，做毛主席的好战士。

在党和国家领导人的号召下，在媒体的宣传推动下，在王杰先进事迹的感召下，全国迅速掀起了学习王杰同志"一不怕苦，二不怕死"革命精神的热潮，从中央到地方，从部队到社会，都开展了各种形式的纪念与学习活动。

《解放军报》头版头条刊登了一行醒目的大字标题：张思德的妈妈写信给"王杰班"，黄继光的妈妈鼓励战士学王杰。王杰牺牲后，王杰所在班收到了张思德母亲刘光友和黄继光母亲邓芳芝的来信。一个在信中说："王杰是毛主席的好战士，是个有出息的娃儿。他为革命生，为革命死。"另一个在信中说："王杰同志是党和毛主席的好战士。他和董存瑞、黄继光、雷锋一样，是革命英雄，是青年的好榜样。"

王杰的父亲王儒堂看到了报纸，也给部队写了一封信，信中这样说："王杰虽然牺牲了，但我认为他是光荣的，应该这样做，这是党和毛主席他老人家教育的结果。我们一定化悲痛为力量，更好地工作，不给党和国家找任何麻烦，也不用政府照顾我们。"

《戏剧报》第十一期发表了剧作家曹禺的署名文章，这是一篇三千字的读王杰日记感言，其中一段是这样的：伟大的王杰同志从革命戏剧、革命电影中吸收营养，化为他坚韧不拔的革命精神的一部分，这更加强了我们戏剧工作者的革命责任感。我们一定要写好革命戏，演好革命戏，使戏剧真正成为"团结人民、教育人民、打击敌人、消灭敌人的有力的武器"，使戏剧真正能起到帮助群众"认清敌我，增加斗志"的作用。王杰同志的日记使我们更加认识到，戏剧反映社会主义革命和建设，宣传社会主义和共产主义风格，塑造和歌颂英雄人物的重要意义。

新华社记者、解放军报记者联合撰写了长篇通讯《革命青春的赞歌》。诗人贺敬之创作了《回答今日的世界——读王杰日记》，这首诗歌随后被上海音乐学院的顾达昌与同学合作首创成京剧大合唱，在第六届"上海之春"音乐会上成功首演。

一时间，从中央到地方，从城市到乡村，宣传王杰事迹的文章铺天盖地，据不完全统计，仅一九六五年第四季度，全国各大报刊、电台发表与王杰有关的报道及稿件就达一千三百多篇。

一时间，人们发现，伟大的共产主义战士王杰同志，不仅为全国人民树立了一个革命战士的光辉榜样，还为全国人民留下了一笔宝贵的精神财富，他用革命的心血、以英雄的笔墨写下了一部充满革命精神的日记。《王杰日记》一时成了全国最为畅销和最受欢迎的图书。

一时间，王杰这个响亮的名字像春风一样吹遍中华大地，一场学习英雄王杰的热潮，在全国上下蓬勃地开展起来。

6

一九六五年十一月二十七日，"王杰班"命名大会在济南八一礼堂隆重举行，中华大地又一个特殊的英雄集体诞生了！

济南军区司令员杨得志、政委谭启龙亲手将一面奖旗授予了第一任"王杰班"班长侯兴家。这面奖旗中间是"王杰班"三个金灿灿的大字，这是由七名优秀女工用一周时间绣出的。这位与英雄王杰同年入伍的侯班长，激动万分，他在会上表态并发言说："我们要发扬王杰同志一不怕苦、二不怕死的革命精神，一个王杰倒下去，我们要有更多的战士站起来，继承王杰没做完的事情，把王杰精神发扬光大！"会上，杨得志、谭启龙、苏毅然等都为"王杰班"题词，并鼓励"王杰班"要把"两不怕"精神学到手，将王杰精神弘扬下去，让"王杰班"成为永恒的英雄集体与精神载体。从此，王杰精神就在"王杰班"中一代一代传承着……

在半个多世纪的光阴流逝中，"王杰班"与"南京路上好八连"、广州"红色尖刀连"、北京"英雄八连"、成都"铁脚板八连"、武汉"硬骨头六连"等许多光荣的集体一样，成为一个名字响当当、作风嗷嗷叫的光荣战斗群体。他们听党指挥，纪律严明，训练有素，作风优良，来之则战，战之能胜；他们犹如一座座灯塔，照亮着一代代革命军人前仆后继，成为我军永不停歇的冲锋号角；他们是我军生机勃勃的威武之师，是时代的先锋、民族的脊梁，是共和国筑起的钢铁长城。

与"王杰班"同年命名的，还有一个"王杰民兵班"，它在运河岸边诞生，在共和国的阳光下茁壮成长。

这个经过王教员手把手教出的民兵班，当年在全县八一民兵比武大会上进行了信号雷、子母雷等实爆表演，轰动全场。这个班没有辜负王教员的生前所托，一举被评为全县先进民兵班，并光荣地出席了江苏省民兵学习毛主席著作积极分子代表大会。一个王杰牺牲了，千万个王杰跟上来，王杰带过的民兵班很快被江苏省政府、省军区命名为"王杰民兵班"。在这个班里，有这样一句口号："来到王杰班，要做武状元！"翻开"王杰民兵班"史册，可以发现这个班先后涌现出一百五十六名爆破能手，二百三十八人成为各类培训尖子，一百三十五人先后受到省、市、县表彰，数据持续刷新，被盛赞为名副其实的"武状元的摇篮"。在这个以英雄的名字命名的民兵班里，民兵们始终以王杰为榜样，自觉争做"一不怕苦，二不怕死"精神的实践者。每当新民兵入队，班里做的第一件事，就是组织他们参观王杰烈士陵园；上的第一堂课，就是畅谈做王杰精神的传人、争当训练尖子的决心和打算；教的第一首歌，就是《王杰的枪我们扛》。

首任班长李彦清，从小失去了母亲，他认了王杰的母亲做亲妈妈，经常书信往来。他以王杰为榜样，苦练地雷技术，由于技术过硬，后来被提拔为邳县人武专职干部。为了圆满完成训练任务，寒风凛冽的三九天，他带领民兵野外扫硝土、熬火碱、配置炸药；骄阳似火的三伏天，他和民兵们蹲在闷热的房子里绘图和做制雷实验。几年下来，在李彦清的带领下，按照王杰教员当年交给的方法，大家研制革新出了道路雷、室内雷、水上雷、抛射雷、定向雷、钻心雷、空中开花雷、电发连环雷、震发化学雷、反坦克雷等三十多种应用地雷。生产中，每当水利工程施工遇到坚硬岩层需要挖除时，李彦清就带领着"王杰民兵班"发挥实爆绝技，巧妙地进行各种爆破作业，顺利解决掉了一个又一个工程难题，在特殊的年代里作出了特殊的贡献。

一九七三年五月的一天，李彦清带领戴庄民兵进行地雷实爆演习，未承想八年前的一幕重演。为了救护一名女民兵，他毅然挺身而出，不幸双目失明，被评定为"一等甲级伤残"，成为当地人民心目中的"第二个王杰"。

失明后，李彦清承受了极大的痛苦，但是王杰的"两不怕"精神支撑着他以无比顽强的毅力战胜了病痛和无数困难。五十多年来，他每年都要作几十场王杰事迹报告，坚持写作王杰纪念日记几百篇，并把身边的好人好事记录下来，向各级电台投稿，弘扬社会正能量，成为深受全社会敬重的"当代保尔""活着的王杰"。

半个多世纪过去了，每当回想起当年王杰牺牲的那一刻，李彦清总是心潮澎湃，脱口而出地讲述着："……刚填埋两三锹土，地雷突然发生意外爆炸，王教员本来可以躲开，但是我看到他身子往前一动，火花一亮，地雷就炸了。"

几十年如一日，王杰留下的"两不怕"精神已经成为李彦清传奇人生的指路明灯。

7

王杰是金乡的骄傲，也是华堌村的骄傲。这片土地没有忘记他，家乡父老没有忘记他，母校师生没有忘记他。

一九六五年十一月六日下午，一场王杰烈士的追悼大会在金乡一中的校园里隆重举行。山东省委书记处书记兼副省长栗再温出席大会，各界代表三千余人参会。随后，全县召开学习王杰广播动员大会，组成二百八十多人的事迹报告团，深入城乡宣讲英雄王杰的事迹。全县人民听到家乡出了一位与雷锋齐名的英雄，无不感到振奋与骄傲，迅速掀起向王杰同志学习的活动热潮，关心集体、拾金不昧、助人为乐、扶贫济困的行为层出不穷。

王杰出生的华堌村于王杰牺牲三年后更名为"王杰村"，并在村东建起王杰烈士纪念馆，让子孙后代都来铭记他的英雄事迹。王杰生前的小学更名为"王杰小学"；山东省金乡第一中学更名为"王杰中学"，经教育部批准设立了"王杰班"，这是继王杰部队、王杰牺牲地之后的第三个"王杰班"，他们把"两不怕"精神写进了班级誓词，每年邀请辛庆文、韩义祥前来讲述王杰事迹，毕业学子陆续参军入伍走进绿色军营。王杰母校由此成了永久学习和传承英雄精神的阵地。

在王杰服役的驻江苏徐州部队，在他的牺牲地江苏邳县（后改为邳州）、在王杰父母迁住的内蒙古阿荣旗，在他工作过的国防施工地沂蒙要峪村，还有英雄故里金乡王杰村和羊山景区，以及郓城县王老虎村，都先后为王杰建造了纪念馆、纪念园，这些爱国主义教育基地，成为无数干部群众、青少年学生瞻仰学习的场所；以"王杰"命名的中学、小学、医院、派出所等单位，王杰林、王杰渠、王杰公园、王杰广场、王杰大道、王杰大桥等场所，以及王杰大讲堂、王杰精神研讨会、王杰精神演讲比赛等，也不断涌现。

这，是一种纪念、一种缅怀，也是一种朴素的精神传承。广大的人民，在用一种最真挚、最纯朴的方式，追忆着心目中的英雄。他们似乎在说明和证明着一个道理：英雄一直就在我们身边，英雄从来不曾走远！

8

内蒙古阿荣旗，是王杰生前魂牵梦萦的第二故乡。这里有大兴安岭的林海，有东北抗日联军战斗的足迹，还有英雄最亲最近的人。一家人在王杰牺牲四个月后留下了唯一一张全家照，赵英玲站在人群中间，她早已融入了这个家庭。

她失去了自己的最爱，一度食不下咽、寝不安席，脑海中一直都是王杰的影子。她一直幻想着，这只是一场梦，她的未婚夫，那个给予她无限关怀的男子汉，有一天能够安然归来。

怀着对未婚夫的爱恋和崇敬，她依旧坚持照顾着英雄的父母，在她的内心，自己早已嫁给了王杰。二老过意不去，有心劝说赵英玲"改嫁"，但她很不情愿，张淑英最后狠下心来说："小玲子，一看到你啊，俺就会想起儿子，娘的心只会更难受。孩子，你走吧！俺家对不起你……"

全国开展学习王杰活动不久，那吉屯农场的领导找到王儒堂商议，准备给赵英玲安排一个就业岗位，赵英玲却婉言谢绝了，她提出要靠自己的力量来解决生活问题。亲人、邻居问她为什么，她给出的理由是：王杰生前一直坚持"三不伸手"，这是他的原则，也是他的精神；现在虽然王杰牺牲了，但他的精神还在，她不能借他的名义来享受这些待遇。

人们发现，赵英玲和王杰已经活成了一对相似的人，两个人在精神上高度契合，越来越像对方。赵英玲离开了那吉屯，主动选择去乡下农场劳动，一边为人民服务，一边自食其力。面对许多人的不理解，她这样解释道："王杰以前跟我说过，你应该多劳动，你不劳动他不劳动，全国人民吃什么？所以我就去了农场，我愿意干最脏最累的活，因为我觉得这样有意义，心里舒服。"对照王杰写于一九六三年二月十二日的一篇日记："任何人有了困难，我一定尽力帮助，一定乐于帮助别人，只要能帮助别人做一点点事，我都感到高兴、自豪。"两者是何其相似！

赵英玲的话语，和王杰写在这里的勉励，同样真切热忱，字字句句都体现着一种高尚品质。多年后，在一次欢迎赵英玲老人回返家乡的会谈中，她当场再次背诵起这篇日记，语气平静如水，内心笃定依然。

一九六五年七月十四日，是英雄离去的日子，也是赵英玲永远难以忘怀的日子！每年的这一天，她都会以特有的方式纪念英雄王杰，在她的心中，始终有一个活着的王杰。由于没有正式结婚，部队或地方举行各种悼念活动时，赵英玲都不能以家属的身份参加，也无法享受军属待遇。二十年、三十年、四十年、半个多世纪过去了，最能理解赵英玲心情的莫过于王杰的两个妹妹王爱军和王爱武。这两个当年在内蒙古时与她朝夕相处的懵懂女孩，历经参军、服役、转业和退休，早已成为她生命中最亲近也最依赖的人。

二〇一五年七月十四日，正值王杰牺牲五十周年纪念日，赵英玲在王爱军、王爱武两个人的陪同下，专程赶赴江苏邳州，她要完成王杰牺牲五十周年时来到王杰墓前亲自祭奠的夙愿。那天天气格外晴朗，她们来到了邳州大运河畔的王杰烈士纪念园。

一行人缓缓步入纪念园，只见英雄的塑像迎面而立，他身着戎装，肩背钢枪，英姿飒爽，帽徽、领章、银扣在阳光下熠熠生辉。环顾四周，纪念园内松柏苍翠、玉树参天，树下绿草茵茵、兰花静放，一切显得那么庄严肃穆而又清静雅洁。

赵英玲在两个妹妹的陪同下，来到王杰的墓前。赵英玲没有哭泣，也许，她的眼泪早已哭干了。

这座纪念园于一九六五年十一月开始修建，经过一次次扩建与改造，已经形成了错落有致的建筑体系，包括王杰生平物品展览室、王杰塑像、王杰牺牲处、王杰烈士墓、王杰牺牲地纪念亭、题词碑墙等，一九八七年它被批准为江苏省重点烈士纪念建筑物保护单位。园内有一座六角纪念亭造型很是独特：亭内黑色大理石碑上镌刻着八个大字"王杰牺牲地纪念碑"；纪念亭由十二根立柱做支撑，代表着英雄王杰奋不顾身救下的十二条生命。

大妹妹王爱军面朝墓碑，大声诉说着对亲人的思念："哥哥，今天俺嫂子来看你了。在你走后的日子里，我们全家人都非常想念你！爷爷去世前，反复念叨着你的名字；母亲走的时候，还是念叨着你的名字；父亲也走了，依然念叨着你的名字。哥哥，你是我们全家人心中最大的牵挂！哥哥，你离开我们五十年了，可俺嫂子一直惦记着你，她总想专程来这里看看你……她说你一个人在这里很寂寞，她要来陪你说说话。哥哥,你在这里还好吗？你看到俺嫂子来了吗？哥哥,俺嫂子为了来这里，花了十多天亲手给你制作了花盒，还带来了你最爱吃的年糕……"

说不尽的，是想念的话语；理不尽的，是别后的思绪。

看不尽的，是亲人的名字；流不尽的，是相思的泪雨。

赵英玲独自来到王杰塑像前，她仰起头看着塑像，那个脸庞是那样的熟悉。她似乎在自言自语，又好似一场阔别重逢后的叙谈："王杰，我知道你没有死，我知道你就在我身边。王杰，你还记得吗？你曾经答应过我，要在每年秋天枣熟的日子，陪我打枣；你还答应过我，每年在夏天鱼肥的季节，请我吃鱼。王杰，你还记得吗？我们去羊山烈士陵园扫墓时，你说你要做个大英雄……王杰，你已经是咱们金乡的骄傲，全国人民心目中的大英雄！五十年了，整整五十年了，我第一次来这里看你……我看到你了，你也看到我了，你在这里过得还好吗？"

她一边说着，一边轻轻献上一只祭盒，盒子里放着她亲手扎制的二十三朵红玫瑰，寓意着英雄二十三岁的青春年华。玫瑰丛中，放着一张王杰的照片，他英俊的脸庞上挂着一抹微笑，那么年轻，那么刚毅，那么从容。

李彦清戴着墨镜，在老伴的搀扶陪同下，也来到了老班长的墓前。烈士墓前，牺牲的王杰与"活着的王杰"隔空相望。英雄一直都在，王杰从未离开。

听了他的故事，赵英玲不无动情地说："李彦清，王杰用生命掩护了你，你又用生命去掩护别人，你的行为和王杰一样感人，我们都要向你们学习！"一句话说得李彦清流下两行热泪。这一次，他的热泪是为王教员而流，也是为赵英玲而流。

16 "王杰是我心目中的英雄！"

★1

一个人的生命虽然有限，精神却可以薪火相传。共和国始终没有忘记英雄们。

二〇〇九年七月，王杰被评为一百位新中国成立后为国防和军队建设做出重大贡献、具有重大影响的先进模范人物之一。同年九月，在中宣部、中组部、民政部、团中央等部门组织的"双百人物"评选中，王杰入选"100位新中国成立以来感动中国人物"。在上海中共一大会址这个诞生伟大政党的地方，二楼展厅设有一处"缅怀墙"，上面悬挂着每一位"双百"人物的大幅照片，前来瞻仰的人们络绎不绝。驻足墙前，在那高高的非常显眼的位置上，王杰、董存瑞、黄继光等三位英雄的照片紧紧地挨在一起，构成了一个特殊的、团结的"英雄群体"。

王爱军作为英雄的家人代表，参加了"双百人物"评选颁奖仪式，而后她专程来到家乡的王杰纪念馆，亲手捐献了那份荣誉证书。在这里，她看到纪念馆沿路的青青翠竹，如英雄王杰的高风亮节；红漆钢构，如英雄王杰的铮铮铁骨。"王杰精神"正在家乡薪火相传，早已化作一个又一个闪光的名字。他们中间，有长眠于老山下的战斗英雄张先军，有在洪水中连救二十多名乘客的"王杰式好青年"张明侠，有勇救四名落水儿童的"王杰式好少年"李目辉，有"见义勇为好公民"刘丙军等。其中，刘丙军还是金乡一中的毕业生。二十六岁的他在青岛如意湖畔，为救两名落水儿童献出了宝贵生命，践行了自己生前"好男儿当能舍己为人"的誓言。

英雄的故事一直都在延续着。从金乡这片大地上，走出了在广西来宾市奋勇扑救大火而壮烈牺牲的消防英雄周轲，他牺牲时还不满二十二岁；走出了在三门峡豫西大峡谷景区中勇救一对落水母女的农民英模杨华东，面对感谢信，他朴实地说："救人是出于一种本能。"

水火无情人有情，危难之处显精神。金乡一中高三学生王梦磊、退役军人程海东、退伍老兵高瑞清、街道干部邵允、群众颜福军、少年王恒烨、医生吴松腾和王仰飞，他们中间最年长的年过花甲，最小的只有十三岁，但是，当看见群众的生命安全受到威胁时，他们勇敢机智、挺身而出，毫不犹豫地选择了积极营救。学习王杰精神，在英雄的家乡已蔚然成风尚；践行英雄行为，在这座城市里已成为一道亮丽的风景。

2

"一方水土养一方人，一种精神育一代代兵。"《解放军报》以此为开篇语，刊登了一篇报道，其中有一个新兵"从崇拜歌星到崇拜英雄"的故事发人深省。

新兵孙惠鑫，是唱着台湾歌星王杰的歌走进连队的，他对班长袁涛说："歌星王杰是我崇拜的偶像。"袁班长看他像个天真的孩子，笑了笑说："巧得很，我崇拜的偶像也叫王杰，是我们连队的英雄，你知道他吗？"小孙摇了摇头，一脸愕然。袁班长郑重地说："作为一名军人，不知道英雄王杰就太遗憾了，他可是受到毛主席赞扬的人啊！"

孙惠鑫找来了《王杰日记和故事选》一书，一遍又一遍地看，钦佩之情油然而生：原来还有一个大英雄也叫"王杰"，我应该向他学习。从此，他处处向英雄王杰看齐，两年后他入了党，当上了"王杰班"副班长。

不同的生活环境和多样化的生活方式，带来了不同的价值追求，一些战士自觉不自觉地流露出对明星和富贾们的崇拜。该连曾以"你崇拜的人是谁"为题，对新兵进行问卷调查，有百分之三十五的人崇拜歌星，百分之三十一的人崇拜商人，而崇拜英雄的仅占百分之五。然而，随着"两不怕"精神教育的深入，新兵战士们从思想到行为都发生了深刻的变化。

以上讲述的是发生在二〇〇五年的一个真实的故事，也是一组真实的数据。故事和数据从一个侧面反映了我们的社会亟须祛除"软骨病"，补足精神之"钙"，锻造精神之"剑"。

岁月流转，大浪淘沙，烈士功勋的光芒愈加耀眼；历史更迭，时代变迁，英雄精神的价值愈加彰显。

二〇一四年八月三十一日，全国人大常委会以法律形式将九月三十日设立为烈士纪念日，并规定每年九月三十日国家举行纪念烈士活动。二〇一七年十月一日起正式施行的《中华人民共和国民法总则》明确指出，侵害英雄烈士等的姓名、肖像、名誉、荣誉，损害社会公共利益的，应当承担民事责任。二〇一八年又通过了《中华人民共和国英雄烈士保护法》。这充分彰显了国家以法律武器守护和捍卫英烈的鲜明态度和坚定意志。

"一个有希望的民族不能没有英雄，一个有前途的国家不能没有先锋。包括抗战英雄在内的一切民族英雄，都是中华民族的脊梁。"二〇一五年九月二日，习近平总书记在中国人民抗日战争胜利70周年纪念章颁发仪式上发表讲话，号召全社会都来崇尚英雄，捍卫英雄，学习英雄，关爱英雄。

★ 3

二〇一七年十二月十三日是一个特殊的日子，这一天，是全国第四个南京大屠杀死难者国家公祭日。

这一天，也是驻江苏徐州第七十一集团军某旅王杰生前所在连战士注定难忘的日子。因为就是在这一天，中共中央总书记、国家主席、中央军委主席习近平前来亲切视察。

新华社发表的《学习践行"两不怕"精神，争做新时代王杰式好战士——习近平主席视察王杰生前所在连侧记》的文章，生动再现了整个视察的过程与情形。全篇如下：

> 党的十九大后不久，习近平就视察军委联合作战指挥中心，表明了新一届中央军委推动全军各项工作向能打仗、打胜仗聚焦的鲜明态度。
>
> 练兵备战在基层落实得怎么样？习近平十分关注。下午4时30分许，习近平风尘仆仆来到驻江苏徐州的第71集团军某旅王杰生前所在连。
>
> 王杰，伟大的共产主义战士。他用生命践行的一不怕苦、二不怕死精神，穿越时空，历久弥新。
>
> 连队门前广场上，矗立着王杰半身铜像……
>
> 习近平对学习弘扬"一不怕苦、二不怕死"精神高度重视。担任军委主席后不久就明确指出，军人要有血性，血性就是战斗精神，核心是一不怕苦、二不怕死的精神。在军队重要会议上，在演习演训现场，在视察基层部队时，习近平先后多次强调，无论什么时候一不怕苦、二不怕死的战斗精神都不能丢。在党、国家、人民需要的时刻，军队就是要有这股劲、这种精神。
>
> 连队荣誉室，陈列着王杰生平事迹展览。习近平边走边看，不

时驻足凝视。在王杰牺牲时遗留的血衣和钢笔残片前，习近平详细了解王杰舍己救人的壮举。

....

习近平感慨地说："我小时候就知道王杰的故事，王杰是我心目中的英雄！"

当兵4年，10多万字日记，真实记录下英雄成长的心路历程——

"什么是理想？革命到底就是理想。什么是前途？革命事业就是前途。什么是幸福？为人民服务就是幸福。"

"为了党，我不怕进刀山入火海；为了党，哪怕粉身碎骨我也甘心情愿。"

....

习近平俯下身子细致察看一页页泛黄的日记原件，仔细了解王杰生前学习理论情况。

"战士最锐利的武器，是像王杰一样的坚定信念。"连队指导员高伟介绍，"我们今天传承'两不怕'精神，就是要学好习主席强军思想，做习主席的好战士！"

精神永铸，血脉相传。这个连官兵用党的创新理论固本培元，以战斗作风攻坚克难，先后荣立集体一等功1次、集体二等功12次，被授予"弘扬'两不怕'精神模范连"荣誉称号。军队规模结构和力量编成改革中，连队由工兵连整建制改编为装甲步兵连，他们瞄准转型抢抓机遇，努力把昔日的开路尖刀重塑成主战先锋。一张张照片、一件件实物、一面面锦旗……记录下连队官兵踏着英雄的足迹，大力传承"两不怕"精神的生动实践。

《假如明天上战场，留给亲人一封信》《假如明天上战场，亲人这样对我说》《假如明天上战场，人民会有啥重托》《一封永不过时的请战书》……连队开展"三信一书"活动、培育战斗精神的情况，吸引了习近平的目光。习近平对这一充满浓厚战斗气息的做法给予肯定，叮嘱部队有关领导，要抓好英雄精神传承，让我党我军敢于斗争、敢于胜利的优良传统在青年官兵身上发扬光大。

走出荣誉室，习近平来到"王杰班"。

宿舍迎面墙上，王杰的誓言"我们要一不怕苦、二不怕死，做一个大无畏的人"格外醒目，王杰生前的床铺和书桌依然保持着原样。

"现在天凉了，要把放脚的被子这头掖一下……"班长王大毛边演示边向习主席介绍，52年来，历任"王杰班"班长每天晚上都要将老班长的被子打开，清晨再将被子工工整整叠好，老班长从未离开战友们。对大家来说，这既是一种纪念和景仰，也是一种传承和激励。

接过王杰的枪，这个班形成了"思想领先、人人过硬、事事过硬、长期过硬"的建班经验，不仅长期保持全面过硬，还通过开展"联学联育"活动为全旅培养了200多名优秀班长。

得知英雄精神52年传承不断，尊崇英雄、学习英雄蔚然成风，习近平十分欣慰，点头赞许。

"来，咱们坐下聊一聊！"习近平随和地招呼大家。战士们围拢在习主席周围，脸上洋溢着发自内心的喜悦。

学习抓得紧不紧？训练开展得怎么样？生活保障好不好……贴心暖心的问候，军队统帅情系基层、关爱官兵的深情沛然流露。

"只要练不死，就往死里练！"战士们争先恐后地坦露心声，作为王杰传人，就要精武强能、争当先锋，平时训练不怕苦、上了战场不怕死，为英雄集体增添新的光荣。

一张张年轻的脸庞朝气蓬勃，一句句坚定的话语铿锵有力，"王杰班"里充盈着战士的血性豪情。

习近平说，军队是要打仗的，打仗就要有打仗的样子，就要一不怕苦、二不怕死。"两不怕"精神过去是、现在是、将来永远是我们的宝贵精神财富。他勉励大家，要学习践行"两不怕"精神，加强战斗精神培育和战斗作风训练，传承好红色血脉，做新时代王杰式的好战士！

习主席的关怀和嘱托，滋润着战士的心田，激发出无穷的力量。

走出连队宿舍，已是薄暮时分。习近平走进整齐列队的全连官兵中间，高兴地同大家合影留念。

寒意渐浓，挡不住官兵们心中涌动的热流。大家齐声高唱连歌，向习主席表达心声——

"王杰的枪，我们扛；王杰的歌，我们唱。一不怕苦、二不怕死，一心为革命，永远跟着党……"

嘹亮的歌声在营区久久回荡。

这歌声，饱含着战士对统帅的无限忠诚；

这歌声，彰显着战士对使命的铁血担当！

4

习主席视察的第二天，中国江苏网以《重提"两不怕"精神，习主席为何要去"王杰班"？》为题发文报道，并在文中意味深长地论述说："今天不少人可能对烈士王杰很陌生，而在二十世纪六七十年代，他是家喻户晓的英雄模范。"由此，还评价说"这位烈士生前军政双全"，随后介绍了英雄王杰纵身一扑、舍己救人的事迹。该文作者在报道文章中还特别阐明了"王杰班"背后的三层价值意义，分别是：

——在我军荣誉体系中，"王杰班"这样的称号堪称一个单位能获得的最高荣誉。如果不是创造了过人业绩，称号轻易不授，因此和平时期获授称号是难上加难。

——获得称号对有关部队是里程碑式的大事，盖因称号是可以一代代传承下去的。像"王杰班"虽历经几轮裁撤及军改，但这样的英雄部队肯定是优先保留或指定优秀部队继承的，因为称号附着的精神力量是无穷的，激励官兵的引领作用也非常突出。

——以人名命名部队，既是表彰战功、纪念英雄，更有希望这些人身上体现出来的精神，以部队为载体一代代接续传承下去。"雷锋班""王克勤排""李向群班""何万祥连""黄继光班""杨根思连"等，它们大多来自基层一线，并且很多都经历过战火和重重考验，各自都是一种值得学习传承的精神的突出代表。

王杰留下了十万多字的"王杰日记"，这无疑是一笔宝贵的精神财富。在参观王杰连队荣誉室时，习近平走到一处写有王杰日记的展板前，停下来郑重地说：

王杰在荣誉上不伸手，在待遇上不伸手，在物质上不伸手，这"三不伸手"是一面镜子，每一位共产党员都要好好照照这面镜子。

这句话掷地有声，语重心长，既是对王杰严格自律精神的高度褒奖，更是对全国广大党员干部提出的殷切希望。

在"王杰班"里，有这样一个习惯，那就是每天早晨点名时，首先点到的名字一定是"王杰"，然后全班战士齐声答"到"！这声响亮的回答，激荡着每一位在场士兵的耳鼓和心房。

在"王杰班"里，也有一尊王杰的半身雕像，他和"王杰班"的战士们天天在一起，从来不曾分开过。每天清晨，现任"王杰班"的班长为"老班长"整齐地叠起军被，然后开始轻轻地擦拭这尊雕像。每当接到紧急外出任务连队开拔的时候，班里就要带上老班长的雕像一起出发。他们在用这种方式续写着一种传承，班在王杰在，王杰和"王杰班"永远不分开。

英雄，是永恒的星座，绝非划过天际的流星。他们璀璨，他们耀眼，他们闪烁在历史的天空中，持续不断地放射出无穷的光和热，他们不但照亮了一个民族曾经走过的路，还必将照亮前进的征途。我们的人民之所以时常仰望这个星空并为之激动，那是出于一种敬仰，一种缅怀，一份深沉的爱，以及一个民族与生俱来、挥之不去的英雄情结。可以肯定地说，几乎我们每个人都有一个英雄梦，那是一个五彩的梦，一个让人精神振奋的梦。有时我们不禁要问：英雄到底是什么？

英雄是什么？英雄是临危不惧，是迎难而上，是舍我其谁。

英雄是什么？英雄是顽强，是铁血，是天地正气，是冲锋陷阵的钢铁战士。

英雄是什么？英雄是勇敢的化身，是不怕牺牲的象征，是一个民族傲然挺立的铮铮铁骨。

5

淮海大地，银装素裹，年味渐浓。二〇一九年春节前夕，第七十一集团军某旅"王杰班"全体战士收到了习近平主席的回信。

"王杰班"全体战士：

你们好！来信收悉，看到一年多前我们一起交流的照片，当时的情景又浮现在我的眼前。得知你们认真学习贯彻新时代党的强军思想，弘扬王杰精神，努力拼搏奋斗，取得了新的优异成绩，我为你们感到高兴。

推进强军事业，基层大有可为。希望你们好好学习、坚定信念、苦练本领、再创佳绩，努力做新时代的好战士，在人民军队的大熔炉中书写火热的青春篇章。

春节就要到了，我向你们和你们的家人，致以新春的问候和美好的祝福。

习近平

2019年1月21日

二〇一七年十二月十三日，习近平主席视察了这支部队，与"王杰班"

战士亲切交谈。王杰部队官兵时刻牢记习主席的谆谆嘱托，做新时代的好战士，改革转型，矢志训练，努力锻造一支全面过硬的陆战精锐突击力量。

二〇一九年春节前夕，习主席又给"王杰班"全体战士回信，勉励他们"在人民军队的大熔炉中书写火热的青春篇章"。捧读习近平主席的回信，"王杰班"第三十一任班长王大毛难掩激动之情，战士们全身心地聆听着回信，幸福洋溢在每一名战士的脸上。信中的文字简单朴实，却感人至深，送来春天般的温煦。

此前，"王杰班"全体战士满怀深情地给习主席写信，汇报他们这一年多来工作、学习和个人成长进步等方面的情况，表达牢记习主席嘱托、砥砺奋进、再创佳绩的决心。怎样才能写好这封信呢？如果把全班和个人的成绩都写进去，那么信就太长了。战士们想了一个办法，各自精心挑选自己满意的工作照，将个人情况写在照片背后，最后再列一个前后对比的总表，尽量让信简洁明了。

班长王大毛挑选了一张给战士们讲解驾驶要领的照片，汇报全班工作转型的努力。因为他清楚地记得，在一次战斗演练中，导调组突然宣布驾驶员"阵亡"，即使是经验丰富的他也顿时蒙了。直到演练结束，装甲步战车一动没动，这一教训，无比惨痛！

如何才能不让"悲剧"重演？关键在于一辆装甲步战车是一个整体，关键在于实战中若有人牺牲了，其他战位的人能不能顶上去。从此，"王杰班"在全旅率先开展减员战斗训练，制定了刚性标准：减员至七人不影响战斗，减员至五人可继续战斗，减员至两人依然能坚持战斗。为实现这一目标，他们在练好专业本领的同时，还请来其他专业的教练辅导，一个一个零件认，一项一项任务过，力求做到一专多能，有备无患。在新装备首次实弹射击中，"王杰班"首发命中且发发命中；在与兄弟单位同场竞技时，又力拔头筹。

"推进强军事业，基层大有可为"，中士谢彬彬对回信中的这句话感触颇深。入伍八年，谢彬彬多次在岗位上摘金夺银。担任炮长以后，面对信息化程度更高的火控系统，他将过去清零，经常拿着教材钻到蒸笼一般的炮塔里，一待就是几个小时，终于在专业考核中获得"最佳射手"称号。

"生死有些沉重，但军人必须敢说，一旦有需要，我也会像老班长那样奋不顾身。如果能平安归来，一定会磨炼意志、增强本领；如果不能，希望小外甥能以舅舅为荣，长大以后成为有用的人……"这是"王杰班"战士徐斌第四次给家人写告别信了，也是"王杰班"所在旅开展"假如明天上战场，留给亲人一封信"活动的一部分。第二天，旅里首次组织新装备水上驾驶训练，该课目有一定的危险性。徐斌向连队提交申请书，争取到了头车位置。水上首驾一举成功，徐斌把它写进了寄给习主席的信里。

青春有多少种选择？有人在灯火霓虹中举杯欢笑，有人在诗与远方的田野中放飞自我，有人在天伦之乐中享受人生，但士兵们的青春只有勤学苦练、担当使命，他们的青春浸透着汗水，澎湃着热血。

他们正在努力做新时代的"王杰式"好战士，在人民军队的大熔炉中书写火热的青春篇章。

后 记

今年是全面贯彻落实党的二十大精神的开局之年,是纪念延安双拥运动80周年,王杰勇救民兵的英勇事迹是军爱民、民拥军光荣传统的生动体现,把弘扬王杰精神与弘扬双拥光荣传统和团结奋斗的时代要求结合起来,编辑出版《英雄王杰》,具有重要的现实意义和历史意义。

本书作者多年致力于研究王杰精神,多次受邀在全国各地宣讲王杰故事。他们先后到山东金乡、江苏徐州和邳州、内蒙古阿荣旗等地,走访王杰亲人及生前同学、战友,深入了解王杰英雄事迹,对大量的历史资料进行考证研究,收集并编写了多篇关于王杰生活、学习、工作的故事。《英雄王杰》这部图书,采取纪实文学的方式,选取了英雄王杰一系列典型故事,全面生动刻画了王杰烈士光辉的一生。

2017年12月13日,习近平总书记视察王杰生前所在连时强调:"王杰精神过去是、现在是、将来永远是我们的宝贵精神财富,要学习践行王杰精神,让王杰精神绽放新的时代光芒。"在中国共产党成立100周年之际,王杰精神同井冈山精神、长征精神、延安精神、雷锋精神等一起被纳入第一批中国共产党人精神谱系。在全面建设社会主义现代化强国、实现第二个百年奋斗目标,以中国式现代化全面推进中华民族伟大复兴的时代征程上,更好地挖掘王杰事迹,宣传弘扬王杰精神,推动王杰精神绽放新的时代光芒是永恒的课题。

  英烈事迹和精神是中华民族共同的历史记忆和宝贵的精神财富,是激励全党全军全国各族人民团结奋斗的力量源泉。王杰是优秀战士,更是时代英雄,他的高尚品格和不怕牺牲的革命精神,始终激励着一代又一代人不怕困难、砥砺前行。山东省烈士事迹编纂和宣传教育中心、济宁市双拥工作领导小组办公室将以出版宣传《英雄王杰》为契机,进一步推动英烈事迹图书编纂、英烈精神传承弘扬工作,讲好英烈故事,赓续红色血脉,积极营造尊崇英烈、缅怀英烈、学习英烈、捍卫英烈、关爱烈属的浓厚氛围。

山东省烈士事迹编纂和宣传教育中心
济宁市双拥工作领导小组办公室
2023 年 4 月